珍藏本
纪念版

汉译世界学术名著丛书

# 神学与哲学

## ——从它们共同的历史看它们的关系

〔德〕潘能伯格 著

李秋零 译

商务印书馆
SINCE 1897 The Commercial Press

2017年·北京

Wolfhart Pannenberg

**THEOLOGIE UND PHILOSOPHIE**

Ihr Verhaltnis im Lichte ihrer gemeinsamen Geschichte

本书根据 Vandenhöck & Ruprecht,Göttingen,1996 年版本译出

# 汉译世界学术名著丛书
# （120 年纪念版·珍藏本）
## 出 版 说 明

2017 年 2 月 11 日，商务印书馆迎来 120 岁的生日。120 年前，商务印书馆前贤怀揣文化救国的理想，抱持“昌明教育，开启民智”的使命，立足本土，放眼寰宇，以出版为津梁，沟通中西，为中国、为世界提供最富智慧的思想文化成果。无论世事白云苍狗，潮流左右激荡，甚至战火硝烟弥漫，始终践行学术报国之志，无改初心。

迻译世界各国学术名著，即其一端。早在 20 世纪初年便出版《原富》《天演论》等影响至今的代表性著作，1950 年代后更致力于外国哲学和社会科学经典的译介，及至 1980 年代，辑为“汉译世界学术名著丛书”，汇涓为流，蔚为大观。丛书自 1981 年开始出版，历时三十余年，迄今已推出七百种，是我国现代出版史上规模最大、最为重要的学术翻译工程。

丛书所选之书，立场观点不囿于一派，学科领域不限于一门，皆为文明开启以来，各时代、各国家、各民族的思想与文化精粹，代表着人类已经到达过的精神境界。丛书系统译介世界学术经典，引领时代思想,为本土原创学术的发展提供丰富的文化滋养,为推动中国现代学术和现代化进程做出了突出的贡献。

为纪念商务印书馆成立120周年,我们整体推出“汉译世界学术名著丛书”120年纪念版的珍藏本,寄望既利于文化积累,又便于研读查考,同时向长期支持丛书出版的译者、编者和读者致以敬意。

两甲子后的今天,商务印书馆又站在了一个新的历史时间节点上。我们不仅要铭记先辈的身影和足迹,更须让我们的步伐充满新的时代精神。这是商务人代代相传的事业,更是与国家和民族的命运始终紧密相连的事业。我们责无旁贷,必须做好我们这代人的传承与创造,让我们的努力和成果不仅凝聚成民族文化的记忆,还能成为后来人可以接续的事业。唯此,才能不负前贤,无愧来者。

商务印书馆编辑部

2017年10月

**谨以此书纪念我的哲学老师：**

哈特曼(Nicolai Hartmann)
雅斯贝斯(Karl Jaspers)
洛维特(Karl Löwith)

# 中译本导言

## 一、潘能伯格其人及其著作

潘能伯格(Wolfhart Pannenberg)是当代德语基督新教最具影响力的思想家和学者之一。潘能伯格1928年出生于当时德国的什切青城(Stettin),该城位于柏林之东,原为普鲁士的波莫瑞省(Pommern)的首府,1945年德国战败后被划归波兰。潘能伯格的父母在他出生后不久就退出教会,因而他基本上是在一个非基督教的环境中成长的。他自幼所受的教育,主要是文学、历史、音乐等。直到1944年,潘能伯格才开始接触哲学,尤其是尼采的作品。1945年1月6日的主显节,潘能伯格从学校回家,途中被落日的余晖所深深吸引,面对大自然的奇妙,潘能伯格顿然感到宇宙的浩瀚和伟大,感到自己的渺小,从而产生对永恒的向往。此时的潘能伯格尚不能解释这番感受,但他已意识到这将是他生命中最重要的事件。几个星期之后,潘能伯格被穷途末路的纳粹政权征召入伍,短暂受训后却由于身染疥疮而被送到德国北部的医院,而一同受训的同伴却被调派到东线作战,于苏军渡过奥得河(Oder)后战死。1945年春,盟军攻入德国北部,潘能伯格成为英军的俘虏,直

到1945年夏德国战败后才被释放。[①] 十七岁的潘能伯格重返学校，并开始对基督教信仰发生兴趣，于同年皈依基督新教。

1947年春，潘能伯格进入柏林洪堡大学就读哲学与神学，1948年秋转往哥廷根大学，1949年秋获普世基督教协会奖学金赴瑞士巴塞尔大学进修，1950年秋又转往海德堡大学。这种丰富的求学经历使潘能伯格能够受教于当时的一大批名师，例如在哲学方面有哈特曼(Nicolai Hartmann)、雅斯贝斯(Karl Jaspers)、洛维特(Karl Löwith)等，在神学方面有巴特(Karl Barth)、拉德(Gerhard von Rad)、施林克(Edmund Schlink)等。潘能伯格曾对巴特神学发生浓厚兴趣，但他觉得其中缺乏哲学成分和人文气息。洛维特的历史哲学也对潘能伯格的思想形成产生了不小的影响。但据潘能伯格自己表示，拉德和施林克对他的影响最大。拉德的释经学使他对《旧约》中的古代以色列的历史和传统发生兴趣，并把《圣经》研究与系统神学紧密结合起来。而施林克则使他对神学与其他学科、尤其是与哲学和自然科学对话发生兴趣。潘能伯格后来的思想发展明显地表现出信仰、理性、历史并重的特点，无疑与这些老师的影响是有关的。

1953年，潘能伯格在其导师施林克的指导下，以《经院哲学学说发展关联中的司各脱预定说》(Die Prädestinationslehre des Duns Skotus im Zusammenhang der scholastischen Lehrentwicklung)的论文获博士学位，1955年以《类比与信仰：对关于上帝的

① 参见郭鸿标：《潘能博的生平及神学思想简介》，载《思》第59期，1999年1月，网址：http://www.hkci.org.hk/Reflection/No.59/59_theo_sketch.rtf。

知识中类比概念的历史的一种批判性研究》(Analogie und Offenbarung: Eine kritische Untersuchung der Geschichte des Analogiebegriffs in der Gotteserkenntnis)的论文获得大学执教资格,出任海德堡大学编外讲师,同年接受按立,成为海德堡大学教堂牧师,从此开始了他近四十年的教学生涯。1958年,潘能伯格前往乌帕塔尔(Wuppertal),任教会大学系统神学教授,与莫尔特曼(Jürgen Moltmann)共事三年。1961年,他出任美因茨大学系统神学教授,1967年参与组建慕尼黑大学新教神学系和普世研究所,并任该所所长。除了教学活动之外,潘能伯格还作为信义宗神学家,对罗马天主教持欣赏开放的态度,积极参与和推进与天主教的神学对话以及普世教会合一运动。1994年,潘能伯格在慕尼黑大学荣休。

潘能伯格勤于写作,著作等身。据慕尼黑大学新教神学系在网上公布的潘能伯格1953—2000年发表作品清单,竟达六百四十五项之多[①](当然,其中有一些是同一作品的再版和转译。潘能伯格的许多著作都一版再版或被翻译成英文、法文、意大利文、日文等)。这里当然不能全文照录,只能择其要者如下:

- 《作为历史的启示》(*Offenbarung als Geschichte*, Göttingen, 1961)。

① 参见网页《潘能伯格1952—1998年发表作品目录》(Bibliographie der Veröffentlichungen von Wolfhart Pannenberg 1953—1998),网址:http://www.evtheol.uni-muenchen.de/oekumene/p-pannenberg-pub.htm。该目录实际收录已至2000年。

- 《人是什么？——从神学看现代人类学》(*Was ist der Mensch? Die Anthropologie der Gegenwart im Lichte der Theologie*, Göttingen, 1962)。
- 《基督论的基本特征》(*Grundzüge der Christologie*, Gütersloh, 1964)。
- 《系统神学基本问题》(*Grundfragen systematischer Theologie*, *Gesammelte Aufsätze*, Göttingen, 1967—1979)，共有三卷，均为论文集，多收录潘能伯格此前发表的论文，但也有新撰而未发表过的。
- 《神学与上帝之国》(*Theology and the Kingdom of God*, Philadelphia, 1969)。德文版：《神学与上帝之国》(*Theologie und Reich Gottes*, Gütersloh, 1971)。

- 《上帝观念与人的自由》(*Gottesgedanke und menschliche Freiheit*, Göttingen, 1972)，论文集，收录和整理潘能伯格此前发表的论文。
- 《科学理论与神学》(*Wissenschaftstheorie und Theologie*, Frankfurt, 1973)。
- 《伦理学与教会论》(*Ethik und Ekklesiologie*, Göttingen, 1977)，论文集，多收录潘能伯格此前发表的论文，但也有新撰而未发表过的。
- 《人性、拣选与历史》(*Human Nature, Election and History*, Philadelphia, 1977)。德文版：《人的规定——人性、拣选与历史》(*Die Bestimmung des Menschen: Menschsein, Erwählung und Geschichte*, Göttingen, 1978)。

- 《信仰自白》(*Das Glaubensbekenntnis*, Hamburg, 1972)。
- 《神学视角中的人类学》(*Anthropologie in theologischer Perspektive*, Göttingen, 1983)。
- 《形而上学与上帝观念》(*Metaphysik und Gottesgedanke*, Göttingen, 1988)。
- 《系统神学》(*Systematische Theologie*, Göttingen, 1988—1993),共有三卷。
- 《神学与哲学——从它们共同的历史看它们的关系》(*Theologie und Philosophie: Ihr Verhältnis im Lichte ihrer gemeinsamen Geschichte*, Göttingen, 1996)。

与潘能伯格的著作等身和学术声望相比,其著作的汉译相当落后。据笔者所知,目前其著作只有两个汉译本:

- 《人是什么?——从神学看当代人类学》,李秋零译,香港道风山基督教丛书,1994 年。
- 《天国近了——神学与神的国》,邓绍光译,香港基道书楼,1990 年;实际上是英文版《神学与上帝之国》的汉译。

另外就是散见于刊物、汇编中的节录、文章了,如《道风基督教文化评论》第十二期(2000 年春)的《基督论的基本问题》(摘自《基督论的基本特征》导论)、第十九期(2003 年秋)的《救赎事件与历史》(论文,译自《系统神学的基本问题》)等。

## 二、潘能伯格的神学思想

早在学生时代，潘能伯格就曾对巴特神学只强调上帝的言而缺乏哲学成分和人文气息表示不满，并在拉德的影响下，与一些同学自行组织学习小组，试图将拉德的释经学引入系统神学的讨论。即使毕业之后各奔东西，他们的合作研究也没有中断。1961 年，这个小组的研究成果作为论文集以《作为历史的启示》为题发表，"马上在颇为沉寂的德国新教神学圈子里，引起一时的震动。该论文集……被神学界恰当地理解为一股新神学概念的方案式宣言"。[①] 作为该论文集的编者，潘能伯格由此声名鹊起，论文集的作者们被称为"潘能伯格圈子"，由此形成德国第一个不以二十世纪二十年代辩证神学为范本的神学派别，也发展出潘能伯格神学思想的一个鲜明的特征，即对历史的特别关注。今人研究潘能伯格的思想，多称他的体系为"历史的神学"，本文多有援引的《现代神学家——二十世纪基督教神学导论》(*The Modern Theologians: An Introduction to Christian Theology in the Twentieth Century*)亦把他与莫尔特曼一起归在"历史与终末论"一组，原因就在于此。

这个神学新观点的核心思想是："根据《圣经》的传统，上帝并不直接地启示他自己(例如，在其'圣言'中)，而是间接地透过其在

---

① 福特编，董江阳、陈佐人译：《现代神学家——二十世纪基督教神学导论》(香港：道风书社，2005)，第 177 页。

历史中的作为。”而且“这不是指具体的历史事件或一连串的事件。这只能应用于历史的结局，就是所有先前的事件，实质上为整个实在得以被显明”。[1] 这样，潘能伯格的启示观就带有明显的终末论的特征。但潘能伯格认为，上帝在历史中的这种间接的自我启示，预先地实现于拿撒勒人耶稣的终极目的性中，或更具体地实现于耶稣的复活这个历史事件中。因此，神学应当从耶稣自己的历史实在出发，自下而上地达至耶稣基督的神性，从耶稣的历史、人类的历史出发达至上帝。

潘能伯格的这一新神学方案马上招来了批评。“在《作为历史的启示》出版后，战后德国神学的两个主要派别，巴特学派与布尔特曼学派，对在新历史神学中所隐含的对‘上帝之道神学’的批评做出强力的反应。一方面，巴特派强调需要以上帝在其三重圣言中的直接启示，来解释神圣的自我启示，从而否定潘能伯格的概念为一种新的神学理性主义；另一方面，布尔特曼的追随者则抱怨新历史神学误解了基督教福音宣讲与人存在历史性之间的关系，并指责潘能伯格在重构一种陈腐而抽空之历史形而上学。两派均指责潘能伯格使基督教信仰依靠着历史研究的结果，并在尝试确立此基础时，牺牲了神学反省的独立性。”[2]

然而，潘能伯格继续走自己的道路。在他看来，神学不仅应当建立在历史研究的基础上，而且还必须与现代人文社会科学乃至自然科学相融构，并且在多元文化的思想处境中，承担起整

① 福特编:《现代神学家》，第179页。

② 同上书，第198页。

合各种知识的任务。为此，潘能伯格广泛涉猎其他非神学学科，科际对话构成了他的神学思想的又一个鲜明的特征。其著作《科学理论与神学》主要探讨神学与自然科学的关系，《人是什么？——从神学看现代人类学》和《神学视角中的人类学》则探讨神学与人类学的关系，而《形而上学与上帝观念》、《神学与哲学：从它们共同的历史看它们的关系》则集中探讨神学与哲学的关系。尤其是哲学，潘能伯格对其有一种特殊的偏爱，以致反对派攻击他说，他是在以哲学来申明一种暗藏的哲学理论。但在潘能伯格看来，基督教神学必须具备哲学的反思，"从历史来说，哲学肇始于希腊诗人描述对希腊宗教神祇之批判。从系统思维来说，每当哲学超越了我们日常生活之自然意识，对我们关于世界与自身之多元经验，提出整体性与一致性之问题，那哲学与神学主题便彼此汇合。相反地，如果神学要论证独一上帝是世界与我们自身一致性之终极视界，神学便经常需要糅合哲学思维"。[①] 在 1996 年出版的《神学与哲学》中，潘能伯格强调指出："没有对哲学的全面认识，人们就既不能理解基督教的学说如何历史地形成，也不能达到对基督教学说在当代的真理断言的一种独特的、有根据的判断。缺少了有哲学素养的意识，人们就不能恰如其分地——在向独立形成判断过渡的意义上——完成从对《圣经》的历史批判诠释向系统神学的过渡。"[②]

然而，对于潘能伯格来说，哲学思维毕竟只是手段，而不是目



① 福特编:《现代神学家》,第 183 页。

② 见本书第 5 页(指中译本,下同)。

的，潘能伯格主张科际对话的根本目的是用神学整合散乱的各种知识，是建立其庞大的系统神学体系。“虽然哲学与神学之间是彼此依附的，潘能伯格却劝告其读者不要理解其神学为一种独立哲学系统之宗教表述。他视哲学反思基本上是作为神学之设准功能，而非其基础功能，借此为充分阐述思想领域中之宗教信仰实在观，提供了一种批判而建构性之设准。但是神学却是本于上帝在历史中之启示，由此呈现所有之实在均是植根于上帝之实在，并由此而完成在哲学上掌握实在之一致性。”[①]于是，潘能伯格三大卷的《系统神学》也就是一个必然的结果了。在这部著作中，潘能伯格系统地阐述了自己对基督教教义的理解，对历史、对理性的重视依然清晰可见，但也表现出一些重心的转移。例如在基督论中，潘能伯格过去强调自下而上的基督论，而如今则强调自下而上的基督论与自上而下的基督论的结合，着重从三位一体学说的进路来构建基督论。鉴于篇幅，这里不可能全面介绍潘能伯格的系统神学思想，有兴趣的读者，可以去读福特(David F. Ford)编的《现代神学家——二十世纪基督教神学导论》第十一章中的“系统神学”一节。

## 三、潘能伯格的《神学与哲学》一书[②]

据潘能伯格自述，《神学与哲学》(下文引用，仅在正文中标出

① 福特编：《现代神学家》，第184—185页。

② 此部分压缩自拙文：《基督教神学的哲学情结——潘能伯格的〈神学与哲学〉一书评论》，载《道风：基督教文化评论》第23期(2005年秋)，第247—256页。

中译本的页码）是“我数十年来定期讲授、一再修改、最后于1993—1994学年冬季学期在慕尼黑作为我的正式学术讲授之结束而开设的一门讲演课的手稿”（第1页）。本书的副标题是“从它们共同的历史看它们的关系”。它说明，潘能伯格对这一问题的探讨，“不是纯粹按体系进行，而是依各哲学体系的历史顺序及其在基督教神学中的接受来取向”（第1页）。该书大体上由五大板块组成。

### 第一章：哲学与神学之关系规定的各种类型

关于神学和哲学在历史上的关系之规定，潘能伯格总结出四种类型。第一种类型：神学与哲学对立。潘能伯格在这里举出了这种关系规定的始祖德尔图良以及他的名句：“雅典与耶路撒冷有什么相干？学园与教会有什么相干？”此外还有中世纪的达米安枢机主教和宗教改革家马丁·路德。但是，潘能伯格指出：“所有这些神学家尽管对于哲学言辞激烈，却都绝对不拒绝、不避免在神学中运用哲学。……作为神学与哲学之间的一种根本对立的见证而得到援引的这些观点，若加以更详细的考察就表现出，启示信仰与哲学之间、信仰与理性之间的关系是充满张力的，但并不是说二者之间就不存在任何积极的关系”（第17—18页）。第二种类型：基督教是真哲学。其代表是殉教士游斯丁和亚历山大里亚的克莱门。这一语式实际上表明，神学否认哲学是神学之外的一种独立的真理，信仰被解释为智慧的真正形态，而哲学按照其概念的词义仅仅是寻求智慧。第三种类型：神学作为超自然启示的知识高于作为自然知识的最高形态的哲学。其代表是中世纪的托马斯·阿奎那。第四种类型:哲学关于上帝的自然知识高于神学。其代表是启蒙时代的英国理神论和康德。潘能伯格的总结是:“对立的观点从未作为特有的历史立场扮演过一种独立的角色,而是始终仅仅作为要素出现在各种错综复杂的立场中,把哲学扬弃在神学中的意义上把二者等同,成为一个时代,亦即基督教的教父学时代的典型,而使哲学附属于神学,则成为中世纪基督教的亚里士多德主义的标志。把这种附属逆转为哲学高于神学,是启蒙运动思维的特征”(第25—26页)。此外,潘能伯格还举出了施莱尔马赫使信仰基于情感而不附属于理性的权威的尝试和黑格尔通过把宗教观念扬弃在哲学概念中而使哲学吸取信仰的内容的尝试,这两种倾向都以哲学理性的自律为前提条件,就此而言以启蒙运动的基本立场为前提条件。

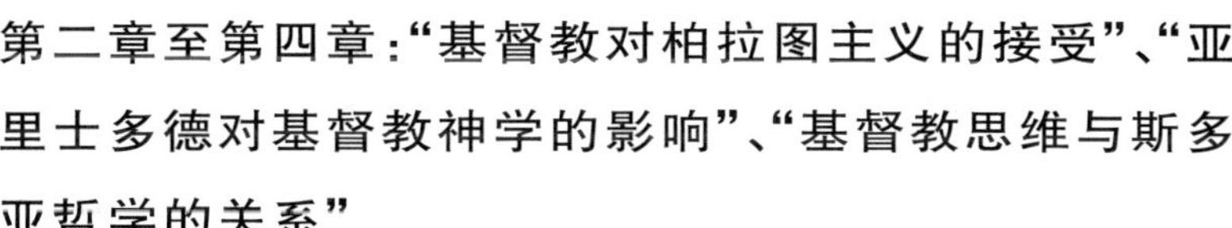

### 第二章至第四章:“基督教对柏拉图主义的接受”、“亚里士多德对基督教神学的影响”、“基督教思维与斯多亚哲学的关系”

第二章至第四章集中探讨古代哲学在基督教思维中的影响史。“在基督教神学产生和最初发展的时代里,古代没有任何一种别的哲学像柏拉图主义那样深刻地影响了它。在这方面,仅仅说柏拉图主义思维对基督教的一种‘影响’是不够的。毋宁说,这涉及一个创造性地接受和同化的过程”(第33页)。这主要涉及三个主题,其中首先是柏拉图关于神(世界本原)的学说。其次是柏拉图主义的与神相似的生活理想。最后是认识与光照的关系。亚里士多德最初是被教父时代归入柏拉图学派而一起接受的。而自十一世纪以来，亚里士多德迎合了时代在逻辑上和经验上的求知欲。基督教对亚里士多德的灵魂说、最高的奴斯是世界的第一推动者的学说改造，付出了比改造柏拉图学说更多的气力。斯多亚学派关于逻各斯、普纽玛、预旨、作为赞同的信仰、自然神学与自然法、良知、理性控制情感的伦理学等等，都经过基督教神学的批判性改造，成为基督教神学的有机组成部分。

### 第五章：基督教对哲学的主题构成的贡献

“基督教神学接受了哲学的思想，但基督教也就其自身而言改变了哲学的意识”（第 111 页）。基督教信仰开辟了对现实的一种新理解，无论是世界及其属神起源的现实，还是人的现实。对人和世界的这种新理解的某些视角，也成为哲学思考的主题。“属于此列的有世界及其所有部分的偶在，人的个体性的一系列视角，特别是人的人格性。此外还有历史作为一个不可逆的、对未来开放的过程的发现，对无限者作为世界的属神起源的本质规定的积极评价。最后，虽然不是基督教的道成肉身信仰本身，但却是这一信仰的一系列作用，特别是对理解人的自由的作用以及对爱与和解的概念的作用”（第 111 页）。

### 第六章至第十章

这一板块实际上由三个子板块组成。第六章（“近代文化从基督教解放”）主要讨论近代文化产生的进程。潘能伯格认为：“古代在十五世纪的文艺复兴中的恢复绝不已经意味与基督教的决裂。对文艺复兴的这种由布克哈特确立，特别是由尼采鼓吹的解释，以充足的理由受到驳斥。基督教本身吸取了古代的遗产，并把它转交给北欧皈依基督教的各个民族。因此，返回到古代并恢复古代——从哲学和各门艺术直到教父们——可以在基督教内部来完成”（第 138 页）。近代文化在很大程度上只不过是基督教神学的一种世俗化罢了。第七章（“对于近代早期来说决定性的哲学新端倪及其神学上的重要性”）集中探讨了十七世纪两个突出表现为划时代的观点，即笛卡尔对形而上学的更新和洛克所建立的经验论哲学，在潘能伯格看来，此期的其他哲学观点都可以被归于它们的影响。笛卡尔哲学的新东西在于如下论题，即对无限者的直观是关于有限者、包括自己的自我的一切知识的条件，与此相联系在于从奥古斯丁的自我确定性思想出发对上帝存在所做的新证明。“笛卡尔没有把他著名的上帝存在证明直接建立在自我确定性之上，而是建立在以对自我的意识为前提条件的无限者观念之上。但是，自我确定性毕竟构成了这方面的出发点。上帝存在的一个证据从无限者作为对有限内容的一切把握的条件的先验先在性出发来阐明，哪怕是沿着无限者与完满者的同一性的道路”（第 155 页）。笛卡尔的学说虽然没有赢得神学家的多少掌声，但却引起了马勒伯朗士、斯宾诺莎、莱布尼茨等人的进一步思考。洛克拒斥了上帝的天赋观念，但却肯定了对上帝的知识的确定性。“我们直接地意识到我们自己本身与我们周围的其他一切事物的存在一样是有限的。对我们自己的有限性的这种知识如今已经包含着关于上帝的思想；必定有某种东西亘古以来就存在着，因为没有任何东西是从无中产生的”（第 174—175 页）。因此，信仰作为对启示的同意，在原则上绝不是非理性的，而是完全理性的，是建立在最高的

理性之上的一种同意。此外，洛克建立在对过分的知识要求的批判之上的宗教宽容思想也获得了普遍的承认。第八章（“康德及其对神学的影响”）突显出潘能伯格对“康德及其思维在神学中深远的影响史”（第2页）的高度重视。潘能伯格断言，康德“早期自然科学的作品一开始就是在为形而上学的旨趣，特别是为神学旨趣服务”（第188页），因为“康德力图不仅在自然世界的形式结构方面，而且就其整个物质性存在来把它理解为受造的——一方面与上帝本身完全不同，另一方面恰恰在这种不同中完全依赖上帝”（第193页）。批判时期的康德虽然在认识论上摧毁了对上帝存在的一切证明，但却“在他的道德哲学著作中说明，不假定上帝的存在，人的道德规定就得不到保证”（第210页），从而提出了上帝存在的“公设”。然而，“康德对上帝信仰的道德哲学新论证还在康德的生年，亦即在十八世纪的最后十年，就成为深刻批判的对象。这种批判集中在由康德所主张的道德理性的自律和它对人们的说服力对信仰尘世中的至善的所谓依赖性之间的张力上——不假定一个统治世界进程的上帝，至善就显得不能实现”（第215—216页），而“对康德的道德神学的批判就很容易导向一种道德上的无神论”（第216页）。不过，康德的哲学对十九世纪和二十世纪初的新教神学却有一种顽强的影响。因为康德哲学加强了新教关于信仰相对于知识的独立性的信念，宗教被理解为人的一种主要是实践的事情。从康德出发的神学在超自然主义中，在觉醒神学中，以及在里敕尔学派中得到了不同的规定。第九章至第十章（“早期唯心论”、“黑格尔的体系思想”）探讨了从费希特到黑格尔的德国唯心论。在这里，潘能伯格尤其分析了从一开始就纠缠着德国唯心论的泛神论问题。在潘能伯格看来，德国唯心论之所以招致泛神论的嫌疑，固然与其哲学特征有关，但也有人们的现实误解。而实际上，德国唯心论对基督教神学的发展做出了杰出的贡献。潘能伯格特别对黑格尔赞赏有加。在他看来，“基督教神学有许多东西要感谢黑格尔：上帝是真无限者的思想，与此相联系三位一体学说和基督教道成肉身信仰的更新，启示是上帝的自我启示及其与三位一体学说的联系的理解。唯心论哲学家中间没有一位像黑格尔处在与基督教的一种如此积极的关系中”（第 316 页）。

### 第十一章和第十二章（“人类学转向”、“今日的神学与哲学”）

第十一章和第十二章的内容是黑格尔之后的神学与哲学。对于人类学转向来说，“被视为对理解世界和人类社会来说奠基性的，不再是上帝或者绝对者，而是人本身。在这里，问题不再仅仅在于人是关于上帝的意识的出发点，而是上帝被还原为是人的一种思想”（第 319 页）。这种转向是由从洛克出发的经验论传统、特别是由康德和早期费希特做好了准备的。但在对黑格尔体系的反应中，人类学转向获得了一种新的彻底性，这尤其表现在费尔巴哈、施蒂纳、马克思和尼采这里。在存在主义之后的各个哲学流派中，潘能伯格特别关注柏格森到怀特海的过程哲学，因为它与二十世纪大多数其他哲学流派不同，可以理解为更新哲学传统的形而上学设问的尝试，并恰恰因此而对一种近代神学思潮产生了可观的影响。而最后 章则从现代的经验，特别是现代的历史思维及其强调哲学对先行的宗教意识形成的依赖性的观点出发，在回顾哲学的形而上学传统的意义上，对哲学与宗教的关系问题做了总结。潘能伯格的最后结论是："哲学与神学在致力于理解人类和世界整体的现实方面有一个共同的主题。人们当然既可以从事神学，也可以从事哲学，可以以留在这一任务背后的各种各样的方式来进行研究。但是，哲学唯有面对这一任务才符合自己的伟大传统，也唯有这样才遵循自己不能被任何具体科学所取代的功能。反过来，神学唯有探讨世界和人类的创造者，并因此把自己关于上帝的言说与对人类和世界的现实的整体理解联系起来，才能恰如其分地谈论上帝及其启示。在这方面，神学需要哲学家的批判的、辨认方向的反思的对峙，而哲学就其自身而言不考虑宗教及其对人类本性的意义、对从宗教以之为主题的属神现实出发建构人类和世界整体的意义，也就不能达到对世界中的人类的全面理解。哲学千万不要想用一种纯哲学的上帝学说来取代宗教。即使不这样做，也要充分保留神学与哲学之间的张力，因为神学要从上帝及其启示出发思考人的存在和世界的整体，而哲学思维则从人类和世界的经验出发返回到其在绝对者中的根据"(第397页)。



## 四、《神学与哲学》与汉语神学的建设

潘能伯格的《神学与哲学》介绍和评析了神学与哲学在共同的历史中的关系。诞生于东方的基督教信仰与盛行于西方的哲学智慧原本是两种异质的文化，而历史却使它们相遇，历经两千年，演出了一幕又一幕有声有色的活剧。基督教接受了哲学，柏拉图、亚里士多德、斯多亚学派的哲学进入了基督教神学，并没有因此就让

基督教不再是基督教，反倒是使其大放异彩，实际上，如果不是接受哲学，如果不是“信仰寻求理解”，恐怕基督教能否成为世界性的大宗教、能否有一种真正意义上的“神学”都是成问题的。[①] 借助于对哲学的接受，基督教完成了它在历史上第一次成功的本色化。在后世，笛卡尔、洛克、康德、黑格尔等哲学家对基督教神学的反思，乃至对基督教神学的批判，也并没有对基督教神学造成什么伤害，反倒是为它增添了活力。潘能伯格对哲学的高度重视，无疑继承了基督教的这一悠久传统。

在基督教的传播史上，在文化层面上唯一能够与它的这第一次本色化相提并论的，可能就是它在中国的传播了。与它当年在希腊化的罗马世界里一样，基督教再次遇到了一个有着悠久历史的、厚重博大的世俗智慧传统。基督教在中国最初的传播，如果以明清之际真正有文化层面的接触为开端来看，在许多方面都有惊人的相似。[②] 但不同的是，此时的基督教，已经不是当年初到罗马世界的那个只有一些简单信条的基督教了。当年的基督教是以纯然的信仰而与哲学对话，此时的基督教却是带着自己已经相当发达的神学和哲学与中国文化对话。这也就使得基督教少了几分当年博大的胸怀，多了几分小家子气。“中国礼仪之争”的一番争吵，表面上虽然只是事关 Deus 的译名和中国基督徒的祭祖祀孔问题，骨子里却关涉如何在保持基督教纯正信仰和吸纳本土文化之

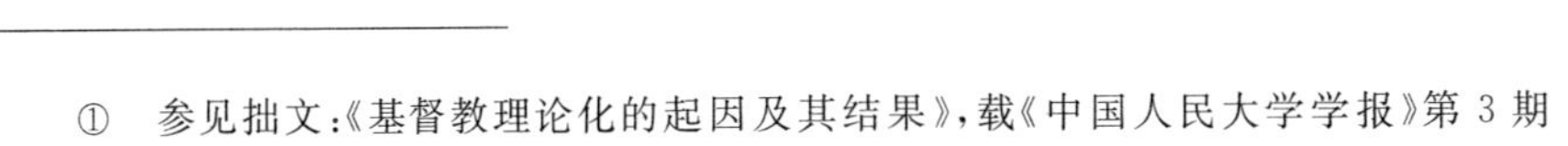

① 参见拙文：《基督教理论化的起因及其结果》，载《中国人民大学学报》第 3 期（2001 年）；《基督教是“真哲学”一说分析》，载《基督教思想评论》第二辑（2005 年）。

② 参见王晓朝：《基督教与帝国文化——关于希腊罗马护教论与中国护教论的比较研究》，北京：东方出版社，1997。

间找到一个恰当的接合部。争吵的结果是谁也没有从中捞到好处。基督教在华传播的成果几乎完全毁于一旦,中国也就此失去了在强盛时期融入世界的机会。[①] 二百年后基督教卷土重来,历数十年传教之后人们发现,本色化仍是一条不得不走的道路。而本色化的核心是神学的本色化,于是,基督教神学还是要与中国传统的和现有的思想文化打交道。

就像基督教信仰这种神圣智慧与哲学这种世俗智慧并非完全天人相隔、不相往来一样,形成于西方的基督教文化与地处东方的中国文化也并非完全无法沟通。实际上,无论是在历史上,还是在当代,都有许多有识之士在从事着基督教信仰与中国文化的沟通工作,并取得了丰硕的成果。但不可否认,这些工作绝大多数是基督徒怀着虔诚的信仰从事的,因而不免还有某种"局限"。近年来兴起的"汉语神学"倡导人文性、学术性,持跨教派、跨宗教、跨信仰的态度,引起众多非基督徒学人的积极参与,无疑是在更大的规模上、以更宽广的视野来融合基督教神学与中国文化。潘能伯格的《神学与哲学》,前半部探讨基督教诞生之前的哲学思想对基督教神学的影响和贡献,后半部则探讨体制教会之外作为非神学家的哲学家对基督教神学的影响和贡献,不仅完全可以作为我们今日"汉语神学"工作的一部参考书,而且也是"汉语神学"之意义的一个强有力的佐证。后世若是有人

① 参见拙文:《清初"中国礼仪之争"的文化学再反思》,《中国人民大学学报》,2003年第4期。

仿效潘能伯格教授撰写一部中国的《神学与哲学》，相信“汉语神学”将占据一个重要的篇章。

李秋零

中国人民大学佛教与宗教学理论研究所

# 目　　录

# 前　言

在这本书中，我以经过润色、但在轮廓上略有改动的形态展示了我数十年来定期讲授、一再修改，最后于 1993—1994 学年冬季学期在慕尼黑作为我的正式学术讲授之结束而开设的一门讲演课的手稿。我之所以决定出版这个讲演稿，乃是因为对于为神学家们提供哲学导论这个重要任务来说，遗憾的是还罕有文献。① 关于这一任务对于神学研究的重要性，我在本书导言的开首那里就谈过了。但除此之外，哲学与神学之间的关系也可能会引起更广泛的兴趣。

关于这种关系的问题，尤其是关于哲学对于神学来说在其相互关系的历史上的重要性的问题，构成了这一阐述的主导问题。它为什么不是纯粹按体系进行，而是以各个哲学体系的历史顺序及其在基督教神学中的接受为取向，这同样要在导言中予以论证。另一方面，对于这样一种阐述来说，哲学史上出现的各个体系只能

① 黑勒(Wilfried Härle)的著作《系统哲学——为神学大学生所做的导论》(*Systematische Philosophie : Eine Einführung für Theologiestudenten*,1982)虽然探讨了逻辑学、认识论和形而上学的基础，但却很少引用原始资料和文献，没有就其历史来探讨神学与哲学的关系。霍夫迈斯特(Heimo Hofmeister)提供了较为详细地关注在历史的进程中展开哲学论题的哲学导论:《以哲学的方式思维》(*Philosophisch denken*,1991)。不过，即使在这本书中，哲学与基督教神学的关系也没有得到讨论。

扼要地讨论,这也是不言而喻的。即便是为此给出的引文注释,也限制在一个最低水平上。谁要是在这里想更深入地了解这个段落或者那个段落,不用费多大力气就可以找到方向。

关于不同哲学体系在神学中的影响史所说的东西,也被迫保持为扼要的。尽管如此,这里仍然有本著述的主要旨趣。这首先适用于古代哲学在基督教思维中的影响史。紧接着,第五章探究基督教自身对哲学的主题和问题的贡献,而以下各章则转向近代思维与基督教的关系,首先是一些被认为较普遍的考虑,然后考察对于近代早期来说具有决定性的哲学新方案(第七章),特别要关注康德及其思维在神学中深远的影响史。

在讨论各种唯心主义体系之后,后唯心主义哲学将在人类学转向的总括性观点下予以探讨(第十一章)。在这里,存在主义之后的各个流派中只有过程哲学——从其在柏格森(Henri Bergson)那里的诞生直到怀特海(Alfred North Whitehead)——及其学派成为我们特别阐述的对象,因为它与二十世纪大多数其他哲学流派不同,可以理解为更新哲学传统的形而上学设问的尝试,并恰恰因此而对近代神学思潮产生了可观的影响。与此相反,现代哲学中科学论的和语言分析的各个流派在本讲演中未被特别讨论,因为它们尽管在神学的基础讨论中具有并非不重要的意义,但对于处在神学与哲学之关系中心的上帝、人类和世界之关系问题却几乎没有贡献什么新东西。较多体系倾向的最后一章将从现代的经验——特别是现代的历史思维及其强调哲学对先行的宗教意识形成的依赖性——的观点出发,在回顾哲学的形而上学传统的意义上,转向哲学与宗教的关系问题。这最后一章就是我于1994

年 2 月 22 日在慕尼黑的最后一次正式讲演。

我在这里也要感谢赫尔佐克(Markwart Herzog)博士先生核对引文,感谢我常年的秘书贝格尔(Gaby Berger)夫人打出手稿,感谢尼塞尔(Friederike Nüssel)博士夫人在文献方面提供的各种帮助。

潘能伯格

1996 年 1 月

于慕尼黑

# 导　论

## 一、关于哲学对于神学研究的功能的预先说明

没有对哲学的全面认识，人们就既不能理解基督教的学说如何历史地形成，也不能达到对基督教学说在当代的真理断言的一种独特的、有根据的判断。缺少了有哲学素养的意识，人们就不能恰如其分地——在向独立形成判断的过渡的意义上——完成从对《圣经》的历史批判诠释向系统神学的过渡。这里所涉及的不是依据这种或者那种哲学，而是从对神学和哲学之概念形成的历史的研究中产生的问题意识。

在自教父们以来的基督教历史中，系统神学始终已经是在与哲学的争论中得到表述的。对此，在神学本身的对象中就有实际根据，而其中最重要的根据马上就会提到。就连关于基督教学说的这种或者那种形象的一种批判性的判断形成，也必须总是与这些实际根据一同得到设想。这种判断形成在这方面也与当时这些思维形式的局限有关，因而也应当在对哲学问题意识的更广阔的历史的认识中来完成。

在全面研究哲学历史上的种种问题的要求面前被吓退，这可能是许多神学大学生在从《圣经》诠释过渡到教义史以及过渡到系统神学时感到困难的理由之一。然而，如果人们不从事系统神学，而且不彻底到学会设身处地地论证神学的判断形成，那么，人们就永远不能达到在对基督教学说的论题形成自己的判断方面的精神独立性。认为人们能够无须系统神学反思的中介就能够直接地从释经迈出通向布道的步子，这种看法是骗人的。在这种情况下，解释学的种种问题就只能通过鉴赏判断来证实，而布道者在这时如果不委身于作为走出自己形成判断的困难的虚假出路的基要主义的话，就实际上依赖于时代精神变幻的时尚。我们时代通常的基督教宣讲的可悲状况尤其要追溯到缺乏在系统神学课题方面的努力。但是，为了富有意义地研究这些课题，我们同样也需要对哲学问题视域——系统神学的判断形成在其中完成——有一种充分的认识。唯有通过释经的、哲学的和教义史—神学史的知识的结合，人们才能够在基督教学说的问题上做出论证和判断。

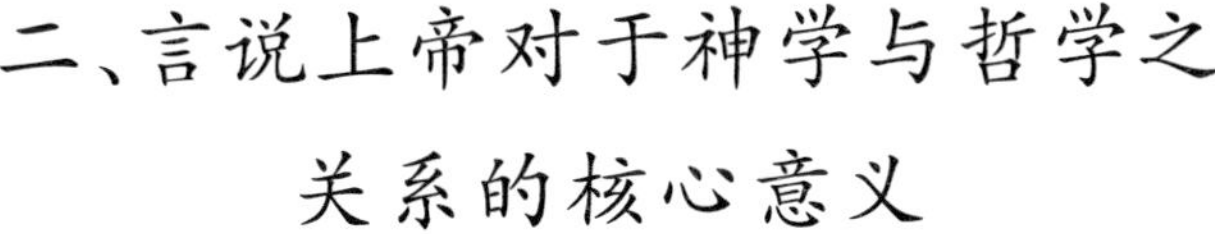

## 二、言说上帝对于神学与哲学之关系的核心意义

基督教神学从一开始就关注哲学，关注与哲学学说的争论，其最重要的实际根据是借助使徒的宣教福音的上帝之宣讲（帖前1:9）给出的。言说上帝，这意味着言说一切现实的东西的创造性本原。但是，犹太人的上帝与一切事物的创造性本原是同一的，因

而是对一切人负责的上帝，这一点却不是不言而喻的，至少对于非犹太人来说不是这样。因此，早期基督教神学把关于创造者上帝的言说与哲学的上帝问题、与关于属神现实的真正形态的问题结合在一起。[①] 就像耶格尔（Werner Jaeger）指出的那样，这在西方曾经是哲学的起源问题。[②]

哲学的起源与宗教密切相关。哲学的产生不是不依赖于宗教，而是作为对宗教传统所断言的东西的批判性反思。就哲学与神学的关系而言，这是一个基础性的事实。对于哲学家们来说，这一事实并非总是被意识到，或者至少并非总是以其全部重要性被意识到。古代哲学自克塞诺芬尼（Xenophanes）以来就颠倒了这一事实，也就是说，把这一事实理解为哲学真理在宗教传统中的感性表达。哲学对历史上先行的宗教事实的依赖性只是随着近代历史意识的出现才在其根本的意义上受到重视，而且尤其是受到黑格尔（G. W. F. Hegel）的重视；黑格尔的论题是：哲学使历史上先行于它的宗教达到概念。这样一来，黑格尔就赋予哲学以一种与神学相近的功能。至于哲学尽管如此仍与对宗教传统的内容的神学反思有别，要到后面才再讨论。

在西方哲学的起源中，哲学思维与宗教传统的关系是一种根本上批判的关系。出自在细节上很难说清的理由，人们对宗教传



① 参见作者的《接受哲学的上帝概念是早期基督教神学的教义学问题》（Die Aufnahme des philosophischen Gottesbegriffs als dogmatisches Problem der frühchristlichen Theologie），载作者的《系统神学基本问题》（*Grundfragen systematischer Theologie*，Göttingen，1967—1979），第一卷，第296—346页。

② 耶格尔（W. Jaeger）：《早期希腊思想家的神学》（*Die Theologie der frühen griechischen Denker*，1953）。

统关于众多神祇的言说表示怀疑。[①] 在这方面,也许通过航海和贸易获得的关于其他文化及其具有与希腊神祇在很大程度上类似功能的神祇的知识是一个重要的因素。也许,要使得对自己的神话传统产生怀疑,还需要另一种方式的震动,例如波斯于公元前六世纪占领希腊人在小亚细亚的移民区。[②] 无论如何,早期伊奥尼亚(Jonisch)哲学家坚持被赋予诸神的种种功能,尤其是坚持作为人类经验世界的种种现象的本原(arche)的功能,而且人们把被赋予诸神的其他特性与这种作为本原的功能进行比较。此时得出,关于诸神的宗教观念在很大程度上不适合他们的这一核心功能。例如,这些观念在很大程度上是拟人论的。就连诸神的复多也与宇宙的单一相对立:宇宙的真正本原只能是一个唯一的本原。唯有一个神才能造成宇宙的统一性。于是,哲学家们在与宗教传统相反的方向上追问必须被归于世界的属神本原的"真正形象"。[③] 在这方面,前苏格拉底哲学家们的不同论题可以理解为关于同一主题的变种:这始终涉及一个问题,亦即什么事实上是万物的本原,因而什么确实能够履行属神事物的功能——水、无限者、气、



① 这种观点特别明显地出现在克赛诺芬尼的残篇 11—16 中,载韦伯(F. J. Weber):《前苏格拉底残篇》(*Fragmente der Vorsokratiker*,1988),第 68—70 页。

② 康福德(F. M. Comford)在他的重要著作《从宗教到哲学——西方思辨起源研究》(*From Religion to Philosophy: A Study in the Origins of Western Speculation*,1912,Harper Torchbook 20,1957)中把哲学于公元前六世纪在贸易城邦米利都(Milet)的起源归因于航海民族特有的发明和冒险精神(第 143 页)。然而,泰勒斯(Thales)显然亲自积极参与过其进程的波斯占领小亚细亚的政治突变(Herodot:《历史》[*Historien*],第一卷,第 170 页)的时代经验,难道就根本没有起作用吗?

③ 对于理解这种考察方式来说,给人指明方向的是耶格尔的著作:《早期希腊思想家的神学》。

理性。[①]

因此，哲学在其与宗教传统的批判性反向关系中把言说神的合法性与本原功能的可证明性结合在一起。这样一来，它就没有给民间信仰的诸神提供任何标准，宗教传统能够把它当作与自己的主题不相干的和不切实际的而加以拒斥。人们关于诸神所做的断言是，诸神是世界现实的本原，或者至少是世界现实的一个总是确定的方面的本原。因此，关于诸神的表象必须根据被表象者是否实际上可以设想为万物的本原来衡量。

在希腊化世界，犹太教一神论就已经能够把对多神论民间信仰的哲学批判理解为犹太人对独一上帝的信仰的证实了，[②]精确地说，理解为已经由第二以赛亚(Deuterojesaja)提出的主张的证实(赛41:29;参见赛41:4;43:10)，即以色列的上帝作为世界的创造者完全是唯一的上帝，由此在原则上得出他也为异教徒负责。与希腊化的犹太教一样，基督教在希腊化世界中也可以为其关于所有人的独一上帝的福音而援引哲学家们；所有人都应皈依这一上帝(帖前1:9)，因为上帝为了所有人而在耶稣基督里面把自己启示出来。在这种情况下，基督教当然也必须能够表明，基督教关于上帝的言说符合由哲学阐明的言说属神本原的批判性标准，与哲学家们的上帝学说是同一血脉的，或者甚至是优于后者的：一方

① 参见赫尔舍(U. Hölscher)：《阿那克西曼德与哲学的开端》(Anaximander und die Anfänge der Philosophie, 1953)，载伽达默尔(H. G. Gadamer)编：《前苏格拉底哲学家的概念世界》(*Um die Begriffswelt der Vorsokratiker*, 1968)，第95—176页。赫尔舍特别强调泰勒斯对埃及的依赖性(第126页)。

② 关于亚历山大里亚的斐洛(Philo von Alexandrien)，参见沃尔夫森(H. A. Wolfson)的描述：《斐洛传》(*Philo*, 1947)，第二卷。

面，不同的哲学学派关于属神现实的陈述并不都在同等程度上接近基督教的、《圣经》的上帝观，也就是说，并不都像出自柏拉图(Platon)学派的哲学家那样接近；另一方面，基督教神学家们依然保持着一种意识，即哲学家们关于上帝所说的话，并不在每一角度都与《圣经》关于上帝的福音相同。因此，与哲学家们的学说进行论证性的争辩的任务就得到提出。[①]

## 三、与上帝观相应的世界概念和哲学与具体科学之间的张力

因此，基督教神学探讨哲学的最重要的实际根据原初曾经是、并且直到今天仍然是基督教关于拿撒勒人耶稣的上帝是所有人的独一的、真正的上帝的学说。但是，人们必须清楚，“上帝”这个词所指的并不是一个特殊主题。对古希腊宗教多神论的民间信仰的哲学批判是以上帝观和世界观的交互联系为其论证基础的。言说上帝意味着言说一切现实的东西的创造性本原。因此，只要人们还没有把一切现实的东西——人类和宇宙——就其来自这个上帝而言加以思考，人们就还没有现实地思考“上帝”这一思想。倘若上帝和一切现实的东西的总体尚未在它们的这种共属性和交互参照性中得到思考，“言说上帝”就还是一个空洞的语词，或者是一个实际上未加论证的观念；这种观念遭到批判，是在它例如被解释为

---

① 作者在《接受哲学的上帝概念是早期基督教神学的教义学问题》一文中阐明了这一点，文章见于作者的《系统神学基本问题》，第一卷，第296—316页。

拟人论的、被解释为宗教投射的产品的时候。如果人们知道自己在言说“上帝”的时候所说的东西，那么，人们不把上帝当作世界和人类的本原来思考，就不再能思考世界和人类的现实性。反过来，人们在这种情况下只能这样来思考上帝，即同时把一切现实的东西的整体思考为由上帝产生的。因此，哲学自前苏格拉底哲学家们以来就把自己的任务视为在整体上，亦即在宇宙的统一性中思考现实性。这就是哲学的上帝问题的相关物。直到前不久——亦即直到尼采，哲学的广泛主题还是由上帝观与世界概念的这种关系规定的。

今天的哲学除了极少数例外，已经从这个广泛的任务中退出了。人们与对人类被置于其中的现实进行包囊一切的定位这一任务保持距离，把由上帝和世界这些主题规定的哲学思维形态称为“形而上学”，[①]并且谈到形而上学的终结，尽管人们尚不完全肯定，这一终结究竟在什么地方出现——在海德格尔（Martin Heidegger）看来是以尼采终结，在孔德（Auguste Comte）看来是以实证科学的出现终结，在狄尔泰（Wilhelm Dilthey）看来是以历史思维的出现终结。

与哲学在整体上思考现实的传统任务告别的趋势并不仅仅被理解为具体科学独立化的一个结果。毋宁说，哲学的上帝学说的解体可以被认定为就连世界概念的统一性也不再绝对必要地硬要充当哲学思维的主题的一个决定性要素。只是在与哲理神学的传



① 参见海德格尔关于形而上学的本体神学观的一章，载海氏著：《同一与差异》（*Identität und Differenz*，1957；1982 年第 7 版），第 31—67 页。

统告别之后，世界的知识才能够完全被托付给经验性具体科学不同的理解方式。

今天，由于对经验性具体科学为世界以及人类本性的知识负责的广泛信念，如下问题也就对神学提出了，即对这些科学的研究是否必须优先于同哲学的对话。于是，就对关于人类的神学陈述必须顾及的人类现实性的那种要求普遍性的理解来说，心理学和社会学就显得比哲学更为负责和更具决定性。但是要注意，不同时迈出从具体科学的方法论到一种哲学思考的一步，人的存在现实性的广泛主题就不能被任何具体的人类学学科纳入视野。在这里，就连各个专业领域及其问题在哲学主题范围上的全部复杂性也没有得到考虑，因为人们相信自己处在各个具体学科的可靠地基之上。这方面的一个实例就是哈贝马斯（Jürgen Habermas）在其著作《知识与兴趣》（*Erkenntnis und Interesse*，1968）中把社会学的考察方式运用于认识论问题。在这里，认识论的问题在总是主导性的认识兴趣的观点下得到研究，就像效法马克思的社会学家的意识形态批判态度容易想到的那样，但关于人在陈述句中下判断的真理性的条件问题却没有提出，尽管唯有陈述的真理性才使该陈述成为知识。只是在后来的出版物中，哈贝马斯才详细地探讨了真理概念，并且还是在一种社会学的观点下，亦即在判断者的共识的观点下来探讨这一概念的。相应的疑虑，例如对从社会学角度出发解释认识论问题的疑虑，也可以向把生物学的进化论运用于讨论认识论问题的种种尝试提出。也就是说，哲学的认识论坚持认为，一切具体科学的具体知识都总是已经以一般知识的“可能性条件”为前提，并且以这些条件为依据。至少，具体科学家

对于他的特殊工作领域的普遍意义问题，总是已经表现为哲学家，因而不再具有他的特殊专业的权威。这一点，恰恰也适用于为物理学对于理解世界现实的意义而写作的自然科学家。人们常常以当今有教养世界对作为奠基性自然科学的物理学表示的那种尊重来接受他们的意见。然而，关于物理学对理解世界的适用范围的反思却总是具有哲学的特征，而不是直截了当地由物理学家作为专业科学家所享有的权威来担保的。例如，英国物理学家霍金(Stephen Hawking)1988年写了关于时间的一本备受关注的书：《时间简史》(*A Brief History of Time*)。在题目上就已经可以看出的时间的产生——或者干脆是时间的历史——的思想却具有悖论的特征，因为这些表述本身已经预设了时间：历史只能在时间中进行。因此，谈论时间的产生史，在哲学上是成问题的，因为它在逻辑上是循环论证。



各门具体科学对于在整体上理解人类和世界的重要性，唯有在对具体科学的方法和结果的哲学反思的层面上才能得到适当的探讨。二十世纪只有少数哲学家(例如柏格森，尤其是怀特海)敢于做出对世界现实的一种哲学解释，这一事实丝毫不改变上述情况。今天，哲学难得发现自己有能力奠基性地和概括性地对经验现实做出总的说明。前面已经强调过，这种状况是忽视哲理神学传统的一个结果，因为关于上帝的言说会迫使人也以世界概念为主题。不同的具体科学只好进入这里由当今哲学一方留下的漏洞，它们的代表人物自身开始进行哲学思维——遗憾的是经常以片面的和哲学上未经充分反思的方式。

对于神学来说，这种状况是特别令人不满意的，因为神学不仅要言说上帝，而且还要言说作为上帝的创造的世界，而且是把世界作为关于上帝的言说的相关物。在早先几个世纪里，神学在这方面能够积极地和批判地与一种哲学的世界解释的对峙发生关系。今天，这种对峙在很大程度上丧失了。但是，对于神学来说，任务依然如故，而且这样一来，这里要确认的哲学说明的漏洞的意识就更成为研究哲学的历史的一个诱因，以便看一看，哲学在过去的时代里怎样承担今天尚未解决的全面说明现实的任务，以及这些答案的问题是什么。这些问题使得今天不可能简单地接受这样的模式，尽管尚未解决的对世界和人的现实性做出一种相应的整体说明的任务即使在今天也只能在哲学上予以解决。

# 第一章　哲学与神学之关系规定的各种类型

如果人们想系统地了解神学与哲学充满变迁的关系史，那么，先行考虑二者的关系在根本上能够接受哪些形式，先行考虑在神学与哲学的关系的历史上实际上曾经出现过哪些典型的关系规定是有益处的。一、人们曾经把哲学与神学的关系设想成对立；二、另一方面，人们又试图把二者等同起来。三、此外，人们曾经把神学置于哲学之上；四、或者反过来，把哲学置于神学之上。这样一来，就有了四种形式上可能的关系规定，如同马上就可以看到的那样，还可以在哲学与神学之间的关系史中给它们附加上某些立场。当然，如果加以更仔细的考察，就会表现出：这样一些形式上的关系规定至多具有先行考虑的意义，其界限在于历史上实际形成哲学与神学之关系的种种方式的复杂性。尽管如此，凭借已有的形式上的关系规定来考察这种状况是有益处的。作为神学与哲学之关系规定的典范的界限可能性，这些关系规定对于考察神学与哲学在其历史进程中的关系依然是重要的。对神学与哲学之关系的一种主要是类型学的考察方式的种种问题进行讨论，将促成对主题范围的一个暂时的概览，并导向对在本书的结构中要遵循的程序做出论证。

# 一、神学与哲学对立

认为基督教的学说与哲学毫不相干，与哲学思维的任何结合都将以基督教学说作为启示神学的真实性为代价，这种观点一再援引德尔图良(Tertullian)为其始祖。[①] 事实上，德尔图良能够写道："雅典与耶路撒冷有什么相干？学园与教会有什么相干？"[②]对于上帝在基督里面的启示来说，问题只在于信仰，没有任何东西超出信仰。德尔图良虽然并没有创造出后来被归于他的那个公式，即他信仰，乃是因为被信仰者荒谬("正因为荒谬，我才相信"[credo quia absurdum])，但他毕竟在谈到被钉十字架者的复活时能够说，这复活之所以是确定无疑的，恰恰是因为理性判定这样一个事件是不可能的。[③]

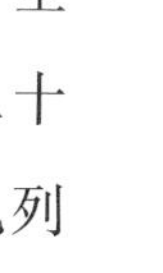



对于把神学与哲学对立起来，另一个实例是教宗格雷戈尔七世(Gregor VII)的顾问和当时神学中的辩证法者的激烈对手达米安(Petrus Damiani，1007—1072)枢机主教。在其《论上帝的全能》(*De divina omnipotentia*)一书中，达米安在对《申命记》二十一章10—13节——古以色列战争法的一部分，它规定一个以色列

① 关于德尔图良的哲学观，参见吉尔森与伯纳(E. Gilson & Ph. Böhner)：《基督教哲学——从其开端到尼古拉·库萨》(*Christliche Philosophie von ihren Anfängen bis Nikolaus von Cues*，3. Aufl.，1954)，第153—154页。

② 德尔图良(Tertullian)：《异端法规》(*De Praescriptione Haereticorum*)，第7章，第9节(CCL1.193)。

③ 德尔图良：《论基督的身体》(*De carne Christi*)，第5章："它是确定无疑的，正因为它是不可能的"(Certum est quia impossibile est，CSEL 70，200，27)。

人可以怎样对待他想当作女奴留下的女战俘——的一种追随杰罗姆(Hieronymus)的诠释中描述了神学家应当怎样利用哲学:首先,他剃掉哲学的头发,亦即无用的理论;然后,他修剪哲学的指甲(迷信的作品),再后脱去她的旧衣服(异教的传说和神话),只有这时才拿她做妻子。但即使这样,她也必须依然是仆人,不是走在作为其主人的信仰前面,而是追随在信仰的后面。[①] 对这段话的这种诠释构成了中世纪把哲学当作"神学的婢女"(ancilla theologiae)来对待的出发点,而且与此相关的还有康德以著名的画面对二者关系规定的颠倒,即哲学作为其主人的婢女手持火把走在前面,而不是在后面捧着拖裙。[②]

在神学与哲学对立这一论题的诸权威中间,经常被提到的还有马丁·路德(Martin Luther),这是因为他关于理性在信仰陈述中的盲目性的判断,[③]这些判断在理性是妓女的著名称谓中达到顶峰,[④]但也因为他关于哲学——尤其是哲学在神学的应用——



---

① 达米安(Petrus Damiani):《论上帝的全能》(*De divina omnipotentia*),第5章(MPL145,603D)。参见杰罗姆的书信,载CSEL64,56n. 8(658),以及21n. 13(122以下)和70n. 2(102)。

② 康德:《学科之争》(*Der Streit der Fakultäten*,1798),第26页。但康德是把这种状况还当作悬而未决的问题来阐述的。

③ 路德(M. Luther):《魏玛版路德全集》,第一卷,第36页,第17行以下。参见洛泽(B. Lohse):《理性与信仰——关于路德神学中的理性的研究》(*Ratio und Fides: Eine Untersuchung über die ratio in der Theologie Luthers*,1958),第32—33页,尤其是第63页以下,第98页以下,关于路德在1518年沃尔姆斯国会(Reichstag zu Worms)上诉诸理性的清晰根据,参见第110页以下。

④ 路德:《魏玛版路德全集》,第十八卷,第164页,第25—26行;参见洛泽:《理性与信仰》第72页。

的判断。[①]

然而，所有这些神学家尽管对于哲学言辞激烈，却都绝对不拒绝、不避免在神学中运用哲学。例如，德尔图良在某些方面追随当时占统治地位的哲学学派斯多亚派的观点，尤其是斯多亚派的精神学说及其关于精神的形体性的观点。因此，德尔图良也可以断言上帝有形体性。[②] 在达米安那里，总归这一点是清楚的，即他并不一般地拒绝辩证法，而是仅仅拒绝辩证法对于神学的那种无限制的独立性。最后，路德在其早年曾表明自己是奥卡姆主义者(Ockhamist)。[③] 路德关于哲学及其在神学中的应用的批判性判断所针对的首先是亚里士多德(Aristoteles)。[④] 与此相反，路德可以把瓦拉(Laurentius Valla)和威克利夫(John Wiclif)的斯多亚主义论题——一切都是必然地发生的——当作对上帝及其预旨(Vorsehung)的全能作用的描述来捍卫，[⑤]并由此招致一种指责，

① 关于上帝，哲学什么也不知道(《魏玛版路德全集》，第四十卷第一部，第 20 页，第 34 行以下)；参见第八卷，第 36 页以下。第三十九卷第一部，第 174 页以下。参见洛泽：《理性与信仰》，第 74 页以下，关于路德早期对哲学的判断，参见第 25—26 页。

② 德尔图良：《驳普拉克西亚》(*Adversus Praxean*)，第 7 章(CSEL47. 237)。关于德尔图良灵魂观和上帝观中的唯物论，参见吉尔森与伯纳：《基督教哲学》，第 155—156 页。

③ 参见洛泽：《理性与信仰》，第 26—27 页。

④ 路德：《魏玛版路德全集》，第五卷，第 107 页，第 5 行以下；此外参见洛泽：《理性与信仰》，第 74—75 页。

⑤ 路德：《魏玛版路德全集》，第十八卷，第 699 页(《论奴役的意志》[*De servo arbitrio*，1525])。关于路德与瓦拉的关系，参见埃贝林(G. Ebeling)：《路德研究》(*Lutherstudien*，1971—1989)，第二卷("关于人的论辩"[Disputatio de homine])，第二部分，第 90—92、474—475 页。后来的梅兰希顿(Philipp Melanchthon)已经把为了一切发生的事情的一种普遍的必然性而拒绝意志自由称为斯多亚学派的论辩(Stoicas disputationes)。

说他是一种斯多亚主义宿命论的追随者。但尤其与路德对理性的敌意陈述相对立的，还有很积极的判断，而且不仅是考虑到自然理性在其世俗领域里的权限，而且也是就一种由信仰照亮的理性在神学中的参与而言的。①

因此，作为神学与哲学之间的一种根本对立的见证而得到援引的这些观点，若加以更详细的考察就表现出，启示信仰与哲学之间、信仰与理性之间的关系是充满张力的，但并不是说二者之间就不存在任何积极的关系。因此，关于神学与哲学之间的一种纯粹对立的论题将必须被判定为过分的。神学总是还依赖于应用理性，仅仅因此就已经不能完全放弃与哲学的讨论。

## 二、基督教是真哲学



把基督教称为真哲学，乍一看，对于在截然对立的标志中描述神学与哲学的关系来说，表现为另一种极端的选择。但仔细看来，在古代教会神学中流行的这一公式却表明，神学否认哲学是神学之外一种独立的真理，以至于与实际相遇的哲学的对立事实上进入了基督教是真哲学的描述。

这个公式已经出现在第二世纪的护教家那里。例如，殉教士游斯丁(Justin)已经把基督教称为“唯一可靠的和有益的哲学”，既保管着一切事物的开端和目标，也使每一个人有可能成为完善

① 参见洛泽:《理性与信仰》，第77页以下。

的和幸福的。[①] 这样一来，哲学与宗教关系的一种全新的形式就在当时提出了。[②] 如果说，在较早的希腊哲学中，神话的描述被视为哲学真理的图解，而且在普卢塔克(Plutarch)那里——尤其在他关于伊西斯崇拜(Isiskult)的作品中——对宗教观念的这种解释也被转用到其他宗教传统上，以致埃及的智慧神托特(Thot)可以等同于希腊神赫尔墨斯(Hermes)这位众神信使，被理解为哲学的逻各斯概念的一种表现形式，那么，亚历山大里亚的斐洛(Philo von Alexandrien)就已经主张过，有一种确定的宗教图解，亦即犹太宗教的图解，是唯一适合哲学真理的图解。与此相反，教父们不再满足于把基督教信仰解释为哲学真理的图解，而是把信仰本身置于哲学的地位，因为他们把信仰解释为智慧的真正形态，而哲学按照其概念的词义仅仅是寻求智慧。

基督教信仰自称为哲学，是与如下事实相符的，即"神学"一词在时代的流行用语中所指的还是神话的诸神学说(例如柏拉图：《国家篇》[*Staat*]，379a)。尽管自亚里士多德以来，而且还在斯多亚学派哲学家们那里(见下)，就存在着对"神学"这一概念的另一种运用。不过，在第二世纪，把神学等同于神话学的用语还是流行的。这也许就是在人们能够毫不含混地使用"哲学"这一概念的时候，基督教思维在接受"神学"这一概念方面犹豫不决的原因。[③]



---

① 游斯丁(Justin)：《与特里风的对话》(*Dialogus cum Tryphone*)，第8章，第1节；戈德斯皮德(E. J. Goodspeed)：《最早的护教家》(*Die ältesten Apologeten*，1914；Neu-aufl.，1984)，第99页。

② 以下参见戈德诺大(E. R. Goodenough)：《由光而来的光　希腊化犹太教的神秘福音》(*By Light*，*Light*：*The Mystic Gospel of Hellenistic Judaism*，1935)。

③ 关于神学概念在基督教思想中的开端，参见作者的详细说明：《科学理论与神

但即使在这时，当"神学"这一概念至少对基督教的上帝学说变得可用的时候，这种情况之发生，一方面是与亚里士多德那里对这一概念的哲学应用相关，另一方面是与斯多亚学派那里对这一概念的哲学应用相关。自巴内修斯(Panaitios)和他的学生波西多尼乌(Posaidonios，公元前135—前50)以来，斯多亚学派与诗人的神话学神学和国家崇拜的政治神学相区别，把哲学关于神的学说称为"自然"神学，亦即关于神的学说的那种与属神事物本身的本性相符合的形态。[①] 通过瓦罗(Marcus Terentius Varro)，"自然神学"这一概念在拉丁语域变得流行了。在基督教文献中，这一概念在德尔图良那里就已经出现，之后特别是奥古斯丁(Augustin)把它用于基督教的学说。[②] 实际上，这无非意味着如早期教父们阐明的那样，把基督教理解为真哲学。

尤其是亚历山大里亚的克莱门(Klemens von Alexandrien)的代表作——其全名按照《杂文集》(*Stromata*，第六卷，第1章，第1节)应当叫作《根据真正的哲学做出科学阐述的杂文集》——纲领



---

学》(*Wissenschaftstheorie und Theologie*，1973)，第11页以下；《系统神学》(*Systematische Theologie*，1988—1993)，第一卷，第11—12页。

① 就斯多亚学派关于神学之三种形式的学说而言，参见耶格尔：《早期希腊思想家的神学》，第1章。自然与人之设定的对立在智者学派那里就已经出现，并为自然神学与神话神学和政治神学的对立奠定基础，对此做出探讨的有海尼曼(F. Heinimann)：《规律与自然——公元前五世纪希腊思维中一个反论的起源和意义》(*Nomos und Physis: Herkunft und Bedeutung einer Antithese im griechischen Denken des 5. Jahrhunderts*，1945)。

② 德尔图良：《致各民族书》(*Ad Nationes*)，第二卷，第2章，第14节(CCL 1，43)；奥古斯丁：《上帝之城》(*De civi: tate Dei*)，第六卷，第5章以下以及第八卷，第2章以下；参见作者在《系统神学》(第一卷，第91—92页)中的阐述。

性地贯彻了基督教学说是真哲学的观点。[①] 为此奠基的是如下论题：希腊人的哲学是“属神预旨的一个作品”（第一卷，第18章，第4节），是“一个属神的、授予希腊人的赠礼”（第一卷，第20章，第1节），与犹太民族中的律法相应，是基督教启示的一种准备（第一卷，第28章，第1节以下）。克莱门的《杂文集》要把希腊哲学的学说解释为信仰的准备，而信仰本身则充当判断哲学学说时的标准（第一卷，第8章，第2节）。对于对哲学的这种解释来说，克莱门可以援引哲学的概念本身，这是就哲学是对智慧的追求、是对智慧的爱，[②]而在基督里面启示的智慧本身则是指向智慧的这种追求的“主人”而言的（第一卷，第30章，第1节）。

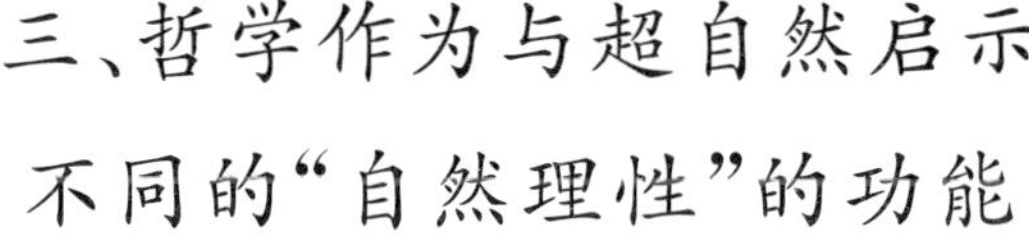

## 三、哲学作为与超自然启示不同的“自然理性”的功能

教父神学把基督教的学说本身理解为真哲学，而在拉丁中世纪，神学知识与符合人类理性的知识区分开来，后者是人类理性的“自然”知识，如其在哲学中阐明的那样。神学的对象是一种基于

① 参见吉尔森与伯纳：《基督教哲学》，第33页以下。

② 关于哲学是对智慧的爱的概念，尤其参见柏拉图笔下的苏格拉底在《费德罗篇》(*Phaidros*)中的阐述：“费德罗啊，把某人称为一个智者，我觉得这是件大事；在我看来，这个名称只应归于神。不过，做智者的一个朋友（to philo sophon）或者诸如此类的事情，倒是（对于一个杰出的人来说）要更为合适、更为得体”（278d）。还请参见《会饮篇》(*Symposium*)，203c—204b，在那里，厄洛斯（Eros）作为对智慧的爱构成无理性者和智者的居中者。

超自然启示的学说。[①] 超自然者的概念具有悠久的历史。在希腊教父神哲学中,这一表述首先表示超出人们在自然事物的正常进程中能够期待的东西的神奇事件。通过托名狄奥尼修斯(Pseudo-Dionysios Areopagita),这个词进入了拉丁经院神哲学的神学术语。然而,只是自托马斯·阿奎那(Thomas von Aquin)以来,它才成为系统神学的一个术语。[②] 在托马斯·阿奎那这里,该概念表示上帝超越人类理智的本性的超越性。由于人的理性与人的灵肉本性相适应,与对体现在感性地被给予的东西中的本质性的认识相关,所以它虽然能够通过因果性的概念把握第一因的思想,但却不能积极地认识后者的本质。为此它还需要一种从上帝出发的、充满恩典的提升。哲学作为自然理性的最高活动,在这里发现了自己的界限。但是,既然人按照自己的本性与上帝、与作为其追求永福的目标的对上帝的直观相关,[③]这个目标超越了他的本性和一切受造物的本性,[④]所以它需要一种提升,来超越受制于他的理智的本性的限制,而这样的提升他是通过信仰之光来分享的。



---

① 托马斯·阿奎那实际上已经在《神学大全》(*Summa, theologiae*)中描述了这种状况(第一部,第1题,第1条),当然在这个地方还没有用“超自然者”这个概念。不过,托马斯·阿奎那在讨论关于上帝的知识时(第一部,第12题,第4条)说,关于上帝的知识对于被造的理智来说是“超自然的”(supra naturam),我们的理智唯有在被提高到它的本性之上(ultra suam naturam)时,才能达到关于上帝的知识(同上书,回应第3异议)。与此相应,关于信仰的知识在《神学大全》(第二部第二部分,第2题,第3条,回应第1异议)中被称为“某种超自然的知识”(quaedam supranaturalis)。

② 参见佩施(O. H. Pesch)在《神学与教会词典》(*Lexikon für Theologie und Kirche*; 2. Aufl., 1965),第十卷,第437页以下的概览;以及吕巴克(H. de Lubac)的奠基性著作:《超自然者——历史研究》(*Surnaturel: Études historiques*, Paris, 1946)。

③ 阿奎那:《神学大全》,第二部,第一部分,第4题,第8条。

④ 同上书,第一部,第23题,第1条。

因此，人按照自己的本性着眼于一种超越其界限的知识，所以在托马斯看来，在自然和超自然之间，在哲学和神学之间，不存在任何对立或者矛盾，而是超自然的恩典成全人的本性。这也就意味着，自然的理性是以服侍的方式指向信仰的。[①] 与此相应，正如托马斯的《神学大全》一开始就阐明的那样，哲学的各门学科也需要一种通过神学的补充和提升。

哲学与神学的这种关系规定在历史上影响深远，而这种关系规定的出现与中世纪盛期神学家们接受亚里士多德哲学密切相关。此时，神学家们承认亚里士多德对于自然理性的领域具有一种独特的权威。但是，如果自然理性就是亚里士多德的自然理性，那么也就得出，神学的信仰知识必须被视为超自然的。这样，在托马斯·阿奎那这里，对亚里士多德认识论的接受就构成了关于人类理性受其自己的本性限制的观念的基础：唯有在一种把理性限制于对感性地被给予的东西进行加工的认识论[②]的基础上，人们才能看出关于上帝的知识原则上超越与理性的本性一起被给予的限制。然而，托马斯在哲学的自然知识与神学的信仰学说之间确立的联结却是以人努力超出自己本性的这种限制、甚至天生着眼于这样的自我超越为前提条件的。但在这种情况下，这样的追求岂不恰恰也是人的理性所特有的，与所主张的理性被限制在感性地被给予的东西相对立吗？因此，如果从这方面看自然与超自然的区分是成问题的，那么，从另一方面看，它由于理性知识把握事

① 阿奎那：《神学大全》，第一部，第1题，第8条，回应第2异议。

② 同上书，第一部，第12题，第12条。

物本质的意向就是可疑的：也就是说，如果自然理性真的把握到事物的本质，那么，就不再给通过超自然的学说的补充留有空间。在这种情况下，这样的学说充其量触及“非本质的东西”。在托马斯那里，这样的结论唯有通过把理性限制在感性地被给予的东西的本质上才能阻止。然而，理性为什么不应当能够使关于某物的每一种思想都成为其反思和形成判断的对象呢？通过一个毕竟就其自身而言是由理性想出的、其内容尽管如此却应当从理性抽走的超自然概念来提升理性的本性，看起来是自相矛盾的。

在对一种“自然”思维不依赖于信仰知识的独立性的承认中，与古代教会把哲学的自然思维扬弃在神学之中的观念不同，一开始就包含着突破自然和超自然的人为综合的萌芽：自然理性不可能承认任何从外部给它设立的限制。与此相反，它必然要维护自己的本质认识的自律和充足，拒斥启示学说超出理性可行性的要求。在历史上，这最终发生在启蒙运动与宗教传统的权威原则的争辩中。

权威的概念源自古代论辩术（Rhetorik），[①]原初表示由坚信

① 关于权威概念的历史，参见吕特克（K.-H. Lütcke）：《奥古斯丁论“权威”——附该概念的罗马前史导论》（“*Auctoritas*” *bei Augustin*：*Mit einer Einleitung zur römischen Vorgeschichte des Begriffs*，1968），尤其参见对奥古斯丁之前的“权威”（auctoritas）概念的导论性研究。吕特克（K.-H. Lütcke）在那里指出，这涉及一个特属罗马的概念，其最切近的等价物是希腊词 peitho。在政治上，“权威”在元老院中被体制化，与掌权人物（执政官、保民官）不同，后者是行政权力的持有者。不过，奥古斯都（Augustus）元首制的发展就已经表明了“权威”成为“权力”（potestas）的趋势。“权威”与“权力”的对峙，被教宗杰拉一世（Gelasius I）于 494 年在致皇帝阿纳斯塔修斯（Anastasius）的一封著名的信中运用于教会的宗教权力与皇帝的世俗统治之间的关系（DS 347）。

（希腊词 peitho）而来的可信性的原则，与理性的演绎证明程序不同。在奥古斯丁看来，一切学习都始自教师的权威，这种权威后来被自己的洞识所取代。当然，一些知识总还是依赖于权威，特别是一切历史性知识，因而还有基督教关于上帝在一个历史人物身上的启示的福音。[①] 因为理性知识指向普遍的东西，因此，历史上个体的东西在古代哲学的意义上不能为严格意义上的理性所认识。所以，在现代历史批判科学出现以前，在这样的事物中信赖可信传统的权威，便不能被视为理性的。与此相反，对于中世纪的基督教亚里士多德主义来说，对权威的依赖的位置转移了。被视为与此相应的是，对上帝本质的认识超越了我们理性的自然界限，而奥古斯丁则把属神的本质完全视为理性知识可以接近的。对于中世纪的亚里士多德主义来说，关于上帝的知识本身需要权威的中介，被视为唯有信仰才可接近的。但另一方面却必须承认，就连理性也能够把握上帝这一思想。由此出发，宗教传统关于上帝的“超自然”知识就可能被判定为一种外在于理性的、不再理性地可信的权威的产品。在这种情况下，不加批判地接受这种权威就可能表现为非理性地轻信的表达。特别是当人们就像在宗教改革后的时代里那样，发现自己面临着大批相互冲突的权威断言的情况下，上述状况就必然变得急迫了。

① 奥古斯丁：《论八十三个不同问题》（*De diversis quaestionibus octoginta tribus*），第 48 题：“另一些东西是总被相信却从不被理解，就像历史的东西、有时效的东西和人力所为的东西流传给每一个人那样”（Alia sunt quae semper creduntur, et numquam intelliguntur, sicut est onmis historia, temporalia et humana gesta percurrens; CCL44A, 75, 1—3）。更详细的讨论，参见作者的《系统神学》，第三卷，第 166—167 页。

因此,在启蒙运动中,理性自律的原则起而反对权威的信仰,[1]而这样一来,自然理性与启示、哲学与神学的关系就颠倒过来了:理性如今被用为判断宗教启示断言的权威性的标准。在理性的检验面前,传统表现为纯然外在的权威,其种种主张在其真理断言方面是可疑的。唯有其能够被承认为合乎理性的内容才值得赞同。这样一来,结果就是哲学关于上帝的自然知识高于神学,与中世纪关于启示和理性的等级秩序正好相反。在历史上,这种颠倒是在英国理神论(Deismus)中,于启蒙时代结束时在康德的《纯然理性界限内的宗教》中形成的。

这样一来,上面所说的神学与哲学的一种关系规定在形式上的种种可能性就都谈到了:对立的观点从未作为特有的历史立场扮演过一种独立的角色,而是始终仅仅作为要素出现在各种错综复杂的立场中;在把哲学扬弃在神学中的意义上把二者等同,成为一个时代——亦即基督教的教父学时代——的典型;而使哲学附属于神学,则成为中世纪基督教的亚里士多德主义的标志。把这种附属逆转为哲学高于神学,是启蒙运动思维的特征。然后,有两种进一步的关系规定从启蒙运动出发,亦即一方面是神学使信仰不附属于理性权威的尝试,另一方面是哲学通过把宗教观念扬弃在哲学概念中而自己吸取信仰内容的尝试。两种倾向都以哲学理性的自律为前提条件,就此而言以启蒙运动的基本立场为前提条



---

① 参见克拉格(G. R. Cragg):《十八世纪的理性与权威》(*Reason and Authority in the Eighteenth Century*,1964)。

件。因此，神学作为信仰科学的独立化本身又依赖一种哲学的论证和合法证明，而在这方面与它对立的是一种哲学的倾向，即给信仰指定一个哲学的取向和确证之外的位置。

## 四、理性的普遍性和宗教的主观性

在这里，普遍真的东西被托付给理性和哲学的自律。但是，除了普遍的东西之外，个体的、主观经验的和情感的权利也提出了。此时主观性成为宗教和信仰的庇护所，与在近代世俗社会的发展中生效的把被剥夺了公共效力的宗教宣布为私人事务的倾向相应。另一方面，哲学上对把宗教建立在主观性之上的合法证明的努力，被理解为在任何情况下都保障宗教主题有一种普遍承认的形式的努力的表现。

从哲学一方来看，休谟(David Hume)在宏观上强调信仰的情感本性，并且在基督教的奇迹信仰的场合中强调与理性的对立。[①] 与此相反，康德要通过阻止理性知识来为信仰的主观性获得空间，当然这只是在对上帝和不死的一种实践的，亦即在道德上得到论证的信仰的意义上，与教会的历史信仰不同，后者“不能得到普遍

---

① 前者是与“信仰”(belief)概念相关发生的(休谟(D. Hume)：《人性论》[*A Treatise of Human Nature*，1739；ed，L. A. Selby-Bigge；2. ed，1978]，第 623 页以下)。后者与神奇事件的信仰相关(休谟：《人类理解研究》[*An Inquiry concerning Human*，*Understanding*，1758，ed. Ch. W. Hendel，1955]，第 125 页，参见第 61—62 页)，但隶属信仰的概念(第 140—141 页)。参见赫尔姆斯(E. Herms)的阐述.“休谟”，载《教会史杂志》(*Zeitschrift für Kirchengeschichte*，94[1983])，第 279—312 页，特别是第 308 页以下。

有说服力的传达”。[1] 事实上，这样一来，康德就比初看起来离休谟更近。与此相反，施莱尔马赫通过为宗教要求一个“心灵中的特有领域”，[2]使它作为形而上学和道德之外一个独立的第三者，试图恰恰也为基督教信仰陈述值得重视获得一个基础。无论宗教概念在施莱尔马赫的早期被规定为对宇宙的“直观和情感”，还是后来被描述为依赖感，[3]这一目标都依然如故。

不仅哲学家们，而且还有神学家们，都把与哲学理性的权限领域区分开来的信仰的位置与这种哲学理性的手段等同起来。这也适用于觉醒神学(Erweckungstheologie)，即对于近代新教神学返回到宗教主观性来说变成经典的立场。在这里，康德的道德哲学用作基础，但却使在道德法则的要求方面有罪责的经验如今成为出发点，让附加的宽恕经验由于福音的鼓励而变成信仰的确定性源泉的：如果人发现了“最成功地解决他内心中的分裂的那种启示，那么，这种启示对他来说也就是真正的启示”。[4] 不是道德经

① 康德：《纯然理性界限内的宗教》(*Die Religion innerhalb der Grenzen der bloßen Vernunft*，1793；2. Aufl.，1794)，第 157 页，参见第 155 页。在康德看来，对于这种历史信仰来说，特点是“对不可理解的事物的纯然信仰和人云亦云”(第 117 页)。与此相反，关于实践的或者纯粹的宗教信仰(第 167 页以下；参见《实践理性批判》[*Kritik der praktischen Vernunft*，1787]，第 227 页)，康德说道，他必须限制知识，“以便为信仰腾出地盘”(《纯粹理性批判》[*Kritik der reinen Vernunft*，1781/1787]，第二版序言，B xxx)。

② 施莱尔马赫(F. Schleiermacher)：《论宗教——对蔑视宗教者中间的有教养者的讲演》(*Über die Religion：Reden an die Gebildeten unter ihren Verächtern*，1799)，第 37 页。

③ 同上书：《论宗教》，第 50 页以下：以及氏著：《基督信仰论》(*Der Christliche Glaube*：2 Ausg.，1830)，第 3—4 页。

④ 托路克(F. A. G. Tholuck)：《基多与尤利乌斯——关于罪和和解者的学说，或者怀疑者的真称圣》(*Guido und Julius：Die Lehre von der Sünde und dem Versöhner*

验本身——像在康德这里一样——，而毋宁说是在道德经验方面的失败，以及从这种失败的无望中开辟道路的宽容鼓励，成了信仰确定性的源泉，这种确定性的代价当然就是预设的罪责感的培植。然而，从觉醒运动之虔诚出发的各个神学流派相互之间的区别在于，信仰的经验确定性在多大程度上被信任能够同时确保宽恕经验的基督论预设，尤其是同时确保基督的和解事工的实际性。

由于在觉醒运动之虔诚中预设的道德法则及这方面的失败的道德经验黯然失色，最终是“决定”这一概念取代经验被推到了前台。这一步骤在克尔凯郭尔（Sören Kierkegaard）那里就已经完成。把永福与一个历史事实如耶稣的历史结合在一起，这唯有在信仰的“飞跃”中才是可能的，而与这种飞跃相应的则是“决定的范畴”。[①] 在神学中，这种思想在第一次世界大战之后的年代里充分发挥了作用。于是，在海姆（Karl Heim）看来，在对耶稣基督的信仰和恼怒之间的“决定问题”是人所面对的“终极的非此即彼”。[②] 在布尔特曼（Rudolf Bultmann）那里，当说到“福音宣讲是对做出

---

*oder：die wahre Weihe des Zweiflers*，1823），载《托路克著作集》（*Tholucks Werke*，1862），第一卷，第 296 页。

① 克尔凯郭尔（S. Kierkegaard）：《〈哲学片段〉一书的最后的非科学的附言》（*Abschließende unwissenschaftliche Nachschrift zu den philosophischen Brocken*，1846），载《克尔凯郭尔全集》（*Søren Kierkegaards Samlede Værker*），第七卷，第 79 页，另参见第 85 页；德文版赫尔什（E. Hirsch）编：《克尔凯郭尔全集》（*Gesammelte Werke*，1950—1969），第十六卷，第 91 页，另参见第 97—98 页。

② 海姆（K. Heim）：《信仰的确定性——宗教的生命问题的研究》（*Glaubensgewißheit · Eine Untersuchung über die Lebensfrage der Religion*；2. Aufl.，1920），第 200 页。在该著的第三版（1923）中，“决定”这一概念史鲜明地移到中心（第 249 页以下）。

决定的召唤，而信仰则是决定”，[①]亦即是对自己的存在的那种自我支配——哲学之称为自由、而神学却称之为非信仰——的“自然的”自我理解做出放弃的决定时，[②]这种想法并不是完全不同的。在布尔特曼看来，就连哲学也懂得信仰，“因为它懂得存在的自由”。也就是说，由于它“了解存在本身在其中接纳自己的自由决定，它也就知道拒斥那种决定的一种可能性”。但是，哲学知道这一点，却只是把它当作一种在自由的自我建构的活动中已经“丧失的、无意义的可能性”。[③] 布尔特曼把信仰描述为哲学的自由观的对立面，这种描述在哲学方面为海德格尔所证实。海德格尔写道：“信仰在其最内在的核心里作为一种特殊的实存可能性，依然是本质上属于哲学的……实存形式的死敌。”[④]这与一开始所讨论的信仰与哲学的对立模式是相应的。尽管如此，在布尔特曼看来，跟在海德格尔看来一样，在人类存在的结构中规定这种对于哲学来说悖谬的实存可能性的位置，这属于哲学的权限。



① 布尔特曼(R. Bultmann)：《“自然神学”的问题》(Das Problem der“natürliche Theologie”)，载氏著：《信仰与理解》(*Glauben und Verstehen*，1933—1965)，第一卷，第294—312、298页。还请参见戈加滕(F. Gogarten)：《时代之间》(Zwischen den Zeiten)，载《基督教世界》(*Die christliche Welt*，34[1920])，第374—378、377页；以及氏著：《宗教决定》(*Die religiöse Entscheidung*，1921)。在巴特(《〈罗马书〉释义》[*Der Römerbrief*6，2. Ausg，1922]，第256页以下)那里，问题首先在于上帝对人所做的永恒决定，但这种决定毕竟是由人在(圣)灵中来领会的(第266—267页)。

② 布尔特曼：《信仰与理解》，第一卷，第310页。参见氏著：《恩典与自由》(Gnade und Freiheit)，载《信仰与理解》，第二卷，第149—161、157—158页。

③ 同上书，第一卷，第310页。参见海德格尔关于此在(Dasein)的投射特性的论述：《存在与时间》(*Sein und Zeit*，1927)，第284页以下，以及第296页以下，关于“决心”(Entschlossenheit)和“决定”(Entschluß)。

④ 海德格尔：《现象学与神学》(*Phänomenologie und Theologie*，1970)，第32页。

## 五、把宗教表象扬弃在哲学概念中

由于启蒙运动的哲学使哲学理性成为检验和诠释宗教传统及其神圣启示之权威性断言的标准，它在其中在使宗教摆脱了一切外在的历史因素之后发现的是自己本身，即道德性和自然神学。这样一来，就导致了一种还原，即把基督教的学说还原为理性即使没有基督教也能够接近的一种内容，而不是对基督教本身作为历史宗教的一种哲学吸纳。不过，对基督教的哲学诠释也以对哲学理性的一种基督教诠释为结果。哲学愈是意识到哲学的真理认识对历史上先行于它的宗教的依赖性，上述情况就愈是明显。黑格尔以如下论断表述了这一点，即宗教是“真实的内容，仅仅具有表象的形式，而唯有哲学才能够提供实体性的真理”。[①] 但哲学的任务是把这种内容提升到概念的形式。这是通过既在宗教表象相互之间的联系进行思维、也在与宗教主体的关系中进行思维的把握和贯通来实现的。[②] 黑格尔将这种状况描述为把宗教表象扬弃在概念中。[③] 在这里，对宗教意识的主体与其对象之间的对立的扬弃处在中心位置。黑格尔因而可以说，在宗教崇拜的实施中，就已

① 黑格尔：《宗教的概念》(*Der Begriff der Religion*, hg. G. Lasson, Philosophische Bibliothek 59)，第 299 页(MS)。

② 同上书，第 291 页以下，特别是第 294 页以下：“联系的方式会构成内容的必然性。”参见氏著：《哲学全书》(*Encyclopädie der philosophischen Wissenschaft*, hg. J. Hoffmeister: Philosophische Bibliothek 33)，第 573 节。

③ 黑格尔：《精神现象学》(*Phänomenologie des Geistes*, 1807, Philosophische Bibliothek 114)，第 479 页；《哲学全书》，第 565 节，参见第 555 节。

经为把宗教表象扬弃在概念中开辟了道路。

用概念来把握宗教内容,绝对已经是神学的任务。[①] 但是,神学在这里总是以上帝的历史启示为基础,并且依然意识到要诠释历史上先行于它的启示的内容。然而,黑格尔的哲学通过(属神的)主体的绝对性的思想,相对于它在基督宗教中的历史出发点而使自己独立化,把基督宗教的内容解释为该主体的展开。就此而言,黑格尔把宗教表象扬弃在哲学概念中,这就保持着启蒙运动把基督教还原为本身不需要基督教信仰的一般哲学真理的某种东西。[②] 在黑格尔那里,这跟他同一种典型哲学的上帝学说在与历史性宗教的竞争中的传统的肯定性关系密切相关。在黑格尔的处境中,这种传统的延续除了在唯心论的自我意识哲学的基础上之外,几乎就是不可能的。但是,在他的思维中,这种延续却与他自己的洞识——绝对真理的哲学把握依赖于历史上先行的宗教——发生了张力。从后者出发,对哲学理解的普遍历史性乃至对其有

① 黑格尔:《宗教的概念》,第256页(1824年的讲演)。

② 这导致了洛维特(Karl Löwith)所强调的“扬弃”思想中的语义双关(《黑格尔语义双关地把基督宗教扬弃在哲学中》,载洛维特:《报告与论文集——基督教传统批判》[*Vorträge und Abhandlungen: Zur Kritik der christlichen Tradition*, 1966],第54—96页)。即使人们将把宗教表象扬弃在概念中的论题——如其在黑格尔的系统代表作(《精神现象学》,《哲学全书》和《逻辑学》)中出现的那样——与在概念性思维中为基督教“辩护”——如其在《宗教哲学讲演录》中所陈述的那样(例如格拉夫[F. W. Graf]和瓦格纳[F. Wagner]在由他们编的那一卷的导言中:《逃避入概念——黑格尔宗教哲学资料集》[*Die Flucht in den Begriff: Materialien zu Hegels Religionsphilosophie*, 1982],第61页)——区别开来,这种语义双关也依然存在。此外,参见F. Wagner:《把宗教表象扬弃在哲学概念中》(Die Aufhebung der religiösen Vorstellung in den philosophischen Begriff),载《系统神学和宗教哲学新杂志》(*Neue Zeitschrift für systematische Theologie und Religionsphilosophie*, 18[1976]),第44—73页。

限性的思考，甚至在与绝对真理的关系中，也都可能发生，[①]其结果是把哲理神学扬弃在启示神学或者宗教哲学中，后者和前者一样，完全明确地预设了对象的历史既定性。

将黑格尔关于把宗教表象扬弃在哲学概念中的论题颠倒为把哲学的上帝学说扬弃在神学中，这种思想反过来接近于像基督教教父学所阐明的那样，把基督教解释为真哲学。在这里和在后世，把哲学扬弃在神学中与黑格尔那里相反地把宗教表象扬弃在哲学概念中一样，都很少是以其中一方化为另一方的方式进行的。毋宁说，在历史的进程中，依然停留在神学与哲学充满张力的伴生中，而且不是简单地在实存性基本决定的一种矛盾的意义上处于人类存在的一种共同的——而且可以由哲学权威性地阐释的——结构的基础上，而是至少从神学出发处于对以多变的方式把哲学洞识纳入神学的一再争夺的形式中。这一过程由于神学与哲学独立的伴生而只能予以历史的描述，尽管它在神学方面导致把哲学成分日益集中和整合进基督教学说的联系中。这后一种情况唯有在系统地展开基督教学说自身的框架中才能得到适当的描述。以下的讨论局限于指出：基督教神学最初是如何把古代哲学的不同流派接纳和吸收入自身的，由此对神学来说产生了哪些问题，由基督教神学方面对哲学的主题构成产生了哪些刺激，在这种情况下近代的哲学体系形成是在与基督教神学的什么关系中发展起来的，以及它们对于神学来说有什么意义。

① 在黑格尔的发展中，曾有一刻出现过这方面的可能性，当然是在他尚未领悟在直观中把握和在概念中表述同一性和非同一性的统一的可能性的时刻[诺尔(H. Nohl)编：《黑格尔早期神学著作》(*Hegels theologische Jugendschriften*，1907)，第348页]。

# 第二章　基督教对柏拉图主义的接受[①]

在基督教神学产生和最初发展的时代里，没有任何一种古代哲学像柏拉图主义那样深刻地影响了它。在这方面，仅仅说柏拉图主义思想对基督教的“影响”是不够的。毋宁说，这涉及一个创造性地接受[②]和同化的过程，这一过程对于柏拉图主义思想对基

① 作为柏拉图主义思维的精神氛围的入门，始终还值得推荐的是：克吕格尔(G. Krüger)：《认识与激情——柏拉图主义思维的本质》(*Einsicht und Leidenschaft : Das Wesen des platonischen Denkens*，2. Aufl.，1948)。作为柏拉图学说的基础及其与从苏格拉底到亚里士多德的发展的联系的入门，施滕泽尔(J. Stenzel)的《从苏格拉底到亚里士多德的柏拉图主义辩证法发展研究》(*Studien zur Entwicklung der platonischen Dialektik von Sokrates zu Artstoteles*，1917，3Aufl.，1961)依然是奠基性的。在为阐述所做的注释中所援引的文献里面，特别要指出克雷默(J. Krämer)和盖泽(K. Gaiser)的作品。

② “接受”的概念在文献史上是由尧斯(H. R. Jauss)在与伽达默尔(H. G. Gadamer)的解释学关键概念“影响史”(《真理与方法》[*Wahrheit und Methode*，1960]，第283页以下，第323页)的争论中移到文献史讨论的中心的(《作为文献学的挑战的文献史》[*Literaturgeschichte als Provokation der Lieraturwissenschaft*，1967]，第45页以下；还有氏著：《作为挑战的文献史》[*Literaturgeschichte als Provokation*，1970]，特别是第185页以下)。这涉及理解过程自身中的创造性因素，这种因素伽达默尔也看到了(第280页)，它从属于结果和结果关联的观点。在某种意义上，这样一种创造性因素肯定参与了所有的理解过程。但除此之外，基督教接受柏拉图主义的实例还涉及在对上帝启示于耶稣基督里面的信仰光照下的一种自觉的转化。

督教特殊的“影响史”来说是决定性的。然而，人们可以合理地把如此理解的基督教柏拉图主义称为“与古代教会、至少是与希腊教会绝对同等重要”。[①] 基督教的柏拉图主义涉及“希腊世界的基督教化，涉及基督教对希腊世界真理的理解”。柏拉图主义思维以特殊的方式适宜于基督教继承希腊精神——特别是希腊哲学，但是反过来说，自第二世纪发展起来的柏拉图复兴也许“就其内核而言没有基督教的宣讲是不可设想的”。[②]

因此，在柏拉图主义和基督教之间有一种内在的亲和性吗？无论如何，这只是事情的一个方面。多利（Heinrich Dörrie）可以把古代晚期的柏拉图主义径直描述为与基督教相争的一种选择，是转向超越的另一种形式。[③] 多利合理地指出，教父们不把柏拉图的学说看作是真理的终极尺度，而是仅仅把它们看作是通向真理的引导。在这方面，他们肯定也是由护教和宣教的动机推动的。然而，这并不排除柏拉图主义思想也反过来影响了对《圣经》和基督教学说的诠释。这样，就形成了柏拉图主义的一个独特形式，它与诸如普罗提诺（Plotin）或者波菲利（Porphyrios）等人异教的柏

① 朗格贝克（H. Langerbeck）：《灵知论文集》（*Aufsätze zur Gnosis*，1967），第 142 页；关于对柏拉图和早期基督教神学中的柏拉图主义者的判断，请参见瓦尔科特什（A. Warkotsch）：《教父们的判断中的古代哲学》（*Antike Philosophie im Urteil der Kirchenväter*，1973）。

② 朗格贝克就是这样认为，参见《灵知论文集》，第 142 页。反过来在多利（H. Dörrie；参见下一个注释）看来，基督教在第四世纪的贯彻造成了柏拉图学派“普及”的失败。

③ 多利（H. Dörrie）：《另一种神学》（Die Andere Theologie），载《神学与哲学》（*Theologie und Philosophie*，56[1981]），第 1—46 页。多利把柏拉图主义看作是“充满了古代晚期虔诚的宗教性的容器”（同上书，第 19 页）。

拉图主义肯定有很大不同，包括在对归属于柏拉图著作的权威的评价上。不过，柏拉图主义根本“不是一个统一的东西，不是一个封闭的统一体系……而是一个精神流派”，[①]在基督教内外都有丰富多彩的特色。这里，时而是柏拉图学说的这一方面被置于中心，时而是它的另一个方面被置于中心。其实，早在柏拉图死后不久，当柏拉图学派与斯多亚学派的体系构成相对立，转向怀疑主义，以便把原初的苏格拉底式追问的批判性因素作为决定性的东西来坚持的时候，这个学派就发生了第一次“决裂”。[②]

在柏拉图学派的历史上，人们区分了三个重要的阶段：[③]首先是柏拉图于公元前385年前后在阿卡德穆（Hekademos）的小树林里建立的“学园派”（Akademie），学园派亦因阿卡德穆而得名。该学派具有一个供奉阿波罗和缪斯的崇拜团体的形式。大约在创始人逝世（公元前348年）后一个世纪，学派转向怀疑主义；这是在公元前三世纪通过阿尔克西劳（Arkesilaos）发生的。在公元前86年学园的建筑值雅典被罗马人苏拉（Sulla）占领之际被摧毁之后，学派的连续性被中断了。但不几年之后，它又被爱斯开隆的安提奥库（Antiochos von Askalon）恢复，是为“新学园派”，它与学派的怀疑主义阶段相反，想回到柏拉图主义的开端，但同时也接



① 伊万卡（E. v. Ivanka）：《基督教的柏拉图——教父们对柏拉图主义的接受和改造》（*Plato Christianus: Übernahme und Umgestaltung des Platonismus durch die Väter*，1964），第24页。

② 参见多利：《从柏拉图到柏拉图主义——传统的第一次决裂及其克服》（*Von Plato zum Platonismus: Ein Bruch in der Überlieferung und seine Überwindung*，1976）。

③ 更详细的内容，参见多利：《古代的柏拉图主义》（*Der Platonismus in der Antike*，1987—2002），第一卷，第33—41页。

受了源自斯多亚主义和亚里士多德主义的学说。就连公元前79年到东方旅行的西塞罗(Cicero),也曾是安提奥库在雅典的听众。

其次,与学园派受制于雅典的学派传统相区别,人们称在由普罗提诺肇始的所谓新柏拉图主义之前帝制时代早期的依据柏拉图的学说为“中期柏拉图主义”。[①] 人们自然把普卢塔克视为属于这个中期柏拉图主义的,但他们尤其把第二世纪在士麦拿(Smyrna)讲学的阿尔比诺(Albinos)视为属于中期柏拉图主义的;阿尔比诺不承认在柏拉图和亚里士多德之间有对立。这是对两位哲学家之间关系的一种评价,它把亚里士多德理解为柏拉图的一个当然在某些方面有独立性的学生,并且在古代晚期获得了广泛的赞同。

最后,作为古代柏拉图主义发展第三个阶段的新柏拉图主义在第三世纪由阿蒙尼乌·萨卡斯(Ammonius Sakkas)在亚历山大里亚建立,尤其是由他的学生普罗提诺建立的,普罗提诺于244年在罗马开办了自己的学校。普罗提诺的著作由他的继任者波菲利出版。尽管他们产生了影响,但普罗提诺将理念并入奴斯(Nus)、并将太一作为最高的原则与奴斯区别开来的学说,只是自410年以来才得以进入雅典学园派的教学工作。在雅典,直到第五世纪,还流传着对柏拉图学说的一种以拒斥的态度与基督教对立的解



① 参见多利:《帝制时代早期文化史和精神史中的柏拉图主义》(Der Platonismus in der Kultur-und Geistesgeschichte der frühen Keiserzeit),载氏著:《柏拉图主义的后裔》(*Platonica Minora*,1976),第166—210页。多利(《古代的柏拉图主义》,第一卷,第45页)把“中期柏拉图主义”这个称呼追溯到普雷希特(K. Praechter,《古代哲学》[*Die Philosophie des Altertums*,1909])。

释。其最后的代表是普罗克洛(Proklos,卒于485年)。529年,学校被皇帝查士丁尼(Justinian)关闭。

以下的阐述在基督教之接受的视角下以柏拉图主义哲学为主题。因此,它将不以追问柏拉图思维的起源及其发展为开端,尽管在阐述的进程中必须关注这里应当提到的事态。毋宁说,主导性的观点应当是这一问题:柏拉图哲学的哪些主题特别说明了早期基督教神学家们对它的兴趣和与它的亲和感。这涉及三个主题圈,其中根据重要性当首推柏拉图关于神的学说,而且不仅仅是就柏拉图本人而言,而是包括古代柏拉图主义中这一主题非常复杂的历史。其次必须讨论的是——对于基督教神学来说变得特别重要的——柏拉图主义关于向神接近的生活理想,连同其在柏拉图主义灵魂学说中的前提条件。最后,作为基督教神学得益于柏拉图主义思维的决定性推动的第三个问题圈,必须提到认识论与恩典论的联系。

在这三个主题圈里,不仅要谈到柏拉图主义思维与基督教思维之间的接触点,而且总是同时要谈到二者之间的对立,尤其是在第二个和第三个主题圈的人类学基础领域。它将表现出,基督教接受柏拉图主义的过程从一开始就是充满张力地进行的。在基督教中改造柏拉图主义学说的结果,应当在以关于柏拉图主义的题材在基督教的中世纪和近代思维中进一步的影响史的第五节结束本章之前,在第四节中予以专门探讨。

# 一、关于神的思想和柏拉图主义的本原学说

早期基督教思维为什么自第二世纪以来就自觉与柏拉图主义比与古代哲学其他学派更为接近？对这一问题的回答可能是没有疑问的。柏拉图主义哲学对基督教神学的魅力，如同之前对希腊化的犹太人亚历山大里亚的斐洛已经产生的魅力一样，首先是从唯一的、与可见的世界不同的、同时是这个可见世界的创造者的、"精神性的"神的思想出发的。第二世纪在希腊化罗马世界依然占统治地位的哲学流派，即斯多亚学派，把神设想为内在于物质世界、仿佛是赋予物质世界以灵魂的逻各斯。斯多亚主义哲学虽然讲授一种属神的预旨，但它关于属神预旨的观念却是与命运的思想紧密结合在一起的，因为斯多亚学派不承认任何超越世界的、自由地处于世界对面的神祇，不承认神祇创造世界。与此相反，伊壁鸠鲁(Epikur)的学派既否认预旨的思想，也否认命运的思想，并且断言诸神完全沉醉于对自己福祉的享受，并不关心世界和人类。但是，柏拉图学派却把作为一种永恒的、精神性的本质的神与物质世界区别开来。他们把一个精神性的、居于世界之上的神的思想与由斯多亚学派发展的预旨思想结合起来。由此就产生了对神的一种与《圣经》关于创造者上帝的思想在很多方面相近的理解，即便是关于创造的思想，人们也可以在柏拉图主义哲学中重新找到：柏拉图的对话《蒂迈欧篇》包含着关于德穆革(Demiurg)——一个属神的世界塑造者——用无型相的质料、充满了元素的空间塑造可见宇宙的叙述。这一叙述直到中世纪都一再使基督教思想家和

犹太教思想家惊讶地想到《圣经》的创世故事，以致柏拉图主义的观点与《圣经》的观点之间的区别和对立都可以轻而易举地被忽视。①

柏拉图主义关于神的观念为基督教神学家感到特别被这种哲学所吸引这一事实提供了绝对杰出的理由，这一点奥古斯丁在其著作《上帝之城》(*De civitate Dei*)第八卷中做了清晰的表达。那里在谈到柏拉图学派时说道："……他们清楚地认识到神不是物体……除此之外，他们还认识到，凡是可变的东西都不是最高的神"，因而神必然是不变的，也是单纯的(第八卷，第6章)。由于这种一致，奥古斯丁甚至认为，应当把使徒保罗在《罗马书》一章19节关于异教徒对上帝的认识所说的话特别地与柏拉图学派联系起来："上帝已经把关于自己可认识的东西启示给他们，他们借助已生成的东西来认识和观看上帝的不可见的东西，包括上帝的永能和神性"(第八卷，第6章)。这样，他认为自己的判断已经得到证实："没有别的哲学家像柏拉图学派那样与我们如此接近"(第八卷，第5章)。奥古斯丁在后面的章节里解释道，他们甚至预见到三位一体，即使他们在这方面的表述并不是无可指摘的，就连恩典的思想对他们来说也不陌生。只不过他们不知道上帝的道成肉身罢了(第十卷，第29章)。

至于柏拉图学派对三位一体的预见，奥古斯丁大概想到新柏拉图主义的本原学说及其三个级别的等级制：太一、奴斯和推动物质世界的世界灵魂。事实上，与基督教上帝学说中圣父、圣子(逻

① 请参见本书第62—64页(指中译本，下同)。

各斯)和圣灵分级的统一类似,这并不是偶然的。毋宁说,人们可以把古代教会中的三位一体学说——它在基督教意义上自然首先被理解为对耶稣与圣父的关系的诠释[①]——也理解为柏拉图主义本原学说历史中的一条支脉。[②] 当然,在柏拉图本人那里,导向新柏拉图主义本原学说的发展只出现了最初的端倪,而如果人们在柏拉图那里仅仅依据《蒂迈欧篇》中因与《旧约》的创造者上帝类似而对基督教神学来说特别重要的德穆革的形象,那么,他们就根本看不出与基督教后来的三一论上帝学说的任何联系。

人们如何从《蒂迈欧篇》的德穆革达到新柏拉图主义或者基督教的神的三位说呢?恰恰是把柏拉图主义的德穆革与《旧约》祭司典中的创造者上帝区别开来的那些特征,构成了回答这一问题的出发点。德穆革不仅为了塑造未具型相的质料而处于质料的对面,而且他在此时还注视着永恒的原型——理念——,按照理念的样板塑造可见的宇宙(《蒂迈欧篇》,28c5—29c2,特别是29a3)。理念与可以感性感知的生成世界的对立,如柏拉图早在《斐多篇》(参见《斐多篇》,78)中就已经描述的那样,构成了《蒂迈欧篇》关于德穆革塑造可见世界的阐述的出发点。

柏拉图的理念概念起源于苏格拉底(Sokrates)对"德性"(aretè)的追问。"德性"是每一个事物的特别理想形象,它对于该



① 参见作者对三位一体学说的阐述,见《系统神学》,第一卷,第283—364页,特别是第296页以下,第331—332页。

② 参见克雷默在其指明方向的著作中对这一主题的论述:《精神形而上学的起源》(*Der Ursprung der Geistesmetaphysik*,1967),特别是第264—292页,但还请参见那里关于灵知主义的解释,第223—264页。

事物来说就是善，因为它使每一事物都是其所是，因而是其原因，它"把一切都联结和结合在一起"(《斐多篇》，99c5—6)。这种"联结"和"结合"的功能也把个别的善与苏格拉底力图查明的普遍的善联系起来(《斐多篇》，98b1 以下）。由此出发，也就可以理解柏拉图为什么能够把全然的善称为众理念的理念，称为所有理念的共同本质，用《斐多篇》的措辞来说，它把整个理念王国"联结和结合"起来(参见《国家篇》，508a—509b)。

施滕泽尔(Julius Stenzel)富有说服力地描述了柏拉图的理念概念在德性思想中的起源：aretè 这个词"在希腊语中的含义远不止于"德性"；希腊人，包括柏拉图，都谈到每一个存在物、每一个对象的 aretè(《国家篇》，第十卷，601d)，而且很重要的是，这里指的并不是一事物提升了的工作能力，如我们谈论一把刀、一件武器的"出色"、"优质"那样，而是任何一个哪怕仅仅可以设想的事物能够……从事某种特殊工作的出色；因而该事物的本质完全包含在它的 aretè 之中"[①]。同"德性"概念结合在一起的提升因素以提升的意义为原型，而且在这种意义上，《高尔吉亚篇》"自然而然地"出现了"形式"(eidos)的概念(《高尔吉亚篇》，503e)。"对此做出规定，无非就是认识每一事物之所以'善'的'本质'。"[②]

① 施滕泽尔：《从苏格拉底到亚里士多德的柏拉图主义辩证法发展研究》，第 8—9 页。还请参见克雷默：《柏拉图和亚里士多德论德性》(*Arete bei Platon und Aristoteles*，1959)。

② 施滕泽尔：《从苏格拉底到亚里士多德的柏拉图主义辩证法发展研究》，第 9 页。施滕泽尔强调由此出发导向亚里士多德的隐德来希(Entelechie)概念的联系(《物理学》[*Physica*]，246a13—14；《形而上学》[*Metaphysica*]，1021b20—21，1050a 21—22)。

但是，“德性”首先涉及人的本质，而且涉及在城邦生活的联系中作为集体本质的个人的本质。就像道德上的恶作为德性的对立面意味着“灵魂本质的否定”一样，[①]德性也就是灵魂本质的实现。[②] 这首先适用于起联结作用的德性，亦即正义，它就在于“每一个人都拥有并且做他自己的、相关的事情”（《国家篇》，433e12—13）。在应用到植根于三个身体部位的三个灵魂部分时，由此就产生出三种个别的德性（参见《国家篇》，437 以下）：居住在头部的理性在做自己相应的事情时就实现为智慧，在胸部安家的勇气就实现为勇敢，在腹部起作用的欲望相比之下就实现为节制。与个人三个灵魂部分相应的是城邦生活中的三个阶层——生产者、武士，以及城市的“顾问和守护者”，亦即统治者——及其特有的德性（《国家篇》，441c 以下，参见 369b—376d）。这样，作为个人的人和处于城邦共同体中的人的本质实现就通过正义概念联结起来了。

在施滕泽尔看来，理念与感性现实的距离从伦理问题的提出出发是可以理解的，在其框架内也是不成问题的。[③] 促使亚里士多德批判柏拉图的理念与事物的感性现实之间“分离”（chorismós）的问题，[④]据此只是通过理念概念的普遍化、尤其是通



---

① 施滕泽尔：《从苏格拉底到亚里士多德的柏拉图主义辩证法发展研究》，第 10 页，论及《国家篇》，第十卷，610e。

② 《国家篇》，427d—434c。

③ 施滕泽尔：《从苏格拉底到亚里士多德的柏拉图主义辩证法发展研究》，第 15 页，第 20 页以下。

④ 亚里士多德：《形而上学》，1078b30 以下，1041b26 以下，1086a33 以下。参见迈因哈特（H. Meinhard）词条“分离”（chorismós），载《哲学历史词典》（*Historisches Wörterbuch der Philosophie*，1971—2005），第一卷，第 1007—1008 页。

过把“形式”理解为普遍概念、理解为现象的多样性中共同的德性和普遍的东西的表述,才得以产生的。不过,“分离”的原初动机可能要到永恒的东西与暂时可变的东西之间的对立中去寻找。[①]

在《斐德罗篇》的伟大神话(《斐德罗篇》,246a3—250c 6)中,理念即不变的存在者被称为诸神自己拥有其神性,即其永恒性所借助的东西(247d;249c);因为对真理的认识滋养着属神的理性(247c—d)。在这一特征中,神话与《蒂迈欧篇》关于德穆革的描述是相似的。在《蒂迈欧篇》中,柏拉图说道:“这个宇宙的创造者和父亲”(《蒂迈欧篇》,27c3—4)在创造宇宙时是“把目光对准永恒的东西的”(29a3)。显而易见,这里指的是可见事物的型相(idea)的理念(paradeigmata)(28a7—8),而在柏拉图学派中,德穆革本身可以合理地被理解为与属神的理性同一的,根据《斐莱布篇》(*Philebos*),属神的理性是“天和地的王”(《斐莱布篇》,28c7—8),“井然有序地统治着一切”(28d8—9;28e3)。

这样,新柏拉图主义的三个本原的中间一个,即属神的奴斯,就追溯到了柏拉图自己的学说,与理念紧密地结合在一起。对于灵魂来说,相应的东西也表现为这些本原中的第三个。[②] 这里首先应当想到的是——按照《蒂迈欧篇》的描述——“始终存在的神”移植给“生成的神”(《蒂迈欧篇》,34a4—5)即宇宙的“世界灵魂”(34b3—4),但世界灵魂自己是其受造物中最早的受造物(34c4—5),并且应当统治可见的宇宙(34c5)。人们只有注意到柏拉图是

① 参见《斐多篇》(*Phaidon*)78c—d 一段。

② 关于柏拉图主义哲学这个复杂的主题,请参见海恩里希·巴特(Heinrich Barth)概要的阐述:《柏拉图哲学中的灵魂》(*Die Seele in der Philosophie Platons*,1921)。

把整体的宇宙设想为一个有灵魂的生命体(《蒂迈欧篇》,37c、d),才能理解柏拉图主义关于世界灵魂的观念。与此密切相关的又是,在柏拉图看来,所有物体的运动都追溯到一个灵魂作为其起源(《斐德罗篇》,245c—d,参见《法律篇》,891c—899d);因为只有灵魂才是自己推动自己的,而所有物体的运动都有一个与被推动的物体不同的起源。因此,自己推动自己的灵魂也是所有物体运动的原因,从而所有宇宙运动的一个灵魂性的本原的公设也就是可以理解的了,而这个本原一方面是以一个世界灵魂的形态得到设想的,另一方面是以——赋予天体生命、造成其运动的——众多灵魂的形式得到设想的:作为天体的灵魂或者众神(《法律篇》,899b)。就此而言,在《蒂迈欧篇》中,无论是世界灵魂,还是其他诸神,都被看作是由德穆革创造的(《蒂迈欧篇》,40a;41a—b),而在别的地方(《斐德罗篇》,245d—f;《法律篇》,896a),它们又被视为无开端的。这样,在柏拉图学派那里,就产生了对此不同的诠释。把一个与奴斯结合的、无开端的灵魂同与物质相结合的众灵魂区别开来的观点(《法律篇》,897b 以下)就成为最常见的解决。就连灵魂也被归于属神事物、属神起源的领域,从而就产生了所有事物的三个本原的学说:奴斯、理念和灵魂;在新柏拉图主义产生之前,这一学说标志着柏拉图主义的学术传统。

普罗提诺用另一种三元性取代了这种三元性。太一、奴斯、灵魂——以这一顺序——被他视为可见宇宙的属神起源。理念在这里不再表现为独特的东西,因为它们与奴斯的观念结合起来了:认识者和被认识者是不可分割地属于一个整体的关联物。为此,不可分的太一就在由认识者和被认识者标志其领域的奴斯之上耸立起来,作为第一起源。柏拉图主义学说的这一深化能够以柏拉图本人为依据吗?

柏拉图在其最后阶段——或许早在他讲学期间——试图通过关于世界产生的一种所谓数学理论给予自己的学说以一种简化的、更严格的表述。[①] 第一起源是单一,通过增倍由它构成一切数字(《斐莱布篇》,14c 以下)。数字是与理念相应的。这里,每一个数字都通过"多"或者"少"而与其他数字划清界限。也就是说,每一个数字都是其所是,因为它既不更多,也不更少。这样,从"多"与"少"的不确定的背景,即从"不确定的二"(aóristos dyas)就产生出确定的数字。"不确定的二"与未具型相的质料相应,《蒂迈欧篇》的德穆革用它来塑造一切。从单一产生出一切,因为其他每个数字都不仅仅是一的多倍,而且又构成一个数字单位,而单一与独一的善相应,根据《国家篇》508a 以下,独一的善是众理念的理念。[②]

就太一是否不仅与善同一,而且还与奴斯同一的问题而言,在柏拉图学派中早就存在着不同的意见。领导学园的柏拉图第二位继任者克塞诺克拉底(Xenokrates,卒于 314 年)就已经持上述观点了;此外,他似乎不再把理念看作是独立于奴斯存在的,而看作是存在于属神的奴斯之中的。[③] 这一观点后来由阿尔比诺

---

① 对于这一主题来说,盖泽的观点是奠基性的:《柏拉图未成文的学说》(*Platons ungeschriebene Lehre*,1963)。还请参见维佩恩(J. Wippern)编纂的论文集:《柏拉图未成文学说的问题》(*Das Problem der ungeschriebenen Lehre*,1972)。

② 参见《斐多篇》,99c 以及 97b—c。

③ 克雷默:《精神形而上学的起源》。

重申，[①]然后被普罗提诺接受。对于柏拉图主义思想和亚里士多德主义思想的融合来说，这是一个重要的步骤，因为遭到亚里士多德批判的理念在具体存在者之外的分离存在由此被取消了；另一方面，也被亚里士多德归于——被设想为奴斯的——神性的认识，就超出纯粹的自我认识（《形而上学》，1074b33—35）被扩展到——作为在事物之中具体实现的种种形式（eidè）的原型的——理念。

但在此之后，普罗提诺恰恰由于包含在奴斯与理念的共属性之中的认识主体与认识对象的二元性而把太一与奴斯的领域区分开来。[②] 虽然，太一在奴斯中是在场的，因为奴斯在对自己理念的认识中认识自己本身，并在其中与自己同一，但奴斯并不是太一，因为它在自身中有认识者与被认识者的形式区别。当然，只有在灵魂——灵魂在自身之外拥有自己的他物并且朝向外面，以致它仅仅作为不同事物的汇聚（逻各斯）才在自身之中实现奴斯的统一——的阶段上，上述区别才是现实的。[③] 因此，作为不同事物在

① 阿尔比诺（A'lbinos）《论教育》（*Didaskalikos*），第 7 章（163，13），被普雷希特（Praechter）强调为革新，见普氏：《古代哲学》，第 542 页。

② 普罗提诺：《九章集》（*Enneade*），第六卷，第 9 章，第 2 节；参见第三卷，第 8 章，第 9 节以及第五卷，第 1 章，第 4 节。关于这一主题，参见拜尔瓦尔特斯（W. Beierwaltes）的说明：《自我认识和统一性的经验——普罗提诺〈九章集〉第五卷第 3 章》（*Selbsterkenntnis und Erfahrung der Einheit：Plotins Enneade V*，3，1991），第 180—181 页；以及第 106—113、129 页以下，关于奴斯的论述——奴斯把自己理解为与自己同一，但在其中又作为思维者保持与被思者有别。

③ 对此拜尔瓦尔特斯有详细的论述：《普罗提诺论永恒和时间——〈九章集〉第三卷第 7 章》（*Plotin über Ewigkeit und Zeit：Enneade III*，7，1967），第 50 页以下。还请参见氏著：《太一的思维——新柏拉图主义哲学及其影响史研究》（*Denken des Einen：Studien zur neuplatonischen Philosophie und ihrer Wirkungsgeschichte*，1985），第 80 页以下。

奴斯的统一中分离和汇聚的形式，时间也属于灵魂。[①]

柏拉图主义关于世界灵魂的观念与斯多亚主义中统治宇宙的逻各斯的结合已经出现在亚历山大里亚的斐洛那里。斐洛同时也把逻各斯设想为理念的总和。后来，这些思想自第二世纪的护教家以来被基督教神学家们接受和深化，以便把《约翰福音》的逻各斯概念（约 1:1—14）解释为对耶稣与圣父的关系的表示。逻各斯（根据《箴言》八章 22 节，与神圣的智慧相应）产生自超越的、神圣的理性，这成为逻各斯基督论的中心主题；逻各斯基督论使基督教思维有可能把耶稣设想为上帝，并不必然把耶稣与圣父等同。在这里，逻各斯在基督教的教父哲学中与斯多亚学派的宇宙论不同，成为一个超越世界的东西。作为这样一个东西，逻各斯也不同于柏拉图主义的世界灵魂。相应的东西也适用于上帝的灵，尽管它与逻各斯一样从创世以来就临在于受造物之中并在它们里面起作用。就基督教的三位一体而言，可以说它并不像柏拉图主义的太一、奴斯和世界灵魂的本原三合一那样构成向可见世界的一种分级过渡，而是一起作为有限事物自由的、创造性的起源与有限事物相对立。因此，在另一方面，有限事物的世界及其生生灭灭也不是灵魂——在柏拉图主义的理解中也就是逻各斯或者精神——从原初的太一“堕落”的结果，[②]而是创造性的设定，从而在其独立的存在中因其起源而是善的。

---

① 拜尔瓦尔特斯：《普罗提诺论永恒和时间》，第 62 页以下，论及普罗提诺：《九章集》，第三卷，第 7 章，第 11—13 节。

② 关于这种观念，请参见拜尔瓦尔特斯：《普罗提诺论永恒和时间》，第 63 页，参见第 243 页以下。

这些区别是与新柏拉图主义思维和基督教神学之间在拜尔瓦尔特斯看来应当称之为基本性的差异密切相关的。对于普罗提诺来说，一个“同时作为根基和起源是第一者和唯一者的自我启示的……神是不可想象的”。[①] 如果人们考虑到，《圣经》的上帝由于作为创造者规定受造物与自己同在，从而作为创造者上帝也是自我启示的上帝，他们就能够领悟到这种联系了。在对神的理解中，《圣经》的上帝是以三位一体的所有位格相互之间的开放性（通过其位格的关系性）为基础的，而普罗提诺的太一虽然不顾与奴斯的不同依然临在于奴斯中（并且临在于灵魂中），但却不与它自身的这个他物联系。因为：“从纯粹的一的概念……即在存在和思维的‘彼岸’仅仅‘是’其自身的东西的概念中，任何带来复多和运动的差异必须一贯地排除在外”，从而朝向他物的任何指向也必须一贯地排除在外。[②] 因此，基督教三一论的思维必须超越普罗提诺，重新彻底思考一与多的关系以及统一性的思想。[③] 尤其是在西方基督教的神学中，柏拉图主义的奴斯概念构成了这样做的一个出发点——这是因为《约翰福音》关于上帝是灵（约 4:24）[④]的话——，并且作为上帝在其自我意识中自我对象化的思想的出



① 拜尔瓦尔特斯：《自我认识和统一性的经验》，第 117 页，也请参见第 135 页。但拜尔瓦尔特斯强调，由此“并没有同时并且无条件地否定位格性”（第 137 页注 98；参见第 221 页，论及《九章集》，第五卷，第 3 章，第 12 节）。

② 同上书，第 131 页。

③ 在这个地方存在着基督教神学三位一体上帝观的真正困难，甚至超出了尼西亚大公会议关于“本质相同”（homousios）的教义，这一点我在《系统神学》中已经强调过，见《系统神学》，第一卷，第 370 页，还请参见第 308 页以下，以及第 297 页以下，第 363 页以下，第 368 页以下。

④ 关于《约翰福音》四章 24 节在奴斯的意义上使用的普纽玛（Pneuma）概念，对

发点。[①]这种直到黑格尔和谢林(F. W. J. Schelling)、此外还影响了基督教西方的思辨的上帝学说的论证模式,在某种意义上要追溯到普罗提诺的立场背后、追溯到中期柏拉图主义关于神的学说;这种学说把神圣的奴斯视为第一,但由此也引起了普罗提诺的异议,认为奴斯由于已经包含在其自我认识之中的多而不可能是第一个一,毋宁说必须以第一个一为前提条件。与此相反,对于同普罗提诺的争论来说,相应的是关于不能无联系地设想太一自身的那个证明。这方面的端倪出现在托名狄奥尼修斯那里,后来又出现在爱留根纳(Johannes Eriugena)那里,而尤其是出现在尼古拉·库萨(Nikolaus von Kues)那里。[②]居于次要地位的是柏拉图在其对话《巴曼尼德斯篇》中所发挥的太一的思想特有的辩证法:太一存在,太一也不存在(也就是说,它不是一个确定的东西);它在一切中,但又与一切不同。普罗提诺通过太一在他物中意识到它自己本身的思想、通过奴斯把这两个方面结合在一个概念中。[③]然而,只是在夏特尔的梯利(Thierry von Chartres)和库萨的三位一体思辨中,在自身中的太一与在他物中对自己本身的意识的"等同"(aequalitas)才作为根本性的要



追溯到奥利金(Origenes)的解释的批判,请参见作者的阐述:《系统神学》,第一卷,第402页以下。

① 参见作者的《系统神学》,第一卷,第309页以下。对此请参见拜尔瓦尔特斯:《太一的思维》,第212页以下,第344页以下。

② 对此请参见拜尔瓦尔特斯:《太一的思维》,第212页以下,第344页以下;关于爱留根纳,还请参见氏著:《爱留根纳思维的基本特征》(*Eriugena、Grundzüge seines Denkens*,1994),第256页以下。

③ 普罗提诺:《九章集》,第五卷,第1章,第7节,第4行以下;参见拜尔瓦尔特斯:《太一的思维》,第348页。

素被补充进太一的思想中。[①] 这些思想所指的是基督教三位一体学说的形式化表述，同时指的是上帝的统一性的进一步规定。三元性不仅被凝聚在统一性之中，而且还是绝对统一性思想自身的条件。在这方面，基督教对这一事实的认识就通过强调不同的要素之间与三位一体教义相应的“等同”而在统一性概念中超越了新柏拉图主义的等级图式。事实上，就三位一体教义自身而言，自325年尼西亚大公会议（Konzil von Nicaea）宣布圣子的“本质相同”以来就是这种情况了。关于第四世纪时的这种说法，并不是徒劳地存在着如此无聊的争论，因为三个神圣实体的本质统一对一个受柏拉图主义教育的思想家来说必然听起来是不可能的，而事实上，这种看法只是在后来的几个世纪里才在某种程度上被基督教神学家和哲学家关于三位一体上帝的思维所超越。相比之下，在这里以及已经在太一与他物的统一性的讨论中、在柏拉图的《巴曼尼德斯篇》中作为前提的本质与关系的统一性尚要留待以后的发现。

## 二、向神接近的生活理想

除了神的学说以及与它相结合的主题之外，对于基督教神学来说具有决定性意义的第二个柏拉图主义思想圈，是以作为人类生活方式的目标的“与神类似”（Homoiosis Theo）的主题为标志的。“与神类似”的要求在柏拉图那里多次出现。例如柏拉图在

① 拜尔瓦尔特斯：《太一的思维》，第368页以下，第382页以下。

《国家篇》最后一章中说道："……要努力变得正义，并且通过履践德性而尽人之所能与神类似的人，将不会被诸神忽视"（《国家篇》，613a4—b1）。人们凭借德性在多大程度上与神类似？《国家篇》第六卷中关于哲学家生活方式的一句话对此做了回答：谁"与神圣的东西和有秩序的东西（kosmios）打交道，也将尽人之所能变得神圣和有秩序"（《国家篇》，500c9—10）。就像诸神按照其本性并且通过直观永恒的理念来"滋养"其不变性（《斐德罗篇》，247d3—4）一样，人们凭借其德性成为持久的。但由于在有死的人们中间不能根除恶，所以"人们必须力争极快地由此避开。途径就是尽可能地与神类似。而这种类似就在于人们理智地正义和虔诚"（《泰阿泰德篇》，176a5—b2）。

奥古斯丁把这种生活理想与柏拉图主义所有事物追求善的思想结合起来。但按照柏拉图主义的学说——对于奥古斯丁来说也一样——上帝与善自身是同一的。因此，奥古斯丁认为，在柏拉图看来，最高的善"只有认识神并且致力于与神类似的人才能分有，只有从这一理由出发人们才能是有福的"。因此，柏拉图"也直率地说，哲学就是爱神，神的本性是非物体的"（《上帝之城》，第八卷，第 8 章）。

在"与神类似"的思想中，古代基督教并不仅仅重新发现了基督教关于人的生活方式的理想。人们还认为这一理想也是沿着耶稣基督的途径实现的。人与上帝在其属人的生活过程中的同在，一再是按照"与神类似"的模式来解释的，例如在奥利金（Origenes）那里，在撒摩撒他的保罗（Paul von Samosata）那里，在莫普遂斯提亚的狄奥多(Theodor von Mopsuestia)那里。[①] 耶稣的正义和德性如此之大,以至于他达到了在善中的坚定,并在其中与不变的上帝同一。耶稣的复活和复活者的永生只不过揭示了这一事实。

然而,只有当人们想到,希腊文版本的《旧约》(《七十士译本》)用人是"'按照上帝的形象和类似'(kath 'eikona kai homoiosin theou;《武加大译本》:secundum imaginem et similitudinem Dei)创造的"这一措辞来复述《创世记》一章 26 节"按照上帝的形象和样式造人"的说法时,"与神类似"的思想对于古代教会神学的充分意义才表现出来。用"类似"(homoiosis)来翻译希伯来语的 d$^e$-muth 一词,与用"形象"(eikon)来复述希伯来语的 zelem 相结合,给予《圣经》的说法以一种不可抗拒的柏拉图主义色彩。它意味着,人不仅是神圣原型的摹本,而且还在柏拉图主义的"与神类似"的意义上被规定为不断地向神接近。[②] 在伊里奈乌(Irenäus)那里,人们可以读到如下的说法:"对上帝的服从意味着续存和不变;但不变是非受造者的荣誉。凭借这样的秩序、和谐与导向,通过圣父的愿望和决定,圣子的作用和塑造,圣灵提供滋养和成长,人则逐渐地前进并达到完善,即完全接近非受造者,受造的人成为非受造的上帝的形象和类似。也就是说,完善的是非受造者,而人却必须首先生成,然后成长,然后强壮,然后生育,然后繁衍,然后受到尊崇,最终直观自己的上帝。也就是说,对上帝的直观是我们的目

① 参见作者的《基督论的基本特征》(*Grundzüge der Christologie*, 1964),第 118—119、202 页。

② 更详细的论述,参见作者的《系统神学》,第二卷,第 238 页以下。

标和不朽的原因,而不朽则引导我们来到上帝的近旁。”[①]

在此,展开了一个人类历史的进步视角。在伊里奈乌这里,其中蕴含着“与神类似”在柏拉图那里所不曾具有的一个新因素,因为在柏拉图那里,这一公式始终只是与单个的人相关的。在伊里奈乌这里,向人类历史的扩展也许可以理解为把“与神类似”的思想与保罗主义对第一亚当和第二亚当做出的区分和分派(林前15:45以下)相结合的结果。对于人类学和基督论在伊里奈乌这里的结合来说如此重要的思想——只有在基督身上才出现人在太初被创造时所根据的上帝的肖像(林后4:4;西1:15)——,必然由于《圣经》关于按照“上帝的形象和类似”创造人的措辞的翻译而通过“类似”的概念也影响到对柏拉图主义不断接近神的思想的理解,使这种思想获得一种人类历史的视角。

但是,不仅在伊里奈乌的历史神学思想中,而且也作为个人生活的虔诚理想,柏拉图主义的“与神类似”在古代教会都具有一种怎么高估都不过分的意义。这特别适用于基督教的神秘主义。尼萨的格列高利(Gregor von Nyssa)以特别令人印象深刻的方式通过他关于《雅歌》的注释中的阐述,更多地还是通过他的著作《摩西传》中的阐述证明了这一点。特别是在后一部著作中,也出现了基督教对“与神类似”的解释同柏拉图主义的厄洛斯(Eros)思想的接近。在厄洛斯中,柏拉图发现了鼓励灵魂“与神类似”的力量。柏拉图在其《会饮篇》(*Symposion*)中的论述——或者更好一点,在

① 伊里奈乌(Irenäus):《反异端论》(*Adversus haereses*),第四卷,第38章,第3节;参见第五卷,第6章,第1节。

其伟大的神话《斐德罗篇》中的论述(《斐德罗篇》,246 以下)——表明了这一点。在后者中,柏拉图描述了灵魂的回忆、厄洛斯和向真正存在者的永恒世界上升的共属性:人的灵魂比所有物体的运动都更“古老”;因此,它自身是非物体的,在柏拉图借助鸟翼的形象描述的无物体的轻灵状态中,在受制于一个身体之前于诸神的世界里直观理念,直观诸神用来滋养自己的神性和永恒性的永恒真理。但柏拉图继续说道,在此之后人的灵魂失去了自己的“羽毛”,降落到一个“属土的身体”之中,柏拉图在别的地方称后者为灵魂的“牢狱”或者“坟墓”(《克拉底鲁篇》,400b—c)。但在这种状态中,灵魂在尘世一旦遇到某种美的东西,就会回忆起它在降生尘世之前在神圣世界里所见到的美,并且“总是急切地奔向它希望看到拥有美的人的地方”(《斐德罗篇》,251e)。这样,回忆(Anamnesis)就唤起了爱的渴望,唤起了要与美的东西相结合并超越身体的美导向美本身、导向美的理念的厄洛斯。按柏拉图看来,所有的认识都建立在这样由厄洛斯引导的对降生尘世之前直观过的存在者真理的回忆上。

尼萨的格列高利在其著作《摩西传》中把这一柏拉图主义的思想转用到摩西与上帝的关系上。关于摩西要看上帝的请求(出33:18),那里写道:“经历这样的东西,即要看上帝本身的愿望,在我看来是以朝向天然美的东西的灵魂的某种厄洛斯结构为条件的;盼望把灵魂从已经看到的美的东西继续引向在此之上的东西,所凭借的是灵魂总是通过当时所把握的东西点燃对还隐蔽着的东西的渴望。从那里出发,热切地爱美的人渴望心中充满原型自身;因为他把当时显现的东西仅仅当作渴望的东西的图像来对待。大胆的、超越'欲望'(Epithymia)界限的请求所要的就是:不是借助某种镜子和表现,而是在直接的面对中享受美……"[1]对于格列高利来说,对渴望的东西的这样一种完成性的直观当然是无法达到的;上升是无限的,它越过无数的阶段,因为对于尼萨的格列高利来说,与经典希腊哲学不同,上帝是无限的。与无限的上帝相应的是向上帝的上升也是无限的。但恰恰在这里,人与上帝的无限性相类似,这对一个无限的本质来说是完全可能的,而在格列高利看来,"与神类似"也就是这样在灵魂的生命过程中完成的。

在柏拉图那里,厄洛斯上升到真正存在者的前提条件是灵魂对其降生尘世之前直观永恒的东西的重新回忆(Anamnesis)。[2]对于柏拉图来说,这种回忆能力的基础在于灵魂与神圣事物和永恒事物原初的亲缘关系。恰恰是在《斐德罗篇》中,灵魂甚至被看作是永恒的、非生成的。因此,在柏拉图那里,关于灵魂与神圣事物的亲缘关系的观念和关于灵魂的先在(Präexistenz)的观念是密切相关的。在这个地方,对于基督教神学家来说产生了显著的困难,更不用说后面要讨论的灵魂转世方面的差异了。

游斯丁在其《与特雷风的对话》(*Dialog mit Tryphon*)中描述了他如何在寻找真正的哲学时最终由于灵魂与上帝类似的观点而在柏拉图主义学说中得到启发。如果灵魂在本质上与上帝类似,



① 尼萨的格列高利(Gregor von Nyssa):《摩西传》(*Vita Mosis*),114,5—14,见米伦伯格(E. Mühlenberg):《尼萨的格列高利论上帝的无限性》(*Die Unendlichkeit Gottes bei Gregor von Nyssa*,1966),第151页。

② 参见《美诺篇》,81c—d以及那里的证明,82b以下;还有《斐多篇》,72e—76a。

那么灵魂必然——就像游斯丁在海滩上遇到的智慧老人让他思考的那样——从自身出发就已经拥有对上帝的直观。但事实上,灵魂是由上帝创造的,因而并不具有上帝的本质,[①]而且灵魂接受对上帝的直观,只是作为通过圣灵的赠予。[②] 从同一理由出发,游斯丁的学生塔提安(Tatian)也称灵魂就其本性而言是有死的,因为他自称知道和与上帝的同在结合在一起的不死性是作为恩典赠予的。[③]

游斯丁和塔提安在这一点上都不是那么反对柏拉图,而是主要反对基督教柏拉图主义的另一个变种——也就是说,反对诺斯替主义:在诺斯替主义者看来,尤其是在瓦伦廷(Valentin)看来,一种神圣的普纽玛(Pneuma)火花属于灵魂的本性。[④] 当然,这种火花需要排除与沉溺于物质的"心理"灵魂的结合。人们合理地把这种诺斯替主义学说称为一种极端的保罗主义,它把保罗主义在"顺从身体"的生活与和"顺从圣灵"的生活之间的对立(罗 8:4)与将拣选思想转化为本体论相结合,变成一种人类学的基本规定,据此存在着两类人:顺从肉体的人和顺从圣灵的人。[⑤]

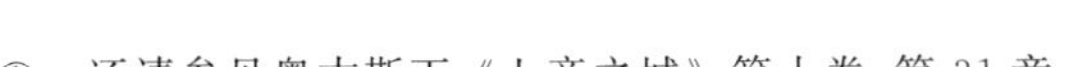

① 还请参见奥古斯丁:《上帝之城》,第十卷,第 31 章。

② 游斯丁:《与特里风的对话》,第 4 章,第 2 节以下[戈德斯皮德(Goodspeed):《最早的护教家》,第 95 页以下]。

③ 埃尔策(M. Elze):《塔提安及其神学》(*Tatian und seine Theologie*,1960),第 90 页以下,特别是第 93 页。

④ 关于诺斯替主义两种灵魂的学说,请参见朗格贝克:《灵知论文集》,第 50 页以下。

⑤ 豪席尔德(W. D. Hauschild):《上帝的灵和人——早期基督教圣灵论研究》(*Gottes Geist und der Mensch: Studien zur frühchristlichen Pneumatologie*,1972),第 151—165 页,尤其是第 160、165 页。

奥利金反对把人分裂为两个灵魂——一个是心理的灵魂，一个是普纽玛的灵魂——，因而也反对诺斯替主义的“极端的保罗主义”，而主张灵魂的统一，但他与柏拉图一样把灵魂设想为先在的。在这方面，他与柏拉图不同，以唯意志主义的方式把灵魂受制于身体解释为先在的灵魂犯罪的结果，而不是解释为普纽玛被拘禁的命运。[①]

在以后的时代里，不仅柏拉图主义的灵魂转世说，而且还有灵魂先在说，也都遭到拒斥。这方面的理由应当在别的地方予以讨论。然而，如今已经清楚的是，人类学与上帝学说不同，必然构成教父们与柏拉图主义学说激烈批判性争论的一个战场。[②]

## 三、光照与恩典



基督教神学家们对灵魂具有与上帝相同的永恒性的拒斥，绝不意味与柏拉图主义人类学的全面对立。这已经表现在这一点上，即游斯丁对灵魂直接具有神性的论断提出的另类方案同样是柏拉图主义的。这就是如下论题：在未来的完成中凭借圣灵对上

---

① 奥利金（Origenes）：《论首要原理》（*De principiis*），第二卷，第9章，第6—7节；第一卷，第7章，第4节。参见屈贝尔（P. Kübel）：《奥利金、诺斯替主义者和柏拉图学派论罪责与命运》（*Schuld und Schicksal hei Origenes, Gnostikern und Platonikern*，1973），第88页以下，第93页以下，第103页以下。

② 在这方面更详细的论述，见作者的《基督教与柏拉图主义——奥古斯丁对柏拉图的批判性接受及其对当代基督教思维的意义》（Christentum und Platonismus: Die kritische Platonrezeption Augustins in ihrer Bedeutung für das gegenwärtige christliche Denken），载《教会史杂志》96，(1985)，第147—161页。

帝的直观是作为一种正义生活的酬劳被赋予的。这一论题的基础又是柏拉图主义关于“与神类似”的学说。只不过在游斯丁看来，与上帝类似的能力同样不是随着人的灵魂的本性已经给定的，而是建立在恩典、一种存在于圣灵的赠予里面的恩典之上的。但这一思想在游斯丁的《与特雷风的对话》(第4章，第1节)中又是以柏拉图主义的方式——也就是说，以柏拉图主义借助光照的认识观念的语言——得到解释的。[①] 因为按照柏拉图对追求理念认识的描述，光照表示的是认识自身的瞬间(第7封信，341c—d)。尽管通过观察感性世界的“实例”为认识理念做了所有必要的准备，由此却还没有达到认识。毋宁说，认识是当寻求者在由厄洛斯引导的、寻求性的上升结束时“突然”感到对美的事物的直观时才在他身上发生的(《会饮篇》，210e4)。因此，认识的结果是直观的，而不是逻辑强制的。这样，认识既不是通过人的奴斯的本性随时随地已经作为精神的直观实现了的，也不是人的努力的结果。毋宁说，它是作为一种“突然”给予人的直观而为人遭遇到的。而在游斯丁那里，这种直观被“宣布为‘圣灵’(Pneuma Hagion)”。[②]

亚历山大里亚的克莱门把使基督徒有能力认识真神的光照事件与洗礼联系起来。这也许是奥秘的语言，[③]但背后隐藏的是柏

① 游斯丁：《与特里风的对话》，第4章，第1节(戈德斯皮德：《最早的护教家》，第95页)。光照思想在这里蕴含在“突然”(exaiphnès)一词中。

② 施密德(W. Schmid)：《早期护教学与柏拉图主义——游斯丁对话录导言部分的诠释》(Frühe Apologetik und Platonismus: Ein Beitrag zur Interpretation des Proöms von Justins Dialogus)，载《雷根博根纪念文集》(*Festschrift O. Regenbogen*，1952)，第181页。

③ 豪席尔德：《上帝的灵和人》，第30页。

拉图主义关于借助光照进行认识的学说，而反过来，把洗礼时圣灵的赐下同光照的观念（参见来 6:4;10:32;弗 5:14）结合起来，成为对圣灵在信仰者身上的恩典影响所做的一种柏拉图主义解释的开端。此后，奥利金还明确地承认，无论是柏拉图主义的光照说，还是基督教的学说，都使关于上帝的认识表现为一种上帝的恩典的结果，从而表现为某种人不能从自身出发就一直可以接近的东西。[①] 他只是补充说，这一思想不是出自柏拉图，而是早在柏拉图之前就已经由先知何西阿说过了。基督徒也不是从柏拉图那里才得到这一思想的，而是已经在《约翰福音》中发现它了。

人们在奥利金那里可以看到，光照思想完全可以成为理解恩典的关键概念。这样一种理解恰恰出现在奥古斯丁这位恩典教师那里。[②] 奥古斯丁系统地把柏拉图主义关于借助光照认识的学说与恩典论彼此结合起来。他由此而把上帝的恩典在人身上起作用的观念越过圣灵在受洗者身上的作用扩展到对人的生命的理解自身。奥古斯丁是这样理解所有认识对一种神圣光照的依赖性的：灵魂只有在本身就是真理的圣灵的光照中才认识事物的理念（res intelligibiles）（《论三位一体》，第十二卷，第 15 章，第 24 节），理念以原型的方式被总括在上帝的灵中，被总括在上帝的逻各斯中，但也以摹本的方式在人的灵魂上打下印记。一种回忆从灵魂接受的



① 奥利金：《驳克尔苏斯》（*Contra Celsum*），第七卷，第 42 章（MPG11，1481），参见第六卷，第 5—11 章（MPG11，1296）。

② 参见洛伦茨（R. Lorenz）：《奥古斯丁论恩典与认识》（Gnade und Erkenntnis bei Augustinus），载《教会史杂志》，75（1964），第 21—78 页。

印象出发,即从灵魂感知的对象出发,[①]这是一种对永恒真理的回忆,永恒真理以摹本的方式、但也以被遗忘的方式蕴藏在灵魂(mens)中。如果灵魂的关注(conversio)面临着与这样的提醒(admonitio)的遭遇,那么,光照就可以借助神圣的真理之光发生。“提醒”、“关注”、“上帝的寓居”(inhabitatio Dei)这些概念也表示着奥古斯丁的恩典论。[②]

奥古斯丁自己与柏拉图学派一致认为,创造万物的上帝也是“照亮任何认识的圣灵之光”(《上帝之城》,第八卷,第7章)。然而,他把柏拉图主义的光照思想与回忆说分离开来,因为回忆说涉及灵魂的一种先在状态。在奥古斯丁那里,取代回忆的是“提醒”的概念,提醒一种蕴藏在人的灵魂之中、无意识的、先行于一切经验的(先验的)认识——灵魂由于是上帝的肖像而拥有这种认识。另一方面,柏拉图主义的光照说通过与恩典论的结合在奥古斯丁那里被纳入上帝在人的灵魂中旨在人的救赎的作用的更大联系中。

西方中世纪的神学只是部分地保留了这种奥古斯丁主义思想,因为随着基督教亚里士多德主义在十三世纪的兴起,自然认识的领域是由一个纯世俗的认识论模式来说明的。奥古斯丁的光照说被限制在恩典性的上帝认识的领域里。

① 关于“提醒”(admonitio)这个词,参见洛伦茨,《奥古斯丁论恩典与认识》第47页。

② 洛伦茨强调了这些概念的平行使用,同上书,第58页。

## 四、基督教对柏拉图主义学说的矫正和改造

在前面几节中，我们已经一再地谈到与基督教思维中批判地接受柏拉图主义学说相结合的改造。由于这一事实的重要性，这里应当再次予以总结，但也予以补充。

基督教对柏拉图主义学说最早的批判在第二世纪是针对柏拉图对灵魂神性的理解，而此后与灵魂的受造性及其同个人身体存在的共属性相联系，也出现了对基督教的复活盼望的捍卫；第二世纪下半叶有一系列论文都是与此有关的。除此之外，早期基督教神学家们也愈来愈多地注意到《圣经》的创世信仰与《蒂迈欧篇》关于宇宙的产生初看起来与其如此相似的描述之间的差异。对上帝的理解自身中的差异出现晚得多，也就是说，是自第四世纪以来，即自三位一体学说的形成以来。尽管如此，这些差异是同对上帝与世界的关系的不同理解密切相关的，这种关系在第二世纪创造论的形成中找到了解说。

《圣经》创世信仰与柏拉图主义的《蒂迈欧篇》的接近早在希腊化的犹太教思维中就已经受到注意，并在其中留下了印痕。在这方面，无论是在《便西拉智训》十一章 17 节那里，还是在亚历山大里亚的斐洛那里，[①]创造都被理解为用先在的物质塑造受造物。就连无中创有语式的最早证明（《马加比二书》七章 28 节）也只是

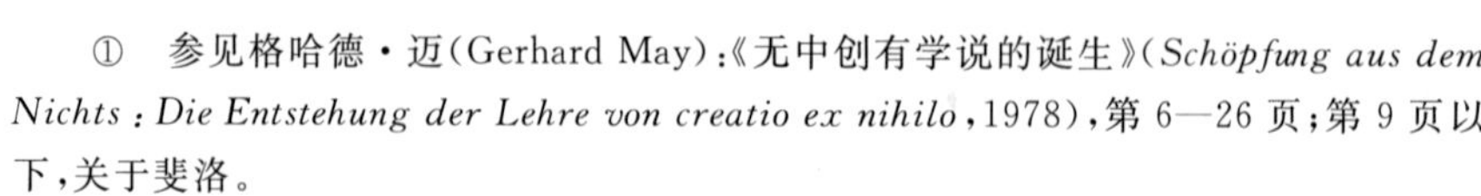

① 参见格哈德·迈（Gerhard May）：《无中创有学说的诞生》（*Schöpfung aus dem Nichts: Die Entstehung der Lehre von creatio ex nihilo*，1978），第 6—26 页；第 9 页以下，关于斐洛。

说，世界"之前不存在"，[①]从而排除了在《蒂迈欧篇》的意义上用先在的物质进行塑造的思想。在早期基督教护教家中间，就连游斯丁和阿泰纳戈拉（Athenagoras）也还有类似的思想。[②] 只是游斯丁的学生塔提安，才作为基督教神学家第一个明确地宣布，就连物质也是从上帝产生的。[③] 塔提安得出这一结论，似乎是从游斯丁的论题出发的，即除了上帝之外，不可能存在第二个非生成的东西。[④] 后来的神学家们，例如安提阿的狄奥菲鲁斯（Theophilus von Antiochien）和里昂的伊里奈乌，把绝对的上帝意志是创世的唯一根据[⑤]这一论题与对非生成的物质的观念的拒斥结合起来。这又继续成为教会"无中创有"（creatio ex nihilo）学说的重点，与柏拉图主义关于善必然自己分配自己的论题形成对立。[⑥] 至于柏

① 参见格哈德·迈（Gerhard May）：《无中创有学说的诞生》（*Schöpfung aus dem Nichts: Die Entstehung der Lehre von creatio ex nihilo*，1978），第7—8页。格哈德·迈同时指出了克塞诺封（Xenophon）那里的一个类似的表述方式：《回忆录》（*Memorabilien*），第二卷，第2章，第3节。

② 游斯丁：《护教文》，第一篇，第10章，第2节；阿泰纳戈拉（Athenagoras）：《护教篇》（*Legatio pro Christianis*），第22章，第2节。关于游斯丁，请参见迈：《无中创有学说的诞生》，第122页以下；关于阿泰纳戈拉，参见第139页以下；以及参见作者的《接受哲学的上帝概念是早期基督教神学的教义学问题》，第296—346页，特别是第316—317页。

③ 塔提安（Tatian）：《致希腊人书》（*Oratio ad Grecos*），第5章，第3节：参见迈：《无中创有学说的诞生》，第151页以下。

④ 塔提安：《致希腊人书》，第5章，第3节：参见游斯丁：《与特里风的对话》，第5章，第4—6节。在格哈德·迈（《无中创有学说的诞生》，第153页以下）看来，塔提安是从其老师与马吉安（Markion）相对立的学说得出这一结论的。

⑤ 关于安提阿的狄奥菲鲁斯，参见《致奥托吕库斯》（*Ad Autolycum*），第一卷，第4章和第二卷，第4章以及第一卷，第8章；参见迈：《无中创有学说的诞生》，第159页以下。关于伊里奈乌，参见《反异端论》：第二卷，第10章，第4节；参见迈：《无中创有学说的诞生》，第167页以下。

⑥ 参见作者的《接受哲学的上帝概念是早期基督教神学的教义学问题》，第317页注79。

拉图主义的理解也合乎逻辑地包含了宇宙产生的非时间性，从而《蒂迈欧篇》关于宇宙在德穆革的活动中有一个开端的观念仅仅是神话叙述的一种文学形式，这在第二世纪时尚未为人普遍知道。[①]就连创世活动作为上帝自己的行为无须中介原因参与的直接性，[②]也是相对于柏拉图主义的实体说而成为差异点的。在这个地方，存在着与上帝学说的一个系统联系：基督教上帝的创世活动的直接性的论题以三位一体的各个位格在其对外的活动中的共同行为为前提条件。

上面（第 45 页以下）已经提到过，基督教的三位一体学说与新柏拉图主义的本原学说之间的差异与上帝和世界之关系的不同规定密切相关。与新柏拉图主义从第一本原到物质宇宙逐级过渡的思想不同，创世思想包含着创造者与受造物直接相对、没有过渡的观念。这是《旧约》的上帝观在里面起作用。创造者与受造物的相对在上帝一方是以其创造活动的自由为特征的，这并不妨害三位一体说宣称的上帝之内的区分，而且与按照新柏拉图主义的假定在从神的领域到可见世界的过渡中、作为灵魂从与最初本原的统一的脱落而发生的"堕落"的观念不同，与最初本原的统一在奴斯那里、首先在灵魂的第一阶段上通过其分有奴斯而还被保留着。



① 根据迈：《无中创有学说的诞生》，第 4 页。当时还有哲学家阿提库斯（Herodes Attikos）讲授世界的一个时间性开端。与此类似的还有普卢塔克。关于这一问题的争论，请参见多利：《帝制时代早期的文化史和精神史中的柏拉图主义》，第 189 页。对普罗提诺的柏拉图主义观点的解释则是另一回事。参见吉顿（J. Guitton）：《普罗提诺和圣奥古斯丁论时间和永恒》（*Le temps et l'éternité chez Plotin et Saint Augustin*，1933，1971），第 90 页。

② 奥古斯丁：《上帝之城》，第十二卷，第 27 章。

基督教学说所宣称的“堕落”不是发生在属神的领域里，而是发生在受造物的世界里，它也不构成有限和暂时的存在者独立存在的根据。毋宁说，它们的存在是上帝的创造意志的对象。这种创造意志既包含创造者上帝的位格性，也包含着赋予受造物存在的意志，而在其结果中，还包含着通过与上帝的同在使它们分有上帝的永恒生命的意图。因此，属于创造者上帝的位格性的，还有对他物的指向，而这在普罗提诺看来是无法与纯粹的太一的思想统一的（参见第 46 页）。这涉及创世思想的一个前提条件，它必须在关于上帝的理解本身中——像基督教关于圣子由圣父永恒地产生的学说所做的那样——被设想为先行于创世活动的。此外，创造者与受造物相互面对的直接性蕴含着——在对上帝的生命做出三位一体的区分的条件下——，创造者的意志对于三位一体的所有位格来说都是共同的，在这里面表现出它们的神性本质的统一。这种统一与圣父不可分离地包含着圣子和圣灵，以致它们与柏拉图主义的世界灵魂不同，分有着唯一上帝与世界的创造者的相对。

在受造物一方，创世信仰的结果是没有一个受造物就其本性来说，能够像在柏拉图主义思维中从太一到可见世界的平滑过渡就灵魂而言允许断言的那样是神圣的。作为受造物的受造物是与创造者上帝不同的。因此，就连灵魂也不具有神性的本质。灵魂只能把与上帝的同在和上帝不死的生命当作恩典的赏赐来接受。因此，属于灵魂的受造性的，还有它受制于身体这一事实，这并不像奥利金所宣称的那样是灵魂“堕落”的结果，而是将人创造成为灵肉存在者并如此希望的上帝创造者意志的表现。因此，从基督教的观点来看，人的身体并不是灵魂的“牢狱”或者“坟墓”，而是属于上帝的美善创造。另一方面，灵魂在与它所赋予生命的身体的结合中是其所是的东西。因此，它与柏拉图主义的观点不同，在生与死之间道路的历史一次性中属于人的个体。所以，柏拉图主义关于灵魂先在的学说大多遭到基督教思想家们——奥利金除外——的拒斥，同样还有柏拉图主义关于灵魂后在的观点。基督教神学家们虽然也教导一种灵魂的后在，甚至灵魂的不死，但并不是在灵魂转世的意义上说的，从而也不是在多次与身体结合的意义上说的。根据再次与身体结合的学说，人的灵魂是否在来世获得一个更好或者更坏的身体，取决于人在其身体中的尘世存在期间的所作所为。但是，如果灵魂通过一系列再生成为数目不定的众多其他人的灵魂，而且在此之前就已经同样曾经使众多其他人获得灵魂，那它还是这个人、这个个体的灵魂吗？在这种情况下，个体当前的尘世存在岂不仅仅是一件衣衫，在此之前有多少个体脱下它再换上一件新的？基督教关于灵魂与身体的共属性是上帝创世意图的表述的学说，以对单个的人在其一次性的生命史中的个体性的另一种理解和评价为结果，并与此相结合发展出关于个人的不死的另一种观念，与柏拉图主义思维的框架不同。



对先在观念和灵魂转世观念的拒斥在奥古斯丁那里还导致了对柏拉图主义回忆说的一种修正。取代重新回忆生前对理念的直观观念(《美诺篇》[*Menon*]，81c—d)的，是奥古斯丁关于灵魂的思想；灵魂在自身中先于一切经验——但无意识地——包含着事物的理念(res intelligibiles)的知识，[①]事物的理念以原型的方式总括

---

① 奥古斯丁：《论三位一体》，第十二卷，第15章，第24节(CCL50，377—379)。

在上帝的灵里面（在逻各斯里面），但以摹本的方式也由于人的灵魂与上帝相似而被给予人的灵魂。人的灵魂并不能从自身出发支配这份财产，而是为此需要由外部印象造成的刺激（admonitio）以及如上面已经提到的那样由神圣的真理之光的光照。通过为了消除灵魂先在的观念而对柏拉图主义回忆说的这种修正，奥古斯丁的灵魂概念成为后来关于某种先于人的意识、先于一切经验的独特认识的观点的先驱。[①]

奥古斯丁还把基督教思维与灵魂转世观念的争论转移到更大的系统联系之中。他把灵魂转世的观念看作是一个具有重大普遍性的问题的实例，即同样的东西周期性地返回世界历史进程的假定。这一假定尤其是通过赫拉克利特（Heraklit）和斯多亚学派关于世界周期的学说影响了古代的世界观。根据这种观点，宇宙在每一个世界年的终点都返回到开端，并在所有的细节上重复事件的进程。在奥古斯丁看来，基督徒不能接受所有事物的这样一种重复。“因为基督为我们的罪只死一次”；“基督既从死里复活，就不再死”（罗 6:9—10），就连我们——按照《帖撒罗尼迦前书》四章17节——在死者复活之后也将“和主永远同在”。[②] 在这里，奥古斯丁从基督教的救世信仰出发，表述了一种关于人类生存的一次

① 除了奥古斯丁对柏拉图主义认识论的改造之外，作为接受先天认识或者接受我们知性的先验功能——在康德的理性批判中获得其对于现代来说决定性形态——的出发点，当然还应当指出斯多亚主义关于某些人共有的基本概念（koinai ennoiai）的学说（参见本书第四章），它们可能通过西塞罗也启发了奥古斯丁的精神观念。

② 奥古斯丁：《上帝之城》，第十二卷，第14章。参见第十卷，第30章：“如果彼岸的生活得到永恒存续的保障，它只能是一种完美幸福的生活；相信灵魂在彼岸生活中渴望会腐败的身体的无效性，并应当从那里返回到这个身体，这是天真幼稚的……”

性的新意识；一种把现在看作是对于永恒来说的决定性时刻的激进意识，以及一种对人的个体性及其永恒的重要性的新理解，是与这种一次性紧密结合的。[①] 凭借救世的一次性，历史进程中一次性的、新颖的东西，对于现实的理解来说获得了中心的意义，这与循环论的时间观是对立的，后者依据的是似乎排除某种崭新事物的可能性的宇宙循环运动。[②] 奥古斯丁认为自己是受基督教的启示推动，对这种理解采取反对立场的：也就是说，“如果灵魂以一种它在此之前从未得到拯救的方式得到拯救，不再返回到苦难，那么，在它里面就出现了某种在此之前从未出现的东西，即某种威力强大的东西，也就是说，绝不会再终止的永恒幸福。但是，既然在不朽的本性上发生着某种绝不是循环中的重复的崭新东西，为什么它不会也发生在会死的事物身上呢?”(《上帝之城》，第十二卷，第20章，第3节)。从救世事件的一次性得出的现实观的历史化已经表现在伊里奈乌在历史神学上对柏拉图主义的“与神类似”思想所做的扩展上了，即扩展为在一种从第一亚当到在基督身上表



① 与此相应，在奥古斯丁那里写道：“在创造第一个人之前决不存在一个人”(《上帝之城》，第十二卷，第18章)。

② 过去流行的假定，即古代循环论的时间观排斥任何历史进步的思想[至少是蕴含在洛维特的《世界历史与救赎历史》(*Weltgeschichte und Heilsgeschehen*，1953；第16页以下)中]，在此期间成为正当批判的对象，例如坎提克(H. Cancik)：《通过“各时代的进步”为上帝辩护——论犹太教—基督教时间观念和历史观念与希腊—罗马时间观念和历史观念的差异》(Die Rechtfertigung Gottes durch den“Fortschritt der Zeiten”: Zur Differenz jüdisch-christlicher und hellenisch-römischer Zeit-und Geschichtsvorstellungen)，载派泽与莫勒(A. Peis & A. Mohler)编：《时代》(*Die Zeit*，1983)，第257—288页。在受到斯多亚学派影响的历史学家例如狄奥多(Diodor)和波里比阿(Polybios)那里，历史内进步的论题(第265页以下)却总是被纳入更广泛的循环论，而这正是洛维特论证的真正重点。

现出的第二亚当的不可逆转的进步的观点下对人类历史所做的描述，这种进步是人类现实的终极状态。奥古斯丁把现实观的这种历史化扩展到整个世界史。

此外，在奥古斯丁那里与灵魂转世对立的救世的一次性与奥古斯丁视为基督教信仰同柏拉图主义哲学主要差异点的那个问题密切相关：与神圣逻各斯的道成肉身密切相关。把永恒者如此与时间中的一个唯一的事件联系起来，这对古代哲学的所有形式来说都是陌生的。当然，柏拉图学派——与古代哲学的其他学派一样——意识到这样一个事实，即所有存在者中唯有人分有了统治宇宙的理性。就此而言，哲学可以是神圣理性在人类中、从而在每一个人里面的一种道成肉身。反过来，对于基督形象的神学解释来说，显然耶稣与神圣逻各斯的统一被设想为人分有逻各斯的最高实例。[①] 不过，在这里，所有在有哲学素养的意识的语境中解释道成肉身的思想的努力，都涉及耶稣形象的历史一次性。在第二世纪时，情况就已经是这样了。游斯丁就曾经这样捡起斯多亚学派关于在人们中间到处散布的逻各斯的“火花”或者“种子”，以便强调唯有在基督身上才出现整个逻各斯（《护教文》[*Apologia*]，第二篇，第10—13章）。这样，就已经为把宇宙论转化为在奥古斯丁的思维中达到高潮的救赎史铺平了道路。

① 例如，阿他那修（Athanasios）在其关于逻各斯道成肉身的著作中就是这样做的，但还有老底嘉的阿波利纳里（Apollinaris von Laodicaea）。关于阿波利纳里，请参见米伦伯格：《老底嘉的阿波利纳里》（*Apollinaris von Laodicaea*，1969）。

## 五、柏拉图主义思维的继续影响和现实意义

柏拉图主义哲学的影响史并没有随着古代柏拉图主义而结束。在西方思维的历史上，反复出现对柏拉图主义哲学纲领性的重申，例如在第九世纪通过秃头查理（Karl der Kahle）的宫廷学校校长爱留根纳（Johannes Scotus Eriugena），十二世纪在夏特尔学派中，尤其是在夏特尔的梯利（Thierry von Chartres）那里，十五世纪通过尼古拉·库萨、通过费奇诺（Marsilio Ficino）领导的佛罗伦萨柏拉图学园，十七世纪在剑桥柏拉图主义哲学家的圈子里。不过，自称柏拉图主义的流派的出现绝没有穷尽柏拉图主义思维的影响史。毋宁说，这里还应当算上由施莱尔马赫（Friedrich Schleiermacher）肇始的努力，就是在不同的柏拉图主义背后重新发现真正的柏拉图的历史。但除此之外，人们还可以同怀特海一起，把欧洲哲学的全部历史都称为柏拉图的一系列注脚。[①]

在西方中世纪的基督教思维中，柏拉图主义的题材主要沿着三条道路继续起作用：首先是通过奥古斯丁主义，其次是通过忏悔者马克西姆（Maximus Confessor）和（在西方）从爱留根纳出发的、一再重新活跃的对托名狄奥尼修斯的研究，最后是通过《原因书》（*Liber de causis*），即一部十二世纪译自阿拉伯文、长期（直到托马斯·阿奎那）被视为亚里士多德主义的著作，事实上：依据的是普

① 怀特海（A. N. Whitehead）：《过程与实在》（*Process and Reality*，1929，Harper，1957），第63页。

罗克洛的《神学要旨》(*Stoicheiosis theologikè*)。普罗克洛本人的著作1268年由曼培克的威廉(Wilhelm von Moerbeke)翻译,成为西方、尤其是在道明会的神秘主义中,一次重新转向柏拉图主义的出发点。在彼特拉克(Francesco Petrarca)早在1367年就宣布柏拉图和柏拉图主义对亚里士多德的优越性之后,[①]十五世纪——在通过拜占庭学者对柏拉图和柏拉图主义著作获得更全面的认识的激励下——出现了一次与同亚里士多德主义的经院哲学保持距离相结合的重新转向柏拉图。不过,即便是十三世纪的"亚里士多德主义的"经院哲学,也依然在其形而上学的框架体系方面具有柏拉图主义的色彩。这首先适用于所有事物在其"从上帝到上帝"的历史中运动的思想。[②] 这涉及新柏拉图主义的一个由托名狄奥尼修斯和《原因书》介绍的基本思想,据此,万物都是由太一出发的,并且通过从堕入物质中"返回"(epistrophè;conversio)而被唤醒,重新返回到这一本原。其次,与此相联系的还有结果分有原因——从而也分有第一因、神圣的原因——的思想。[③] 再次,这一思想又以结果在与原因的关系、特别在与神圣理智里面事物的理念原型的关系中的摹本性为前提条件。最后,就连借助神圣原型

① 彼特拉克(F. Petrarca):《论自己和众人的无知》(*De sui ipsius et multorum ignorantia*,1367)。此书于1371年出版。

② 参见泽克勒(M. Seckler):《历史中的拯救——托马斯·阿奎那的历史神学思维》(*Das Heil in der Geschichte: Geschichtstheologisches Denken bei Thomas von Aquin*,1964),特别是第28页以下。

③ 吕特肯斯(H. Lyttkens)证明了托马斯·阿奎那的类比说对新柏拉图主义的分有思想的依赖性:《上帝与世界之间的类比——其背景之探讨以及托马斯·阿奎那对其应用之诠释》(*The Analogy between God and the World: An Investigation of its Background and Interpretatiun of its use by Thomas of Aquino*,Uppsala,1952)。

的光照作为“返回”到神圣原型的可能，也属于这个思想圈——这是一个在中世纪神学中即使在放弃奥古斯丁认识论之后也由于恩典论和信仰之光的缘故保留下来的思想。

在近代思维中，新柏拉图主义的“等级宇宙”[①]消失了，跟随其后的还有原因与结果通过后者分有前者的思想的结合。仅仅对于属人的精神与属神的精神的关系而言，由于人与上帝的相像，分有思想才依然是决定性的。与此相反，理念说以及与它相联系的摹本观念经过各种各样的变迁依然在近代思维中生效，直至在近代自然科学影响下变得流行起来的所有物质过程都是永恒的自然规律在时间中的摹本的观点。不过，柏拉图主义思维截然不同的分支至少在作为近代思想体系的启迪源泉起作用。最重要的例证肯定是随着弗洛伊德不仅改造柏拉图主义的厄洛斯、而且尤其是改造其回忆说而产生的精神分析。[②]

在近代神学中，柏拉图的原型摹本思维一直影响到当代。这适用于施莱尔马赫关于基督的上帝意识在与信仰者的关系中的原型性的思想。[③] 但就连巴特(Karl Barth)的教会教义学也是通过原型—摹本关系——三位一体中圣子与圣父之间，以及圣子与圣父间关系与男女间关系之间——建构的；巴特把后一种关系视为

① 甘第拉克(M. de Gandillac)：《尼古拉·库萨——对其哲学及其哲学世界观的研究》(*Nikolaus von Cues: Studien zu seiner Philosophie und philosophischen Weltanschauung*，1953)，第133页；参见第144页，关于库萨的《论球戏》(*De ludo globi*，1463)，第二卷，239。

② 布赖斯(Y. Blès)：《柏拉图的心理学》(*La psychologie de Platon*，1968，2. Aufl.，1973)。

③ 施莱尔马赫：《基督信仰论》(1830)，第93页。

人与上帝的相像。[1]

即使在当代,柏拉图主义思维的潜能也绝不可被视为已穷尽了的。它的现实意义也许不怎么在于埃利亚主义的(eleatisch)理念是真实存在的思想,也不在于柏拉图主义的灵魂说,尽管在人智学(Anthroposophie)和东方宗教的影响下灵魂转世的思想也在西方获得了吸引力。毋宁说,柏拉图的现实意义可能在于辩证法,它始终得益于柏拉图主义的对话技术的哲学深意作为其历史本原。[2] 柏拉图主义思维的一个中心题材的现实意义长期悄悄地在关于神性事物的哲学沉思中被当作人的主体性的超验根据来接受。但它也可能是包含在苏格拉底—柏拉图主义关于善是真实存在者的思想里面。因为在这一思想中,蕴含着一个尚未得到足够关注的未来性因素,善是所有事物的根据、所有事物的真正本原(archè),以及所有事物从这本原的产生的标志。善作为把一切联结起来的东西(《斐多篇》,99c5—6),在这种情况下作为事物本质的未来根据、作为它们的本原,可以设想为与它们的同一性在未来的完成是一回事。这一题材的展开可能就是对思考时间与存在之间关系的一个贡献,但由此也可能是对柏拉图主义理念的苏格拉底题材在与柏拉图的埃利亚学派的遗产的争论中的现实性的一种贡献。这样,也就出现了在与上帝统治的未来——作为所有当代

① 关于巴特与柏拉图的关系,请参见洛伊巴(J.-L. Leuba):《柏拉图主义与巴特主义》(Platonisme et Barthisme),载《哲学文库》(*Archivio di Fiosofia*,53[1985]),第151—172页。

② 伽达默尔的思维就指向这一方向。还请参见布伯纳(R. Bubner):《作为语序学的辩证法——关于合理性的生活世界理论的基石》(*Dialektik als Topik: Bausteine zu einer lebensweltlichen Theorie der Rationalität*,1990)。

的和过去的东西的规定根据——给神学思维提出的任务的联系中，基督教接受柏拉图主义思维的一种新形式的可能性。[①]

① 参见作者的《形而上学与上帝观念》(*Metaphysik und Gottesgedanke*，1988)，特别是第 66 页以下。

# 第三章　亚里士多德对基督教神学的影响

## 一、亚里士多德的核心思想与柏拉图的关系[①]

尽管亚里士多德在柏拉图死后十年与柏拉图的学生圈子分道扬镳，于公元前335年在雅典的吕开昂(Lykaion)建立起自己的学校，而且在自己的作品中批判性地与柏拉图拉开距离，但对于自公元前一世纪以来的较晚的柏拉图学派来说，他多半被视为一个与他们接近的思想家，其逻辑学和范畴学说在柏拉图主义的教育机构中占有地位，尽管有一些限制。[②] 一些柏拉图学派——如阿尔



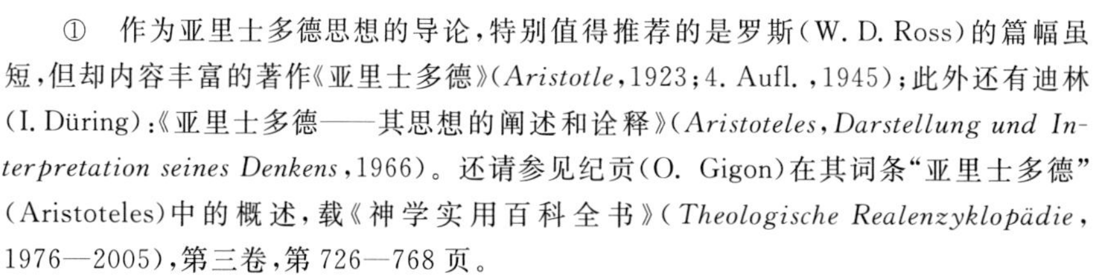

① 作为亚里士多德思想的导论，特别值得推荐的是罗斯(W. D. Ross)的篇幅虽短，但却内容丰富的著作《亚里士多德》(*Aristotle*，1923；4. Aufl.，1945)；此外还有迪林(I. Düring)：《亚里士多德——其思想的阐述和诠释》(*Aristoteles*，*Darstellung und Interpretation seines Denkens*，1966)。还请参见纪贡(O. Gigon)在其词条"亚里士多德"(Aristoteles)中的概述，载《神学实用百科全书》(*Theologische Realenzyklopädie*，1976—2005)，第三卷，第726—768页。

② 参见多利：〈帝制时代早期文化史和精神史中的柏拉图主义〉，第187—188页。普罗提诺属于亚里士多德范畴学说的批判者(《九章集》，第六卷，第1—3章)并且要看到它的效力被限制在感官世界上。

比诺——在原则上不承认柏拉图的学说和亚里士多德的学说之间有任何对立。后来亚里士多德著作的大多数注释者都是新柏拉图学派。

与此相反，对于拉丁中世纪来说，亚里士多德和柏拉图表现为两种可供选择的立场的捍卫者。这种印象在十二世纪关于“共相”，亦即普遍概念的本性的争论中得到确立，而自从得知亚里士多德的认识论以来，其经验性的态度就被理解为奥古斯丁受柏拉图启发的光照理论的对立立场。

关于共相的本性，亚里士多德和柏拉图之间的区别在哪里呢？亚里士多德把事物的特性（eidos）视为与质料相结合、并如此构成事物的实体的形式，而柏拉图在 eidos 那里所想的则是其超越感官世界的、超验的、仅仅在事物中被临摹的理念。中世纪各个学派的语言是这样描述这种差异的，即人们在三种选择之间做出区分：

“共相在物之中”（universalia in re），也就是亚里士多德的立场，据此，概念是在知觉对象中实在化的；

“共相在物之先”（universalia ante rem），是柏拉图的立场，它使理念作为原型先行于临摹它们的事物。

此外，作为第三种选择，还出现了把普遍概念当作对象知觉自身的产品的观点，因而

“共相在物之后”（universalia post rem），是所谓的唯名论的

观点，据此普遍概念是“名”（nomina），是由人形成的思想，在事物的实在性中没有对应者。

这种区分已经在十一世纪和十二世纪的“辩证法家”那里、尤其在阿贝拉尔（Abaelard）那里出现，并且回溯到作为其教学活动基础的波伊提乌（Boethius）对亚里士多德《范畴篇》（*Kategorien*）和《解释篇》（*De interpretatione*）的注释，以及对普罗提诺的学生波菲利撰写的《亚里士多德〈范畴篇〉引论》（*Isagoge*）的注释。[①]

当然，关于普遍概念及其与知觉对象的关系的抽象观点，如其在中世纪的经院讨论中流行的那样，就原初的细微差别而言，既对柏拉图的立场不公，也对亚里士多德的立场不公，相反，它是通过抽掉两个思想体系的特殊性而产生的。[②] 在柏拉图那里，跟在亚里士多德那里一样，概念性的共相在根本上被设想成为他们各自对事物的现实性的理解的要素——这一种或者那一种观点的内在可信性在其中建立起来。如果在柏拉图那里，理念是感性地被给予者的可以直观的应然概念，感性地被给予者始终待在它的这个应然概念背后，并因此而只是临摹它自己的理念，那么，一个事物

① 只是自十二世纪中叶起，亚里士多德的其他逻辑学著作才通过从阿拉伯文翻译过来而为人听知，然后还有伦理学和关于灵魂的著作，以及形而上学和自然哲学的著作。

② 威兰（W. Wieland）认为，唯有“在人们不再像亚里士多德所做的那样把语言的东西原初地归入主体间性的领域，而是把它原初地视为语言之外的事物可能的符合的时候”，共相问题才产生（《亚里士多德的物理学》[*Die aristotelische Physik*，1962；2. Aufl.，1970]，第163页）。这种选择的可能性是行会被亚里士多德所接受，鉴于他的思维的对象取向，必然是可疑的。但无论如何，如果要追求一种符合事实的理解，则一方面不可忽视柏拉图观点的语境，另一方面也不可忽视亚里士多德规定的语境，以及导致他们的观点的提问。

的类概念(eidos)在亚里士多德那里从一开始就不是什么独立的东西,而仅仅是具体存在着的事物自身的思维规定亦即形式要素。[①]

亚里士多德的观点以灵魂的本性及其与物体世界的关系的一种相对于柏拉图来说新颖的看法为基础。[②] 亚里士多德既不相信理念的先在,也不相信对理念的无形体直观——柏拉图把这种直观赋予了在进入身体之前的灵魂。亚里士多德对柏拉图关于灵魂自我运动的假设也评价很低,因为按照亚里士多德的观点,一切运动都是空间中的有形体运动,[③]尽管他的运动概念也包括了质的变化。在他的著作《论灵魂》(*De anima*)中,亚里士多德宣称:"灵魂具有运动,这是完全不可能的",而这样一来,断言灵魂自我运动的基础就已经丧失了。[④] 固然,亚里士多德也把灵魂视为身体运动的起源(《论灵魂》,432b15 以下),但为此却没有必要说灵魂自己在运动。[⑤] 在亚里士多德看来,灵魂与身体相结合(414a20),而且是作为有生命的身体的"形式"(morphè;412a19—20),因而是

① 因此,亚里士多德既可以在"共相在物之中"(universale in re)这一论题的意义上来解释,也可以像奥卡姆(Wilhelm Ockham)所做的那样在"共相在物之后"(universale post rem)的意义上来解释。

② 在这方面,策勒(E. Zeller)一直还是大有启发的:《希腊人的哲学的历史发展》(*Die Philosophie der Griechen in ihrer geschichtlichen Entwicklung*; Neudruck 5. Aufl., 1963),第二卷第二部,第 188 页以下。

③ 亚里士多德:《论灵魂》(*De anima*),第一卷,第 3 章(406a15 以下),参见《物理学》,260a26 以下,还请参见《论灵魂》,406b27 以下。

④ 亚里士多德:《论灵魂》,406a2—3 以及 408b30—31。以下文本中的页码即指该著。

⑤ 亚里士多德:《论灵魂》,406a3—4;参见《物理学》,256b23,此处亚里士多德援引了阿那克萨哥拉(Anaxagoras)的奴斯说。

作为使身体成为生物的东西。身体独自来说只具有生命的可能性(dynamis),而与此相应,灵魂则是有生命的身体作为有生命的身体的现实性(energeia;412a27—28)。

在亚里士多德那里,取代柏拉图关于作为身体运动原则的灵魂先在的假设的,是关于灵魂乃生物的特征的实现、灵魂就寓于生物之中的观念。这样一来,灵魂就纳入了自然考察中,特别是纳入了对生物的本性的自然考察中。亚里士多德似乎在作为柏拉图学园成员的年代里就已经研究过这种考察。此时,他可能也发现了描述生物的发展、生成的那个概念对子:可能(dynamis)和现实(energeia)。作为被赋予生命的身体之现实的灵魂,其存在也被亚里士多德称为该身体的"第一完成"(entelécheia hè próte),其"第二完成"则在于通过灵魂引发的活动:活动构成生物追求的目标,它在这目标中实现自己。亚里士多德在他的《形而上学》中极为简短地描述了这种状况:"因为成果就是目的,而现实就是成果。因此,就连现实(energeia)的名称也是由成果(ergon)派生的,并以完成(entelecheia)为目标"(《形而上学》,10a21—23)。

在某种意义上,在这句话中简要概括的思想结束了柏拉图式的苏格拉底问题——也就是说,如何能够把善(亦即目的、目标)设想为"本原"(archè),设想为如《斐多篇》(*Phaidon*)所说的"捆绑一切和集聚一切"[①]的原则。但是,亚里士多德给予在苏格拉底问题中预期的答案一个不同于柏拉图的方向,亦即通过放弃理念与感

① 《斐多篇》(*Phaidon*),99c5—6。参见《形而上学》,1050a8—10:"也就是说,原则是因为何故,而且生成是为了目标。但目标就是现实。"——而如上所援引,现实是以作用中的完成为目标的。

官事物之间的对立。毋宁说，亚里士多德把 eidos 或者如他常说的“形式”(morphè)认定为感官事物自身的现实。会是什么导致他这样做呢？大概并不首先是已经由柏拉图自己(在《巴曼尼德斯篇》中)讨论过的作为可感性感知的对象之双重化的理念论问题。更重要的可能是，理念论对于亚里士多德来说在他的特殊研究领域中表现为不充分的。

作为自然研究者的亚里士多德对他老师的理念论感到的决定性反感，可能在于理念不能说明事物的生灭，亦即运动(《形而上学》，991a8—9)。为此柏拉图求助于灵魂，但灵魂如何运动身体，却又是不明不白的。如今，为了这一目的，亚里士多德引入了“可能”与“现实”这个概念对子：运动是具有可能的东西的实现，因而是其完成(《物理学》，第三卷，第1章，201a10—11)，而灵魂则是寓于生物之中的这样一种旨在其完成的实现的原则。

这种新的考察方式必然导致柏拉图的超验理念成为感官事物、最初是生物本身的“形式”，亚里士多德如今可以把生物的生成描述为它的形式在它的质料性中的实现(参见《形而上学》，201a27)。在这里，运动作为生成是“一个现实成为一和成为整体”。[①]

亚里士多德把这样一些具体的实在称为 ousia，即存在者(《形而上学》，983a27—28)，准确地说是有规定的“某物”(tóde ti)，它与其他东西相区别(1017b25)，另一方面又被一切其他东西(质、量、关系)所陈述。亚里士多德自己把规定实体概念的这两种方式

① 考尔巴赫(F. Kaulbach)：(词条)“运动”(Bewegung)，《哲学历史词典》，第一卷，第867页。还请参见作者的《形而上学与上帝观念》，第76—77页。

(trópous)区分开来(1017b24),但他却没有进一步追究它们的区别,因为两种描述都与通过其“形式”而被规定的具体存在者相关。

因此,这种具体的存在者(ousia)是由形式和质料复合而成的,因为形式(eidos)在质料中得到实现,而质料则在自己这方面为此提供了可能。由此产生出以下的图式:[①]

存在者(自然)(ousia[physis])

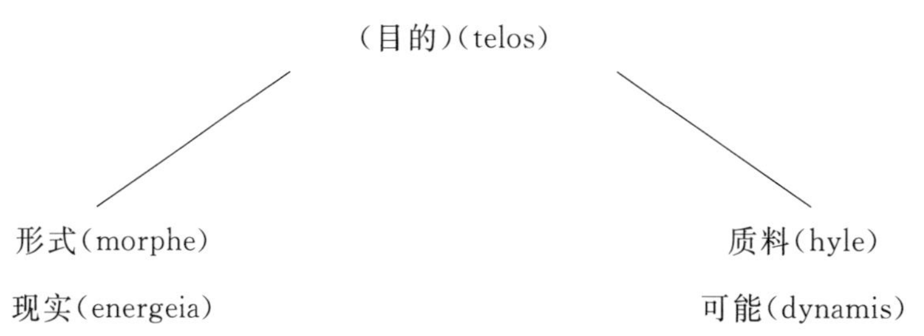

除了作为一个事物向着自己本身的有机生成的这种由上述因素规定的运动之外,亚里士多德还认识到运动的第二种形式,亦即被迫的、从外部引起的运动,它可以比作对质料的艺术塑造。在分析这种由外部引起的运动时,可以区分四个“原因”:首先是作为运动的作用因的艺术家,其次是他心中浮现的塑造目标,然后是形式,最后是质料,形式被加给质料,以便在它里面实现目标。[②] 与此相反,在有机生成中,前三个原因(作用因、形式和目标)叠合为与形式同一的隐德莱希(Entelechie;《物理学》,198a24—26),[③]它

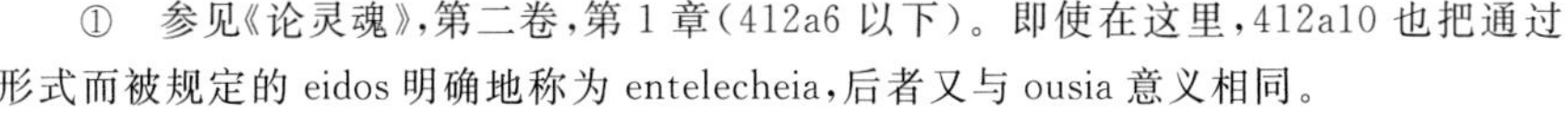
① 参见《论灵魂》,第二卷,第1章(412a6以下)。即使在这里,412a10也把通过形式而被规定的eidos明确地称为entelecheia,后者又与ousia意义相同。

② 参见《物理学》,194b16以下,以及198a24。

③ 这样,在“自然的”、并非由外部引起的运动中,只区分两个“原因”,亦即形式和为通过形式而塑造“奠定基础的”质料(《物理学》,190b20)。

也是物体运动的原因:这样,在亚里士多德看来,与有机地自己运动的生成的隐德莱希同一的灵魂就是运动的原则,尽管不是它自己的运动原则,但却是身体的运动原则。①

在亚里士多德这里对运动以及处于运动中的存在者的如此复杂化的元素分析,其主导思想完全是苏格拉底—柏拉图式的:一切运动以及处于运动中的存在者的最终原因都在于善的目标,亦即任何一个存在者都为自己追求的完美的目标。"也就是说,按照我们的学说,一方面存在着某种属神的东西、善的东西、值得追求的东西,另一方面存在着其对立面,而在二者之间存在着某种按照其本质追求善的东西"(《物理学》,192a16 以下)。由于他拒斥柏拉图关于灵魂自己运动的论题,亚里士多德当然只能把属神完美的东西设想为不动的(《形而上学》,1073a4)。尽管如此,亚里士多德和柏拉图一样,可以把神祇设想为最高的理性,它当然是不变地仅仅直观自己本身(《形而上学》,1074b34—35),因为对它来说不存在任何更高的对象。但尽管它自己不运动,这种属神的理性却运动着其余的一切和整个宇宙——亦即通过吸引,就像被爱者运动爱者一样(《形而上学》,1072b2)。以这种方式,最高的神祇首先运动群星,然后通过群星运动其余的一切存在者和事物。

尽管亚里士多德坚持苏格拉底—柏拉图关于善是一切存在者的起源的学说,对灵魂自己运动的论题的拒斥仍引导他远离柏拉图的许多其他观点。于是,由于完成了的奴斯的不动,像柏拉图在

① 关于亚里士多德的运动学说,更详细的请参见考尔巴赫:《运动的哲学概念》(*Der philosophische Begriff der Bewegung*,1965)。

《蒂迈欧篇》中给出的那样关于宇宙通过德穆革的活动而产生的描述就是不可想象的。对于亚里士多德来说，宇宙的产生根本不是一个主题。就连最高的神祇也仅仅是宇宙运动的源泉，这些运动唯有在物体中，作为形式在质料中的突显，才是成立的。

形式受制于质料，在质料中获得形象，这也规定着亚里士多德的认识论，规定着哲学对于基督教的中世纪来说在十三世纪早期处于兴趣和争辩的前台的那个部分。在物质性对象中实现的形式必须在认识过程中通过“抽象”从知觉图像中剥离出来。这就是奴斯在灵魂中活动的结果。但这个奴斯并不是与肉体相结合的灵魂的一个部分，而是与灵魂“分离”的（《论灵魂》，430a22），因而可以表现为从外部作用到它里面的——就像光那样（430a15）。[①] 在《论灵魂》中讨论这种积极的奴斯的著名一章（《论灵魂》，第三卷，第5章）写道：唯有这个与灵魂分离的、积极的奴斯是不死的，而与肉体相结合的灵魂则与肉体一起消亡，包括把从感知图像剥离出来的思想性形式纳入自身并联结起来的“消极的”奴斯。[②] 借此表明的对灵魂不死的拒斥再次构成与柏拉图的尖锐对立，但与此同时，亚里士多德关于通过“抽象”来把握事物的形式的观念，表明与柏拉图对通过“光照”来认识理念的描述，比人们鉴于西方中世纪关于这个主题的争执所猜测的更为接近：积极的奴斯就像是一道

① 这个与人的灵魂不同的、独自不死的奴斯具有什么本性，亚里士多德关于灵魂的著作的古代注释者们就已经讨论过了。阿佛罗底西亚的亚历山大（Alexander von Aphrodisias）在二三世纪之交把古代的奴斯等同于最高的神本身。

② 亚里士多德在《论灵魂》（第三卷，第4章）中把消极的奴斯称为“灵魂的所谓的奴斯”（429a22），灵魂借助它而反复思考和做出猜测。在它接受事物的形式之前，它仅仅就可能性而言与事物的形式相同（429a28—29；429b30—31），是一块白板（430a1）。

光一样作用到灵魂里面，并由此把知觉图像中所包含的思想性形式铭刻在它里面。只能被动地接受的灵感的模式规定着关于认识过程的古代观念的全部历史，它在亚里士多德那里也依然在起作用。

最后，关于 eidè 是在质料中具体化的种种形式的基本观念也规定着亚里士多德的范畴学说。亚里士多德有时也会把范畴称为最高的“存在者的类”(《论灵魂》，412a6)。这与柏拉图谈论最高的类(mégista géne)的方式是相适应的。[①] 导致这一结果的，是由柏拉图所延续的苏格拉底的尝试，即把特殊的东西归于它所属的普遍的东西。但在柏拉图这里，普遍的类还具有事物本身的种种起源(archai)的意义(参见《斐莱布篇》，23c—25b)。与此相反，亚里士多德不再把普遍的类概念理解为存在者的原则本身，而是仅仅还理解为关于事物的陈述的最普遍的形式，即“范畴”。[②] 但是，陈述是与具有上面所讨论的在质料中实现的形式的存在状况的知觉对象相关的。因此，陈述的最高的类不再像在柏拉图那里一样同等权利地彼此并立，而是它们中间的一个——即“存在者”(ousia)——作为独立自存的对象的类得到强调，而所有其他规定都仅仅是附着“于”对象。因此，它们仅仅是实体“伴随的”规定

① 柏拉图在《智者篇》(*Sophistes*；254b—e)中把存在、静止、运动、同一、相异当作这样的类。参见布勒克(W. Bröcker)：“柏拉图的所谓范畴说”(Platos sogenannte Kategorienlehre)，载《哲学史资料集》(*Materialien zur Geschichte der Philosophie*，1972)，第13—14页。

② 亚里士多德：《论题篇》(*Topik*)，103b20—21，明确地谈到“陈述的类”，即范畴，并据此列举了十个诸如此类的范畴：实体(ti esti)、性质、数量、关系、地点、时间、状态、属有、行动、承受。还请参见《范畴篇》，1b25以下。

(symbebekóta),是实体的“偶性”。因此,对实体是其他的陈述形式的基础这种强调,又表明亚里士多德的现实观是以具体的个别事物为取向的。但是,这也就使人理解,为什么把亚里士多德的范畴说纳入柏拉图学派的教育机构的教学材料自公元前一世纪以来必然是有争议的:与亚里士多德不同,柏拉图学派把感官世界的对象仅仅视为存在者的最低下级别。对他们来说,在此之上耸立着有灵魂者的世界、奴斯的领域,最后是太一。因此,在普罗提诺看来,亚里士多德的范畴的有限性局限于我们感性知觉世界的既定性。

## 二、教父神学中的亚里士多德

与古代晚期的哲学家们一样,教父们对亚里士多德与柏拉图之间的差异的感受也没有后来在拉丁中世纪时那样尖锐。奥古斯丁在《上帝之城》(第八卷,第 12 章)中把亚里士多德归入柏拉图学派,当然他也建立了自己的学校。即便是波伊提乌和波菲利——他们把亚里士多德的一部分逻辑学著作,亦即《范畴篇》和《解释篇》流传给中世纪,并且二人都是柏拉图学派——也没有意识到柏拉图思维和亚里士多德思维之间的一种排他性对立,而是要把二者统一起来。即便是柏拉图也教导说,认识是从感官事物及其知觉出发的。如果人们撇开回忆说的认识心理学和与理念分离开来的存在,那么,亚里士多德的思维就可以理解为对柏拉图哲学的第一阶段的一种特别详尽的阐述。他可以说是停留在柏拉图哲学的前庭。在这种意义上,亚里士多德也在柏拉图主义中被接纳和被诠释。人们接受亚里士多德的范畴说,但只是为了感官世界。有精神者的世界,尤其是神祇,处在范畴之上。亚历山大里亚的克莱门(《杂文集》,第五卷,第11章)已经与中期柏拉图主义的领军哲学家们一致地断言过这一点。[①] 上帝是善和最高的统一,但同时"超越统一自身"(《导师》[*Paidagogós*],第一卷,第8章,71,1)。在这里,克莱门在否定神学方面甚至比稍后的普罗提诺走得更远。上帝也还超越统一性,这在基督教学说中有其充分的意义,因为按照(克莱门所援引的)《约翰福音》十七章21—23节,上帝的统一性是圣子与圣父的合一,从而包含着差异的要素。

基督教神学更大的困难在于如下陈述:就像柏拉图哲学对于唯一的善所断言的那样(《国家篇》,509b9),必须在存在的彼岸思维上帝。因为人们在《出埃及记》三章14节的希腊文版本中读到,上帝把自己作为"存在者"启示给摩西。甚至对于克莱门来说,这也是上帝的"名"(《导师》,第一卷,第8章,71,2)。与此相反,对于中期柏拉图主义和新柏拉图主义的哲学家们来说,柏拉图的"在存在者彼岸"(epékeina ousias)极为重要,尤其是在关于亚里士多德的范畴的可用性的界限的讨论中;因为"存在者"(ousia)是亚里士多德的十范畴中的第一个和基本的范畴。对其余一切东西的陈述都是从存在者出发的。因此,还必须在存在的彼岸来思维唯一的善,这就对范畴局限于感官世界的知识做了裁定。亚里士多德的



① 关于柏拉图学派哲学家们在这一问题上的表态,参见多利:《帝制时代早期文化史和精神史中的柏拉图主义》,第187—188页,但还请参见同第一卷《柏拉图主义的后裔》中的文章"柏拉图主义者亚历山大里亚的欧多罗斯"(Der Platoniker Eudoros von Alexandria),第297—309页,特别是第300页以下。

ousia 本身毕竟是被规定为形式与质料的结合，因而是受制于质料的。但是在亚里士多德看来，即便是神也属于实体的范畴（《尼各马可伦理学》［*Ethica Nicomachea*］，1096a24）。柏拉图学派断言主管物质性存在者的范畴不可用于精神性现实，尤其不可用于最高的神，来反驳这一点。

当然，基督教神学也断言上帝是非物质的、非形体的，因而超越一切物质性的存在者。因此，奥利金有时也可能谈到上帝，说他是存在，但还在存在的彼岸，就像他是奴斯，但却在我们的理性的彼岸一样。① 尽管如此，上帝还是存在本身，就像人们在《出埃及记》三章 14 节作为上帝对摩西的自我启示所读到的那样，后来纳西盎的格列高利（Gregor von Nazianz）对此解释道，上帝是无限的存在，与时间和空间中一切有限的事物不同。② 这里已经包含着，正如格列高利的弟弟尼萨的格列高利* 所断言的那样，属神存在者的真正决定性的东西在于上帝的无限性。

与此相反，基督教神学在其关于人的灵魂的观点上与亚里士多德更为接近。毕竟护教家阿泰纳戈拉已经把灵魂与肉体的共属性描述为他为基督教的复活信仰辩护的人类学基础。由于人——

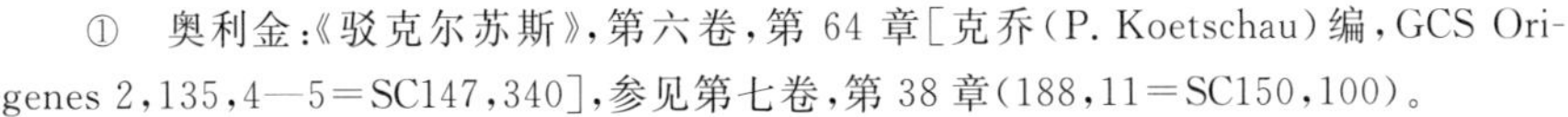

① 奥利金：《驳克尔苏斯》，第六卷，第 64 章［克乔（P. Koetschau）编，GCS Origenes 2,135,4—5＝SC147,340］，参见第七卷，第 38 章（188,11＝SC150,100）。

② 纳西盎的格列高利（Gregor von Nazianz）：《神学演讲录》（*Orationes theologicae*），第 38 章，第 7—8 节（MPG36,317 以下）以及第 45 章，第 3—4 节（MPG36,625 以下）。

* 潘能伯格在这里犯了一个错误。尼萨的格列高利不是纳西盎的格列高利的弟弟，而是纳西盎的格列高利的朋友、另一位卡帕多西亚教父凯撒利亚的巴西尔（Basil von Caesarea）的弟弟。——译注

按照《圣经》的创世记载——被创造为肉体和灵魂，所以仅仅灵魂并不是完整的人，仅仅灵魂的不死也不是如上帝创造的那样的人的救赎。[①] 这种人的灵肉统一的观点在哲学上与亚里士多德关于灵魂作为动物身体的“形式”与身体构成一个不可分割的统一体的观点[②]最为接近。它在很晚得多的时候还被中世纪的教会公开确认，也就是说，在 1312 年由维埃纳大公会议（Konzil von Vienne）确认（DS902）。然而，与亚里士多德关于灵魂的学说的接近不可避免地受到早在第二世纪就已经产生的基督教关于灵魂不死——当然是与柏拉图的不死观念不同的灵肉个体的灵魂不死——论题的裁定的限制。亚里士多德的论题——唯有积极理性是不死的，而人与肉体相结合的灵魂将与记忆、想象力、自我意识和知觉意识连同从事这些活动的思维一起在死亡中消失（《论灵魂》，第三卷，第 5 章）——与基督教的这种观点是无法统一的，这尤其是因为亚里士多德那里的积极理性自阿佛罗底西亚的亚历山大（Alexander von Aphrodisias）以来就被怀疑根本不是人的灵魂的一个部分，而



① 阿泰纳戈拉（Athenagoras）：《论死者的复活》（*De resurrectione*），第 15 章（SC379，272—276）。关于复活信仰在人类学上的这种奠基，参见伯纳德（I. W. Barnard）：《阿泰纳戈拉——第二世纪基督教护教学研究》（*Athenagoras: A Study in second century Christian Apologetic*，1972）第 122 页以下；以及他所著的词条“护教学”（Apologetik），第一部分，载《神学实用百科全书》，第三卷，第 371 页以下，特别是第 386—389 页。

② 当然，中期斯多亚学派的创始人罗得斯岛的巴内修斯（Panaitios von Rhodos）在公元前二世纪也阐明了关于人的一种在结果上类似的学说。参见波伦茨（M. Pohlenz）：《斯多亚学派——一个精神运动的历史》（*Die Stoa: Geschichte einer geistigen Bewegung*；5 Aufl.，1978—1980），第一卷，第 196—197 页。关于他对人的肉体性的考察对尼萨的格列高利关于人的创造的著作可能有的影响，请参见同书第二卷，第 99—100 页。

是与作用到灵魂里面的属神奴斯一致的。出自基督教关于灵魂尽管与肉体结合、但却独立于灵魂的观点的旨趣，伊迈萨的奈米修(Nemesius von Emesa)在约公元400年明确地反对过亚里士多德关于灵魂是肉体的隐德莱希的学说。①

## 三、拉丁中世纪基督教对亚里士多德的接受及其问题

对于拉丁中世纪的神学家们来说，自十三世纪以来亚里士多德就是地地道道的"哲学家"。柏拉图只不过还被视为他的先行者。只是在文艺复兴时代，自十五世纪以来，这种评价才又开始颠倒过来。但是，把柏拉图置于上面，这在经院神学中直到十七世纪也未能贯彻。

与教父们接受柏拉图主义的情况相比——无论教父们与柏拉图主义之间有什么张力——，中世纪接受亚里士多德的理由，更少能在基督教神学与这种哲学的亲和力中寻找得到。这些理由更多地在于如下事实，即亚里士多德迎合了时代在逻辑上和经验上的求知欲。自十一世纪以来，亚里士多德的逻辑学已经属于学校里的教学活动的基础——当然局限于《范畴篇》和《解释篇》。由此就产生了对于十二世纪中叶前后通过从阿拉伯文翻译而在西方为人所知的其他逻辑学著作的兴趣。在十二世纪后半叶，亚里士多德的其他著作也为人们所知道，其中就有《论灵魂》和《形而上学》的

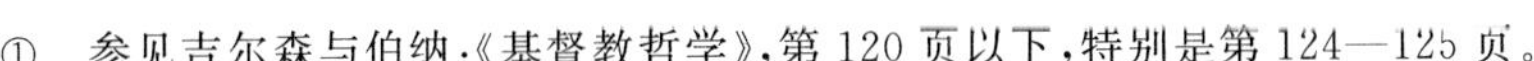

① 参见吉尔森与伯纳：《基督教哲学》，第120页以下，特别是第124—125页。

若干部分。约在1200年时,《物理学》和其他自然哲学著作以及《尼各马可伦理学》的若干部分也已为人们所知道。这后一部著作与《形而上学》一样,直到十三世纪早期才完全为人们所知。

翻译的进程之所以重要,乃是因为它们说明了获悉新的文本的延续相当久的过程,这种获悉同时也意味着熟悉直到当时尚完全不知或者在很大程度上不知的新知识领域,以至于亚里士多德的文本很快就获得了权威的声望——尤其是在逻辑学和自然学上。它们的生效当然在十三世纪前半叶还必须与教会的怀疑和在课堂上的注释性讨论的禁令做斗争。只是在大阿贝尔特(Albert der Große)时代,自十三世纪中叶以来,"那位哲学家"(der Philosoph)对这些专业领域的权威才最终得以贯彻。尤其是通过阿贝尔特和托马斯·阿奎那的注释,就连亚里士多德的《形而上学》也被承认是权威性的。

对于基督教的亚里士多德主义来说,奠基性的是通过共相讨论而准备的在认识论中的表态。相对于尤其是方济各会神学家直到十三世纪最后几十年还在坚持的奥古斯丁的描述,即把知识描述为人的精神被属神的真理之光照耀的结果,大阿贝尔特和托马斯·阿奎那赞同亚里士多德的观点,即我们的概念形成是通过从知觉图像抽象出概念性内容而产生的。在这种情况下,这里就不可避免地产生出在亚里士多德的诠释史上有争议的问题,即关于通过自己的活动(按照光的方式)从知觉图像中剥离出概念性内容的积极理智的本性的问题。在十三世纪中叶前不久,鲁佩拉的约翰(Johannes von Rupella)把阿佛罗底西亚的亚历山大的意义上的“积极理智”(intellectus agens)与上帝等同，[①]以致把亚里士多德的学说与奥古斯丁的光照说结合起来对他来说是不可能的。与此相反，阿贝尔特拒斥阿佛罗底西亚的亚历山大的诠释，因为由它会得出灵魂连同身体一起在死亡时消灭。[②] 因此，基督教神学所教导的个人灵魂不死构成了阿贝尔特把亚里士多德的积极理智解说成人的灵魂的一个组成部分的真正原因。[③] 与此相反，布拉班特的西格尔(Siger von Brabant)约在1270年就已经合理地提出异议说，这种观点不符合哲学家的意见。毋宁说，在亚里士多德看来，理智并不是人的灵魂的一个部分。[④] 由阿贝尔特和托马斯维护并在自己的著作中针对西格尔捍卫的观点，是对亚里士多德学说的一种出自基督教动机的改造；这样一种观点当然获得了哲学史上极大的影响，因为在这里，人类理智第一次被称为人类认识活

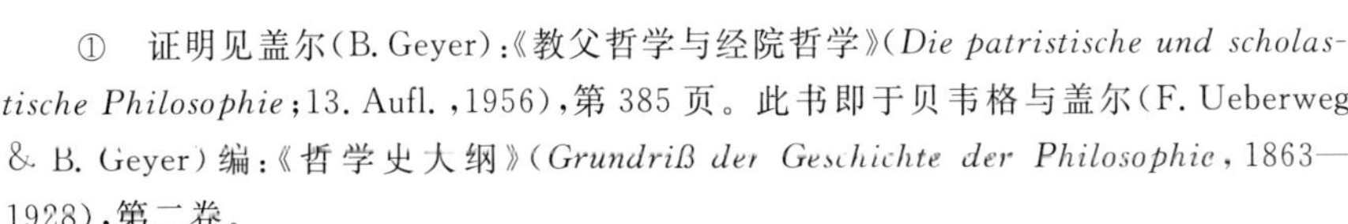

① 证明见盖尔(B. Geyer)：《教父哲学与经院哲学》(*Die patristische und scholastische Philosophie*；13. Aufl.，1956)，第385页。此书即于贝韦格与盖尔(F. Ueberweg & B. Geyer)编：《哲学史大纲》(*Grundriß der Geschichte der Philosophie*，1863—1928)，第二卷。

② 大阿贝尔特(Albertus Magnus)：《论灵魂》(*De anima*)，第三卷，第2篇，第4章(《大阿贝尔特全集》[*Opera Omnia*]，第七卷第一部，第183、17—18页)。阿贝尔特在这里援引了阿维洛伊(Averroes)，并且接着说：“因为那意见，就像从中产生出理智灵魂的全部灵活性和持久性的解体的那种最有害的错误一样，是应予完全抛弃的”(Propter quod abicienda est penitus ista sententia，tamquam error pessimus，ex quo sequitur destructio totius mobilitatis et perpetuitatis amimae intellectivae)。

③ 后来在阿贝尔特的《〈形而上学〉注释》中是这样说的：“因为我们假定理智是灵魂的积极部分，并且是人的灵魂的形式”(Supponimus enim intellectum agentem partem esse animae et esse formam humanae animae；《〈形而上学〉注释》，第十一卷，第1篇，第9章；《大阿贝尔特全集》，第十六卷第二部，第472页，第68—70页)。阿贝尔特在这个地方指点读者参阅他在《论灵魂》第三卷中的论述。

④ 证据见盖尔：《教父哲学与经院哲学》，第453页。

动积极的、创造性的主体。人类理性的创造性主体性的这种在现代变得不言而喻的思想，其起源就在于大阿贝尔特对亚里士多德关于积极理智的学说出自基督教动机的改造。

在基督教接受亚里士多德哲学所必须克服的困难当中，居于首位的是如下事实，即亚里士多德的（最高的）神祇是被设想为世界的运动者，但却不是被设想为世界的创造者。既然亚里士多德反对灵魂的任何自己运动，所以，最高的奴斯也就保持不动。奴斯虽然是纯粹的活动，但却仅仅是在对它自己的认识的意义上。它运动世界，但却只是通过吸引，作为目的因，而这始终是已经以一个宇宙及其形状的存在为前提条件的。与此相反，基督教神学必须把上帝设想为他自己的创造的能动首创者，设想为他的受造物之存在的创造性原因。早在十三世纪初，巴黎神学家、后来的巴黎主教奥维农的威廉（Wilhelm von Auvergne）就极为清晰地发现了这一问题。亚里士多德对于创造者的道、对于创造者使不存在者存在的命令性力量一无所知。因此，亚里士多德对创造者不受制于任何既定秩序的自由还没有概念。[①]

基督教神学解决了这一问题，从亚里士多德关于神是奴斯的学说出发发展出一种心理学的上帝论。[②] 其决定性的论据是：如

---

① 奥维农的威廉（Wilhelm von Auvergne）：《论宇宙》（De universo），第一卷，第1章，第27节，载《奥维农的威廉全集》（*Opera Ommia*，Paris，1674），第一卷，623b—624a。

② 经典的例证参见托马斯·阿奎那的阐述：《神学大全》，第一部，第14—21题。那里首先指出，上帝作为世界的第一因必然拥有知识（第一部，第14题，第1条），而且他认识自己（第一部，第14题，第3条）。由此推论出，上帝也必须是意志（第一部，第19题，第1条），接下来是对上帝里面认识与意欲的关系的进一步规定，以及把属神的意志描述为爱（第一部，第20题），这种爱的标志是公义和仁慈的属性（第一部，第21题）。

果上帝拥有理智，他也就必然拥有意志，因为不存在没有意志的理智。[①] 这个意志首先是上帝对他自己本身的肯定，如他通过自己的理智认识自己一样，其次并由此派生出他对其他存在者的存在的肯定，但这不是必然的，而是出自自由的决定。[②] 因此，通过形成一种关于属神意志必然与一个属神理智相结合的学说，神学就能够使亚里士多德关于神的概念基督教化，因为它如此扩展了这一概念，使这一概念为上帝是世界的创造者的观念提供了空间。这固然意味着对亚里士多德总体思想的一种深化改变。但除此之外，上帝里面的理智与意志的区分连同由此产生的它们共同作用的方式问题却带有上帝观的一种无论怎样做保留[③]也具有的拟人

① 阿奎那：《神学大全》，第一部，第 19 题，第 1 条，“我今置答”：“因为意志遵循理智”(Voluntas enim intellectum consequitur)。其根据是，任何事物与自己的本质形式的关系都是“只要还不具有它，就趋向于它；只要具有了它，就歇息在它里面”(ut quando non habet ipsam, tendat in eam, et quando habet ipsam, quiescat in ea)。因此，就连赋有知识的存在者也必然有与自己本身的关系，就像它认识自己一样：“在任何拥有理智者里面都有意志”(Unde in quolibet habente intellectum est voluntas)。

② 阿奎那：《神学大全》，第一部，第 19 题，第 2—4 条。

③ 这些保留在关于从受造物转用到上帝上面的表象仅仅具有类比的意义的学说中得到了表现(《神学大全》，第一部，第 13 题，第 5—6 条)。这种关于在肯定地陈述上帝时的类比谓词的学说与其说是依据亚里士多德的预设，倒不如说是依据柏拉图的预设，尽管与此相关的有亚里士多德的主张，即存在被不同的范畴所陈述，并不是在同样的意义上(univoce)，而是与一个“第一者”相关联，亦即与唯一独立地“存在”的实体相关联，而其他一切观点都仅仅是“附着”实体的某物(《形而上学》，1003b5—6；参见1028a14—15；1030a21—22 以及 1030b2)。谓词的这种形式尚未被亚里士多德称为类比。这是在阿维洛伊那里才发生的，他由此成为关于一种“存在着的类比”(analogia entis)的学说的出发点，而且对于这种类比与类比的谓词的混合来说，成为运用到属神的原因时在受造物的作用中现存的完善的出发点。关于其新柏拉图主义的基础，请参见吕特肯斯(Lyttkens)：《上帝与世界之间的类比》。

论印痕。[①] 它会带来严重的后果,因为它使基督教对上帝的理解容易招来其陈述是拟人论的投射的产物的嫌疑。就此而言,拉丁经院哲学的心理学的上帝说实际上也给无神论的批判和上帝观的解体创造了前提条件,就像这种批判和解体在现代沿着从斯宾诺莎(Baruch de Spinoza)到费希特(Johann Gottlieb Fichte)和费尔巴哈(Ludwig Feuerbach)的道路出现的那样。

亚里士多德把最高的奴斯限制在一个已经现存的世界的不动的运动者的角色上,包含着世界的一种永恒性的假设,确切地说是其存在的无开端和无终结,无论是就其质料而言,还是就其形式构成而言,这并不妨碍其具体形状的暂时性。在这个地方,从世界概念一方出发,再次产生出与基督教创世信仰的矛盾。[②] 对于认为亚里士多德的物理学在科学上令人信服的基督教神学家来说,这是一个困难的问题。大阿贝尔特只知道如此来对付这一问题,他一方面依据已经由迈蒙尼德 (Moses Maimonides)阐明的论据,力图反驳对世界无开端的证明,但另一方面却又宣布世界的创造以及与此相结合的世界之时间性开端的假设是仅仅建立在启示之上

① 当然,对此负责的不仅仅是在经院哲学接受亚里士多德上帝观的进程中的一种心理学的上帝说,而且还有自坎特伯雷的安瑟伦(Anselm von Canterbury)以来为了在神学上推导出三一论的陈述而对可以追溯到奥古斯丁的人类灵魂中三位一体的心理学类比的运用(参见作者的《系统神学》,第一卷,第 309 页以下)。在托马斯·阿奎那这里,这两种动机汇合为一(参见《神学大全》,第一部,第 27 题)。

② 关于亚里士多德那里以及中世纪阿拉伯亚里士多德主义中的世界永恒性的主题,请参见贝勒(E. Behler):《世界的永恒性——对中世纪阿拉伯哲学和犹太哲学中围绕世界开端和世界无限性的争论的问题史研究》(*Die Ewigkeit der Welt: Problemgeschichtliche Untersuchungen zu den Kontroversen um Weltatfang und Weltunendlichkeit in der arabischen und jüdischen Philosophie des Mittelalters*,1965)。

的纯粹信仰真理。① 与此相反，托马斯·阿奎那在创造的事实与世界的一个时间性的开端之间做了区分：上帝之外的一切对作为受造物存在的原因的上帝的依赖性是一个必然的理性真理，因此就连世界的受造性也是一个必然的理性真理（《神学大全》，第一部，第44题，第1条），但在纯粹理性上却不能排除世界一直存在（第一部，第46题，第1条），以致世界的时间性开端不能严格地得到证明（反驳波纳文图拉[Bonaventura]），而是信仰的事情（第一部，第46题，第2条，“我今置答”：“它唯有借助信仰来保持”[sola fide tenetur]）。就连阿贝尔特也在他的《〈形而上学〉注释》中接近这种观点：一切均是由上帝所造成，这依然没有被世界的一种时间性开端的问题所触动。② 因为也存在着原因与结果同时性这种情况。因此，就连阿尔伯特也放弃了创世的主张已经包含着世界的时间性开端的主张这种假设。

出自创世信仰的另一个结论不仅要求改造一种亚里士多德的思想，而且也涉及普罗克洛，后者关于物质性宇宙经由若干中间阶段被创造的观念尤其是通过十三世纪早期还被归于亚里士多德的

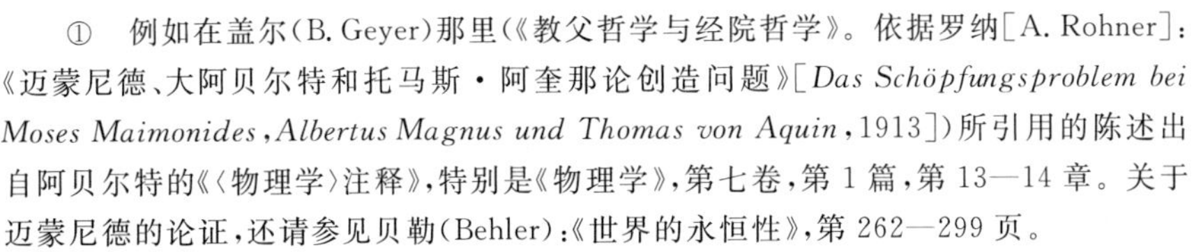

① 例如在盖尔（B. Geyer）那里（《教父哲学与经院哲学》。依据罗纳[A. Rohner]：《迈蒙尼德、大阿贝尔特和托马斯·阿奎那论创造问题》[*Das Schöpfungsproblem bei Moses Maimonides, Albertus Magnus und Thomas von Aquin*, 1913]）所引用的陈述出自阿贝尔特的《〈物理学〉注释》，特别是《物理学》，第七卷，第1篇，第13—14章。关于迈蒙尼德的论证，还请参见贝勒（Behler）：《世界的永恒性》，第262—299页。

② 大阿贝尔特：《〈形而上学〉注释》，第十一卷，第2篇，第3章：“因为即使我们认为世界是永恒的，就像哲学家中的某一位曾经认为的那样，那也由此并不能否认谁都认为这原因是次要的”（Si enim ponamus mundum aeternum, sicut quidam philosophrum posuerunt, non removetur per hoc, quin habeat causam secundam esse；《大阿贝尔特全集》，第十六卷第二部，第486、41—44页）。

《原因书》而与经院神学家和哲学家对亚里士多德的接受结合在一起：创造者通过其意志而直接地与每一个别的事件相关。上帝对世界和对个别事件的作用不仅仅是一种间接的作用，亦即以星体的运动为中介。早在奥维农的威廉那里，就已经也清晰地认识到并强调过上帝与世界的关系的观点中的这种差异。[①] 除人类理智的本性问题之外，上帝对其受造物的直接性以及反过来受造物对上帝的直接性大约在1270年构成了神学与阿拉伯的亚里士多德主义及其基督教追随者的辩论中的第二个争执点。与上帝对世界的一切创造作用以星体及其运转为中介的观念相结合的决定论——也在一种星相学的命运信仰的意义上——作为回击消解了对上帝的自由的强调，消解了对——以上帝的自由为根据的——人不受宇宙的自然规律秩序束缚的自由的强调，例如在更年轻的方济各会那里，在司各脱(Johannes Duns Scotus)和后来在奥卡姆(Wilhelm Ockham)那里。除此之外，个别事物对上帝的直接性也沿着其他途径成为主题，亦即通过神秘主义和十四世纪晚期复苏的诸如托马斯·布兰德瓦尔第尼(Thomas Brandwardine)和里米尼的格列高利(Gregor vun Rimini)的奥古斯丁主义，但在这一关联中还可以看到路德关于个人对上帝的信仰直接性的学说。

在这里，还要提到对亚里士多德关于上帝与世界的关系之观



① 在奥维农的威廉的著作《论宇宙》的一章中，这一问题被称为关于在与世界的关系中的上帝的亚里士多德观点和基督教观点之间三个基本差异的第三个。还请参见作者的《中世纪盛期的上帝理念》(Die Gottesidee des hohen Mittelalters)，载谢弗(A. Schaefer)编：《西方的上帝观》(*Der Gottesgedanke im Abendland*，1964)，第21—34页，特别是第26页，第31页以下。

念的另一种改造，它同样与创造者的自由密切相关，与以此为根据的上帝对其每一个个别受造物的直接性密切相关。这就是对于事件及其所有细节来说以及对于每一个个别受造物来说的属神预旨。阿拉伯的亚里士多德学派反对上帝对于尘世事件的细节的这样一种预旨。这也符合亚里士多德开于集中于自己本身的属神理性的本质的观点（《形而上学》，1074b34—35），属神理性只是间接地、通过由它出发的吸引，来运动天体，并由此来运动宇宙。然而，托马斯·阿奎那论证道，属神理智认识到它自己是必须通过它来创造的受造物的原因，[①]而这种因果关系不仅延伸到事物中的典型的东西（它们的类和属），而且也延伸到它们的个体特性（《神学大全》，第一部，第22题，第2条）。当然，受造物及其秩序实际上的创造是属神意志的事情，以致司各脱教导说，上帝对受造物的预知是以他对他自己的意志为条件的，并不仅仅出自他的理智。[②]这样一来，即便是对这一问题的澄清，也依赖于对于基督教神学来说奠基性的通过补充性的意志要素对亚里士多德上帝观的改造，就成为显而易见的了。

① 托马斯·阿奎那：《反异教大全》（*Summa contra Gentiles*），第一卷，第65章。在《神学大全》（第一部，第22题，第1条）中说道，由于上帝通过自己的理智而是事物的原因，所以受造物的秩序的一种模式必须是根据它们的目标——亦即根据上帝——在上帝的理智中存在的，而这就是预旨。

② 邓司·司各脱（Duns Scotus）：《第一论著》（*Lectura prima*），第一卷，第三十九个区分，第65题（《司各脱全集》[*Opera Omnia*，1950ff.]，第十七卷，第501页，第21—25页）。

## 四、近代与亚里士多德

尽管亚里士多德思维对基督教中世纪的影响受到十五世纪的柏拉图复兴的压抑，它却在十七世纪又一次经历了高潮，而且不仅仅在神学中。尽管路德拒斥亚里士多德哲学，在十七世纪也还有新教神学再次返回到根据亚里士多德、特别是根据他的形而上学的取向。亚里士多德主义在近代思维中的影响只是通过与背弃亚里士多德物理学相结合的新自然科学的发展才被打断。

亚里士多德(特别是在《论天》[*De caelo*]第三卷中)反对把一切质的区别归结到量的区别——如德谟克利特(Demokrit)所要求，并且似乎被晚期柏拉图所赞许的那样。他的物理学是关于事物(尤其是它们的种)之间不可化约的质的差异的一种物理学。然而，近代自然科学却在这件事上追随德谟克利特关于一切物体由原子合成的学说以及他所要求的一切质的区别向量的区别的追溯。

与此密切相关的，是对亚里士多德的范畴学说的现代批判和改造。它的标志是以其余范畴为代价不断地扩展关系范畴的应用领域，①而且最终(在康德和黑格尔那里)达到一种洞见，即就连实体范畴也具有关系的结构，因为实体的概念与偶性的概念相关，而且离开后者就是无意义的。

---

① 关于这种发展的开端，请参见马丁(G. Martin)：《奥卡姆——秩序本体论研究》(*Wilhelm von Ockham : Untersuchungen zur Ontologie der Ordnungen*，1949)。此外还有拜尔瓦尔特斯在《太一的思维》中讨论爱留根纳的关系概念的阐述。

把质的规定追溯到各种量的关系，这种倾向早期表现在对一切运动都是位置的变化的几何学解释和描述中，就像在经典力学中杰出地贯彻的那样。就连亚里士多德也与柏拉图不同，把一切运动都设想为与物体相连的，因而也设想为在空间中进行的。但是，亚里士多德的运动概念比经典力学的运动概念更全面，因为他在这里鉴于事物的特性——事物的 eidos——看到了事物的生灭。与此相关的是亚里士多德的"可能"（dynamis）和"现实"（energeia）概念，十七世纪和十八世纪的物理学由于把运动概念归结为位置的变化，很少需要这些概念，同样不需要的是与此相结合的亚里士多德的四因图式：取而代之的是运动力的概念。

把事物质的区别化为量的区别，这是近代科学中为了把研究限制在物体的状态及其变化而拒斥亚里士多德的目的论和事物的"本质形式"的真正意义。尽管如此，围绕自然形象的不可化约性的辩论在根本上直到今天也依然没有解决，就像对生命形式中的整体（作为各部分的条件）的强调、还有对心理学中的形象知觉的强调所显示的那样：整体虽然可以分析成它们的各个部分，但尽管如此却依然总是"多于"其各个部分的纯然总和。



然而，上述差异却不可以使人忘记，近代就其经验性而言依然驻留在亚里士多德思维方式的轨道上，即便是在绝大多数属于唯名论的转向中。这首先涉及在空间中被给予的物体以及与之相结合的现象对于现实之理解的在先性。但是，主体概念的形成超出了亚里士多德的认识论和心理学，它在由中世纪的基督教亚里士多德主义对作为人类灵魂的一部分的"积极理智"的基督教重解中（参见上文）就已经初露端倪，并且通过中世纪晚期对亚里士多德的经验主义的唯名论转向而做好了准备。由此,就连亚里士多德的范畴概念也改变了,超出了已经提到的在对个别范畴及其在范畴体系中的地位的理解中所做的修改:范畴如今成为主体的功能。康德可以在这种意义上把范畴当作知性功能来对待。但另一方面,除了亚里士多德的逻辑学之外,范畴概念也构成了亚里士多德思维直到二十世纪的哲学[①]仍最强烈地被感受为典范的具体贡献的一种。

与此相反,亚里士多德的实体概念是持久批判的对象。在康德和黑格尔那里,它虽然被保留下来,但却被置于关系之下(作为偶性的相对物)。这样一来,实体概念就失去了它作为形而上学基本范畴的地位。新康德主义者卡西勒(Ernst Cassirer)在现代自然科学中发现实体概念被功能概念所取代。[②] 最后,过程哲学——尤其是就怀特海对它的完善而言——力图用事件概念取代实体概念作为新的形而上学基本概念。但尽管这一切,应当注意的是,实体概念在亚里士多德那里,如亚里士多德自己在《形而上学》(1017b24)中提到过的,[③]标志着双重的东西。实体一方面是确定的、与其他东西有区别的"某物"(tóde ti),另一方面是一切别

---

① 这方面的一个例子是哈特曼(Nicolai Hartmann)的哲学,他甚至赞同对范畴概念的一种本体论解释。特别请参见他的著作:《实在世界的结构——普遍范畴说大纲》(*Der Aufbau der realen Welt: Grundriß der allgemeinen Kategorienlehre*, 2. Aufl., 1949)。

② 卡西勒(E. Cassirer):《实体概念与功能概念——认识批判基本问题研究》(*Substanzbegriff und Funktionsbegriff: Untersuchungen über die Grundfragen der Erkenntniskritik*, 1910)。

③ 参见本书第 74 页以下的阐述。

的东西都被其陈述的东西。在第二种功能中，实体概念依然作为陈述形式（范畴）有效，但不是作为在偶然的规定的变迁中持久的提供基础者在本体论上具有决定性的。对实体概念的这个——对于亚里士多德的范畴说而言表现其特征的——方面的本体论解释合理地受到了批判。[①] 与此相反，tóde ti 意义上的实体的思想依然不会退隐，因为一切认识都将把一种哪怕总是确定的某物与其他东西区别开来，并且也将赋予这样的区分以客观的实在性。

① 当然，事物和自然形象超越其时间中的变化的同一性的主题依然存在。参见作者在《形而上学与上帝观念》中的论述，见该书第 64—65 页，第 76 页以下。

# 第四章　基督教思维与斯多亚哲学的关系

## 一、斯多亚学院体系的出发点和基本特征[①]



斯多亚学派——按照用波吕格诺特(Polygnot)的壁画装饰的雅典“画廊”(stoa poikile)如此称呼，斯多亚学派的讲座就在这画廊中举行——于第四世纪末由一个来自塞浦路斯岛的基提翁(Kition)的腓尼基裔年轻人芝诺(Zenon)创立。就芝诺而言，对于创立一个自己的学校来说，决定性的似乎是伊壁鸠鲁迁居雅典(307/306)和他关于生活艺术的学说，这种学说把获得快乐宣布为人的生活目标，把世界视为偶然事件的战场。芝诺起而反对这两点，因为人们认为，伊壁鸠鲁完全忽视了人唯有通过逻各斯才成其为人。在这方面，就连芝诺也把自己的学说集中于人和人的生活方式问题。因此，伦理学的主题也在斯多亚学派的开端就构成了哲学思维的出发点。人应当——与伊壁鸠鲁的自然主义相对立——在逻各斯支配宇宙并说明其统一性的功能中找到自己的生

① 更为详尽的参见波伦茨(Pohlenz):《斯多亚学派》，特别是第一卷，第400—461页。

活方式的支撑。在这种意义上，斯多亚学派宣扬“按照自然而生活”(kata tèn physin zèn)是生活的理想。在其中得到表达的伦理学与物理学的紧密结合指示着体系——思想的系统统一——应当在斯多亚哲学中获得的意义。在斯多亚学派的敌对者那里，独断论的指责就集中在这一点上，不仅仅是在伊壁鸠鲁及其弟子那里，而且也是在柏拉图学派那里，后者在老斯多亚学派形成阶段中把苏格拉底—柏拉图思维的批判的、怀疑论的因素推到了前台。

逻各斯思想及其探讨处于斯多亚哲学的中心。在这方面，斯多亚哲学有意识地追溯以弗所的赫拉克利特。赫拉克利特在公元前六世纪就已经把逻各斯称为“万有的管理者”(残篇 72，还请参见残篇 50 和残篇 2)。这所指的也许是彼此对立的现象的互为条件性和对立的东西的相互过渡，“如弓和弦的相互追求的统一”(残篇 51)。逻各斯把这些对立面汇众在一起，从而是世界秩序的基础。“这个世界秩序，这个对于一切存在者来说的世界秩序，既不是诸神的某一位创造的，也不是人创造的，相反，它过去、现在和将来永远是永恒的活火，按照尺度燃烧和按照尺度熄灭”(残篇 30)。[①] 就连人对宇宙中的这种理性秩序的知觉，也被斯多亚学派——追随赫拉克利特——归于逻各斯。在阿提卡(attisch)思想家们那里，自第五世纪以来，亦即自阿那克萨哥拉(Anaxagoras)

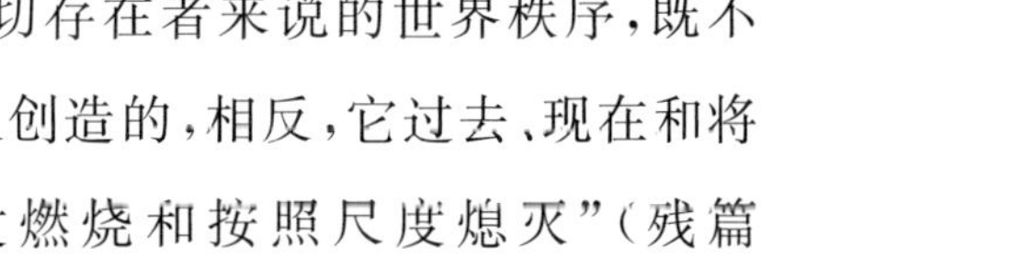

① 参见霍尔舍(U. Hölscher)：《开端时的问题——早期希腊哲学研究》(*Anfängliches Fragen: Studien zur frühen griechischen Philosophie*, 1968)，第 130—172 页。福克斯(E. Fuchs)在《历史和当代中的宗教》(*Religion in Geschichte und Gegenwart*, 3 Aufl., 1956—1965)第四卷中关于赫拉克利特的逻各斯所写的东西，会被视为奇谈怪论。他把赫拉克利特称为把逻各斯“时而当作箴言随口说出”的思想家。

以来，但也是在巴曼尼德斯(Parmenides)的影响下，奴斯的概念便处在前台。特别在柏拉图和亚里士多德那里，情况就是这样。这个观念如今受到了逻各斯概念的排挤。这意味着什么呢？

奴斯被归于对真正现实的、永远存在的东西的直观把握，而"逻各斯"一词(源自 legein，采集)则暗示着"'采集'、'联结'和'总括'被知觉到的不同客体、表象、印象，以便获得对一个整体的概观和理解"的那种精神活动。[1] 这就涉及斯多亚学派的中心追求：把握整体(宇宙)的联系，是他的目标，为的是在里面获得自己的存在的支撑——这是在希腊化早期政治动乱和城邦解体的时代把单个的人抛回自己本身的一种存在。如今，人在宇宙的秩序中获得了在其自身中个别化的存在的生活方式的支撑。因此，体系对于斯多亚学派来说变得如此重要。

这个基本思想贯穿着斯多亚哲学的所有部分：逻辑学、物理学、伦理学。[2] 在这三个视角的每一个下面，对于斯多亚学派来说都关涉到逻各斯所保障的整体的统一和联系。

于是，(一)在斯多亚学派的认识论(逻辑学)中，个别认识单就自身而言被视为不可靠的。因此，智者不仅对自己所遇到的人们的意见(synkatáthesis)，而且对零星的知觉都不表示赞同，直到他确认了与其余一切的一致：唯有在这时，斯多亚学派才谈到对被知觉事物的一种真正的把握(katálepsis)。因此，唯有通过存在于灵

---

① 波伦茨：《斯多亚学派》，第一卷，第 34 页。

② 还请参见威尔肯斯(U. Wilckens)：《智慧与愚拙——对〈哥林多前书〉一章和二章的一种释经学和宗教史研究》(*Weisheit und Torheit : Eine exegetisch-religionsgeschichtliche Untersuchung zu 1. kor 1u. 2*,1959)，第 225—270 页。

魂中的逻各斯，借助认识的联系，才产生出具体事物方面的不容辩驳的确定性。

对于斯多亚学派来说，这样一些相互关联的、系统的知识的确定性，(二)其根据在于，宇宙本身是一个由逻各斯支配的体系，这同一个逻各斯把个别的东西纳入联系，从而在人的灵魂中造成知识。我们里面的逻各斯只是仿效在事物的本性中已经预先给定的东西，亦即一切存在者的完整的联系。这种联系的完整性是通过斯多亚学派关于“命运”(heimarmene)的学说来保障的。它表达了，一切个别的东西都在宇宙的框架内占有分派给它的位置。每一个别的存在者都与这种“共同的本性”(koinè physis)相适应，就连人也在其特殊本性中与这种“共同的本性”相适应。人由于自己对逻各斯的分有而是“按照自己的本性仿效世界的本质的那一存在者，因而在他里面世界的本质自身获得了形象”。[①] 由此得出从斯多亚学派物理学到(三)伦理学的过渡。

斯多亚学派的伦理学原理(在克律西波[Chrysipp]的一个表述中)表明，人应当“按照自然生活”(homologouméos tè physei zèn)：[②]由此，人的生活方式与宇宙的秩序和支配人自己的存在并统一其生活的逻各斯相适应。人不可以因印象和事物的多样性而迷惑，让自己时而被拖到这里，时而被拖到那里；相反，他应当通过逻各斯而变得坚忍不拔、毫不动摇。因此，他必须抑制感情。这是通过德性发生的，德性的本质就在于此。这样一来，伦理学的任务

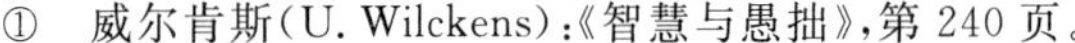

① 威尔肯斯(U. Wilckens)：《智慧与愚拙》，第240页。

② 同上书，第242页。

就与认识论和物理学完全吻合，因为它——凭借由逻各斯所建立的一切个别事物的联系——指向生活的统一性和同一性。

## 二、基督教神学与斯多亚学派①

与相对于柏拉图主义不同，对于基督教来说，在与斯多亚学派的关系中起初曾有一种不可忽视的、基本的对立：这种对立来自《圣经》的上帝相对于世界的超越性。与此相反，斯多亚学派主张属神的东西在宇宙中的完全内在性。神祇的完美化身就是支配宇宙的逻各斯、普纽玛、宇宙的灵魂，而寓于世界之中并聚合世界的神祇在赋予世界以生命并周期性地耗尽世界的火本身中具体显现出来。在教父们当中，唯有德尔图良不能抗拒如下论证不可抵御的力量：上帝如果是现实，也就必须有形体。对于其他早期基督教神学家来说，柏拉图主义关于一个独立于形体世界的、纯粹精神的理念世界的学说有助于他们坚持上帝的超越性和无形体性。

即使在人类学中，基督教神学也与斯多亚学派处于一种基本的对立之中，因为这种哲学反对灵魂的不死。这似乎是斯多亚学派的唯物论的一个结果，它不容许设想世界上这种当下的存在彼岸有一种生命。当然，一些基督教神学家，例如亚历山大里亚的克莱门，发现在斯多亚学派关于事物复归（在世界于火中毁灭之后）的学说中表达了一种隐隐约约的关于死者复活的知识，而死者复活构成了基督教盼望的对象。然而，这样一种诠释必须在一种一

① 这里再次请参见波伦茨：《斯多亚学派》，第一卷，第400—461页。

次性的重复的意义上解释复归的思想，而斯多亚学派的世界观以宇宙的循环为取向，主张所有事物在日益更新的重复中的复归。直到奥古斯丁才看到，这种循环的观念与基督教对于生命在死者复活中一次性的复归的盼望是无法统一的。

尽管在对上帝的理解中有这些基本的对立——但也在人类学中有这些基本的对立，基督教神学家们还是能够在基督教学说的大量个别部分中吸取斯多亚学派的观念。

一、这里首先要提到逻各斯概念。早在亚历山大里亚的斐洛那里，逻各斯概念就被接受为《圣经》关于先在的神圣智慧在哲学上的等价物。然而，与斯多亚学派对逻各斯的理解不同，逻各斯在这里根据柏拉图和亚里士多德的奴斯，被设想为超越世界的实体。除此之外，逻各斯还与创造者上帝区别开来，作为创造者上帝的圣言，逻各斯也临在于世界。

对于基督教学说的发展来说，驻留在灵魂内部的逻各斯或者思想（logos endiáthetos）和另一方面语言的“言辞”表达出来的、从灵魂中走出来的逻各斯（logos prophorikós）之间的区分——这种区分是原初鉴于逻各斯在人类灵魂中的作用而做出的——变得特别重要。斯多亚学派在人类灵魂特有的逻各斯的这两种形式之间做出的区分，在第二世纪使得在通向基督教三位一体学说的道路上的第一步成为可能，亦即神圣逻各斯在与圣父的永恒合一中的存在和它通过道成肉身的出现之间的区分。在这里，逻各斯的出现不用限制在基督显现的一次性事件上，相反，这个事件可以理解为逻各斯在创世中以“种子”的形式起作用的高潮，这些“种子”就其自身而言具有使人类为“整个”逻各斯在道成肉身的事件中的

“完全”显现做好准备的功能。

二、基督教神学与斯多亚学说相接触的第二个主题，是由在创造时上帝吹给人的、使人有生命的普纽玛(创 2:7)的观念提供的。[①] 尽管如此，按照《圣经》各卷的观点以及对于基督教神学来说，上帝的灵依然是一个超越作为受造物的人的东西，这与斯多亚学派关于普纽玛的观念相对立。除此之外，按照基督教的学说，就连对圣灵的分有也是唯有作为“赠予”才通过拯救和通过对耶稣基督的信仰赋予人的。因此，自第二世纪晚期以来，也许还在抵御灵知派关于一种基于选民的本性的属灵阶层的观念的进程中，基督教神学遵循着把圣灵的传递限制在拯救秩序上，并把创世时赋予的生气与上帝的灵本身区别开来的倾向。[②] 与斯多亚学派关于人分有属神的普纽玛的观点的差异，与对柏拉图学派假定灵魂与上帝有一种自然的相近的拒斥相应，由此就更为尖锐了。

与斯多亚学派的普纽玛观念的接触也出现在对上帝的理解中，因为《约翰福音》四章 24 节说“上帝是个灵”，而灵与风的本性的相近(约 3:8)则属于《旧约》关于灵的观念与古希腊的普纽玛观念和斯多亚的普纽玛观念的共同的观念基础。事实上，德尔图良就在斯多亚学派的一种极为精细的、渗透一切的质料的意义上解释了上帝是个灵的称谓(《驳普拉克西亚》[*Adversus Praxean*]，第 7 章)。然而，奥利金通过指出物体的可分性和复合性的结论而使这种观点变得可笑；按照有关辩论，属神的灵在基督教神学中绝对

① 参见作者的《系统神学》，第二卷，第 213 页以下。

② 更为详细的参见作者的《系统神学》，第二卷，第 217—218 页。还请参见那里引用的著作，豪席尔德(Hauschild)：《上帝的灵和人》，第 18 页以下，以及特别是第 28 页以下。

是在柏拉图和亚里士多德关于神是一个无形体的奴斯的观念的意义上来思考的。[①] 当然，与《圣经》对上帝的理解相比，这种观点比斯多亚学派的普纽玛观念走得更远，而且它成为对上帝的理解中一种拟人化倾向的发展的出发点，这种倾向通过中世纪经院哲学关于上帝里面理智与意志的关系的心理学思考而达到了其迫切的状态。然而，斯多亚学派关于普纽玛的学说由于其与对宇宙的虔敬的结合、从而由于忽视神的超越性而与《圣经》关于上帝是个灵的观点相对立，与此相联系的还有在一切实在的东西、包括神祇的形体性的思想中表现出的斯多亚唯物论。直到现代物理学的场的概念，才摆脱了它由以产生的斯多亚学派普纽玛观念的唯物论特征，并由此使神学有可能做出一种比斯多亚精神观念——它一方面提供柏拉图主义的奴斯说，另一方面提供在许多角度更为接近《圣经》的圣灵观——更为符合《圣经》关于圣灵的陈述的诠释。当然，其前提条件是，一个无限的场的概念能够被设想为先行于它的力量作用在其中得以表现的一切有限的现象。[②]

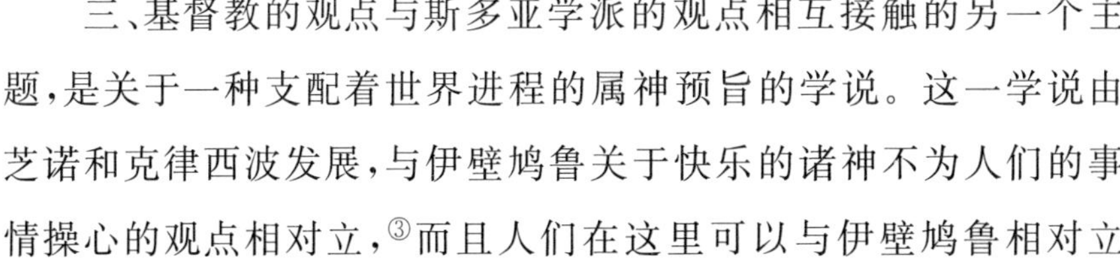

三、基督教的观点与斯多亚学派的观点相互接触的另一个主题，是关于一种支配着世界进程的属神预旨的学说。这一学说由芝诺和克律西波发展，与伊壁鸠鲁关于快乐的诸神不为人们的事情操心的观点相对立，[③]而且人们在这里可以与伊壁鸠鲁相对立

① 参见作者的《系统神学》(第一卷，第402页以下)中的阐述；以及波伦茨《斯多亚学派》，第一卷，第409—410页。

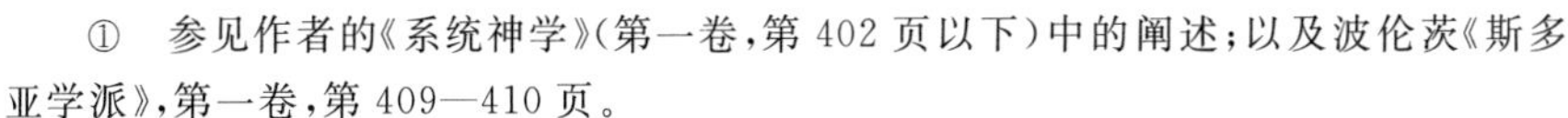

② 作者在《系统神学》(第二卷。第99页以下)中曾做过更为详细的阐述。

③ 关于较早的斯多亚学派，特别是芝诺和克律西波那里的预旨说，参见波伦茨：《斯多亚学派》，第一卷，第98页以下。

而依据柏拉图那里的方案。在《法律篇》第十卷中，柏拉图借来自雅典的客人之口说道，诸神对于他们的财富，亦即对于“一切有死的受造物，就像对于整个天界一样”（《法律篇》，902b8—9），是非常关怀的（899d4—905d6），而且特别关怀“万有中的微不足道者”（902a1—2），但尤其是关怀人（905d2）。柏拉图为此所使用的表述还不是“预旨”（pronoia），而是“关切”（epiméleia）（903e3）。然而，预旨这一表述出现在克塞诺封（Xenophon）的《回忆录》（*Memorabilien*；第四卷，第3章，第12节）中，而且这个概念与宇宙中事件发生的一种目标明确的秩序的结合似乎也以如下论题出自克塞诺封，即一切都是为了人而创造的。关于一种以人为目标而与之相关的属神预旨的这种人类中心主义——这种人类中心主义由芝诺和克律西波接受并系统地发展——，波伦茨说道，它是“希腊精神原初没有的”，[①]但它却如此惊人地令人想起《旧约》的创世信仰（诗8:6—7），以至于波伦茨猜测，芝诺也许是从他的腓尼基故乡一起带来了“这种形式的”预旨信仰。[②]

斯多亚的预旨思想能够被基督教神学家们所吸取，当然是与《圣经》的超越世界的上帝相关，这并不令人惊奇。它尤其适合于作为在《圣经》各卷中得到广泛见证的世界统治者上帝的称谓。“预旨”这个概念虽然在《新约》中还没有被用于上帝与世界的关系，但它偶尔已经出现在《克莱门一书》二十四章5节中，并且在第二世纪的护教学中被安提阿的狄奥菲鲁斯承认对认识上帝有奠基

① 波伦茨：《斯多亚学派》，第一卷，第99页。

② 同上书，第一卷，第100页。

性的意义。[①] 在克莱门和奥利金的亚历山大里亚神学中，预旨思想对于系统地阐述基督教学说而言获得了决定性的意义，亦即作为理解救赎史的基本概念。[②] 在克莱门看来，没有对属神预旨的信仰，教会关于上帝在救主身上实现的救赎计划的学说就必然表现为一种纯然的无稽之谈。[③]

预旨说的系统阐述早在较早的斯多亚学派中，特别是与关于一种以命运的方式起作用的必然性（“命运”[heimarmene]）的关系相结合，就已经招来了神义论的问题，[④]这个问题是由斯多亚学派的伊壁鸠鲁主义、柏拉图主义和怀疑主义批判者们提出用来反对斯多亚学派的：如果一个善的神祇在所有细节上统治着世界的进程，那么，如此之多的恶的存在如何与这统一呢？所谓中期斯多亚学派的创始人巴内修斯通过强调人的意志的独立性，对这种由卡内亚德（Karneades）特别令人印象深刻地陈述的批判予以回应。

① 保罗断言借着创世的作为认识上帝（罗 1:20），这被安提阿的狄奥菲鲁斯（《致奥托吕库斯》，第一卷，第 5 章）扩大到属神预旨的作用上。还请参见伊里奈乌（Irenäus）:《反异端论》，第三卷，第 25 章，第 1 节；以及亚历山大里亚的克莱门（Klemens von Alexandrien）:《杂文集》，第五卷，第 1 章，第 6 节，第 2 行。

② 参见科赫（H. Koch）对奥利金神学的令人印象深刻的阐述：《预旨和教育——奥利金及其与柏拉图主义的关系研究》（*Pronoia und Paideusis: Studien über Origenes und sein Verhältnis zum Platonismus*，1932）。

③ 亚历山大里亚的克莱门：《杂文集》，第一卷，第 11 章，第 52 节。在这里克莱门强调，属神的预旨一直延伸到“个别事件的发生”（《杂文集》，第一卷，第 11 章，第 52 节，第 3 行）。在另一处地方说道，哲学虽然教人属神的预旨，但并不是以正确的方式，亦即没有与在耶稣基督里面实现的属神救赎计划相关联（第六卷，第 15 章，第 123 节，第 2 行；参见第五卷，第 1 章，第 6 节，第 2 行）。

④ 参见波伦茨：《斯多亚学派》，第一卷，第 100—101 页，以及第 101 页以下，关于“命运”（Heimarmene）。

人的意志要为道德上的恶负责。① 在以后的时间里，西塞罗和亚历山大里亚的斐洛讨论了这些问题和其他问题。② 基督教亚历山大里亚神学可能就是由此出发的，因为它拒斥命运信仰，让人的意志自由作为恶的原因为道德上的恶及其后果负责。③ 对于这样一种论证来说，与斯多亚体系以其关于一种为世界设立的、与支配世界的逻各斯同一的 Heimarmene 的命运力量的观念所提供的相比，基督教神学由于对上帝相对于世界的超越性的信仰而提供了更好的前提条件。

四、就连斯多亚学派的认识论也在基督教神学中——特别是在对信仰和信仰确定性的理解中——留下了痕迹。尽管亚历山大里亚的克莱门指责希腊人很蹩脚地谈论信仰，因为他们把信仰视为无根据的和未开化的，但他还是依据斯多亚学派关于赞同(synkatáthesis)的学说把信仰的概念规定为"一种出自自由的决定的假设(prólepsis)，一种对敬畏上帝的赞同性承认(synkatáthesis)"，与巴西里德(Basilides)在一个基于上帝拣选的

① 波伦茨:《斯多亚学派》，第一卷，第197—198页。

② 西塞罗:《论命运》(De fato)，第9—11章。参见魏舍(A. Weische):《西塞罗与新学园派》(*Cicero und die Neue Akademie*，1961)，第一卷第一部，第48—49页。斐洛专门为此写了一部著作:《论预旨》(*De providentia*)，其中他讨论了对预旨说的种种异议连同对这些异议的反驳。

③ 亚历山大里亚的克莱门:《杂文集》，第一卷，第17章，第82—86节，特别是第83节，第5行。关于在奥利金那里、在尼萨的格列高利那里以及在奥古斯丁那里对这一主题的探讨的进一步发展，请参见作者在《系统神学》(第二卷，第192页以下)中的阐述。那里还在第196页以下有对自莱布尼茨(G. W. Leibniz)以来关于神义论问题的现代讨论的一个展望。然而，对于在神学上探讨这一主题来说，决定性的视角是终末论(第三卷，第679页以下)。

自然事件的意义上把信仰解释成为假说(据来 11:1)相对立。[①] 由此，克莱门就为基督教神学中后来变得权威性的，无论如何在保罗的《罗马书》十章 9 节铺设的信仰是赞同(assensus)的观点奠定了基础。[②] 此时，他在同一句话中把信仰规定为“假设”(prólepsis)，规定为对未来的救赎的提前的假设，这种假设按照《希伯来书》十一章 1 节是与对所望之事满怀信心的信赖结合在一起的。但在这种基于上帝应许的盼望中，神圣的逻各斯本身是我们的导师，在克莱门看来，信仰的确定性的依据就在于此。[③] 当然，通过强调有意的假设，信仰的赞同在克莱门那里获得了一种唯意志论的特色，这种特色把它与斯多亚主义的赞同说区别开来。在后者那里，赞同的确定性是以把个别的知觉和判断纳入经验的整体为条件的。[④] 然而，在基督教关于信仰确定性的学说的进一步历史中，纽曼(John Henry Newman)对把个别判断纳入经验的联系对于确定性的增长的意义做了值得注意的实际接近斯多亚学派认识论的

---

① 亚历山大里亚的克莱门:《杂文集》，第二卷，第 2 章，第 8 节，第 4 行。克莱门在第二卷，第 2 章，第 10 节，第 1 行以下和第 11 节，第 1 行涉及巴西里德依据《希伯来书》十一章 1 节的信仰定义。克莱门还在《杂文集》，第五卷，第 1 章，第 3 节，第 2 行反对巴西里德，说他把信仰理解为一种存在规定，而不是一个赋有自由意志的灵魂的理性赞同(synkatáthesis)。还请参见波伦茨:《斯多亚学派》，第一卷，第 419 页。

② 参见作者的《系统神学》，第三卷，第 163 页以下。

③ 亚历山大里亚的克莱门:《杂文集》，第二卷，第 2 章，第 9 节，第 4 行。关于克莱门对信仰的理解中的“假设”(prólepsis)概念，参见库格尔曼(L. Kugelmann):《预先推定:一个概念史的研究》(*Antizipation: Eine begriffsgeshichtliche Untersuchung*, 1986)，第 121 页以下;第 110 页以下，关于伊壁鸠鲁和斯多亚学派的预先推定概念。

④ 波伦茨就是这样判断的:《斯多亚学派》，第一卷，第 419—420 页。

阐述。①

五、对于基督教神学来说影响特别重大的，是斯多亚学派在一个具体问题上的认识论，亦即通过关于对上帝的自然认识的学说，或者自然神学——巴内修斯在公元前二世纪把自然神学与国家崇拜的政治神学和诗人们的神话神学区别开来。自然神学的概念首先通过奥古斯丁与基督教的学说相结合。② 它在这里还不是标志着人天生就被给予的一种对上帝的认识，无论是通过经验，还是由于它通过创造而被植入人的灵魂而甚至先于一切经验。然而，通向后来这种关于对上帝的自然认识的观点的桥梁是通过斯多亚学派关于所有人共有的基本概念（koinai ennoiai）的学说给出的，西塞罗把这些概念解释为生而具有的概念，③除了道德生活方式的基本概念之外，被归于它们的还有关于一个神祇的存在和关于崇敬这个神祇的义务的认识。

关于共有的、通过一个逻各斯在所有人那里相似地形成的基本概念的学说是斯多亚学派关于自然法是在整个人类中流行的对基本法律原则的认识之总和的学说的基础。从斯多亚学派的启迪

① 纽曼（J. H. Newman）：《一篇有益于理解赞同之规律的随笔》（*An Essay in Aid of a Grammar of Assent*，1870，1973），第 202 页，第 221 页以下。关于事实，请参见作者的《系统神学》，第三卷，第 189 页以下。

② 更详细的论述，参见作者的《系统神学》，第一卷，第 87 页以下，特别是第 92—93 页，论及奥古斯丁。

③ 在西塞罗那里，请参见《论神性》（*De natura deorum*），第 2 章，第 12 节和第 1 章，第 44 节；以及《论种种善与恶的界限》（*De finibus bonorum et malorum*）第五卷，第 59 章。就关于所有人共有的基本概念（koinai ennoiai）的学说的开端而言，请参见波伦茨：《斯多亚学派》，第一卷，第 56 页。在波伦茨看来，像在西塞罗那里出现的那种在“天赋观念”的意义上解释所有人共有的基本概念，应被判定为柏拉图主义化的重新解释。

出发，自然法学说由罗马的法学家以及在哲学上由西塞罗加以发展。[①] 自从保罗说就连外邦人也“顺着本性行律法上的事”（罗 2：14），并且借此指出律法的要求写在他们心里（罗 2：15）以来，自然法对基督教思维的影响就变得重要了，这尤其是通过把《旧约》律法的权威还原为它的自然法核心。在这种意义上，伊里奈乌就已经谈论过耶稣所解释和履行的律法中的“自然诫命”，这与——通过耶稣的来临而被废除的——《旧约》的崇拜律法和审判律法相对立。[②] 在基督教神学中，和在罗马法学家那里一样，自然法被理解为社会共同生活的规则的基础。所有人原初相同的自由被财产不平等和国家法律秩序的社会状态所取代，这被理解为原罪的后果，而在特洛尔奇（Ernst Troeltsch）看来，这种基督教所修正的自然法成为“教会的真正文化教条”。[③]

六、与自然法相结合的，是斯多亚学派对良知的诠释。诚然，良知——作为伴随生活方式的一种共知，具有自己行事方式的一个内在见证人性质——并不是斯多亚才发现的。毋宁说，这种发现要追溯到希腊的悲剧作家。但是，中期斯多亚学派使原初以警示或者抱怨的方式发出的良知声音成为对道德上的行事方式的基本规则的一种先行于一切经验的意识，[④]而且基督教神学家也是



① 波伦茨：《斯多亚学派》，第一卷，第 263—264 页；关于斯多亚学派的基础，参见第 133—135 页。

② 伊里奈乌：《反异端论》，第四卷，第 13 章，第 1 节和第 4 节，以及第 16 章，第 1 节。

③ 特洛尔奇（E. Troeltsch）：《基督教教会和团体的社会学说》（*Die Soziallehren der christlichen Kirchen und Gruppen*，1912），第 173 页。

④ 关于良知概念在希腊人那里的发展，参见作者的《神学视角中的人类学》（*Anthropologie in theologischer Perspektive*，1983），第 286 页以下；关于斯多亚学派对良知现象的解释，请参见第 288—289 页。还请参见那里接下来关于当代讨论状况的论述。

在这种意义上解释《新约》关于良知的陈述的，例如《罗马书》二章15节及十三章5节，或者《哥林多后书》四章2节，《提摩太前书》一章5节、一章19节以及三章9节等等。在这里，良知的声音在斯多亚学派的基本概念(koinai ennoiai)的意义上被理解为对伦理规范的一种所有人共有的意识的表现，而且这种观点顽强地一直维持到近代，使良知判断的历史相对性久久在意识中退居次要。

七、作为基督教神学与斯多亚学派的哲学立场紧密接触的最后一个领域，还必须提到对伦理学的探讨。在所有人都具有对道德基本概念的一种知识的前提条件下，巴内修斯在公元前二世纪把伦理学描述为义务的学说。西塞罗在凯撒死去那年(公元前44年)撰写的论文《论义务》(*De officiis*)就是立足于此的。不过，他早在之前若干年就已经在对话《论种种善与恶的界限》(*De finibus bonorum et malorum*)中讨论过义务概念，而且两部作品对于在基督教神学中，尤其是在基督教的西方系统探讨伦理学的开端来说都意义深远。在这里，米兰的安布罗斯(Ambrosius von Mailand)对伦理学的第一次独立阐述是紧接着西塞罗的。然而，斯多亚学派以及西塞罗给予义务(kathékonta)的概念以一个很宽泛的范围。一切按照人的本性"应归于"人的行为都被计算入内，甚至还有自我保存、繁衍、父母对子女的爱。合乎理性的行为(kathorthómata)在义务的整个范围内构成了一个较为狭小的圈子，亦即属于通过理性控制情感的那些以传统的德性概念为标志的行事方式的圈子。安布罗斯现在把义务概念限制在这些狭义的道德义务上，因为他把在西塞罗那里对此有决定性的"美德"(honestum)概念与达到来世生活中的永福的条件联系起来，并由此给

予义务概念以一种完全非斯多亚学派的转变。[1]

这样，基督教神学就在许多具体问题上固然带有或多或少重要的修正，却追随了斯多亚学派的观点，尽管斯多亚学派对世界的虔敬和斯多亚学派对神的理解的内在主义一样对于基督教精神来说是陌生的。虽然在整个思想体系上有深刻的对立，基督教接受斯多亚学派在具体事情上的洞识的规模却更为值得注意。但是，经由拉丁经院作家在中世纪保存的对斯多亚学派思维的认识，在文化意识脱离基督教的时候却要以新的方式发挥效力。这发生在近代早期。

## 三、斯多亚学派的题材对于近代脱离基督教的意义

文艺复兴和人文主义带有对斯多亚学派的自然概念的一种新兴趣，而且是在斯多亚学派的人类自然与宇宙自然一致的意义上。斯多亚学派的伦理学和追随自然的口号通过本身是斯多亚学派（如塞涅卡[Seneca]）或者报道过斯多亚学派的学说的经典作家们（如西塞罗），在人文主义者们那里大受欢迎。此时，人们所追求的还不是脱离基督教，而毋宁说是基督教题材和古代题材——其中包括斯多亚学派的题材——的一种新融合。[2]

---

① 安布罗斯（Ambrosius）：《论职责》（*De officiis ministrorum*），第一卷，第9章，第28节（MPL16，32）。

② 参见狄尔泰（W. Dilthey）那里的概览："十五世纪和十六世纪对人的理解和分析"（Auffassung und Analyse des Menschen im 15. und 16. Jahrhundert），载《狄尔泰全集》（*Gesammelte Schriften*，1914—　），第二卷，第1—89页，特别是第23页以下，第34页（马基雅维利[N. Machiavelli]），第36页以下（蒙田[M. de Montaigne]）。

在宗教改革家们中间，茨温利(Ulrich Zwingli)和加尔文(Johannes Calvin)就其预旨说而言受到斯多亚学派思想的影响。[①]不过，就连路德也与瓦拉那里的预定说和斯多亚学派的决定论很接近，而梅兰希顿(Philipp Melanchthon)在后来的年代里则在西塞罗证明意志自由的意义上转而反对这样的“斯多亚学派辩论”(stoicas disputationes)。[②]

尽管梅兰希顿与西塞罗一样宣布反对斯多亚学派的宿命论及其在神学中的影响，他却恰恰以西塞罗为中介接受了其他一些斯多亚学派的学说，例如，特别是关于理性在遍布于所有人那里的天赋观念中——尤其是在伦理学领域中——表现出来的“自然之光”的学说。[③] 这样，按照狄尔泰的判断，在梅兰希顿那里就已经出现了“像十八世纪的英国理神论者和德国的理性主义者所宣告的那样”的关于自然神学和道德的学说。[④] 只需要再让关于原罪的学说移入后台，就能够主张诉诸人们的共同本性对于人们当前的共同生活来说也是奠基性的了。

在十七世纪，关于对上帝的自然认识和道德具有决定性的信念与自然法学说相结合，成为近代思维独立于教派之间争执不休

---

① 狄尔泰在其论文“十七世纪精神科学的自然体系”(Das natürliche System der Geisteswissenschaften im 17. Jahrhundert，载《狄尔泰全集》，第二卷，第90—245页)中探讨了茨温利论预旨的著作中的斯多亚学派题材(第二卷，第155页以下)。关于加尔文，请参见第二卷，第129页以下，以及波伦茨：《斯多亚学派》，第二卷，第228页(参见第一卷，第467—468页)。

② 参见本书第112页注③。

③ 参见狄尔泰：“十七世纪精神科学的自然体系”，载《狄尔泰全集》，第二卷，第174页以下。

④ 同上书，第二卷，第186页。

的基督教学说的出发点，成为就破坏社会和平的教派对立而言重建社会的基础。这一过程中的一个关键人物是切伯里的赫伯特(Herbert von Cherbury，1583—1648)。他在自己的著作《论真理》(*De veritate*，1624)中，从斯多亚学派关于在所有人中间普遍流行的、在西塞罗看来天赋的、在“万民共识”(consensus gentium)的意义上、在所有的民族那里都可以发现的基本概念的学说出发，阐述了他关于五种宗教基本真理的学说：上帝的实在性、崇敬上帝的义务、作为崇敬上帝之核心的德性与虔敬的结合、忏悔对于一切罪过的必要性、经由死后审判的属神报应。由于他把宗教的这五种基本真理宣布为真正普遍的教会的基础，赫伯特成为后来的理神论和理性主义的先驱。这样，借助于斯多亚学派的题材，伦理学、但还有宗教本身，都在其基础上摆脱了对一种历史的上帝启示的依赖性，建立在自然理性的自主性之上。

切伯里的赫伯特还——类似于在他之前的蒙田——追溯到斯多亚学派对一种自我保存和自我发展的自然本能的假设，对它们的认识首先是通过西塞罗(《论种种善与恶的界限》，第二卷，第16章以下)而为时代的教育意识所知的。十七世纪末，自我保存的思想通过斯宾诺莎的伦理学得以普遍化，成为形而上学的基本原则，可以对一切有限的事物都有效：只要在于它自己，任何一个事物都追求保持它的存在。[①] 斯宾诺莎由此用总结的和无所不包的语式表达了之前数十年对这一思想日益加强的强调。霍布斯(Thomas

① 斯宾诺莎：《伦理学》(*Ethica*)，第三部分，命题六：“每一个事物都尽其自身所能努力保持其存在”(Unaquaeque res，quantum in se est，in suo esse perseverare conatur)。

Hobbes,1588—1679)的人类学就已经把追求自我保存的原则视为对一切人类行为都是决定性的(《利维坦》,第一卷,第十四章),因而也视为社会契约的基础:为了保存自己的生命,个人放弃对自己生命的自由支配,臣服于一个政治统治秩序,这个统治秩序借助于社会和平也保障每一个个体的存活。与基督教中世纪的自然法学说不同,从现在开始,一切人的原初平等和自由的(斯多亚学派的)观念又移到了兴趣的前台:自然状态的同等自由不是通过原罪命中注定地丧失了,而是由个人为了保存自己的生命而转让给国家权力,为了交换在社会状态的框架中由国家权力保障的公民自由。引入自我保存的原则对于近代社会学说和伦理学独立于宗教前提条件来说的影响深远的意义,是怎么高估都不为过的。[①] 近代关于人类生存的自主和自足的立场,在这里已经表现出来了,超越了纯然的理性自律。

然而,在过渡到讨论神学与哲学之间关系在近代的发展之前,还应当给思考一系列主题留下空间;这些主题从基督教产生,然后才成为纯哲学反思的主题。对这些主题加以考虑,对于恰如其分地判断近代哲学与基督教神学传统的关系来说,是必不可少的。



① 参见布鲁门贝格(H. Blumenberg)当然是片面地过高强调独立化立场的论述:"自我保存和坚持——论近代合理性的结构"(Selbsterhaltung und Beharrung: Zur Konstitution der neuzeitlichen Rationalität),载埃贝林(H. Ebeling)编:《主体性和自我保存——现代之诊断论文集》(*Subjektivität und Selbsterhaltung: Beiträge zur Diagnose der Moderne*,1976),第144—207页。

# 第五章　基督教对哲学的主题构成的贡献

基督教神学接受了哲学的思想，但基督教也就其自身而言改变了哲学的意识。这种情况之所以发生，乃是由于基督教信仰开辟了对现实的一种新理解，无论是世界及其属神起源的现实，还是人的现实。对人和世界的这种新理解的某些视角，不仅成为基督教神学的主题，而且已经成为哲学思考的主题，用不着人们总是意识到它们的基督教起源。它们简直就成了普遍的经验意识的组成部分。属于此列的有世界及其所有部分的偶在，人的个体性的一系列视角，特别是人的人格性。此外还有历史作为一个不可逆的、对未来开放的过程的发现，对无限者作为世界的属神起源的本质规定的积极评价。最后，虽然不是基督教的道成肉身信仰本身，但却是这一信仰的一系列作用，特别是对理解人的自由的作用以及对爱与和解的概念的作用。在所有这些场合中，相关的主题连同基督教都并非直截了当完全无中介地新出现在人的意识之中。这在它们回溯到基督教之前的根源的术语前史上就已经表现出来了。不过，这些主题中的每一个都通过基督教的精神获得了其决定性的特色。

# 一、世界和一切有限存在者的偶在①

对于古代希腊来说，世界的存在主要被视为在时间上没有界限的，尽管人们说是宙斯在诸神中间建立了一种新秩序，并且也建立了世界的一种新秩序（赫西阿德[Hesiod]：《神谱》[*Theogonie*]，第73—74行）。在赫拉克利特看来，宇宙总是始终存在，并将永远存在："这个世界秩序，这个对于一切存在者来说的世界秩序，既不是诸神的某一位创造的，也不是人创造的，相反，它过去、现在和将来永远是永恒的活火，按照尺度燃烧和按照尺度熄灭"（残篇30）。这种思想后来在斯多亚学派的、依据赫拉克利特的关于在其时间进程中安排世界的逻各斯是火以及关于周期性出现的、每次都有宇宙的一种更新继之而起的世界大火的学说中得到表达。不过，在亚里士多德看来，宇宙也是总是始终存在，尽管它在空间上是有界限的。唯有柏拉图在《蒂迈欧篇》中设想了宇宙的一个开端——尽管不是就质料而言，但却是就其成形为被称为宇宙的秩序而言。然而，这是在神话的语言中发生的，而且在中



① 关于这个主题的现实意义，请参见缪勒（W. H. Müller）：《偶然事件的复归：自然科学家、哲学家和神学家论偶在和自然经验》（*Die Wiederkehr des Zufalls: Kontingenz und Naturerfahrung bei Naturwissenschftlern, Philosophen und Theologen*, 1977）；以及作者的报告《偶在与自然规律》（Kontingenz und Naturgesetz），载作者与缪勒（A. M. Klaus Müller）编：《关于一种自然的神学的思考》（*Erwägungen zu einer Theologie der Natur*，1970），第33—80页。这些关于偶在概念的论述在作者的新文章中得到深化：《受造现实性的偶在》（Die Kontingenz der geschöpflichen Wirklichkeit），载《神学文汇报》（*Theologische Literaturzeitung*，119[1994]），第1049—1058页。

期柏拉图主义对这一问题的学园讨论中，合理地得到贯彻的是如下意见，即这里的问题在于一种非本真的、形象化的言说方式。①

基于《圣经》的基督教创世信仰在这里带有一场关涉现实理解之根源的变革。这一变革的全部规模即使在基督教思维中也没有被人立刻认识到。也就是说，结果并不仅仅是世界在整体上和在一切具体事情的发生上对创造者意志的依赖性，而且还是每一具体事件的一次性，这并不妨害在发生的秩序中与其他事件的所有联系。奥古斯丁看到了这一点，因为他把创造的一次性与拯救的一次性放到一起来看。与世界在时间上的开端相应的，不仅是世界在时间上的终结，而且——根据从开端到终结的一次性的、不可逆转的道路——还有在时间中发生的事情的一次性：基督只死一次，并且通过他的复活就永远把死抛在身后。这样，就连我们也在我们复活之后将永远与主同在，不再返回这种有死的生活（《上帝之城》，第十二卷，第 13 章）。

后来的基督教神学家用“偶在”这个概念来表示一切事物对创造者的全权的依赖性。当然，为此还必须重新规定这个源自亚里士多德的概念。这发生在拉丁中世纪的神学中，而且决定性地发生在十三世纪末的司各脱那里。为了衡量这种重新规定的影响范围，有必要首先看一看亚里士多德对这一主题的阐述。

在亚里士多德逻辑学著作的拉丁语译本中，“偶在”（contingens）这个词对应的是希腊术语 endechómenon；这是动词 endéchesthai 的

---

① 参见本书第 64 页注①。

分词，所指的也就是采纳、接受。[①] 这涉及并非在本质上属于一个事物或者状态的概念，而是能够被它"接受"或者"不接受"、其同一性并不由此而被改变的那些规定。因此，endechómenon 接近于偶性（symbebekós）的概念，但亚里士多德在自己的《形而上学》中选择后者而不是前者来作为永远属于一个事物的东西的对立面。[②] 尽管如此，亚里士多德在他的《形而上学》中确立了 endechómenon 的概念与偶性的概念之间的一种联系。也就是说，他把质料与形式对立起来，规定为能够"接受"这种或者那种规定（endechómene），并由此是偶然者的原因的那种东西（《形而上学》，327a13—15）。

在关于解释的短篇中，事情在亚里士多德那里恰好相反。在这里，symbebekós 这一表述并不是有特色的术语。[③] 与此相反，在这部著作中，可能者的概念是与"能够存在"的东西（endéchesthai einai）结合在一起的（《解释篇》，1322a15），而且首先是与必然者相对立的。[④] 因此，后来被称为"偶然"的东西与可能的东西是同一的吗？为了回答这一问题，人们必须想一想：在亚



---

① 参见贝克尔-弗赖森格（A. Becker-Freyseng）：《希腊哲学术语"contingens"的前史》（*Die Vorgeschichte des philosophischen Terminus "contingens"*，1938）；以及弗雷德（D. Frede）：《亚里士多德与"海战"——〈解释篇〉第九章中关于未来偶性的问题》（*Aristoteles und die "Seeschlacht": Das Problem der Contingentia Futura in De Interpretatione*，1970）。

② 亚里士多德：《形而上学》，1025a14—34。在该章的结尾（1025a34），也出现了 endechesthai 一词，但却是在更普遍的意义上（参见 1026b29）。

③ 最早在《解释篇》，21a5—34。

④ 《解释篇》，22a27；类似的参见《前分析篇》（*Analytica priora*），第 13 章，32a18 以下；以及 325a37 以下。

里士多德那里，由于现实者对于可能者的优先地位，可能性原则上总是陈述某种存在着的、也可能是别的样子的东西（《形而上学》，1047a21—22）。但存在着、也可能不存在的可能者，事实上与偶然者是同一的。与此相反，偶然者由于虽然也可能不存在、但实际上存在的东西的存在的事实性而与纯然抽象的可能者有区别。然而，既然亚里士多德没有做出这种区分，所以，对他来说偶在的概念与可能性的概念叠合在一起，也是可以理解的。

中世纪基督教通过把这个主题与意志自由联结起来，超越了亚里士多德的归属，即把偶然者归属于质料的概念及其“在可能之中”。如果意志自由地选择对立的东西，那么，实际上的结果对于它的选择来说就是偶然的。因此，托马斯·阿奎那在他关于亚里士多德的《解释篇》的注释中就把出自选择行为的东西列为一种偶然的东西。[①] 不过，他并没有把选择行为本身称为偶然的，因而也把属神的意志设想为在偶然者和必然存在者的差异彼岸的。[②]

对于在神学上重新评价偶在概念来说，决定性的步骤是司各脱才迈出的，因为他追问偶然存在者的原因。他的回答是：唯有自由行动的原因才能产生偶然的东西，因为凡是出自其本性的必然性起作用的东西，也是必然地产生其效果的，以致这效果并不是实际上也可能不存在的。因此，司各脱断言，有偶然的东西存在这一事实已经证明，一切事物的第一因并不是出自其本性的一种必然性起作用的，而是偶然地起作用的，而且是作为自由的原因，亦即

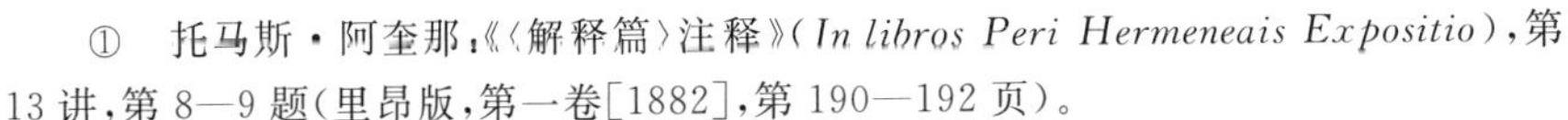

① 托马斯·阿奎那：《〈解释篇〉注释》（*In libros Peri Hermeneais Expositio*），第13讲，第8—9题（里昂版，第一卷[1882]，第190—192页）。

② 同上书，第14讲，第22题（第190—192页）。

通过其意志。也就是说,如果第一因是出自其本性的必然性而产生一切的,那么,世界上就根本不可能存在任何偶然的东西。① 因此,与在亚里士多德那里不同,事物的可能性先行于其存在,其存在的根据在于上帝的自由行动:在世界实际上生成之前,它的存在就是可能的。②

对偶在概念的重新评价在于:偶然被给予者的根据不再是质料的不确定性,而是作为世界及其一切部分的创造性根据的属神意志的自由。司各脱完全意识到他在这个问题上与亚里士多德的对立。③ 真实的存在者不再以必然性为标志,而是以自由为标志,上帝的创造性自由是人不受自然必然性的强制的自由的根据,即便是人也能够——当然只是有限制地——偶然地行动,并通过其意志的自由产生偶然的结果。此时,偶在的概念清晰地与可能性的概念区分开来:可供选择者在逻辑上的可能性属于意志的选择的前提条件,而意志的决定在与它的关系中则是偶然的,因为它不能从关于选择的可能性的知识中推导出来。通过自由所产生的东西也是偶然的:如此产生的东西是实际上存在的。因此,尽管也可能以别的样子存在或者不存在、但却实际上存在的东西,就是偶然



① 邓司·司各脱:《整理稿》(*Ordinatio*),第一卷,第二个区分,第一部分,第79题,(梵蒂冈版第二卷,第176页):"同样,某种东西被偶然地引起;因而第一因是偶然地起作用,因而是任意地起作用"(Item,aliquid causatur contingenter;ergo pr4a causa contingenter causat,ergo volens causat)。

② 世界的存在与其概念并不自相矛盾:"这样,这个真理就是在世界存在之前'世界就能够存在'"(et sic fuit haec vera antequam mundus esset "mundus potest esse";《第一论著》,第一卷,第三十九个区分,第49题,《司各脱全集》,第十七卷,第494页)。

③ 邓司·司各脱:《整理稿》,第一卷,第二个区分,第一部分,第83题(梵蒂冈版第二卷,第176页)。

的。但这首先适用于受造的存在。因此，一切受造的现实都是偶然的，其存在归根结底要归功于上帝的创造性意志。

直到近代早期，一切受造现实的偶在这种思想还被视为不言而喻的。然而，自十七世纪以来，它在人们的意识中退居到通过自然规律的秩序来调整一切发生的印象背后。尽管如此，每一条自然规律乃至自然规律的秩序，在整体上都依然是以可用性的初始条件和边界条件在与它的关系中偶然的既定性为条件的。唯有把这样一些偶然的条件视为绝对者的一种还矗立在它们后面的内在必然性的表达的人，才能与斯宾诺莎一起说，在自然的现实中不存在任何偶在，[①]偶然的既定性的表达在任何地方都是我们对自然的认识的有限性的表达。在二十世纪的自然科学中，发生之偶在的视角甚至又更强地表现出来，也就是说，无论是鉴于量子物理学的具体事件，还是在出现于湍急的和混沌的过程中的不稳定性的场合里。此外，由于时间进程的不可逆转性，任何个别事件无论典型的性状和进程的形式如何重复，都归根结底是一次性的。这意味着：不仅按照自然规律安排的过程的初始条件和边界条件是偶然的，而且偶在就是一起发生的基本标志，尽管在事件的继起中可以观察到合规律性。因此，有规律的合法则性的出现本身就成为偶然的既定性，就像按照《圣经》的阐述（创 8：22），自然秩序的可靠性依据上帝的一种自由安排一样。

① 斯宾诺莎：《伦理学》，第一部分，命题二十九："在事物的本性中，没有任何偶然的东西，反之，一切都受属神的本性的必然性所决定而以一定方式存在和活动"（In rerum natura nullum datur contingens，sed omnia ex necessitate divinae naturae determinate sunt ad certo modo existendum et operandum）。

## 二、专注于个体性[①]

作为经验的既定性，人至迟自有专有名词以来就意识到个体性了。然而，个体性最初并不是哲学的主题，因为对个别的东西的认识唯有以普遍的东西为中介才能把握，或者是作为普遍概念的一个实例，或者是作为普遍规律的一个实例。这样，特别是在柏拉图和亚里士多德的思维中的希腊古典哲学，是以普遍的和典型的东西为取向的，尽管在亚里士多德看来，认识真正说来是以作为具体的"这个"的个别东西为目标的。[②] 以普遍的东西为中介来把握个别的东西，这导致把典型的东西置于个体的东西之上。柏拉图通过划分普遍概念直至找到属于所寻找的个别者的属来规定个别事物的方法，终结在作为不可继续分割的种概念那里。[③] 对属于同一个种的各个个体来说，不再存在各自特殊的理念。种概念本身是"原子"(atomon)，因而是个体的、不可分割的。即便是在亚里士多德看来，一个种概念的实现的各个个别实例也只是通过

① 关于基督教对于在哲学思维的历史上只是很缓慢地出现的、只是自司各脱和奥卡姆以来才坚决地完成的转向，即转向作为本体论上第一性的东西的个体性东西，参见海姆塞特(H. Heimsoeth)：《西方形而上学的六大主题和中世纪的出发点》(*Die sechs großen Themen der abendländischen Metaphysik und der Ausgang des Mittelalters*，1922；3. Aufl.，1954)，第172—203页。

② 参见科布施(Th. Kobusch)对此的说明和证明：词条"个体"、"个体性"，载《哲学历史词典》，第四卷，第300—304页。

③ 施滕泽尔(Stenzel)：《从苏格拉底到亚里士多德的柏拉图辩证法的发展》，第54—60页。

eidos 在其中实现的质料的不同部分来彼此区分的[①]——这与他关于唯有具体存在的东西才在真正的意义上是实体的观点有明显的张力。

在希腊化晚期，个体的特殊性从不同的方面得到更强的强调，例如在中期斯多亚学派中，在中期柏拉图主义中，以及在阿佛罗底西亚的亚历山大那里。尽管如此，关于一个种的个体只是按照其质料而相互区别的观念却只是通过波菲利的论题才得到克服，即任何个体都通过仅仅为它所特有的属性结合而有别于其他所有个体。[②]

然而，对于评价个体来说，在希腊古典哲学中还存在着另一个限制，至少就人类个体而言是这样。柏拉图虽然通过自己关于灵魂不死的学说开启了人分有永恒和人的尘世行为越出此生对得救或者不得救有一种影响的视角，但柏拉图的灵魂由于同不一定有多少次的重生相结合而与生和死之间一种个别的肉体存在的个体性并不是一回事。柏拉图意义上的个别灵魂虽然就其自身而言是个体的，但它的生命却远远超出了一个个别的尘世存在的期限。它的个体性在柏拉图的观点中几乎和在亚里士多德那里一样属于

① 亚里士多德：《形而上学》，1074a32—35。在形式上同一而仅仅在数字上不同的东西，具有一种质料。这也就是说，它的不同的根据仅仅在于质料。亚里士多德明确地把这应用到人类个体（例如苏格拉底）与人的概念的关系上。特别是在中世纪的亚里士多德主义中，个体性的原则问题在这种情况下就成为一个强化讨论的主题（参见许伦[J. Hüllen]为这个词目在《哲学历史词典》中撰写的条条，第四卷，第295—299页）：基督教所论证的对个体性东西的高度评价同样难以满足于其回溯到纯然质料性的不同。

② 波菲利在他的《亚里士多德〈范畴篇〉引论》中就是这样说的（第7章，第21—23节）。

暂时性。

唯有基督教——由被掳后时期的犹太教的宗教个人主义做好了准备(参见结 18:4 以下;18:20)——发展出人在其一次性的尘世存在的个体性中的永恒规定的思想。构成这里的出发点的,是耶稣的福音的一个题材,亦即上帝在永恒的爱中跟随每一个迷失的个别的人,以便为了在与上帝的共契中的永生而拯救他(路 15:4—32)。[1] 转向迷失者,这必须在对与活的上帝的共契中不朽坏的生命得救的盼望之终末论视角中来理解(可 12:26—27)。基督教的救赎福音把分享永生的盼望归给人的一次性的尘世存在,而且是归给在其灵肉统一之中的人。与此相应,早期基督教神学把灵魂理解为被创造为肉体和灵魂的人的组成部分,并且把如此规定的灵魂之不死的思想与肉身复活的思想结合起来。柏拉图关于分享永恒的不死灵魂的观念由此而变得个体化,亦即与生和死之间的一次性尘世存在的个体性联系起来。这种存在应当分享永恒,而且是在其肉体的具体性之中,尽管转变为不朽坏性(林前 15:53)。

这样,基督教就给予人类个体的尘世存在以永恒意义,即使就在这一尘世生活中完成的关于每一个别的人的永恒得救或者永恒堕落的决定而言也是如此。个体的一次性的尘世存在通过与永恒

① 耶稣的这段话已经在作者的阐述的中心突显出来:“个体在基督教关于人的学说中的意义”(Die Bedeutung des lndividuums in der christlichen Lehre vom Menschen),载作者的《人的规定》(*Die Bestimmung des Menschen*,1978),第 10—11 页。还请参见作者的“神学与主体性的新问题”(Die Theologie und die neue Frage nach der Subjektivität),载《时代之音》(*Stimmen der Zeit*,202[1984]),第 806 页。

上帝的关系所获得的这种新分量，也表现在基督教对人之为人应有的尊严思想的深化中：如果还有西塞罗在把人与动物区别开来的对理性的分有中看到人的“尊严”(dignitas)的话，那么，基督教论证人的尊严，则是从每个个别的人被创造成上帝的形象出发的，按照《创世记》九章 6 节，这种创造使得每个个别的人的生命对于其他人来说成为不可侵犯的。[1] 这样，唯有基督教才继续深入了犹太教信仰的一个题材，鉴于个别的人由于被规定与上帝共契而拥有的生命和自由，把个别的人的尊严设想为不可侵犯的。

此外，属于这一联系的，还有“人格”的概念。这一概念同样只是在基督教思维中才获得使作为人格成为人类个体的尊严之总和的那种深化。无论在拉丁语中，还是在希腊语中，人格概念的开端都存在于戏剧界：人格是演员所扮演并通过所戴面具来标示的角色。由此出发，这个词被转用到某人所扮演的社会“角色”和政治“角色”。[2] 在这里，它在任何地方所标示的恰恰不是作为个体的个体，而是个体所履行的社会功能或者政治功能。唯有在罗马的法学语言中，“人格”这个词才成为“任意的人类个体的普遍称谓”，[3]而且是在完全抽象的意义上，因而仿佛是作为任意一种角色的载体。

---

① 参见作者的《人的尊严思想的基督教根源》(Christliche Wurzeln des Gedankens der Menschenwürde)，载克贝尔(W. Kerber)编：《人权与文化身份》(*Menschenrechte und kulturelle Identität*，1991)，第 61—76 页，特别是第 64 页以下。

② 富尔曼(M. Fuhrmann)详细地证明了这一点：“人格——罗马的一个角色概念”(Persona，eine römischer Rollenbegriff)，载马夸德与施蒂尔勒(O. Marquard & K. H. Stierle)：《身份》(*Identität*；Poetik und Hermeneutik VIII，1979)，第 83—106 页。

③ 同上书，第 96 页。

表面看来，在波伊提乌那里，在他对于后世来说权威性的定义中有同一个抽象一般的人格概念，因为他把人格称为“有理性的个别存在者”。[①] 然而，如果人们想一想，波伊提乌要把这个定义用于解释基督论教义的基本陈述——按照这种陈述，耶稣基督是一个两性的位格——，那么，由此就立刻提出了在他的位格的统一中他的属人本性与神性的关系问题。拜占庭的莱昂提乌(Leontios von Byzanz)明确地以这种关系为主题，并把它描述为基督的属人本性对逻各斯的位格的分有。[②] 但是，既然逻各斯的位格就其自身而言在三一神学上被规定为关系，也就是说，被规定为由圣子对圣父上帝的原初关系建立的，所以，耶稣的人性在逻各斯的位格中的“二性相通”(Enhypostasie)就可以理解为对他与圣父的子嗣关系的分有。由于两性人格的统一的基督论教义回溯到三位一体的位格概念，所以就导致，不仅把基督的“二性相通”的人格性，而且按照他的规定把一般的人的人格性都从对于作为受造物的人来说根本性的与上帝的关系出发理解为“理性的个别存在者”。这是在圣维克多的理查德(Richard von St. Victor)把实存概念解释为“来自另一存在的存在”[③]的影响下，司各脱在自己关于人的人格

① 波伊提乌(Boethius)：《论两种本性》(De duabus naturis)，第3章：“理性本性的个别实体”(rationalis naturae individua substantia；MPL64. 1343C)。

② 拜占庭的莱昂提乌(Leontios von Byzanz)：《驳聂斯托利派和恩狄齐安派》(*Contra Nestorianos et Entychianos*；MPL 86/1，1273以下)。参见作者的《基督论的基本特征》，第349—353页。

③ 圣维克多的理查德(Richard von St. Victor)：《论三位一体》(*De trinitate*)，第4章，第11节以下(MPL 196，937以下)。

性的学说中所做的事情。[①] 由此表明了三位一体的位格概念对于把人理解为人格来说的内在重要性。

三位一体学说首次把位格性规定为由与其他位格的关系建立的。这样,圣父与圣子就通过他们的关系彼此规定为位格,他们也通过这种关系彼此区别:圣父唯有在他与圣子的关系中才是圣父,就像反过来圣子也唯有在与圣父的关系中才是圣子一样。[②] 在人类学上使用的话,这意味着:"我"唯有在与"你"的关系中才是"我",而且就其作为受造物的属性而言首先是从与属神的"你"的关系出发的,但其次也是在与一个同样属人的"你"的关系中实存的。

因此,在三位一体学说中,可以发现在二十世纪,尤其是由布伯(Martin Buber)和埃布纳(Ferdinand Ebner)建立、在近代哲学史上通过费尔巴哈回溯到费希特的所谓"对话的人格主义"的起源。[③] 当然,对话的人格主义的立场,只是在同样属人的你之关系(Du-Beziehung)在凭借人的受造性而被给予的与属神的"你"的关



① 参见许伦(H. Hüllen):《司各脱论存在和人格——论一种人格形而上学的奠基》(*Sein und Person nach Johannes Duns Scotus: Beitrag zur Grundlegung einer Metaphysik der Person*,1954),特别是第 100 页以下,第 110 页以下。

② 富尔曼由于建议把古罗马关于人格是角色的理解用于诠释三位一体的位格概念(词条"人格",《哲学历史词典》,第七卷,第 278 页)而错过了这一效果,即这涉及各个位格的存在。角色恰恰是与角色承载者的存在不同的。这个承载者可以扮演不同的角色。而撒伯里乌(Sabellius)就是这样来理解三位一体的各位格的三一性的。教会的学说明确地拒斥这一点,以致 person 这一概念只是迟疑不决地、从西方神学出发在新的意义上作为 hypostasis 的对应词,才作为圣父、圣子和圣灵的在唯一上帝里面的三一性的称谓得到贯彻。按照三位一体学说,三个三位一体是 hypostaseis 或者 Personen 连同其关系是彼此同一的,这有别于古典的角色概念。

③ 更为详细的请参见作者的《神学视角中的人类学》,第 173 页以下。

联性的影响下以及这个属神的“你”本身在三位一体的各个位格相互构成的意义上被思维的时候，才被免于从“你”出发对“我”的建立仅把“你”设想为另一个“我”并由此堕入他律的批判。[①] 唯有这样，主体间性才被设想为首先是相对于个别化了的人格的。

虽然相互关联性规定着人格性，基督教思维中的人格性一直还是被设想为自由，被设想为与其他人格性的自由相对，特别是与自己的人格性的属神起源的自由相对。与自由思想的这种结合已经回溯到，在基督教思维中一个理性的存在者只能被设想为自由的。因为作为通过一种自由的行动创造世界的上帝的形象，人也被创造为自由的。伊里奈乌就已经说过，上帝“通过自由的意志使人与自己相像”。[②] 尽管人的人格性是通过创造行动，因而是通过与上帝的关系建立的，人在自己的自由中却能够对建立他的存在的这种状况这样或者那样表态。在这里，伊里奈乌与后来的奥古斯丁一样，把人类历史初始时人的自由视为还微弱的，亦即尚未在与上帝的共契中巩固的。人被规定要与上帝有这种共契，人唯有通过参与耶稣与圣父的子嗣关系才能把自己固定在这种共契中，意志最初微弱的自由通过这种共契被固定在善中并得以完成。

对于现代思维来说，主体性属于人的人格独立性。通过主体性，人与自己的周围环境的关系是创造性的。人们不可以不加审



① 托伊尼森(M. Theunissen)在他的重要著作《他者——当代社会本体论研究》(*Der Andere : Studien zur Sozialontologie der Gegenwart*，1965；特别是第361页以下)中阐述了这种批判。

② 伊里奈乌：《反异端论》，第四卷，第38章，第4节。

视就已经把关于人的这种观点——亦即人自己创造自己的本质，[①]这种观点在“实存”的现代概念中找到一种极端的表达——预设给古代与近代主体性思想意义上的一种自我理解相对立的首先是，除了要一直达到傲慢的本能态度之外，意志被置于知识之下，而在希腊古典哲学中，知识并不被理解为人的主体性的一种创造性的活动，而是被理解为预先给定的真理的接受。[②] 这一规则的一个例外是在智者学派中出现的。但无论是柏拉图的光照说，还是亚里士多德对认识过程的那种仅仅把消极理性视为人的灵魂的一个部分的理解，都可以视为把认识理解为一个接受过程的一个实例。显然，人对认识过程的创造性参与只是作为对其内容的歪曲的源泉才能够在考虑之内，即使另一方面，认识所涉及的是对自身为真的东西的尽可能纯粹的和精确的感知。甚至最早为认识过程中的认识者的主动性提供空间的斯多亚学派认识论，也把这种主动性限制在对逻各斯的真理的赞同上；在这里，它表现在被感受到的印象中。而这种赞同就其自身而言是同一个逻各斯的作为，这是就这个逻各斯也在人的灵魂中存在并起作用而言的。

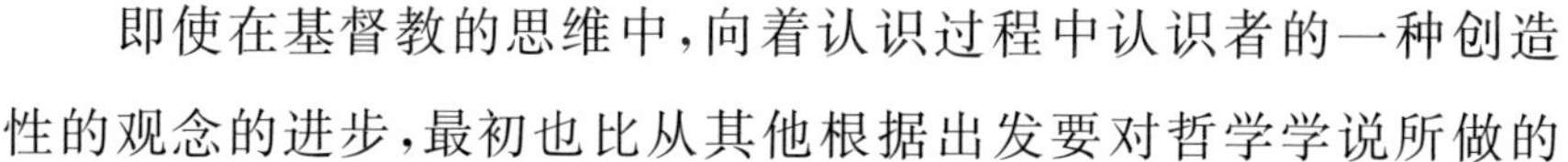

即使在基督教的思维中，向着认识过程中认识者的一种创造性的观念的进步，最初也比从其他根据出发要对哲学学说所做的

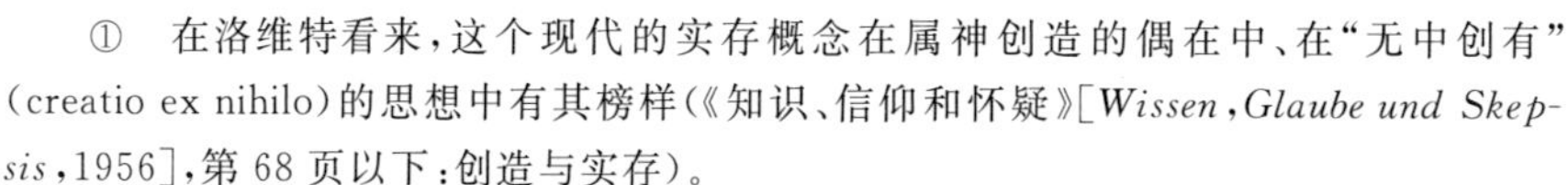

① 在洛维特看来，这个现代的实存概念在属神创造的偶在中、在“无中创有”(creatio ex nihilo)的思想中有其榜样(《知识、信仰和怀疑》[*Wissen, Glaube und Skepsis*, 1956]，第 68 页以下：创造与实存)。

② 参见作者的“接受的理性——对知识是接受预先给定的真理的古代解释”(Rezeptive Vernunft: Die antike Deutung der Erkenntnis als Hinnahme vorgegebener Wahrheit)，载纳格尔-多策卡尔(H Nagl-Docekal)编：《传统与任务》(*Überlieferung und Aufgabe*, Festschrift E. Heintel, 1982)，第一卷，第 265—301 页。

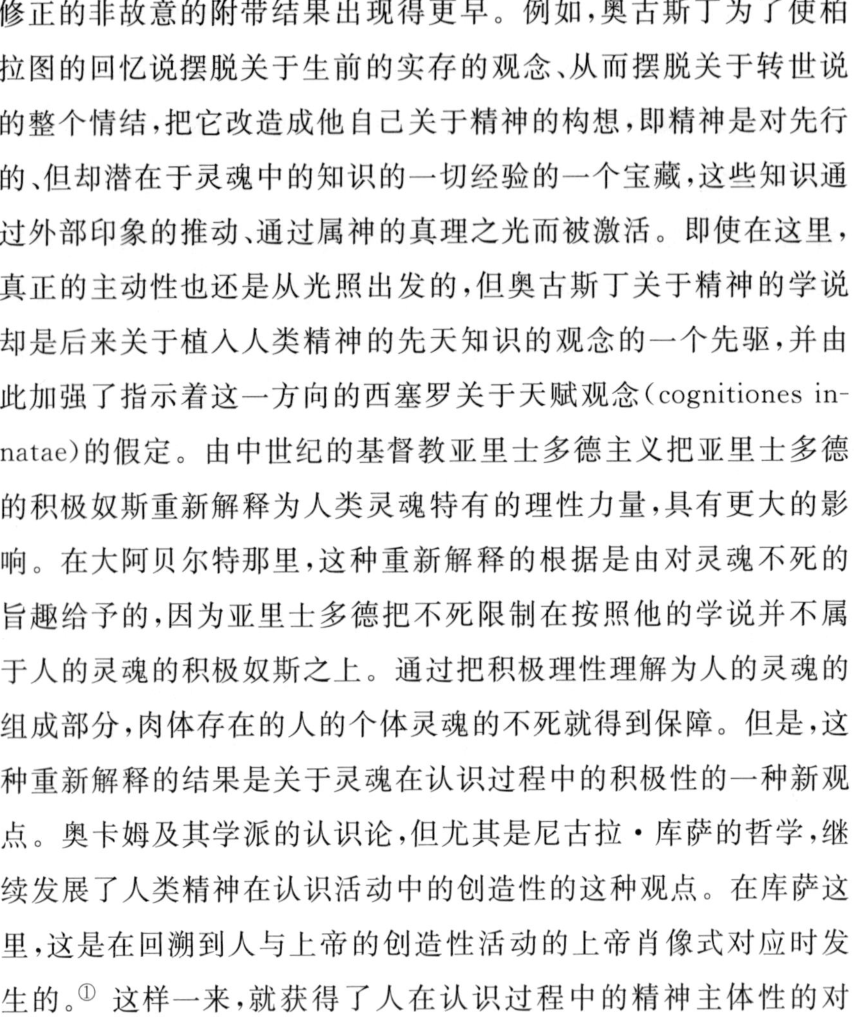

修正的非故意的附带结果出现得更早。例如，奥古斯丁为了使柏拉图的回忆说摆脱关于生前的实存的观念、从而摆脱关于转世说的整个情结，把它改造成他自己关于精神的构想，即精神是对先行的、但却潜在于灵魂中的知识的一切经验的一个宝藏，这些知识通过外部印象的推动、通过属神的真理之光而被激活。即使在这里，真正的主动性也还是从光照出发的，但奥古斯丁关于精神的学说却是后来关于植入人类精神的先天知识的观念的一个先驱，并由此加强了指示着这一方向的西塞罗关于天赋观念（cognitiones innatae）的假定。由中世纪的基督教亚里士多德主义把亚里士多德的积极奴斯重新解释为人类灵魂特有的理性力量，具有更大的影响。在大阿贝尔特那里，这种重新解释的根据是由对灵魂不死的旨趣给予的，因为亚里士多德把不死限制在按照他的学说并不属于人的灵魂的积极奴斯之上。通过把积极理性理解为人的灵魂的组成部分，肉体存在的人的个体灵魂的不死就得到保障。但是，这种重新解释的结果是关于灵魂在认识过程中的积极性的一种新观点。奥卡姆及其学派的认识论，但尤其是尼古拉·库萨的哲学，继续发展了人类精神在认识活动中的创造性的这种观点。在库萨这里，这是在回溯到人与上帝的创造性活动的上帝肖像式对应时发生的。[①] 这样一来，就获得了人在认识过程中的精神主体性的对



① 参见德·甘蒂拉克（De Gandillac）：《尼古拉·库萨》，第 145 页以下。库萨在他的著作《论绿宝石》（*De beryllo*，1458）中就是这样把属人理智称为"创造中的属神理智的类似物"（similitudo divini intellectus in creando；《尼古拉·库萨全集》[*Opera*]，第六卷，第 268 页），而且在《论精神》（*De mente*；《尼古拉·库萨全集》，第七卷，第 158 页）中以如下方式讨论了这种相似性，即人的精神仅仅创造思想，而不像上帝那样创造事物自身。

现代来说奠基性的观点。与事物预先被给予人的经验的真理在古代认识论中通过把认识解释为预先给定的真理的接受而得到保障的一致，如今通过人的精神恰恰在其创造性上与世界以及人的知识所指向的事物的属神起源的亲缘性而得到论证。当然，如果取消神学上的前提条件，那么，一种创造性的人类精神活动，作为对不依赖于人而存在的事物就其存在的特点而言的把握，如何还能够是符合现实的，就又成为谜一般的了。

## 三、把世界理解为历史

自狄尔泰以来，关于人类普世历史的思想一再被理解为基督教精神的产物，或者至少被理解为《圣经》精神（因而原初是犹太教精神）的产物。在狄尔泰看来，如他在亚历山大里亚的克莱门和在奥古斯丁那里发现的那样，这一思想的起源“在于基督教关于人类历史中不断进步的教育的一种内在联系的思想”。[①] 人们马上就可以看出，这一论题必须予以扩展。基督教历史思维的起源在于《旧约》的犹太教历史神学。[②] 即便是把历史思维从以色列的民族历史扩展到整个人类，在被掳之后的时期里，终末论的发展进程中的犹太教思维也先行于基督教的历史思维，后者奠基性地出现在

---

① 狄尔泰：《精神科学导论》(*Einleitung in die Geisteswissenschaften*，1883)，载《狄尔泰全集》，第二卷，第 90 页，参见第 98 页。

② 赖特(E. Wright)：《行动着的上帝》[*God Who Acts*，1952]（和拉德(G. von Rad)：《〈旧约〉神学》[*Theologie des Alten Testaments*，1957—1960]，第一卷）权威性地强调了属神行动的历史对于信仰理解的奠基性意义。

保罗于《罗马书》九章至十一章中关于上帝的拣选行动的阐述里面。但尽管要做出这种修正，狄尔泰关于人类普世历史的思想的基督教起源的论题直到二十世纪中叶以后还在起作用。在伊利亚德(Mircea Eliade)看来，犹太人是“领悟了历史作为上帝的显现的意义的第一批人”，与以宇宙的循环运动为取向的神话意识恰恰相反。[①] 洛维特(Karl Löwith)在他那富有影响的著作《世界历史与救赎历史》(*Weltgeschichte und Heilsgschehen*，1953)[②]中有类似的想法，尽管他对犹太教思维和基督教思维由于犹太人和基督徒“按照有意义和无意义来在整体上探究历史”而“提出”的“漫无边际的问题”做了怀疑的判断。[③] 与伊利亚德相似，洛维特把犹太教起源和基督教起源的历史思维判定为与以宇宙的循环运动为取向相对立的，按照他的观点，后者也还影响着希腊历史学家对历史的理解。[④] 与这种古代的历史观相反，基督教的历史观“原则上是指向未来的”[⑤]。“‘终末’(eschaton)赋予历史进程的不只是一个终点，它还通过一个确定的目标划分和完成了历史进程”，而通往那里的道路是由上帝规定的，上帝“通过把人类历史一开始就引向一



---

① 伊里亚德(M. Eliade)：《永恒复归的神话》(*Der Mythos der ewigen Wiederkehr*，1953)，第 152 页，参见第 161 页。

② 英文原著于年以《历史的意义》(*Meaning in History*)为题出版。德文版的副标题纲领性地说明了洛维特的论证引以为目标的论题：“历史哲学的神学前提”(Die theologischen Voraussetzungen)。

③ 洛维特：《世界历史与救赎历史》，第 13 页。

④ 同上书，第 16 页以下。“与古希腊人对时间的理解完全一致”，历史过程的进展被设想为“一个周期性的循环运动”，“在这种循环运动中，变化无常的命运的上升和下降是由罪孽(hybris)和报应(nemesis)之间的平衡来调节的”(第 16 页)。

⑤ 同上书，第 15 页。

个终极目标而赋予它一种统一性”。[1]

说唯有《圣经》的历史思维才使得把时间理解为一个直线式的和不可逆转地指向一种未来完成的过程，而基督教之前的古代——且不说犹太教——则仅仅在宇宙的循环运动的意义上来经历和思考时间，这种主张在近数十年里受到来自不同方面的批判。[2] 在这方面，人们有理由指出，历史思维并不是在以色列才出现，而且在以色列之外也不是停留在时间进程的循环观念的轨道上。例如，在古代希腊人和罗马人的历史写作中，绝对也有历史进步的观念。过于不加区分地把《圣经》的历史思维与《圣经》之外的历史思维对立起来，无论是在古代东方，还是在希腊罗马文化世界，都有理由通过这样的一些证明来矫正。不是断言对现实的一种历史理解作为以色列的上帝经验的结果有一个无中介的开端，人们将必须像沃格林(Eric Voegelin)那样来谈论向历史意识成长的一个漫长过程，谈论一种历史的产生。[3] 尽管如此，如伊利亚德所写的，犹太人最早领悟了“历史作为上帝的显现的意义”(参见本书第 138 页注①)，这还是正确的。对于犹太人来说，历史并不首

① 洛维特:《世界历史与救赎历史》,第 26 页。

② 例如其中就有坎齐克(Cancik):《通过“各时代的进步”为上帝辩护》,第 257—288 页。还请参见氏著:《神话的真理和历史学的真理——赫梯人的、〈圣经〉的和希腊人的历史编纂学文本诠释》(*Mythische und historische Wahrheit. Interpretationen zu Texten der hethitischen biblischen und griechischen Historiographie*,1970)。

③ 沃格林(E. Voegelin):《秩序与历史》(*Order and History*,1956—1987),第四卷,第 59—113 页。沃格林由此也矫正了他自己之前在 1956 年出版的该著第一卷中对古以色列的历史意识与其文化环境之间关系的描述。参见作者关于“历史性的生成”的阐述:《神学视角中的人类学》,第 478 页以下;此外还有作者的《系统神学》,第三卷,第 524 页以下。

先是人的行动的结果，而是属神的行动、“雅威所行诸事”[1]的完美化身。上帝的行动包含着和贯穿着他的受造物的行动，也包含着和贯穿着人的行动。人是上帝手中的工具，《圣经》的历史概念除了人的行动之外，也包含着人所遭遇的事情。因此，以色列对上帝的理解为这个民族开启了现实是历史的经验——在不断又新出现，但却从上帝出发构成了一个发生之联系的种种事件的一个序列中。这种经验与本章第一节中讨论的关于一切发生作为上帝的作为在事件中的表现都是偶在的观点紧密相关。但除此之外，还有属神的行动归根结底由上帝的拣选、由上帝的应许并在上帝对自己的应许的诚信中得到论证的那种联系的观点。以色列的历史经验也许与此前赫梯人的(hethitisch)历史意识一样，带有属神的拣选的思想的烙印。[2] 但在以色列，属神的拣选不仅与一个王朝的未来相关，而且与整个民族相关，并通过这个民族最终与整个人类相关。以色列的创世信仰成为整个人类都是属神的历史行动的对象，成为以色列在众多民族中被它的上帝拣选为其公正意志的见证人(赛 42:1;51:5—7)的思想的出发点。

就连基督教的历史意识，也是从对上帝的拣选行动的信仰发展出来的。在保罗看来，拣选亚伯拉罕超出了犹太民族，而以通过耶稣基督获得分享对上帝子民的应许的机会的各个民族世界为目标(加 3:15—29)。甚至封闭在自己众多的福音消息之中的以色



---

① 关于这一历史概念(书 24:31 等)，参见作者的《系统神学》，第一卷，第 252—253 页。

② 参见作者的《系统神学》，第三卷，第 526 页，涉及坎齐克:《神话的真理与历史学的真理》。

列，这位使徒也视之为上帝以囊括外邦人为目标的历史计划的手段（罗 11:11—12:25）。保罗谈到在耶稣的复活中出现的“第二个人”，所有人都应当具有他的“形象”，如同过去按照“头一个人”亚当的形象被塑造一样（林前 15:47—49），他为了“众人”与上帝的和解而献出自己的生命（罗 5:18；参见罗 5:10），这除此之外还使人在一种人类历史的视角中展开上帝在耶稣基督里面的和解行动。[①] 这样，伊里奈乌在把保罗关于耶稣基督是上帝的肖像的说法（林后 4:4）解释为在他里面实现了“按照”属神的肖像创造的人的规定时，就已经把人类历史理解为一种根据在基督里面开始的完成来安排的历史了。[②] 就连在保罗那里（加 4:1—4）已经暗示的对人类的一种根据基督进行的属神教育的思想，也由伊里奈乌继续发展。[③] 狄尔泰把对人类的一种属神教育的思想视为一种人类普世历史理念的起源，并把它回溯到亚历山大里亚的克莱门和奥古斯丁的历史神学（参见本书第 137 页注①），因此，这种思想也在基督教思维中有更古老的根源。

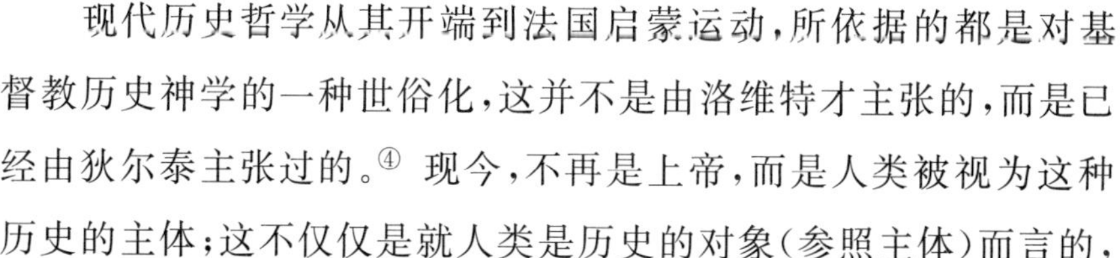

现代历史哲学从其开端到法国启蒙运动，所依据的都是对基督教历史神学的一种世俗化，这并不是由洛维特才主张的，而是已经由狄尔泰主张过的。[④] 现今，不再是上帝，而是人类被视为这种历史的主体；这不仅仅是就人类是历史的对象（参照主体）而言的，

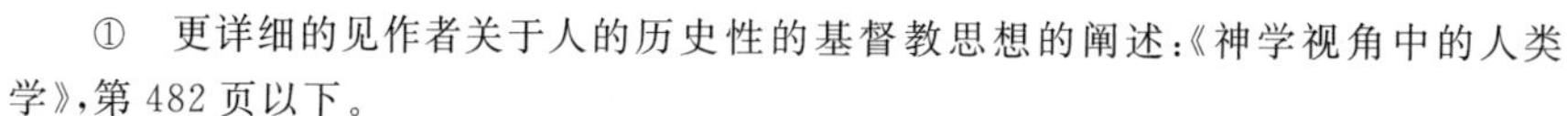

① 更详细的见作者关于人的历史性的基督教思想的阐述：《神学视角中的人类学》，第 482 页以下。

② 伊里奈乌：《反异端论》，第二卷，第 16 章，第 2 节。

③ 同上书，第四卷，第 11 章. 第 1—2 节以及第四卷，第 28 章，第 1—4 节。

④ 狄尔泰：《精神科学导论》，第 99 页。

而且也是作为通过历史实现自己的行动的主体。[①]

无论事情如何涉及上帝观念和关于属神的行动是历史的统一性的根据的观念的可取代性，至少可以确定的是，一种人类普世历史的主题是通过基督教介绍给哲学思维，但也介绍给历史编纂的，是基督教信仰所开启的对世界和人的现实性的新观点的一个结果。如同对从这一新观点产生的其他主题一样，这也适用于一种囊括整个人类的历史的思想，即它的自明性即使在其基督教起源已经被遗忘了的地方也还在继续起作用。

## 四、对无限者的积极评价

在亚里士多德看来，无限者在未被规定的意义上是质料的一种属性(《物理学》，207b35)。无限者并不像萨摩斯的麦里梭(Melissos aus Samos)所认为的那样是包囊一切的整体(因而是属神的事物)，而是使数量得以完成的质料，因而就可能性而言、但并不现实地是整体(207a21—22)。与此相似，尽管柏拉图尚未使用"质料"这个术语，但他却已经把向着存在者的生成归于为未被规定者

① 这种观点表现在科泽勒克(R. Koselleck)所描述的"集体单数的"历史的出现中："历史是生活之师"(Historia Magistra Vitae)，载《自然与历史》(*Natur und Geschichte*, Festschrift K. Löwith, 1967)，第203页以下。在这里，新颖的并不是单数历史的说法：这已经出现在奥古斯丁那里(《论基督教教义》[*De doctrina christina*]，第二卷，第28章，第44节)。关于在介绍的主体和行动的主体之间的区分，请参见作者在《神学视角中的人类学》中的阐述，第493页以下；以及与哈贝马斯的争论："历史的统一性要求有一个主体吗？"(Erfordert die Einheit der Geschichte ein Subjekt?)，载科泽勒克与施滕佩尔(R. Koselleck & W.-D. Stempel)《历史——事件与叙述》(*Geschichte: Ereignis und Erzählung*, Poetik und Hermeneutik V, 1973)，第478—490页。

设置一个界限的尺度(《斐莱布篇》,26d9—10)。无限者就是在与作为界限把较多与较少区分开来的确定尺度的统一的关系中较多与较少未被确定的二元性(24b5)。但是,柏拉图把设定尺度以及由此产生存在者归于理性,他称理性为天和地的国王(28c7—8)。实际上,与此相应的是在柏拉图的《蒂迈欧篇》中对德穆革作为世界构造者的活动的描述。但作为限定性的原则,神祇也就其自身而言与无限者相反,是以确定性和界限为标志的。

前苏格拉底哲学家在这方面是另一种思路。例如,阿那克西曼德(Anaximander)在一切事物由以产生[①]并为了给其他对象让出位置而又化归于其中的无穷无尽的储备的意义上把宇宙的本原称为无界限的和未被规定的(残篇 1)。阿那克萨哥拉也把属神的奴斯设想为一种"未被界限规定者"(残篇 12),尽管奴斯已经在这位哲学家那里作为排列的原则与漫无边际地多种多样的质料对立起来。与此相反,属神起源的被规定性、因而有界限性回溯到巴曼尼德斯,他把存在称为"周围界定了的"(巴曼尼德斯残篇 8,31—33)。对后世来说,属神的奴斯在柏拉图的意义上被视为在自己本身中被规定的,而且对自身而言也只是因为如亚里士多德所教导(《后分析篇》[*Analytica posteriora*],72b10)那样认识不能以无界限者来完成而才是可认识的。因此,为了属神的自我认识,就连奥利金也主张上帝及其力量有界限。[②]

只是在尼萨的格列高利那里,才与上帝观念相关出现了对无

① 耶格尔:《早期希腊思想家的神学》,第 35 页。

② 奥利金(Origenes):《论首要原理》,第二卷,第 9 章,第 1 节。

限者的一种基础上的重新评价。[①] 这种重新评价在多大程度上已经由亚历山大里亚的斐洛和由普罗提诺开辟道路，是还有争议的。[②] 但无论如何，通过尼萨的格列高利，属神存在者的无限性的论题成为（基督教的）上帝学说的奠基性陈述。属神存在者的无限性说明，我们人类的认识不能完成对上帝的认识，上帝的本质对我们来说依然是不可理解的。格列高利提出这一点，首先是反对阿里乌主义的（arianisch）论证，即上帝作为第一因本身是无原因的，而圣子则是由圣父所生的——因而是由原因引起的，所以不能是在完全的意义上与上帝同样属神的存在者。但上帝的无限性不仅说明了他的本质的不可理解性，而且从现在起也标示着他的无限制的完美性[③]和唯一性。不可能存在多于一位的现实的无限者，因为任何复数的各个成员都是彼此限制的。

在近代早期，无限性的思想从上帝转移到世界，[④]而且通过康托尔（Gregor Cantor）的集合论，现实无限者或者超限数的概念被引入数学。[⑤] 但另一方面，上帝是唯一现实的无限者的思想自笛



---

① 详细的参见米伦贝格（Mühlenberg）：《尼萨的格列高利论上帝的无限性》，特别是第 118 页以下。

② 参见亨内西（J. E. Hennessy）：《尼萨的格列高利那里的属神无限性的背景、来源和意义》（*The Background, Sources, and Meaning of Divine Infinity in St. Gregory of Nyssa*, Diss, Fordham, 1963）。

③ 奥古斯丁：《上帝之城》，第十二卷，第 17—18 章。

④ 关于此，以及关于现代物理学脱离这一论题，请参见魏策克（C. F. von Weizsäcker）：《世界的无限性》（Die Unendlichkeit der Welt），载氏著：《物理学的世界观》（Zum Weltbild der Physik, 6. Aufl., 1954），第 18—157 页。奠基性的是柯瓦雷（A. Koyré）：《从封闭的世界到无限的宇宙》（*Von der geschlossenen Weit zun unendlichen Universum*, 1957, 1969）。

⑤ 参见作者的《系统神学》，第二卷，第 179—180 页。

卡尔(René Descartes)重建哲理神学以来依然是哲学讨论的对象,特别是通过黑格尔把该思想澄清为真无限者的概念;这个真无限者必须被设想为无对立的、因而也被设想为超越它自己与有限者的对立的。

## 五、基督教道成肉身信仰的影响

奥古斯丁在他关于柏拉图主义哲学家接近基督教学说的说明中仅仅做了一个限制,即他们还不知道上帝的道成肉身(《上帝之城》,第十卷,第29章)。这自然也非常适用于基督教之前古代哲学的所有其他形式。在基督教的中世纪,道成肉身又属于作为基督教的超自然启示学说保留给神学,因而不能是哲学主题的那些主题。即使在近代早期,情况也是如此,尽管是以不同的标志出现的:哲学理性从宗教传统的权威解放出来。只是当十八世纪基督教本身成为哲学反思和诠释的对象时,事情的状况才有所改变;而尤其是在黑格尔的宗教哲学中,基督教的基本概念,如"启示"、"道成肉身"、"和解",也成为哲学的主题。

在黑格尔那里,道成肉身的或者化身为人的思想获得了一种系统的功能,因为上帝化身为人使得作为真无限者的上帝的理念显示在实在中:上帝不仅仅在自己本身中、在其与一切有限者的对立中是无限的,而且他唯有通过不被有限者的领域所限制,毋宁说也临在于有限者的领域才是真正无限的。上帝在一个人里面、从而也在人类本身里面道成肉身说明,真无限者的思想不仅仅是一个逻辑的理念。反过来说,基督教的道成肉身信仰构成了哲学关于真无限者的思想的宗教基础，后者只是用概念表达了包含在基督教的道成肉身信仰中的真理罢了。

道成肉身的思想已经包含着上帝与世界和解的思想，和解说作为对基督之死的诠释更为精确地阐明了这一思想。现在，事情不仅仅涉及黑格尔如此设想这一联系，而是涉及和解作为哲学主题通过他的思维进入视野的方式，而且最初不是人们之间的和解，而是人与绝对者的和解，这种和解构成了人们相互之间真正和解的基础。黑格尔有理由把人们与绝对者的不和解以及由此产生的世界之分裂描述为恰恰是现代的、经过启蒙的时代的标志。这种诊断也从其他方面得到证实，例如通过霍克海默（Max Horkheimer）和阿多尔诺（Theodor. W. Adorno）对《启蒙的辩证法》（*Dialektikder Aufklärung*，1944）的描述。如果这一诊断是对的，那么，在现代文化世界的实在中就存在着一种客观的和解需求，无论这种需求是否被人在主观上当作这种需求感知到。它的根据就在于从对有限者的绝对设定中产生的冲突——既是被绝对化的有限级次之间的冲突，也是（恰恰是）与绝对者本身的关系中的冲突。其中得到说明的对构成基督宗教之内容的和解的需求，按照黑格尔的时代分析具体地表现为“哲学的需求”，[①]亦即对以理性普遍性为中介来克服那种分裂和冲突的哲学的需求。后世走上了与黑格尔所指点不同的道路。但是，由他分析过的分裂状况却一再以

① 例如黑格尔：《费希特哲学体系与谢林哲学体系的差异》（*Differenz des Fichte'schen und Schelling'schen Systems der Philosophie*，1801，Philosophische Bibliothek 62a），第12—13页。此后，关于宗教哲学的讲演明确地把“宗教哲学的需求[以及]一般哲学的必要性”与和解的主题联系起来（《宗教的概念》，第22—23页）。

新的形态表现为现代的、从其宗教血统解放出来的文化世界的基本状况。

没有和解，就没有真正的自由。自己把自己设定为绝对的有限者的自由并不是真正的自由，因为它在自己的所有形式中都注定要失败，注定要失败于对有限者的这样一种绝对化所产生的冲突。这也是黑格尔对政治自由主义自由观的严酷的、但却绝不过时的批判。如此理解的自由的失败只不过在意识形态上被掩盖着罢了。真正的自由所依据的是与绝对者的和解，它使人能够承认自己的有限性，并肯定这种有限性的结果，而不是在对自己的有限存在的绝对性及其从自己的任性出发指向自我实现的追求的妄想中来抗拒这种有限性。

真正的自由出自与上帝的和解，这绝不仅仅是黑格尔的一个思想，尤其不仅仅是他的世界历史哲学中的一个思想；据后者，必须在这种意义上来理解的人之为人的自由是基督教的结果，并构成了基督教的世界历史意义。它是福音本身的思想："儿子若叫你们自由，你们就真自由了"（约 8:36）。"主的灵在哪里，哪里就得以自由"（林后 3:17）。基督教神学把这种自由思想与选择自由的思想联系起来，它把后者理解为自由最初的、但尚未固定的形式：在一个人还能够决定对抗真正的善——这善也是对他来说的善——的地方，他就还不是真正自由的。意志做出的选择本身就可以是不自由的表现。唯有与善相统一的意志才是真正自由的。与这种观点相应的，还有路德关于基督徒的自由的学说，这种自由是在基督里面，亦即在信仰与基督、并通过基督与上帝的结合中建立的。这样的信仰使人对一切仅仅属人的权威都是自由的，但同时也自由地在其属神的规定的光照下为邻人服务。黑格尔有理由把宗教改革关于基督教自由的这种学说视为现代自由理念的起源和根据。即便是人们发现,在现代的发展中对个人的自由的自然法论证出现在宗教改革关于信仰中开启的自由的思想之前,这也依然是正确的:现代直到今天还与自由思想相结合的激情,一直还靠它的宗教起源存活。这是仅仅从自然法的自由理念出发根本无法理解的。后者把现代的自由思想的基督教起源挤入后台,这属于现代文化意识取代基督教的过程。这个以基督教的一种世俗化的名义来讨论的过程将在下一章做深入的探讨,因为对它的理解属于对哲学和神学之间的关系在现时代的发展做出恰当的判断的前提条件。自由的主题构成一个实例,说明尽管现代文化的公共意识取代了其基督教根源,却还像自由思想的激情所证明的那样,始终还有与这些根源的一种关系。

# 第六章　近代文化从基督教解放

一些人把尼古拉·库萨(Nikolaus von Kues,逝于1464年)视为第一个近代思想家,而另一些人则把整整晚一个世纪的布鲁诺(Giordano Bruno)视为第一个近代思想家。无论如何,"近代"(Neuzeit)的概念回溯到十五世纪。早在1435年左右,帕尔米利(Matteo Palmieri,逝于1475年)就写到一个随着乔托(Giotto di Bondone)、但丁(Dante Alighieri)、彼特拉克(Francesco Petrarca)和布鲁尼(Leonaido Bruni)开始的"新时代"(neues Zeitalter)。布鲁尼本人(逝于1444年)创造了衬托出这个新时代的"中世纪"这个概念。他把中世纪规定为古代由于蛮族入侵罗马世界而终结、以阿拉里克(Alarich)在410年洗劫罗马的事件为标志的时期。[①]近代又首先是作为古代的复苏、作为其"再生"出现的。在西方,这样向古代典范榜样的回溯当然在十五世纪之前就存在了,而且是一波又一波的:人们谈论过加罗林王朝的(karolingisch)文艺复兴,谈论过十二世纪的文艺复兴。十四世纪和十五世纪的文艺复兴首先仅仅构成了向艺术和哲学中的古代源泉的这样一种转向的

① 证据见海(D. Hay):《文艺复兴时期的意大利历史》(*Geschichte Italiens in der Renaissance*,1961、1962),第18页以下。

一个进一步的波浪，并且由拜占庭帝国随着君士坦丁堡（Konstantinopel）1453年被占领而终结在基督教西方的学者中所引起的震动、由与拜占庭学者和流亡者在这一事件前后所发生的接触而加强。以“古人”为取向，直到晚得多才失去了它对自己的文化的权威意义。这方面的标志就是在十七世纪末的法国的“古今之争”（Querelle des anciens et des modernes）。[①] 随着法国领袖群伦的现代作家在各个重要的方面都比他们的古代榜样优秀这一论题得到贯彻，对于普遍的意识来说，出现了自然科学、哲学和艺术的发展中在这个世纪期间得以完成的东西：转向某种全新的东西、超越古代的榜样。“近代”的概念由此才获得了其完全的声誉。

古代在十五世纪的文艺复兴中的恢复绝不已经意味与基督教的决裂。对文艺复兴的这种由布克哈特（Jacob Burckhard）确立、特别是由尼采鼓吹的解释，以充足的理由受到驳斥。[②] 基督教本身吸取了古代的遗产，并把它转交给北欧皈依基督教的各个民族。因此，返回到古代并恢复古代——从哲学和各门艺术直到教父们——可以在基督教内部来完成。在佛罗伦萨（Florenz），伯鲁涅列斯基（Filippo Brunelleschi）的建筑所恢复的并不是希腊或者罗马神庙建筑的古典形式，而是早期基督教的大教堂风格，类似的东西既适用于从皮萨诺世家（Pisani）出发的对雕刻艺术的恢复，也适用于佛罗伦萨学园对柏拉图主义的恢复。

对于现代文化脱离基督教来说，更大得多的意义可以归于十



---

① 参见阿扎尔（P. Hazard）：《欧洲精神的危机》（*Die Krise des europäischen Geistes*，1939），第56页以下。

② 例如海：《文艺复兴时期的意大利历史》，第112页。

七世纪，[①]尽管即使在这里，最初发生的也不是与一般基督教的疏远，而仅仅是与各个教派的学说对立拉开距离，在这些对立中，每一方面都同样在援引超自然启示的权威。这个时代对于现代社会和文化的产生来说的划时代意义，狄尔泰已经在他关于十七世纪发生的政治哲学、法律、伦理学和自然宗教在人类本性的概念上的重建的探讨中予以强调，而且他还已经在这个时代所造成的宗教分裂和教派战争的经验中认识到这种重建的理由。[②]

就连人们能够分别并且综合地称之为世俗化的那些过程，也必须在这样一些经验的背景上来理解。国家和法律在人的本性之上的重建本身已经是这样一个世俗化过程了。例如，国家法学家施密特(Carl Schmitt)可以提出如下的主张："现代国家学说的一切确切的概念都是世俗化了的神学概念。"[③]在主权概念这里，人们事实上可以认识到关于教宗权力的学说与政治上的专制主义的起源之间的联系，[④]但另一方面也可以认识到以宗教改革关于信仰者人人皆祭司的学说，以及新教教会组织的独特性与现代民主宪法理念的开端之间的联系。例如，弥尔顿(John Milton)为克伦威尔(Cromwell)时代的政治自由和民族自治的开端而援引《圣

① 参见拉布(Th. K. Rabb)《欧洲现代早期稳定性的努力》[*The Struggle for Stability in Early Modern Europe*，1975]汇编并讨论的对十七世纪欧洲历史较新研究的结果。

② 狄尔泰：《十七世纪精神科学的自然体系》，第 90 页以下，特别是第 93 页以下。

③ 施密特(C. Schmitt)：《政治神学——主权学说四篇》(*Politische Theologie Vier Kapitel zur Lehre von der Souveränität*，1922，2. Aufl.，1934)，第 49 页。

④ 参见科斯罗夫斯基(P. Koslowski)：《社会与国家——一种不可避免的二元论》(*Gesellschaft und Staat：Ein unvermeidlicher Dualismus*，1982)，第 131 页以下；以及夸里奇(H. Quartisch)：《国家与主权》(*Staat und Souveränität*，1970)，第 6 页以下。

经》在摩西时代圣灵降临七十个长老的故事(民 11:29):在他那个时代的英格兰,不是仅仅七十个长老,而是民族的所有成员,都被先知的灵所充满,这灵使他们有能力自治。① 在这里,神权与民主的联结通过圣灵论、因而通过关于在基督徒的心中居于统治地位的上帝之灵的观念,找到了确切的表述。在后世,上帝通过他的灵直接进行统治的思想退居到后台,只剩下人民主权的思想取代了神权。毫无疑问,这是世俗化的一个实例。

对于世俗化进程来说,韦伯(Max Weber)通过他对加尔文主义伦理学对于现代资本主义的开端的意义的阐述举出了最著名的实例之一。在韦伯看来,加尔文主义的预定说以及在其中确立的对通过个人在道德生活中、特别是在职业生活中的表现来确证被拣选的旨趣,造就了对于资本主义经济的发展来说必不可少的、禁欲主义的和理性安排的生活方式。② 然而,在时代的发展中,经济生活的理性组织原则独立了,而宗教改革的职业伦理的宗教根源却衰死了。当然,韦伯在其中发现了资本主义发展的独特规律性和由它施加给个人的强制的一种结果,却没有进一步深入到这一发展的政治条件和文化条件。如果是这样做了的话,人们也就在这里遇到以宗教战争及其结束为条件的十七世纪的根本变革。

除了韦伯的资本主义论题之外,对一个世俗化进程的主张进

---

① 弥尔顿(J. Milton):《亚略巴古》(*Areopagitica*,1644),载氏著:《散文集》(*Selected Prose*,ed. C. A. Patrides,Penguin Books,1947),第 238 页,参见第 236—237 页。

② 韦伯:《新教伦理与资本主义精神》(*Die protestantische Ethik und der Geist des Kapitalismus*,1905),载氏著:《新教伦理》(*Die proteatantische Ethik*,hg. J. Winckelmann,1969),第 27—177 页,特别是第 118 页以下,第 128—129、131—140 页。

行的最独特的论证是由洛维特1949年在其著作《历史的意义》(*Meaning in History*)中提出的。[①] 在这里，洛维特展开了狄尔泰已经看到了的事实，即杜尔哥(A. R. J. Turgot)的普世历史计划想用对历史进程的一种纯理性的描述来取代波舒哀(Jacques Bénigne Bossuet)对普世历史的神学阐述，对此狄尔泰就已经说过，杜尔哥由此“把历史哲学世俗化了”。[②] 洛维特不仅把杜尔哥的纲领纳入法国历史哲学经伏尔泰(Voltaire)到孔多塞(Marquis de Condorcet)和孔德的发展，而且把它的根源经过波舒哀一直回溯到奥古斯丁。这样一来，他就为自己的著作的论题获得了基础，即现代的、由杜尔哥和伏尔泰开始的、在黑格尔那里达到顶峰的历史哲学用人类在其历史发展的过程中一种进步的思想取代了关于一种调控历史进程的属神预旨的观念。在这里，人或者人类取代了上帝成为历史的主体。然而，进步信仰的信心一直还缅怀着基督教“对创世和未来完成的信仰，尽管这种创世和未来完成被视为无关紧要的神话”。[③]

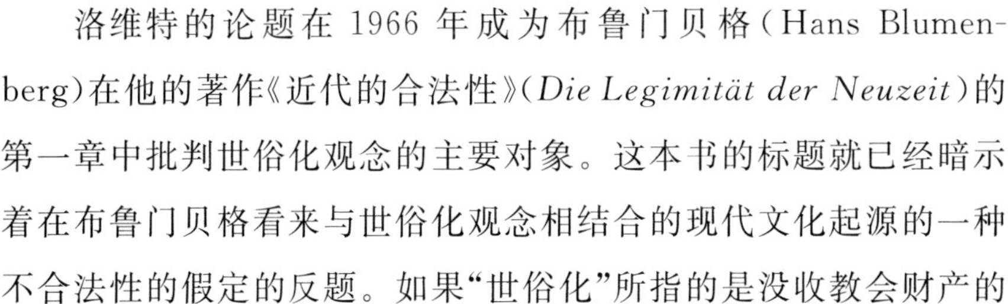

洛维特的论题在1966年成为布鲁门贝格(Hans Blumenberg)在他的著作《近代的合法性》(*Die Legimität der Neuzeit*)的第一章中批判世俗化观念的主要对象。这本书的标题就已经暗示着在布鲁门贝格看来与世俗化观念相结合的现代文化起源的一种不合法性的假定的反题。如果“世俗化”所指的是没收教会财产的

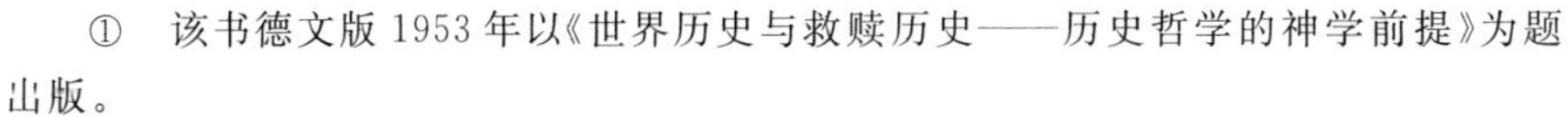

① 该书德文版1953年以《世界历史与救赎历史——历史哲学的神学前提》为题出版。

② 狄尔泰:《精神科学导论》,第99页。

③ 洛维特:《世界历史与救赎历史》,第183—184页。

法律概念，那么，把这种观念转用到诸如近代的起源这样的文化史过程上就表明，这涉及一个真正说来不应当存在的过程，[①]因为在这种情况下，近代的种种理念的实质内容就要归功于基督教的主题和内容，尽管它在对自己的理解中离开了这些起源，断言是站在自己的基础之上。在布鲁门贝格看来，世俗化论题的结论包含着对“债务承认和债务清偿的追问，甚至要求”。然而，布鲁门贝格所指的是，在现代历史哲学的实例中，既没有所谓被没收的财产可辨认——因为毋宁说，终末论（作为基督教历史思维的起源）和进步信仰是不可通约的——，也不能为基督教来维护原初占有历史主题的合法性，因为毋宁说，《新约》的临近期待说明了一种绝对的“对历史的观念和解释的冷漠”。[②] 但是，由于现代的进步理念没有继承基督教的终末论，而是在后者对人们来说失去其可信性之后取代了它，就已经谈不上对这样的原初占有的“剥夺的片面性”了。[③]



布鲁门贝格反对洛维特的论证在很大程度上所依据的是一种当时流行的、但在此期间已经变得过时的前提条件，亦即其所依据的是历史与终末论之间的一种基本的对立的假设。因此，就连洛维特也已经把基督教的历史神学理解为终末论的临近期待逐渐淡漠的结果。历史神学与终末论之间的一种对立的假设可以追溯到宗教历史上后者起源自波斯二元论的假说。今天，毋宁说事实是，终末论期待在基督教之前的犹太教中的出现必须从犹太教历史神

---

① 布鲁门贝格（H. Blumenberg）：《近代的合法性》（*Die Legitimität der Neuzeit*, 1966），第 73 页。

② 同上书，29 第。

③ 同上书，第 35—36 页；引文见第 33 页。

学及其在巴比伦流亡之后的发展的联系出发来理解。由于原始基督教对终末在耶稣的位格中的预演性出现的经验,这种期待在此情况下虽然得到修正,但却以由此改变了的形态而为基督教的救赎史神学所继续发展。在这样的视角下,洛维特关于现代历史哲学起源自基督教历史神学的论题就更不易反驳了。在这种情况下,布鲁门贝格的批判性论证就只剩下如下论题了,即预旨思想和进步理念是异质的。但是,这在实际上却根本不是对洛维特的抗辩。洛维特在自己对布鲁门贝格的答复中就可以指出,他从来没有主张进步理念是神学思想的一个“变种”(Metamorphose)。[1] 然而,洛维特有理由坚持如下论题,即基督教的终末论和救赎史开启了一种未来取向的视域,它在启蒙运动中被规定成另外一种内容,亦即为在布鲁门贝格看来从科学进步的经验中产生的普遍进步理念所规定。[2] 洛维特一如既往地把这看作是给出了一种“世俗化”的事实。[3] 此外,特洛尔奇也已经断言过这一点,而且是考虑到“一个普世的、必须由整个人类来达到的终极目标”,这个目标通过其在历史哲学的进步信仰中的“世俗化”而“从奇迹和超越性的领域被置入自然解释和内在性的领域”。[4]

① 洛维特在与伽达默尔合作撰写的关于布鲁门贝格著作的双人书评中就是这样说的(载《哲学评论》[*Die philosophische Rundschau*,15(1968)],第195—209页,见第198页)。关于“变种”这个关键词,参见布鲁门贝格:《近代的合法性》,第18页;关于他要求一个“贯彻始终的实体”,还请参见洛维特的上述书评,第196—197页。

② 布鲁门贝格:《近代的合法性》,第24页。

③ K. 洛维特的上述书评,第198—199页。

④ 特洛尔奇:《历史主义及其问题》(*Der Historismus und seine Probleme*),载《特洛尔奇全集》(*Gesammelte Schriften*,1912—1925),第三卷,第57页。

与洛维特不同，也与韦伯不同，布鲁门贝格不仅仅把世俗化论题与个别的观念群——如新教的职业伦理或者历史哲学——联系起来，而且与一般而言作为历史时期的近代同先行于它的基督教中世纪的关系问题联系起来。[①] 在布鲁门贝格所引证的作者们中间，对世俗化论题的这样一种普遍化最早出现在魏茨泽克(Carl Friedrich von Weizsäcker)那里。魏茨泽克实际上主张，“现代世界”可以“在很大程度上被理解为基督教的一种世俗化的结果”。[②] 对于这种主张，魏茨泽克给出了两个实例：其一是“严格的和普遍有效的自然规律”的假设对基督教创世信仰的前提条件的依赖性，[③]其二是一个现实无限者的观念从关于上帝的学说转用到关于世界的概念。[④] 然而，“现代世界”可以理解为“基督教的一种世俗化的结果”，这一论题远远超出了这样一些具体实例。魏茨泽克可能是从戈加滕(Friedrich Gogarten)那里接受了那一论题，后者

① 布鲁门贝格：《近代的合法性》，第50页。

② 魏茨泽克(C. F. v. Weizsäcker)：《科学的影响第一卷：创世与世界的产生——两个概念的历史》(*Die Tragweite der Wissenschaft I：Schöpfung und Weltentstehung：Die Geschichte zweier Begriffe*，1964)，第178页；转引自布鲁门贝格：《近代的合法性》，第21页。

③ 魏茨泽克：《科学的影响》，第一卷，第179页，参见第110—111页。

④ 同上书，第180页。参见氏著：“世界的无限性——自然科学中象征性符号的研究”(Die Unednlichkeit der Welt：Eine Studie über das Symbolische in der Naturwissenschaft)，载《物理学的世界观》(*Zum Weltbild der Physik*，1943；6. Aufl.，1954)，第118—157页：这里已经说到，对于近代世俗化了的人来说，世界成为“上帝的替代品”，(第153页)。布鲁门贝格的抗辩，即“无限性”的思想还缺少“真正神学的东西的标志”(布鲁门贝格：《近代的合法性》，第52页)，并没有考虑到这里在上一章讨论过的尼萨的格列高利对无限者概念的重新评价和改造及其对自此以后的基督教上帝学说的历史的奠基性意义。

实际上谈到过现代是“一个世俗化了的世界”[①]——这当然是在基督教信仰本身以通过对唯一的超越性上帝的信仰而将世界非神圣化的方式而对世界之理解，以及在一种自由地相对于世界的意义上对人的自我理解的一种应予积极评价的影响的意义上。[②]

针对把从中世纪到近代的时代转折描述为基督教的世俗化，布鲁门贝格通过其如下论题来捍卫近代的“合法性”和“理念财产”，即人由于中世纪晚期神学的“神学上的专制主义”而如此被逼入困境，以至于他被迫为了一种人道的自我维护的行为而反对基督教的上帝。在奥卡姆主义关于上帝绝对权力的学说中对全权思想的提高与通过预定说赋予上帝的对个人的永恒救赎或者不救赎的任意支配相结合，剥夺了人在世界联系中的任何可以合理地予以肯定的安排，以致人只剩下起而反对这个上帝的选择。[③]

布鲁门贝格的这一论题经不起历史的检验。[④] 奥古斯丁的一种绝对预定的思想把关于个别的人被拣选还是被遗弃的对于人来说隐秘的属神决定仅仅归于除其自身之外不以任何东西为条件的属神意志，比中世纪晚期关于这一主题所提出的一切都“更加专制主义”得多。中世纪的预定说与奥古斯丁相反，使属神的决定依赖



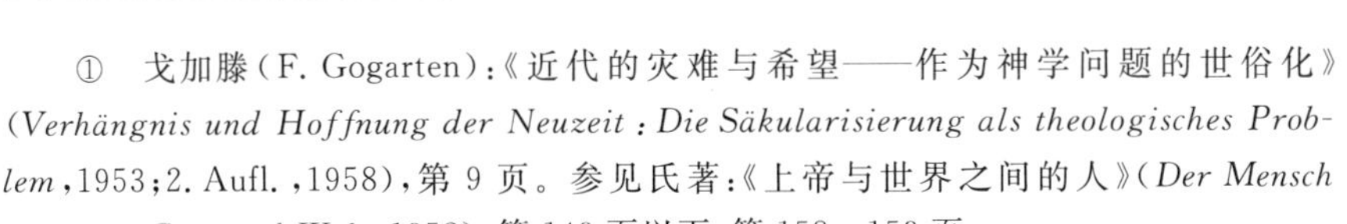

① 戈加滕(F. Gogarten)：《近代的灾难与希望——作为神学问题的世俗化》(*Verhängnis und Hoffnung der Neuzeit: Die Säkularisierung als theologisches Problem*, 1953; 2. Aufl., 1958)，第 9 页。参见氏著：《上帝与世界之间的人》(*Der Mensch zwischen Gott und Welt*, 1952)，第 149 页以下，第 158—159 页。

② 戈加滕：《近代的灾难与希望》，第 103 页。

③ 布鲁门贝格：《近代的合法性》，第 132 页以下，第 165 页。

④ 我在 1986 年就已经在对布鲁门贝格的著作的一篇书评中提出过对此的疑虑。现在，这篇书评可以在我的《上帝观念和人的自由》(*Gottesgedanke und menschlicher Freiheit*, 1972; 2. Aufl., 1978，第 114—128 页)中读到。

于上帝对人的行为的先知，至少是就被排除在救赎之外的人而言。这也适用于司各脱，布鲁门贝格曾违背他的学说的清晰词句而把“蒙冤被遗弃者”的存在的观念归之于他。[①] 关于上帝的绝对权力的学说仅仅构成了由上帝实际上决定的救赎秩序（potentia ordinata）的恩典性质的背景。奥古斯丁的预定说的严格性只是被诸如里米尼的格列高利这样的配角以及后来被加尔文所恢复。在中世纪晚期，神学上的唯意志论离布鲁门贝格强加给它的反人道倾向还有很远。对于像司各脱和奥卡姆这样的神学家来说，相对于受阿拉伯启发的阿威罗伊主义（Averroismus）的决定论的世界观，事情不仅在于维护上帝的自由，而且也在于维护人的自由。除此之外，布鲁门贝格完全忽视了基督教的道成肉身信仰及其对于在人的自由的一种——如黑格尔有理由判定的那样——无限的证实的意义上人的自我理解的影响。关于上帝化身为人的核心的基督教救赎学说即使在中世纪晚期的神学中也保持着这种意义，以致人们无法看出，为什么人在自己的存在权利和自己的自由中被基督教神学如此挤迫，使得他针对基督教的上帝只剩下一种人道自保的自由冲动。

即便是近代早期从十六世纪直到十八世纪初的文献，也在抗拒布鲁门贝格的论题。在伏尔泰之前，几乎没有一位时代的重要思想家如此起而反对基督教的上帝观念。甚至伏尔泰也宁可说是反对教权主义和反对反理性，而不是反对福音的上帝，而且他至死



① 布鲁门贝格：《近代的合法性》，第 140 页。参见我在上注中提到的书评，第 123—124 页，那里曾提到我关于司各脱的预定说的博士论文（1954）。

也与自己的教会和平相处。斯宾诺莎的态度是保持距离，但从笛卡尔到洛克(John Locke)和莱布尼茨(Gottfried Wilhelm Leibniz)，领袖群伦的思想家中的许多人都起劲地致力于诠释基督教的上帝信仰，使它能够与变化着的世界观相统一。只是在十八世纪随后的进程中，在与基督教的关系方面的文化氛围才发生了变化。

十八世纪的人的形象不是从布鲁门贝格开始才被理解为人对基督教的上帝的一种独立化的表现。十九世纪基督教的觉醒神学对启蒙运动的理性主义的批判和在二十世纪巴特在他对近代神学史的描述[①]中的类似论证，发展出对这一主题的完全类似的理解——当然，这是只适用于十八世纪，而不适用于十七世纪。尽管评价相互对立，巴特的描述和布鲁门贝格的描述却都是对一种以人从受基督教的上帝制约解放出来为特征的时代断裂的诊断。在十八世纪发生了这样一种断裂，一般而言这是一种甚为流行的观点。[②] 就连洛维特，无论在对过程的解释上有什么差异，在这一点上也是与布鲁门贝格一致的，亦即在发现近代人的主体性取代了“关于上帝是绝对的主体的神学观念”这一点上。[③] 但是，这有理由只是对十八世纪来说的，而不是像在布鲁门贝格那里一样已经

① 巴特(K. Barth)：《十九世纪新教神学——其前史和其历史》(*Die protestantische Theologie im 19. Jahrhundert: Ihre Vorgeschichte und ihre Geschichte*, 1947; 2Aufl.,1952)，第16页以下。

② 除此之外，它还在瓜尔迪尼(R. Guardini)那里被当作前提条件(《近代的终结——一种取向的尝试》[*Das Ende der Neuzeit: Ein Versuch zur Orientierung*; 2. Aufl.,1950])。

③ 例如参见洛维特在《哲学评论》第15期(1968)第199页中关于布鲁门贝格的书评。

对十七世纪这样说了。

属于上述描述的共同性的，还有如下假定，即现代由以产生的时代断裂可以描述为一场必须纯粹在精神史上来理解的变革。这种观点既出现在世俗化模式中，也出现在布鲁门贝格和巴特的观点中。但在这里，对从近代早期到现代[①]的这场变革的所有这些描述的共同错误都在于：它们都忽视了已经由狄尔泰强调过的事实，即不是任意一种纯粹精神的冲动，而是对作为宗教改革和反宗教改革之后果的毁灭性战争的经验，在十七世纪中叶迫使人们在一个不被教派对立所触动的基础之上重新规定国家、法律和道德中的社会体系的前提。人的普遍本性的概念就呈现为这样一个基础，而在这个基础之上，狄尔泰所说的精神科学的“自然体系”便建立起来：一种理性的自然法，一种以自然法的方式论证的国家学说，一种建立在人的本性之上的伦理学，最后甚至还有一种依据这同一个前提的宗教学说。由于这一切，人的本性毫无疑问就移到了中心。然而，这绝对不是要有基督教的上帝信仰的一种敌对立场。恰恰相反，人们相信，自然宗教和道德的学说与耶稣的福音的学说是同一的。英国理神论甚至把耶稣的福音解释为自然宗教的重建，其所反对的是自然宗教在异教迷信和犹太教律法性中的堕落。在法国启蒙运动中，人们与基督教本身拉开距离，除了理神论的《圣经》批判的反教权主义和在自己的国家中尚未获得突破的自然宗教与道德的规范性之外，还预设了对其他宗教文化的认

① 布鲁门贝格并没有如此区分，而是一般地谈到近代及其反对中世纪晚期“神学上的专制主义”的转向，这与他要把时代的转折提前足足一个世纪有关。

识——特别是对中国文化的认识——，以及对世界的一种无须上帝的科学解释的成功挺进。它唯有在基督教信仰被判定为既非理性又多余的情况下才能得到贯彻。然而，十七世纪向作为重建国家、法律和道德之基础的人类学的转向还远远没有达到这一点。它只是构成了在第二阶段能够不仅抛弃各个教派有争执的学说，而且也抛弃基督教本身的前提条件，因为实际上，教会的基督教因其各个教派相互对立的立场彼此敌对的教条主义，已经丧失了对普遍有效性的声称。

在这一过程中，出现了种种如此有激烈争议的世俗化进程。在对它们做出判断时，有两个问题必须彼此区分开来：这里所涉及的这些进程是否可以确切地用世俗化这一借喻来标示；这些进程或者其整体是否说明作为历史时期的现代的产生——后者是一个完全不同的问题。这两个问题的前一个大可以肯定，而第二个则大可以否定。这样，韦伯的论题总还是值得赞同的，即对于早期资本主义来说重要的禁欲主义劳动伦理最初是从加尔文主义预定说和与此相结合的路德职业伦理的功能转变中获得其动因的。当然，这还根本没有解释资本主义的产生，也还没有解释在其后来的发展中宗教动因的意义的逐渐消失。尽管如此，继续起作用的禁欲主义劳动伦理还是可以判定为原初宗教的动因世俗化了的结果。

表现得恰如其分的还有，现代的进步思想及其朝着一个普世的、必须由整个人类来达到的人类历史的目标，必须被判定为基督教终末论盼望的世俗物，而且这恰恰是因为这涉及对基督教终末论期待的一种内容上的“转换”。如果进步思想首先不依赖于对整

体上的历史的任何解释来理解，并且就它的开端而言甚至一直追溯到古代，那么，它"对宗教的历史解释的替代"[①]对于判定现代的进步信仰是世俗物来说就是决定性的。与此相反的决非如布鲁门贝格所认为的那样，"终末论所谈的是一个突然进入历史的、对历史本身来说是超越的和异质的事件，而进步理念则是从一个内在于历史的、在任何当前都一起在场的结构外推到未来"。[②] 洛维特对此有理由说："如果'世俗化'所指的不是把一种原初超越的关联意义世俗化为一种内在的关联意义，并因此而脱离原初的意义，那它应当指别的什么东西呢？"共同的东西仅仅是，在根本上进步信仰与基督教的盼望一样是根据一个实现历史的目标来存活的。[③]因此，基督教盼望的内容被进步思想所"转换"，这本身就是基督教终末论"世俗化"的一个要素，而在这种意义上，就连法国启蒙运动的历史哲学也有理由被判定为基督教历史神学的"世俗化"。只不过由此还没有对真正说来何以能够发生这样一些世俗化进程的问题给出回答。在这样一些进程中，从近代早期到现代（不是中世纪到一般的近代）的时代转折找到了自己的表达，但世俗化的思想并不说明时代的转折。它同样不能纯粹在精神史上来理解，而是产生自十六世纪和十七世纪的教派战争及其从整体上来看不分胜负的后果。

在关于人的本性的假定的基础上重构社会的过程的框架中，人们也可以看待和评价哲学通过笛卡尔的更新，亦即它在十七世



① 布鲁门贝格：《近代的合法性》，第 36 页，参见第 24 页。

② 同上书，第 23 页。

③ 洛维特在《哲学评论》第 15 期(1968)第 199 页中的书评。

纪和十八世纪的进一步发展与基督教神学的关系——一方面是哲学相对于基督教启示学说的自主，另一方面是它重新论证哲理神学的努力。在这里，人对自己的反思虽然是上帝观念的出发点，但却不是它的实际基础。与后来可以认识到的使人取代上帝成为文化的基础、并把上帝观念解释成为人的心灵的产物的倾向相对立，事情首先在于把上帝理解成为人的主体性以及世界知识的最高条件。

# 第七章　对于近代早期来说决定性的哲学新方案及其神学上的重要性

今天，历史学家们把约 1500 年和法国革命之间的时代称为“近代早期”，以与紧随其后的“现代”相区别。在这里，这种分期是否在每一方面都令人满意，可以暂时搁置不论。许多事情表明，西方教会分裂以及由此产生的宗教战争的时期宁可被视为中世纪的终结。无论如何，近代历史最深刻的时代转折可以说在十七世纪，而且是在十七世纪中叶，在从西方的教会分裂中产生的宗教战争停息之后。



在这个时代的众多哲学新方案中间，只有两个突出表现为划时代的，其余的观点都可以或多或少地归给它们。这两种观点就是笛卡尔对形而上学的更新以及洛克所建立的哲学上的经验论。集中于这两个因自己的影响史而出众的方案，其所导致的结果是这里只能相对简略地提及近代早期其他重要的哲学观点。除了霍布斯和摩尔(Henry More)之外，这一点甚至也适用于诸如斯宾诺莎和莱布尼茨这样重要的体系思想家，但也适用于休谟对经验论方案的继续发展。在这一描述的框架内，人们必须满足于这一点，即在笛卡尔和洛克那里就可以认识到把这些思想家归给近代哲学的两种奠基性的新方案。

# 一、笛卡尔对哲理神学的更新及其引起的问题[①]

笛卡尔(René Descartes,1596—1650)是近代哲学开端时最重要的创始人,这不仅是因为他完成了形而上学的重建——在他之前,就有其他人尝试过这样做,尼古拉·库萨就是其中的佼佼者——,而且还因为他为哲学的奠基成为一种连续的哲学发展的出发点。在自十九世纪以来的德国哲学史写作的视野里,笛卡尔在这方面尤其表现为康德及其认识论上的主体主义的先驱。在弗里沙伊森-克勒(Max Frischeisen-Köhler)和莫格(Willy Moog)看来,笛卡尔以数学的自然描述的理想为取向的自然哲学所根据的是"关于建构性思维的独立自主性的意识"。能思维的主体从自身出发自由地并且用自己的财富建设新的文化体系。[②] 该处继续写道:人"只是在自身才找到一切现实和真理的不可动摇的中心,我们从自我出发占领世界"。这种诠释至少可以一直追溯到黑格尔的《哲学史讲演录》。关于笛卡尔,那里写道:他"以作为绝对确定

① 主要从其重建哲理神学出发来理解笛卡尔的现代法国笛卡尔研究,其出发点是古耶(Henri Gouhier):《笛卡尔的形而上学沉思》(*La pensée métaphysique de Descartes*,1962)。属于这种新观点的先驱和倡导者的,是夸雷(Alexandre Koyré):《笛卡尔与经院哲学》(*Descartes und die Scholastik*,1893,1991)。对于有关笛卡尔的当代文献来说,代表性的是马里翁(Jean-Luc Marion),其有关笛卡尔的作品这里特别要提到的是:《笛卡尔的形而上学棱镜——笛卡尔沉思的本体神学的构成和界限》(*Sur le prisme métaphysique de Descartes. Consitution et limites de l'onto-théologie dans la pensée cartésienne*;Paris,1986)。

② 于贝韦格(Ueberweg):《哲学史大纲》,第三卷,第220—221页。

者的自我的立场开始，费希特也是这样开始的”，“他说，这是一切哲学的绝对基础”。[①] 对笛卡尔哲学的这种解释在本质上也还是海德格尔的笛卡尔形象的基础，海德格尔在他对形而上学历史的阐述中把笛卡尔描述为近代通过把一切确定性建立在“主体性”之上而逆转了存在之认识的奠基者。[②]

对笛卡尔的这种解释的错误在于，在第二沉思中讲述的“我思我在”(cogito sum)的系统化功能受到错误的评价。尽管笛卡尔本人在他的《哲学原理》(*Prinzipien der Philosophie*；第一部分，第 7 段)中宣称，“我思，故我在”(ego cogito，ergo sum)这个命题是“一切知识中最先的和最确定的知识”，但由此并不能得出，这也在实际上涉及其他一切知识的基础。在 1635 年的《第一哲学沉思录》(*Meditationen über die Erste Philosophie*)中，对于其作者来说，事情的关键毋宁说在于证明关于上帝的知识是其他一切概念形成、因而也是其他一切知识的基础。如果在第三沉思中说，我们在我们自己里面发现的无限者的理念构成了把握任何有限的内容——包括自己的自我——的可能性条件的话，那么这样一来，第二沉思关于能思维的自我的自身确定性的论题鉴于其提供根据的功能而被抬高到一种更高的认识根据之中。[③] 许伯纳(Wolfgang

① 黑格尔：《全集》二十卷本，第二十卷(Frankfurt，1971)，第 130—131 页。

② 海德格尔：《林中路》(*Holzwege*，1950)。

③ 笛卡尔：《第一哲学沉思录》(*Meditationes de prima philosophia*)，第三沉思，第 24 段：“我明显地觉察到在无限的实体中比在有限的实体中有更多的实在性，因此在我里面首先以某种方式知晓的是无限者而不是有限者，也就是说，是上帝而不是我自己”(manifeste intelligo plus realitatis esse in substantia infinita quam in finita，ac proinde priorem quodammodo in me esse perceprionem infiniti quam finiti，hoc est Dei，quam mei ipsius)。

Hübener)依据近代法国的笛卡尔研究，特别是依据古耶(Henry Gouhier)，有理由这样谈及笛卡尔："唯有把他关于任何科学的确定性和真理性仅仅依赖于对真实的上帝的认识的论题视为纯然的遁词或者世界观的伪装的人，才能把他称为一种人类中心主义立场的第一位一以贯之的代表。"《第一哲学沉思录》是"一篇上帝中心主义的形而上学论文……它仅仅就标题而言就已经是要优先讨论上帝的实在和灵魂的不死"。[①] 第二沉思著名的"我思，故我在"仅仅是从对无限者的直观出发确立上帝观念的途中的一步，按照第三沉思，这种直观是自我的(康德意义上的)先验根据，马里翁(Jean-Luc Marion)也是这样强调的。[②] 引入能思维的自我的自身确定性——其所暗示的是奥古斯丁，开启了通向上帝观念的道路，但无论是对于自我的自身把握来说，还是对于对世界事物的认识来说，上帝观念却都是奠基性的。一切有限的东西，包括自己的自我，都只能被设想为对无限者的限制。在这上面，笛卡尔为用完满者的概念称谓无限者提供了根据，因为有限制的东西都不如包含着更多的实在性(plus realitatis)的东西更完满(《第一哲学沉思录》，第三沉思，第24段)。但是，把无限者与完满者结合起来，导致笛卡尔把使其他一切认识成为可能的对无限者的直观视为上帝是其他一切事物的根据的意识。

这也许就是《第一哲学沉思录》的核心思想。与此相反，"我思我在"作为简化式概括了一个已经由奥古斯丁针对古代怀疑论提

① 许贝纳(W. Hübener)：词条"笛卡尔"，载《神学实用百科全书》，第八卷，第503页。

② 马里翁(Marion)：《笛卡尔的形而上学棱镜》，第258页。

出的论证：如果我欺骗我自己（如怀疑论者所宣称的那样），则我存在。[①] 奥古斯丁的批判者、詹森派（Jansenisten）的领袖人物之一阿尔诺（Antoine Arnaud）就已经就第二沉思的"我思我在"注意到，这一思想源自奥古斯丁，而且他感到奇怪，因为他与后来的诠释者一样认为，笛卡尔大张旗鼓地把这个论题说成是"他整个哲学的基础"。[②] 但是，笛卡尔与他那个时代的学者们一样知道这一思想起源自奥古斯丁，[③]而且这种知道也许属于时代的普遍教养意识，尤其是在从罗马逃亡到巴黎之后与笛卡尔一样属于梅森（Mersenne）周围的圈子的康帕内拉（Tommaso Campanella）强调了这种思想，并把它称为一切知识的基础。[④] 因此，笛卡尔在对阿尔诺做出答辩时只是简短且讽刺地感谢阿尔诺"在用圣奥古斯丁的权威来支持"他。[⑤] 因此，在马里翁看来，笛卡尔并不把奥古斯丁当作"我思我在"的权威和起源来援引，因为他对其思想做了另外一种应用，亦即为灵魂的实体性的主张提供根据。[⑥] 即便是这



① 笛卡尔：《第一哲学沉思录》，第二沉思，第 3 段："如果它欺骗我，我也存在"（ego etiam sum，si me fallit）。参见奥古斯丁：《论自由意志》（*De libero arbitrio*），第二卷，第 3 章；以及《上帝之城》，第十一卷，第 26 章："因为如果我错了，我就存在"（si enim fallor，sum）。

② 阿尔诺：《关于笛卡尔〈第一哲学沉思录〉的第四组反驳》，引文根据《哲学丛书》（*Philosophische Bibliothek*）第二十七卷，第 274 页。

③ 证明在于马里翁：《笛卡尔的形而上学棱镜》，第 138—139 页。对这个主题来说奠基性的是古耶的研究：《十七世纪的笛卡尔主义和奥占斯丁主义》（*Cartésianisme et augustinisme au XVIIe siécle*；Paris，1978）。

④ 参见布莱切特（L Blanchet）：《"我思故我在"的前史》（*Les antécedents historique du"je pense，donc je suis"*，Paris，1920），第二部分。

⑤ 笛卡尔的第四组答辩，《哲学丛书》第二十七卷，第 199 页。

⑥ 马里翁：《笛卡尔的形而上学棱镜》，第 140—141 页。参见笛卡尔于 1637 年 5 月 25 日致梅森的信＝AT1，376，20—21。参见 III，247，4—248，1。

样，笛卡尔也很清楚自己的原创性，这种原创性无论如何不在于我思故我在之中，尽管他使这一思想成为他追求确定性的出发点，并且能够把它称为"一切知识中最先的和最确定的知识"(《哲学原理》，第一部分，第7段)。

毋宁说，笛卡尔的哲学方案的新东西在于如下论题——对无限者(infinitum)的直观是关于有限者、包括自己的自我的一切知识的条件，与此相联系在于从奥古斯丁的自我确定性思想出发对上帝存在所做的新证明。笛卡尔没有把他著名的上帝存在证明直接建立在自我确定性之上，而是建立在以对自我的意识为前提条件的无限者观念之上。但是，自我确定性毕竟构成了这方面的出发点。上帝存在的一个证据从无限者作为对有限内容的一切把握的条件的先验先在性出发来阐明，哪怕是沿着无限者与完满者(perfectum)的同一性的道路。[①] 在这一证明中，笛卡尔清楚地意识到他偏离了阐述上帝证明的经院哲学传统。他完全有意识地把将哲学的上帝学说建立在对无限者的先验直观之上称为另类途径，不同于自托马斯·阿奎那以来受钟爱的从世界出发对上帝存在的证明，亦即把上帝证明为说明事物之存在和运动的根据的种种原因链条中的第一环。笛卡尔在对托马斯主义者卡特鲁斯(Johannes Caterus)的答辩中说道，他有意地"不……从感官世界中的可见秩序或者从作用因的一种前后相继出发进行"证明，因为他认为上帝存在的自明性比任何感官事物的自明性都更大，而且是因

① 参见亨里希(D. Henrich)：《本体论的上帝证明——其问题及其在近代的历史》(*Der ontologische Gottesbeweis*；*Sein Problem und seine Geschichte in der Neuzeit*，1960)，第10页以下。

为从原因和结果的一个无限链条的不可理解性，还不能得出结论说“某个原因必然是第一原因”。[①] 这意味着，笛卡尔否认亚里士多德主义和托马斯主义的主张，即在原因序列中必然有一个第一者，因为人们在这个序列中不能无限地后退，若不然，现存事物的存在就是不可能的。对这个为圣托马斯的五种证明道路（《神学大全》，第一部，第2题，第3条）奠定基础的前提条件的怀疑，自奥卡姆以来就已经有所表达。奥卡姆要让原因序列中无限后退的不可能性仅仅适用于超出其结果的产生也对其结果的持存不可缺少的那些原因。[②] 如果奥卡姆还承认对于保持性原因来说无限后退不可能，并在这种意义上肯定从世间事物的存在出发的一种上帝证明的说服力的话，那么，笛卡尔则如从以上引文可看出，在根本上把凭借原因序列中的无限后退不可能进行的证明判定为不可靠的。这样，他在上面引用的那段话中接着说道：“因此，我宁可要把我自己的存在当作我的证明过程的出发点，我自己的存在不依赖于任何原因链条，而且如此为我所知，以至于没有任何东西更为我所知了。”因此，笛卡尔看到，从世界出发的传统上帝证明是站不住脚的，因为它依赖于在原因序列中无限后退不可能这一假定。这个已经由奥卡姆严加限制的假定，如笛卡尔正确地发现的，在现代自然科学对运动与惯性定律相结合的理解的基础上完全崩溃了。



---

① 笛卡尔的第一组答辩，《哲学丛书》，第二十七卷，第96页。

② 奥卡姆（W. Ockham）：《整理稿》（*Ordinatio*），第一卷，第二个区分，第十题（《奥卡姆全集》[*Opera*]，第四卷，第354页，第17行以下），参见作者的《系统神学》，第一卷，第99—100页。

笛卡尔在第三沉思中，通过如下问题引入他从存在于我们的精神中的无限者观念出发进行的上帝证明，即对于这个观念来说，是否与对于存在于我们的精神里面的其他这样一些观念来说一样，会涉及一个由我们自己造成的观念。对这一问题的否定导致如下主张，即我们通过在我们的精神中给定的无限者观念而意识到的上帝，也现实地在我们之外存在。因此，作为我们意识的先验根据的无限者的观念在这里唯有与因果推理到其始作者相结合才成其为上帝证明。唯有第五沉思，才通过从我们的上帝观念的内容出发沿着与无限性相结合的完满性的道路直接推论到如此设想的上帝(《第一哲学沉思录》，第五沉思，第 7 段以下)的本体论证明，补充了这个并不特别有说服力的因果论证。这里需要注意的是，作为最高的完满性的内涵的存在，并不被设想成为另一种要附加的完满性，[①]因而最完满的存在者按照其本质就是“必然的存在者”(ens necessarium)。[②] 根据《第一哲学沉思录》，一个极为完满者的这一思想出自作为对有限者的一切认识之条件的对无限者的直观(第三沉思，第 24 段)。然而，这种从极为完满者的思想到无限者的直观的过渡却构成了笛卡尔论证的成问题的点。唯有在从作为对有限内容的一切把握之可能性条件的对无限者的直观到最完满的存在者的思想的过渡无可指责的情况下，笛卡尔才能避开

① 笛卡尔对第一组反驳的答辩，《哲学丛书》，第二十七卷，第 105 页以下；参见《第一哲学沉思录》，第三沉思，第 27 段。参见亨里希：《本体论的上帝证明》，第 14 页以下。

② 亨里希：《本体论的上帝证明》，第 14 页。但可疑的是，在对第一组反驳的答辩中借助最强大的存在者的概念进行的论证针对这种怀疑是有效的(针对亨里希：《本体论的上帝证明》，第 15 页以下)。

最完满者的思想作为完满的不完满性的对立形象从我们自己产生的怀疑。对于无限者的直观来说,笛卡尔是能够排除这种怀疑的,因为这一直观就其自身而言是对有限者的一切经验的条件。但对于最完满者的思想来说,情况就不是这样了:我们尽可以设想具有有限的完满性的有限者,不必为此预设一个最完满者作为条件。因此,唯有在一个最完满者的假定出自作为对它的进一步规定的对于一切认识来说都是根本性的对无限者的直观的情况下,最完满者的思想才能免于这样一个怀疑,即作为一切有限者的不完满性的对立形象是完满的精神的一个产物。最完满者的思想仅仅就其自身而言是不能免于这种怀疑的。然而,在笛卡尔这里,从无限者的直观到最完满者的思想的过渡并不是令人信服的,因为无限者的直观本身是完全不确定的。因此,人们也无法明白,必须如此设想的无限者相对于一切我们必须设想为那个无限者的限制(《第一哲学沉思录》,第三沉思,第 24 段)的有限者来说必然具有更多的实在性(plus realitatis)。毋宁说,无限者的直观亦即无限者的思想本身还处在存在与不存在的彼岸。

在后世,针对最完满者的概念的怀疑一再出现,即它的形成可能是一种投射的结果,作为我们的精神的产物是任意的,不是一切精神活动的必要前提条件。因此,到后来,特别是在莱布尼茨那里,从完满者的思想出发的本体论上帝证明通过一种宇宙论证明的形式得到补充,这种证明形式为一个最完满的存在者的概念的可用性提供了实在的基础。在这里,莱布尼茨对宇宙论的证明的论述如下:从世界的偶然性直接推论到一个不偶然的、因而通过自身而存在的存在者的预设,不用回溯到涉及在原因的序列中一种无限后退的那个变得成问题的论证。[①] 在莱布尼茨这里，这一论证的基础是充足理由律，而充足理由律的运用则必然导致一个第一因的假定，这个第一因必须既是无限的，又是完满的。但是，既然充足理由律就其自身而言处在与一个极为完满者的思想的联系中——因为对一个充足理由的追问以出发点的不完满性为前提条件，因此，在莱布尼茨那里，最高的完满性的思想再次移入哲学的上帝学说的中心。[②]

在神学家们那里，笛卡尔在十七世纪对哲学的上帝学说的重建并没有获得多少掌声。他们发现自己受《罗马书》一章 20 节所迫使而坚持从创世的作为来认识上帝的存在。但是，这也许只是缺少与亚里士多德主义分手的诚意的一种托辞。人们怀疑笛卡尔寻求确定性的出发点在于怀疑论，甚至是一种暗中的无神论的怀疑论。另一方面，笛卡尔哲学的追随者们很快就决定把他的机械主义自然哲学也运用到对《圣经》的诠释上，并且把《圣经》与新的自然科学相矛盾的说法解释成为圣灵与《圣经》作者在受圣灵默示的活动中受时代限制的世界知识相适应的表现。[③] 由此产生出对新的哲学流派的不信任的追加根据，至少是在不想接受这种《圣

① 在他的《单子论》(*Monadologie*，1714 年撰写，1720 年首次由克勒(Heinrich Köhler)发表)中，莱布尼茨在第 37—38 节中陈述了从一切个别事物(就其存在而言)的偶然性到一个最终根据的推理。这个最终根据处在“个别的偶然事物的序列之外，……不管这个序列是怎样无限的”(第 37 节)。由此得出，上帝是“绝对完满的”(第 41 节)。

② 这一洞识我要感谢克莱顿(Ph Clayton)在其马上就要出版的关于从笛卡尔到施莱尔马赫的哲学神学史的著作中关于莱布尼茨的论述。

③ 关于在早期新教的《圣经》默示观的内在瓦解过程中的适应论题的意义，参见作者的《系统神学》，第一卷，第 44 页。

经》默示观的神学家那里。

在十七世纪和十八世纪早期，笛卡尔并不被视为一种人类中心主义的、建立在“我思”之上的哲学的创始人，而是被视为通过在作为我们的意识的其他一切内容之最高条件的无限者的直观那里的新方案而更新哲学的上帝学说的人。在十七世纪，通过自己的空间哲学而启迪牛顿(Isaac Newton)的摩尔，以及马勒伯朗士(Nicolas de Malebranche)、斯宾诺莎，还有莱布尼茨，都是这样理解他的。他们都追随笛卡尔的新方案，尽管是以不同的强调。当然，他们鉴于笛卡尔所陈述的论题——在受造物领域存在着两种实体："能思维的事物"(res cogitans)和"有广延的事物"(res extensa)——而得出了彼此不同且与笛卡尔不同的结论。然而，在深入研究这一点之前，我们必须还就笛卡尔的上帝观念的细节和就他对上帝与世界的关系的理解说些什么。

一、笛卡尔像奥卡姆已经做过的那样，把上帝是无限和完满的思想与他的全能的观念结合起来。当然，笛卡尔在多大程度上熟悉奥卡姆的著作，还是尚未澄清的。在这里，把笛卡尔与奥卡姆结合起来的，不仅是上帝不受限制的全能的思想，而且还有另一种主张，即在属神存在者的单纯性中不存在意志与理智的差异这个论题。[①] 对中世纪的属神精神的心理学的这种否定，在斯宾诺莎那里，此后成为批判有位格的上帝之观念的诱因。[②]

二、对于笛卡尔来说，上帝的不变性与他的完满性是紧密结合

① 这方面的证据见许伯纳(W. Hübener)关于笛卡尔的词条：《神学实用百科全书》，第八卷，第506页。

② 斯宾诺莎：《伦理学》，第一部分，命题十七的附注，参考命题三十二。

在一起的。关于上帝的不变性的这种观念与上帝的不受限制的全能的观念一起，对于笛卡尔的自然哲学来说获得了奠基性的意义；这种自然哲学就表现在1644年出版的《哲学原理》中，尤其表现在十七世纪三十年代初就已经产生、但直到笛卡尔逝世后才出版的著作《论世界》(*Le Monde*)中。

一方面，按照笛卡尔的观点，一切受造的事物就其存在而言、但也就其存在的存续而言，完全依赖于创造者的全能，而且是在其存在的每一个瞬间。与这种观点相应的，是笛卡尔关于时间是瞬间之相继的原子主义观念。但另一方面，上帝由于其不变性而完全像他创造万物那样维持着万物。这并不意味上帝保守着世界的初始状态，但却意味着——只要在于上帝——不会出现任何变化：自然中的一切变化都回溯到受造的事物及其相互作用。在这种情况下，上帝对事物的保持就仅仅意味着，它们在自己各自的状态中被上帝保持，而这就是笛卡尔的惯性定律的依据。依照惯性定律，事物只要不被别的事物所阻止，就其自身而言都将保持在它们各自的状态中，无论这是一种运动状态，还是一种静止状态(《哲学原理》，第二部分，第37段)。一切变化都出自事物相互的作用。事物被上帝创造在运动中，它们相互传递自己的运动冲动，或者当这些冲动相抵触时就相互阻碍。

以这种方式，在笛卡尔那里就产生了一个由机械力量推动的自然的图像。这个图像约1633年就在他的著作《论世界》中描绘出来了。由于宗教裁判所对伽利略(Galileo Galilei)所采取的措施，这部著作笛卡尔在生前没有发表，因而在1664年才出版。按照这种描述，上帝在开始时所创造的并不是一个有秩序的宇宙，而是一个混沌,从混沌中有一种秩序自动发展出来,其出发点是宇宙物质的旋涡运动。在笛卡尔看来,天体和太阳系就是按照纯粹力学的规律从这些漩涡运动中产生的。上帝由于其不变性而并不干预这一过程,尽管他同样由于这种不变性而在每一瞬间都保持着每一个事物,而且是把该事物保持在它于这一瞬间所处的状态中。

牛顿对这种笛卡尔式的世界图像感到反感,恰恰是因为它排斥上帝对自然发生的运动过程的任何干预。[①] 牛顿与此前摩尔已经做过的一样,在这里面发现了这种世界图像会导致无神论的危险,并于 1687 年在他的《自然哲学的数学原理》(*Mathematische Prinzipien der Naturphilosophie*)中以一个另类的体系与它相对立,而这个体系却完全违背牛顿的心意,数世纪之久竟被视为一种纯粹力学的自然描述的基础。与此相反,牛顿本人想把非力学地起作用的力量——例如重力——描述为一切运动力量的最终根据(以"压力"[vis impressa]的方式),并把它视为上帝如何推动受造世界的表现,与我们的理性灵魂推动我们的身体的方式类似。此时,上帝通过空间而对他的每一个受造物来说都是在场的。在这种意义上,牛顿在他 1706 年的《光学》(*Optik*)中把空间称为"上帝的感觉中枢"(sensorium Dei)。

因此,牛顿对上帝与自然的关系的观念也是对精神灵魂与身体的共同作用问题的一种回答。这是笛卡尔的自然哲学留给后世

① 夸雷对此的描述令人印象深刻:《牛顿研究》(*Newtonian Studies*,1965),第93—94 页。

的主要问题。也就是说，除了上帝是严格的意义上唯一的实体——因为唯有上帝才是独立的实体(《哲学原理》，第一部分，第51段)——之外，笛卡尔区分了两种受造的实体，亦即“有形的实体”(substantia corporea)和“心灵或者能思维的实体”(mens sive substantia cogitans)(第一部分，第52段)。前者的特性在于广延(extensio)，后者的特性在于没有广延的“思维”(cogitatio；第一部分，第53段)。它们在人里面作为肉体和灵魂的结合，在笛卡尔看来只具有外部联结的性质，[1]而灵魂作为实体的这样一种独立性在第六沉思中是灵魂从其不可分的单纯性中产生的不死性主题的基础，不过那里并没有把它当作这样一个主题来探讨。

但是，两个实体——有广延的实体和能思维的实体——的二元论，就使得人们应当如何设想它们的共同作用的问题成为不可避免的了，因为在笛卡尔看来，它们直接的相互作用是难以想象的，尽管另一方面，“我们的灵魂是如此建构的，以致在属于它的身体内部的纯然形体的运动也推动它达到一定的观念”(《哲学原理》，第四部分，第197段)。在身体与灵魂的共同作用的问题上，后来受笛卡尔影响的思想家们得出了不同的解答。例如，马勒伯朗士(卒于1715年)在作为身体和灵魂的共同始作者的上帝里面假定了在身体一方发生变化时出现灵魂的相应变化以及反过来的根据。因此，这一个实体的变化成为另一个实体发生相应变化的诱因，尽管在二者之间并没有发生一种相互的作用。因此，人们把

① 笛卡尔《哲学原理》(*Principia philosophiae*)，第四部分，第189段。参见《论灵魂的激情》(*Les Passions de l'âme*，1649)。

这种观念称为偶因论(Okkasionalismus)。马勒伯朗士于1674年就已经在他关于真理的研究中提出了这一论题。[①] 对这一问题的另一种解答是不几年前斯宾诺莎(Baruch de Spinoza,逝于1677年)以其实体的统一性的学说做出的。[②] 由笛卡尔所假定的两个实体——有广延的实体和能思维的实体——的对立,以及由此还产生的二者共同作用的不可想象性,被斯宾诺莎排除了:斯宾诺莎把二者视为一个唯一的实体的两种属性。凭借这种观点,斯宾诺莎并没有像人们想假定的那样远离笛卡尔。毋宁说,斯宾诺莎由此可以把自己视为真正一以贯之的笛卡尔派。因为笛卡尔本人在自己的《哲学原理》中写过,如果人们严格地把实体的概念当作一个"为自己的存在而不需要任何别的事物"的事物的概念,那么,人们就可以把实体"仅仅设想为一个唯一的实体,也就是说,与上帝同一。但是,如我们看到的那样,其他一切实体都只能凭借上帝的支持而存在。所以,'实体'这个名称应归于上帝,而不是在同样的意义上、同等含义地归于其余的事物"(第一部分,第51段)。笛卡尔把思维和广延理解为使人推论到一种相应的实在或者"实体"——尽管依赖于上帝——的属性(第一部分,第52段),而斯宾诺莎则把这两种属性视为一个唯一的实体,亦即上帝的属性。由此,不仅既应归于思维也应归于广延的无限性变得可以理解,而且



---

① 马勒伯朗士(N. de Malebranche):《真理的研究》(*Recherches de la verité*,1674)。

② 斯宾诺莎:《笛卡尔的〈哲学原理〉第一部分和第二部分》(*Renati des Cartes Principiorum Philosophiae Pars I et II*,1663)。这一论题构成了斯宾诺莎的代表作,亦即他的《伦理学》的基本主题,该著直到斯宾诺莎死后才于当年(1677)发表。

还有它们的共属性变得可以理解，因为身体和灵魂都同样仅仅涉及同一件事情的两个方面。此际，斯宾诺莎并没有简单地把有限的现象与无限的上帝等同，而是把它们视为唯一的、无限的实体的有限“样式”(Modi)。尽管如此，他的哲学仍作为泛神论的或者无神论的而遭到反对，而它真正看来，如后来黑格尔有理由说的那样，宁可被称为无宇宙论的(akosmistisch)；因为斯宾诺莎并不否认上帝的存在，而是否认世界和世间事物在上帝之外的自己的、独立的存在。这样一种观点当然不能与《圣经》的创世信仰相统一，因为创世信仰主张受造物的(尽管只是有限制的)独立存在是创世活动的内在目标。就连斯宾诺莎与笛卡尔的最重要的差异也在这一点上，笛卡尔把上帝之外的一切存在都视为属神全能的偶然产物。相比起来，斯宾诺莎处于布鲁诺的泛神论自然哲学的传统之中，这种传统如今借助笛卡尔的数学的和机械主义的自然描述的手段而得到贯彻，并且也构成了斯宾诺莎在1770年匿名发表的《政治神学论》(*Tractatus politico-theologicus*)中影响深远的《圣经》批判的基础。

就连莱布尼茨(Gottfried Wilhelm Leibniz，1646—1716)的单子论，也可以理解为对笛卡尔留下的问题的一种回答，特别是就身体和灵魂的联系问题以及二者与上帝的关系问题而言。莱布尼茨始终坚持笛卡尔那里哲学的上帝学说的新方案，尽管他把笛卡尔从为我们精神奠定基础的对无限者的直观(及其完满性)出发所做的本体论上帝证明与对从一切有限存在的偶在推论到一个通过自己本身(且就此而言必然地)存在的存在者的意义上的宇宙论证明的新诠释结合起来。莱布尼茨与物体世界和灵魂存在者之间的关系相关联来寻找自己的道路。在这里,无论是笛卡尔,还是斯宾诺莎和马勒伯朗士,都不能使莱布尼茨满意,斯宾诺莎由于在他自己的哲学中不给有限的、偶然存在的事物的独立存在留下位置,所以也没有给这些事物的自由留下位置,同样也就没有给上帝在其创造活动中的自由留下位置。莱布尼茨否定马勒伯朗士的观点,乃是因为他与笛卡尔和斯宾诺莎一样,把一个必须不断地干预自己的创造的上帝的观念判定为无法与创造者的完满性统一,而在笛卡尔那里,这种完满性在其不变性中得到表达。因此,就连莱布尼茨也想到一个没有属神的干预也足以应付的自然世界的图像,与他的捍卫牛顿观点的对手克拉克(Samuel Clarke)截然对立。但莱布尼茨认为,这个自然世界不能建立在笛卡尔的有广延的事物的概念之上。与笛卡尔相反,在莱布尼茨看来,此外也在牛顿看来,物体的概念不能仅仅通过广延来定义(如笛卡尔,《哲学原理》,第二部分,第4段)。只是到了牛顿那里,物体才系统地通过质量和密度的属性("物质的量"[quantitas materiae])来规定。[①] 而且他更精确地把质量定义为物体固有的一种力(vis insita),这种力就表现在物体的惰性(作为对变化的阻抗)中。[②] 与此完全相似,莱布尼茨也把物体的质量理解为物体固有的一种力的表现,[③]而这种解释就构成了他关于自然整体或者单子的学说的基础,单子



① 雅默尔(Max Jammer):《物理学中的质量概念》(*Der Begriff der Masse in der Physik*,1964),第66页以下。

② 牛顿:《自然哲学的数学原理》(*Philosophiae Naturalis Principia Mathematica*,1687),第一卷,定义三。

③ 雅默尔:《物理学中的质量概念》,第83页以下。

都以各自的方式是属神的原初单子的摹本。在这里，莱布尼茨把物体设想为单子的表现形式，[①]并由此来克服笛卡尔关于能思维的事物与有广延的事物的二元论。当然，笛卡尔的困难——不同的实体由于根据定义互相不依赖而不能直接地相互影响——在莱布尼茨这里就以如下形式返回了，即单子并不相互影响（《单子论》[*Monadologie*]，第 63—70 节），而是仅仅反映在属神的原初单子中确立的世界秩序（第 56 节），这种世界秩序在有形体的现象的层次上是通过物体之间的力学关系来表达的（第 51—52 节；参见第 61 节）：这就是莱布尼茨的单子的秩序与有形体现象的力学秩序之间的“前定和谐”（prästabilierte Harmonie；第 79—80 节）。

对于判断莱布尼茨哲学在神学上的重要性来说，重要的是在他对受造现实的理解中，相对于在属神的智慧中为宇宙的秩序提供根据来说，对属神的意志的依赖性退居到了后台（《单子论》，第 46 节）。这也许就是莱布尼茨在否认上帝对发生的进程的干预上与斯宾诺莎一致，以致对传统意义上的奇迹——作为自然秩序之外、但并不反自然秩序的事件——的假定被排除的原因：对我们表现为奇迹的东西，实际上就它是事实而言，都是在基于上帝之智慧的宇宙秩序中发生的。相应的东西甚至适用于罪和灾祸，它们的根据如莱布尼茨于 1710 年在他的《神义论》（*Theodizee*；第一部分，第 21 节）中所阐述，在于受造的、因而有限的存在者不可避免的不完满性。尽管如此，莱布尼茨仍维护对于人来说在不同的可能性之间做出选择的自由（第一部分，第 52 节）。这种选择自由作

① 莱布尼茨：《单子论》，第 63—70 节。

为这样的自由已经被上帝所预见，连同其结果本身都是基于上帝之智慧的宇宙秩序的组成部分。

笛卡尔区分能思维的事物和有广延的事物的困难，以及由此产生的直到莱布尼茨的不同解答，所依据的都是作为独立存在者的实体概念，因而这个独立存在者不可能依赖其他实体（除了上帝）。其原因在于，实体概念与关系概念的关系还缺乏后来的澄清：关系还被理解为实体那里偶然的规定，而不是反过来；实体概念本身被澄清为关系的表现，亦即被澄清为依赖于偶性的相对概念的。这种洞识是由康德才予以表述的。然而，在通向这一点的道路上，还必须首先把质的研究追溯到关系的规定，而这是在洛克那里发生的。

如同表现出来的那样，神学并没有直接地参与这整个发展，尽管围绕对创造进程的属神干预与其完满性的一致性的讨论，但还有灵魂的观念及其与身体的关系直接触及神学的旨趣，而实体与关系的关系规定的变化必然以上帝与世界的关系规定的变化为不可避免的后果。这是基督教思维在近代早期的孱弱的一种表现，即神学不再像在古代教会和中世纪那样作为伙伴出现在哲学讨论中。当然，直到黑格尔和谢林，基督教神学的旨趣还被哲学家们本身感觉到。这适用于笛卡尔、牛顿、马勒伯朗士、莱布尼茨，并且以别的方式适用于康德及其后继者。但是，在这方面，英国经验论又是怎样呢？

## 二、洛克和经验论

洛克(John Locke)出生于1632年,他是一位法学家(律师)的儿子,其父在英国内战中曾经成为议会军的军官。儿子就读于伦敦的威斯敏斯特中学(Westminster School),于1652年二十岁之际前往牛津在基督教会学院(Christ Church College)学习,1658年获硕士学位。在此之后,他转向自然科学和医学的研究,但于1667年成为伦敦的阿希莱勋爵(Lord Ashley)的秘书,后者就是后来的舍夫茨伯利伯爵(Earl of Shaftsbury)和查理二世(Charles II)时代的大法官。洛克作为舍夫茨伯利的秘书也卷入了后者围绕王位的敌对关系,以致他在1675年退居法国四年。在1679—1681年又在伦敦居留一段时间之后,洛克再次逃亡,这一次是到荷兰,直到1688年他才随奥伦治的威廉(Wilhelm von Oranien)返回英国,并成为光荣革命领袖群伦的知识分子,尤其还是其宽容和个人自由理念的权威解释者。他关于宽容的第一封信是还在荷兰时写的,献给荷兰抗议宗成员林波克(Philip Lomborch),同样还有他的《论政府》(*Treatise on Government*)。这两部著作最初都是匿名发表的。1690年,《人类理解论》(*An Essay Concerning Human Understanding*)出版,这次是用洛克的本名,此外还有论宽容的第二封信。论宽容的第三封信发表于1692年,1695年发表《基督教的合理性——如其〈圣经〉所表现》(*The Reasonableness of Christianity as delivered in the Scriptures*)。在此之后,洛克直到1704年去世都致力于《圣经》诠释的研究。

## 1. 认识论

自在牛津学习开始，洛克就从欧文（John Owen）[①]那里获得了宽容思想，而看来他自早年在舍夫茨伯利那里，亦即从1670年就研究过宗教知识和道德知识的基础问题，当时他为此转向了更仔细地研究认识能力的课题。洛克在置于《人类理解论》前面的“致读者的信”中写道，他是在与友人圈子的一次谈话中弄明白了：“在我们开始考察自然问题之前，有必要先考察我们自己的能力，并且看一看什么对象是我们的理解能够解决的，什么对象是它所不能解决的。”[②]

作为牛津的大学生，洛克已经对笛卡尔有深刻的印象。在弗雷泽（Cambell Fraser）看来，笛卡尔比任何一位别的哲学家都对他影响更大，而且还是通过他的内省的方法。[③] 不过，洛克否认笛卡尔哲学的一个基本假定，即在我们的精神（mind）中存在着它天生具有的观念，亦即“天赋观念”（innate ideas）的说法（《人类理解论》，第一卷）。尽管洛克接受笛卡尔的观念是我们在自己心中发现的一切思想和表象的称谓的概念，但按照他的观点，我们的意识的所有这些内容都源自感官感知或者对其内容的反省。[④] 洛克也把这种反省称为“我们自己的精神的活动”（operations of our own

---

① 欧文当时是基督教会学院的院长和大学副校长（克伦威尔自己是校长）。

② 洛克：《人类理解论》（*Essay concerning Human Understanding*），引文根据弗雷泽（A. Campbell Fraser）的版本（1894年，再版1959年）。上述引文见第一卷，第9页。

③ 弗雷泽的导论，《人类理解论》，第一卷，第xx页。

④ 洛克：《人类理解论》，第二卷，第1章，第2节以下。

mind;第二卷,第 1 章,第 4 节),它们与接受到的感官印象有关(第二卷,第 1 章,第 4 节:“反省和考究”[reflect on and consider])。他归于此类的有“知觉、思想、怀疑、信仰、推论、认识、意欲”(perception, thinking, doubting, believing, reasoning, knowing, willing)。

在洛克看来,我们的意识(mind)在通过感官接受印象(“特殊的观念”[particular ideas])之前,是一个空的空间(“空虚的小室”[empty cabinet])。我们的意识给这些印象以名称。在此之后,它在其他场合使用同样的名称,由此达到抽象的、普遍的观念(第一卷,第 1 章,第 15 节)。这后一些观念在任何情况下都不是生而具有的,而始终是获得的。这甚至适用于我们对数字和诸如三加四等于七这样的数学真理。也就是说,每一个孩童都必须首先学习这些真理,而洛克就把这视为关于它们的知识并非生而具有的证明(第一卷,第 1 章,第 16 节)。在他看来,即使所有的人都对诸如此类的真理有普遍的和持久的赞同,也并不妨碍上述说法。这些真理被成年有理性的人肯定为自明的,但对它们的认识却并不因此就是生而具有的(第一卷,第 1 章,第 18 节;参见第四卷,第 2 章,第 1 节)。

莱布尼茨在他的一部逐章与洛克辩论的著作,亦即他的《人类理解新论》(*Nouveaux Essais sur l'Entendement Humain*)[①]中批判了洛克的这种证明。莱布尼茨坚持,对一切必然的理性真理的

① 莱布尼茨于 1704 年完成这部著作,但却由于洛克在同年的去世而未发表,以致其发表是在 1765 年的死后。

认识都是我们的灵魂生而具有的，尤其是对算术真理和几何学真理的认识（第一卷，第1章，第5节），但还有逻辑学的基本规则的认识，例如矛盾律（第一卷，第1章，第18节），以及一般来说斯多亚学派的普遍的基本概念（第一卷，第1章，第2节），因而还有上帝观念。当然，这些为所有人共有的知识只是以潜在的方式在我们心中（d'une manière virtuelle；第一卷，第1章，第2节），而莱布尼茨就是这样来解释孩童必须学习这些真理，尽管这些真理就在他们心中（第一卷，第1章，第11节）。就此而言，我们对此的知识事实上归功于我们的精神的一种反省，但并不是像在洛克那里一样归功于对所获得的感官印象的反省，而是归功于意识对自己本身的一种反省。因此，在莱布尼茨看来，存在着对理性真理的一种潜在的知识（第一卷，第1章，第25节），它通过经验的诱发而被我们意识到（第一卷，第1章，第20节），或者也通过针对它们的注意力而被我们意识到（第一卷，第2章，第1节）。莱布尼茨以这种方式就能够比洛克更容易解释所有的成年人关于逻辑基本真理和数学基本真理的一致。但是，洛克以某种方式已经以他自己对自己提出的质疑的形态预先提出了莱布尼茨的论题。该质疑说道：我们对那些真理所具有的并不是一种明确的知识，而是一种含蓄的知识（《人类理解论》，第一卷，第1章，第22节）。然而，洛克对此认为，假定在每一个个别的人那里都接受数学家的所有方程式的一种含蓄知识是荒谬的。人们只能说理性有一种把握它们的能力（“人心是有能力来坚定地理解并且同意这些命题的”）。对此争论，既不能做出有利于这一方的裁定，也不能做出有利于另一方的裁定。

后来，康德在两种观点之间寻找一种中间道路。他在《纯粹理性批判》(*Kritik der reinen Vernunft*，1781)中不再谈论一种天赋的知识，而是谈论我们的知性先行于一切经验并加工所接受的印象的功能。由此就强调了我们的理性认识数学真理和逻辑真理时的创造性，以致被洛克斥之为荒谬的假定，即所有这些真理就所有细节而言已经包含在每一个人的意识之中，就失效了。尽管如此，康德坚持数学知识和逻辑知识不依赖于任何经验。但决定性的是强调我们理性的创造性，而且在洛克那里，在他关于我们心中的一种理解和肯定这些真理的能力的说明中，就已经有了这种说法的端倪。另一方面，就连康德也把不依赖于一切经验建立在我们的理性之中的能力类似严格地仅仅与对感官印象的加工联系起来。只不过与康德相比，洛克在他关于通过我们的反省来加工感官印象的说法中，还表现得相当不确定。

在他的《人类理解论》的第三卷中，洛克在简单观念和复杂观念之间做了区分。简单观念就是感官的性质，例如光的性质和颜色的性质(第三卷，第 4 章，第 11 节)，但还有我们之外的具体事物(substances)的观念(第三卷，第 4 章，第 1—2 节)。在洛克看来，这些简单观念始终是事物的实在性的表述，就像它们在我们外面存在一样(第二卷，第 30 章，第 2 节)，尽管在这里要注意第一性质和第二性质的区别：第一性质就是应归于事物本身的属性，即大小、质量和形状，以及运动性(第二卷，第 8 章，第 9 节)，而颜色、声音、触觉性质则是以我们的感官为条件的(第二卷，第 8 章，第 14—15 节；参见第二卷，第 8 章，第 12 节)。在第一性质和第二性质的这种区分中，以哲学的方式表达了现代数学自然科学对实在的理解,但这种区分后来遭到了批判,这种批判强调我们的一切印象都是以我们的主体性为条件的,因此不把这种有条件性局限在对第二性质的把握上。例如,康德也把大小、质量和形状以及对象的实体性这些第一性质理解为用来加工感官印象的知性功能的表述。怀特海反对在洛克对第一性质和第二性质的区分中所包含的“自然的分裂”,[①]但除此之外也反对这背后的笛卡尔主义的精神与物质的二元论,洛克接受了这种二元论,但就连康德也由于把我们的精神的主体性与在我们之外存在的物自身对立起来而与这种二元论密切相关。怀特海在寻找走出这种二元论的出路,因为他已经把主体性归于个别事件的相互关系中的物质过程,以致我们的精神的主体性在与我们所感受到的印象的关系中成为一个普遍的事态(一切实在的东西的主体性)的一个纯然的特例;而反过来,德国唯心论则把物质关系理解为精神的尚不完善的表现形式。

因此,如果说洛克关于简单观念的学说与第一性质和第二性质的区分属于他的哲学以及由他所建立的经验论传统的成问题的方面,那么,他关于复杂观念及其对我们的认识的意义的观点则不像人们可能猜测的那样受到累及。复杂观念例如一座塑像或者一道彩虹的表象。这里涉及众多简单观念的一种结合——彩虹就涉及众多颜色的结合(第三卷,第4章,第12节)。简单观念就其自身而言是通过标示它们的名称(第三卷,第4章,第2节)与抽象观念结合的。洛克也把抽象观念称为“混杂情状”(mixed modes;

① 怀特海(A. N. Whitehead):《自然的概念》(*The Concept of Nature*, 1919, Cambridge UP, 1964),第43页以下,参见第27页,那里明确地把洛克列为这一批判的对象。

第三卷，第 5 章），因为它们虽然与具体被给予的东西有关，但却是作为种概念和类概念，因而是作为抽象观念（第三卷，第 5 章，第 1 节）。这些抽象观念不仅像第二感官性质一样是以主体为条件的，而且它们在洛克看来也是我们知性的任意创造（第三卷，第 5 章，第 2—3 节）。在这里，洛克表现为一个唯名论者，而莱布尼茨也指责说，任意的东西“仅仅存在于语词中，但绝不存在于观念中”（《人类理解新论》，第三卷，第 4 章，第 17 节）。不过，洛克可以承认在形成我们的抽象观念时的任意性，因为它们对于他来说还没有直接表示我们的知识的形式。我们仅仅对我们的观念在其一致或者不一致方面的关系有一种知识（第四卷，第 2 章，第 1 节）。在这里，洛克在直观知识——白不是黑，三角形不是圆形——和证明之间做了区分，对于后者来说，观念之间的关系不是直接地、而是以其他观念为中介被把握的。按照洛克的判断，建立在证明之上的知识在确定性上远远不如直观的知识，我们的一切知识的确定性和自明性都取决于直观知识（第四卷，第 2 章，第 1 节）。通过观念的结合而有的知识在 propositions，亦即判断中找到了自己的表述（第四卷，第 1 章，第 2—3 节），而唯有在判断的领域中——如亚里士多德已经说过的（《形而上学》，1027b18 以下；《解释篇》，17a2.3）——才出现真理和谬误。在洛克看来，这里实在的真理（real truth）仅仅存在于不仅与观念之间的关系相关、而且与观念和对象或者实体之间的关系相关的判断中（第四卷，第 5 章，第 8 节）。

## 2. 上帝知识与自然知识的关系以及基督教启示的可信性

在简短地说明了洛克在从感官印象和对感官印象的反省中引出我们的意识的一切内容方面的程序之后，我们如今可以讨论这种观点在对上帝的知识上的运用了。

由于对天赋观念的拒斥，就连上帝观念对于洛克来说也不能像对笛卡尔那样，简单地通过我们的精神的本性来论证。毋宁说，它必须和我们的意识的其他一切内容一样，来源自经验。这里对于洛克来说，当然关键首先在于我们对我们自己形成的基本经验，亦即对我们自己的存在的经验（第四卷，第 10 章，第 2 节以下）。也就是说，在洛克看来，通过知道我们自己，我们也就直接知道上帝。因此，这就叫作，我们唯有通过我们的感官才知道我们之外的事物的存在，唯有上帝的存在例外，我们是通过我们对我们自己的知识来确知上帝存在的（第四卷，第 17 章，第 2 节）。这是如何发生的呢？我们直接地意识到我们自己本身与我们周围的其他一切事物的存在一样是有限的。对我们自己的有限性的这种知识如今已经包含着上帝观念；必定有某种东西亘古以来就存在着，因为没有任何东西是从无中产生的（第四卷，第 10 章，第 8 节："必定有某种东西亘古以来就存在"；参见第四卷，第 10 章，第 3 节）。洛克在这里跳过了无限追溯的问题，因为他预设（当然没有展开这种预设）一开始就必定有某种从自己本身出发就存在着的东西。莱布尼茨通过从偶然存在的东西推论到一个在其自身（因而是必然地）存在着的起源而更好得多地论证了这一过渡。因此，他可以有理

由表示对洛克的论证形式的批判(《人类理解新论》,第四卷,第10章,第6节),亦即对亘古以来就存在着的东西必定是一个永恒的存在者的假定的批判。然而,如果人们承认这一步骤,那么,洛克就只需要说明这个亘古以来就存在着的东西是什么。既然对他来说(如对笛卡尔来说一样)存在者只有两个总的类,亦即物质性的事物和能思维的存在者(《人类理解论》,第四卷,第10章,第9节),所以他得出结论:亘古以来就存在着的东西必定是一个精神(cogitative being;第四卷,第10章,第10节),因为只有一个精神才能产生像我们这样的能思维的存在者。除此之外,永恒的精神作为其他一切的起源也必定是全能的。以类似的方式,洛克从一个永恒的、因而通过自己存在着的精神性存在者是其余一切的起源的观念推论出传统的上帝概念的一系列其他奠基性的属性。洛克认为,如此获得的关于上帝的知识的确定性比我们并非直接地通过我们的感官所知道的一切都更大。更有甚者:"我想我可以说,我们知道有一位上帝,比知道有任何在我们之外的事物,要更为确定些"(第四卷,第10章,第6节)。只不过在洛克看来,推论到上帝的存在所依据的我们自己的存在的自明性,要大于上帝的存在的自明性。洛克不得不停在这个地方。由于他把关于上帝存在的知识和我们的其他一切知识一样都视为经验性地获得的,所以,他不能与笛卡尔一起前进到如下论题,即上帝的存在对我们来说甚至比我们自己的存在都更确定,因为它已经是我们关于我们自己的意识的条件。

因此,无论洛克如何强调对上帝的知识的确定性,他在人的自然知识能力方面也还是怀疑论的。而且,尽管他本人是自然研究

者，并且欣赏、高度赞扬牛顿在他自己的《人类理解论》完稿之前两年出版的《自然哲学的数学原理》，事情也依然如此。在洛克看来，普遍的和确定的真理唯有与抽象观念的关系相关，因而尤其是在数学中才能找到(第四卷，第12章，第7节)。对于道德来说，洛克希望有一种类似的精确知识(第四卷，第12章，第8节；参见第四卷，第12章，第11节)，而我们关于实在的对象的知识在他看来依然是有局限的，因为我们对其实在的本质没有精确的表象，因而依然依赖于实验(第四卷，第12章，第9节)。所以，自然科学永远不能成为一种严格意义上的科学："自然哲学不能成为一种科学"(第四卷，第12章，第10节)。因此，我们关于自然的知识一方面依赖于感官和实验的证词，另一方面依赖于假说(第四卷，第12章，第13节)。人们在这整个领域里都由于现实知识的狭小范围而不能超出或然的判断(第四卷，第14章，第2节)。它们的假定不具有直观知识或者证明知识的确定性，而是可信性和信仰的事情(第四卷，第15章，第3节)，视与可靠确定的东西的一致(conformity)的程度而定(参见第四卷，第16章，第12节：类比[analogy])，并且依赖于证据的可靠性(第四卷，第15章，第4节)。

与我们依赖或然判断的程度相应的，是经验科学中意见的多样性和宽容他人意见的必要性(第四卷，第16章，第4节)。但这样一来，也就给对我们来说表现为奇迹的事件(第四卷，第16章，第13节)的可能性提供了空间，给超越了我们的知识和我们的判断能力的属神启示(第四卷，第16章，第14节)的传达提供了空间。关于奇迹的概念，洛克在自己1702年的短文《论奇迹》(*Discourse on Miracles*，出版于1706年)中表达了意见。那里说道，奇迹是超越了观察者的把握能力并且在他看来不符合自然的进程的事件："一种可感的操作，当其超出某个观众的理解，并在他看来与已确立自然规律相反时，就会被其视为属神的。"因此，洛克——与奥古斯丁相似，但却不同于经院哲学传统——使与自然的正常进程的对立相对化，成为观察者有限的自然知识。结果就是，关于一个事件的奇迹性的判断可能动摇不定，即使事件本身是无可争议的："对一个人来说是奇迹的东西，对另一个人来说却未必是奇迹。"[①]因此，奇迹对于洛克来说并不是突破了自然规律的事件，而这样的观点与莱布尼茨相对立，也为克拉克所代表。

由于我们关于上帝的知识的确定性，信仰作为对启示的同意，在原则上绝不是非理性的，而是完全理性的，是"建立在最高的理性之上的一种同意"（第四卷，第 16 章，第 14 节）。当然，这样的同意以我们确知其所涉及的确实是属神的启示为前提条件；因为若不然，我们就要陷入谬误和宿命论的危险。但是，一种由宗教传统主张的属神启示是否应被承认为属神启示，其标准却是一个消极的标准：真正属神的启示绝不能与创造者给我们装备的理性相矛盾。若不然，上帝就必然与自己相矛盾。因此，属神的启示绝不能与我们直观地知道的东西相对立，因而也不能与自然宗教和道德规则相对立。[②] 此外，一种主张或者一本书是否能够作为属神启

① 洛克：《洛克全集》（*Works*；1823，Repr. 1963），第九卷，第 256 页。关于奥古斯丁和经院哲学的奇迹概念，参见作者的《系统神学》，第二卷，第 60—61 页。

② 洛克：《人类理解论》，第四卷，第 18 章，第 5 节："任何命题如果与我们的清晰的直观知识相冲突，我们就不能把它作为属神的启示来接受，而以启示所需要的同意来加以同意。"

示的表达要求有权威，这并不是信仰的事情，而仅仅是理性判断的事情。[①] 另一方面，我们的或然知识的广大领域也敌不过一种被承认是启示的权威（第四卷，第18章，第8节）。

但如今，对于对一种启示的信仰来说，除了要求它无矛盾地与我们的理性一致之外，我们还有什么积极的标准吗？对此，洛克于1695年在他的《基督教的合理性》一书中表达得更为精确。在这里，洛克根据福音作者概括了《圣经》的救赎历史，尤其是耶稣的历史和福音，并把对耶稣是他自己宣布自己所是的弥赛亚的信仰解释为基督教学说的核心对象（第164页）。霍布斯在他的《利维坦》（*Leviathan*）一书中就已经讲述过这种观点。[②] 针对说对此的信仰只是一种历史的信仰，而不是使人称义的信仰的指责，洛克以如下的主张为自己辩护：恰恰这种历史的信仰与耶稣所要求的悔改相结合而很具有拯救的力量（第165—167页），而且对于整个人类中那些仅仅通过理性之光亦即“自然之光”（第231—232页）而对上帝的拯救美善寄予希望的人也具有拯救的力量。关于耶稣的学说，那里继续说道，它是通过自己的道德内容而得到证明的（第241页），而且也是通过伴随着它的那些奇迹。[③] 这尤其适用于耶

① 洛克：《人类理解论》，第四卷，第18章，第6节：“信仰或者不信仰那个命题或者那本书为属神的权威，绝不能是信仰的事情，而是理性的事情。”

② 霍布斯：《利维坦：或教会国家和公民国家的原初形式、内容和权力》（*Leviathan or the original forme, matter, and power of a commonwealth ecclesiasticall and civill*, 1651），第三卷，第41章。

③ 洛克：《基督教的合理性——如其〈圣经〉所表现》（*The Reasonableness of Christianity as delivered in the Scriptures*, 1695），第242页：“他是受上帝派遣的，他的奇迹证明了这一点，而在他的委任中上帝的权威是不可置疑的。”

稣的复活和他的升天(第 245 页)。从这些阐述中可以得出,一种被当作启示来宣讲的学说的道德内容,连同证明它的那些奇迹,都被洛克视为它被假定为启示的积极标准。这在《论奇迹》中也说得很清楚:“奇迹在什么地方得到承认,教义就不可能遭到拒绝。”在洛克看来,这样一些超自然的信号(supernatural signs)是上帝在是否可能有一种来自上帝的启示这个问题上满足人的理性判断的手段(上帝唯一的手段被认为是必须使人这一有理性的受造物相信他所展现的一切事物的确定性,这种确定性如同源于上帝本身)。值得注意的是,洛克在这里明确地说,上帝通过他所造成的奇迹来满足作为理性存在者的人。这里所涉及的绝不是某种必须违背理性来信仰的东西。

洛克与他的发展经验论方案的伟大后继者休谟之间的对立,最集中地体现在休谟评价奇迹的可能性时。[①] 在休谟的《人类理解研究》(*Untersuchung über den menschlichen Verstand*,1748)的著名的一章“论奇迹”(On Miracles)中,对奇迹的任何假定都作为“与习惯和经验极为相反的东西”(most contrary to custom and experience)[②]而遭到拒斥。与洛克相对立,休谟把奇迹定义为对

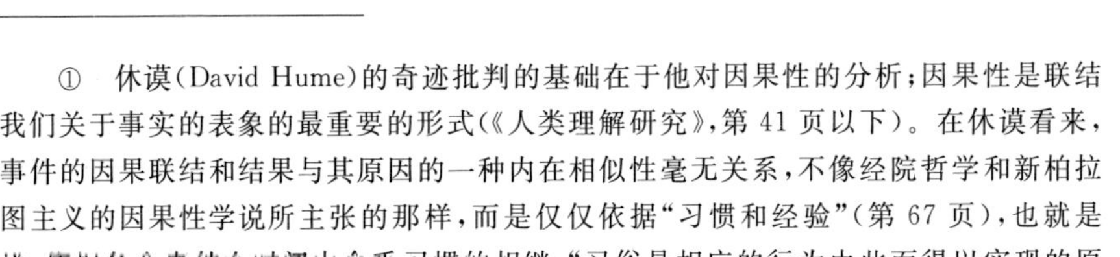

① 休谟(David Hume)的奇迹批判的基础在于他对因果性的分析;因果性是联结我们关于事实的表象的最重要的形式(《人类理解研究》,第 41 页以下)。在休谟看来,事件的因果联结和结果与其原因的一种内在相似性毫无关系,不像经院哲学和新柏拉图主义的因果性学说所主张的那样,而是仅仅依据“习惯和经验”(第 67 页),也就是说,依据各个事件在时间中合乎习惯的相继:“习俗是相应的行为由此而得以实现的原则”(第 67 页)。

② 同上书,第 141 页。

自然规律的违背。[1] 因此,关于奇迹的任何主张的可信性是与自然事件的合乎规则的进程相抵触的:“并且作为一个相同的经验达成了证据,在这里存在着一个直接和充分的证据……反对任何奇迹的存在。”[2]休谟明确地强调,这所涉及的不是证人的可信性的问题,因为如下规则是适用的:所报道的事实愈不寻常,见证的可信性就愈受到怀疑。[3] 这是一种远离洛克的理性主义的观点,洛克对理性的理解需要对我们的知识的影响范围的局限性的知识。尽管休谟一般地被视为怀疑论者,并由于他对经验意识的怀疑论分析而给康德造成了深刻的印象,但他却对事情的平常进程给予了比洛克大得多的信赖。这部分地从以下事实得到解释,即对于休谟来说,习惯(custom)被视为一切因果联结的原则。但是,英国经验论的两个伟大人物之间在奇迹问题上的对立可以从如下事实上得到解释,即假定上帝的存在对于洛克来说具有的自明性,在休谟的场合里已不再存在。这样,与洛克不同,休谟在经验论上论证的怀疑也是针对宗教的,而洛克关于现实的观点则受到如下情况的影响,即现实的东西总的来说超出了我们的理性的把握能力和我们的知识的可能性,因而宗教和理性必然能够彼此结盟,尽管理性是宗教传统所要求的启示的标准。

关于奇迹的可能性的观点也在德国启蒙运动中形成得与在洛克那里不同:莱布尼茨并不像休谟那样坚决地拒斥奇迹,但他却非



---

① 休谟:《人类理解研究》,第121页:“奇迹是对自然规律的违背。”

② 同上书,第123页。

③ 休谟:《人类理解论》,第120页。

常审慎地对待奇迹的假定，因为他在笛卡尔的意义上把上帝对自然发生的秩序及其规律性的任何干预都感受为对创造者的完满有害的。因此，他强调奇迹的超自然性，如其在《圣经》中得到主张的那样，并且与洛克相对立，不想承认奇迹的假定与理性有任何结合。

### 3. 洛克与理神论

在切伯里的赫伯特（Herbert von Cherbury，卒于1648年）看来，洛克的哲学是英国理神论最重要的出发点，理神论在从1696—1736年的四十年间经历了它的繁荣期。[①] 洛克可以被理神论者视为自己的先驱，因为他提出理性为判断宗教传统的启示断言以及对它的可能接受的标准。但在这一论题的基础上，托兰德（John Toland）已经在他的《基督教并不神秘》（*Christianity Not Mysterious*，1696）一书中得出了与洛克显著不同的结论。他不仅要清除基督教的反理性的东西，而且还要清除其一切超理性的东西。这样一来，他就把自己与洛克所阐述的理性概念对立起来，因为对于洛克来说，承认超理性的东西——，亦即超出我们有限的理性知识的界限的东西，属于理性自身的本质，而且不仅仅是在启示知识这里。与洛克不同，理神论者的实在感缺乏对人类知识相对于超越其界限的生命现实的奇迹之有限性的意识。

对启示断言的理性检验与对《圣经》经书的历史批判研究密切

① 参见格斯特里希（Chr. Gestrich）在他的词条“理神论”中的陈述：《神学实用百科全书》，第八卷，第392—406页；以及希尔施（E. Hirsch）的阐述：《近代英国新教神学史》（*Geschichte der neuern evangelischen Theologie*，1949—1955），第一卷，第292—359页。

相关。这构成了理神论在神学历史上的积极意义,但是,历史的批判在这里也立刻受累于与一种狭隘的现实理解的结合。处在开端的,是柯林斯(Anthony Collins)和他对《新约》的预言证明的研究和对原始基督教的解释与《旧约》相应的先知语言的原初意义之差异的揭示。[1] 起更决定性的影响的,是伍尔斯顿(Thomas Woolston)和他对《圣经》的奇迹记载的批判。[2] 当安尼特(Peter Annet)1744 年发表他对耶稣复活的激烈反驳时,理神论运动在英国的高峰当然就已经越过了。[3] 构成这个高峰的是廷德尔(Matthew Tindal)的《基督教与创世同样古老》(*Christianity as Old as the Creation*,1730)。在这部书中,被还原成自然宗教和道德的基督教像副标题所说的那样,被描述成"自然宗教的一种再现"(A Republication of the Religion of Nature)。理神论的浪潮被打断,首先是由于以洛克的精神反对理神论对奇迹概念的基础批判的一部书。这就是巴特勒(Joseph Butler)的名著《自然的宗教和启示的宗教与自然的结构和进程的类比》(*The Analogy of Religion, Natural and Revealed, to the Constitution and Course of Natur*,1736)。巴特勒是在他于斯坦厄普(Stanhope)担任牧师(自 1725 年始)期间写作这本书的,之后他于 1739 年成为布里斯托尔

① 柯林斯(A. Collins):《论基督宗教的根据和理由》(*A Discourse of the Grounds and Reasons of the Christian Religion*,1724)。

② 伍尔斯顿(Th. Woolsten):《论我们的救世主的奇迹》(*Discourses on the Miracles of our Saviour*,1727—1729)。

③ 安尼特(P. Annet):《耶稣复活的思考》(*The Resurrection of Jesus Considered*,1744)。

(Bristol)的主教，于1750年成为达勒姆(Durham)的主教，两年后在那里去世，享年六十岁。巴特勒以如下论题反对理神论者肤浅的理性主义：自然的奥秘并不亚于《圣经》的启示。我们的自然知识绝大部分依据或然判断。这样一来，巴特勒就返回到洛克关于理性和自然现实的观点。他说道："或然性是生活的真正指南。"只有在人们以一个错误的理性概念为基础的时候，基督教的信仰才表现为非理性的。当然，在巴特勒看来，人们可以在信仰的历史问题中不要求数学的证明，但我们通常大多数情况下也必须放弃这样做。我们最重要的决定都必须是在或然判断的基础上做出的，例如在决定缔结婚约时。巴特勒所指出的自然与启示的最令人印象深刻的类比之一，涉及基督教的复活信仰：如果毛毛虫能够转化为某种如此异类的东西，例如一只蝴蝶，为什么相信死者复活的可能性就应当如此困难呢？这幅令人印象深刻的图像的可信性在1736年肯定要大于两个半世纪之后。但比这种类比在自然科学上的正确性更为重要的，是其中在巴特勒这里表现出来的意向，即不让对自然的理解与《圣经》的启示彼此撕裂，保持对超越我们的理性知识的东西的开放性。这可以说明巴特勒在英国的巨大功绩，那个时候休谟于1748年对奇迹的批判还几乎未被认识到、而且只造成了一些微不足道的影响。

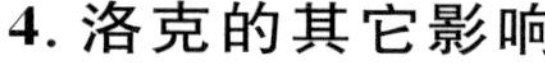

### 4. 洛克的其它影响

关于洛克对十八世纪的英国神学史的意义，上面已经谈过了，这种意义直到当前的世纪还在继续起作用。洛克是作为英国经验论的创始人进入哲学史的，而且他以对经验意识的描述比笛卡尔的影响还要持久，尽管笛卡尔的直接成就在国际上直到十八世纪还大得多。洛克的影响一直延伸到我们这个世纪的分析性的语言哲学。尽管这种语言哲学不再把感官材料视为一切经验的源泉，就好像它们先于一切精神加工和诠释而被给予似的，但洛克毕竟已经强调过，简单观念和抽象观念是很难分开的，因为我们为称谓我们的知觉而使用的语词总是已经具有普遍的性质。洛克由此离黑格尔在其1807年的《精神现象学》(*Phänomenologie des Geistes*)中对感性意识所做的批判、离在我们这个世纪打断了实证主义进军的对一切观察命题的"理论负担"的洞识，[①]已不那么遥远。例如，在洛克那里，尤其是在其《人类理解论》的第三卷中，也已经存在着语言分析的端倪。与此相反，洛克几乎没有试图对意识在加工感官印象时的程序做出精确的描述。关于这个主题，休谟在对我们的经验意识的描述中，尤其是通过他对个别观念按照作为因果联结之基础的相似性、空间中的接触和时间中的相继的规则的联想所做的研究，取得了超越洛克的最大进步。[②] 休谟还通过把这种考察方式运用于作为一束(bundle)瞬间的、在记忆中保存的现在时刻的自我意识，而达到了一种与洛克完全不同的立场。当然，由他所主张的联结个别知觉时的联想机制也成为现代感官



① 针对罗蒂(R. Rorty)的批判《哲学和自然之镜》(*Der Spiegel der Natur, Eine Kritik der Philosophie*, 1979, Deutsch, 1981、1987)，第158页以下。因此，也鉴于英语哲学的语言分析阶段，怀特海的判断依然有效：洛克"在英国哲学中可与柏拉图媲美"(《过程与实在》)。

② 参见怀特海的判断。怀特海在讨论洛克与休谟的关系时(《过程与实在》，第198—217页)虽然在总体上对洛克的重要性评价要高得多，而对休谟则多持批判态度，但却承认休谟对观念联结的描述比洛克更杰出(第212页)。

生理学的批判对象，因为它们使对整体的把握表现为某种第二性的东西，而无论在知觉中，还是在激动中，实际上各个整体都是第一性的东西，它虽然可以分解成自己的元素，但却不是由这些元素复合而成的。①

但是，洛克并不仅仅是现代经验论的创始人，而且至少同样是政治思想家。由于他关于宽容的书信（自 1689 年始），在他的哲学中建立在对过分的知识要求的批判之上的宽容思想获得了普遍的承认，而通过他对政府体系的两项研究（《关于公民政府的两篇论文》[*Two Treatises of Civil Government*，1690]），他不仅阐明了一种新的、与霍布斯相对立的社会契约理论，而且特别是成为近代自由思想的创始人。在《关于公民政府的两篇论文》中，洛克在第一卷中批判了要把君主制的统治建立在人的本性之上，并把它回溯到父权制的家庭秩序的学说。在第二卷中，他对一切人不仅原初地、而且任何时候都天生地处于其中的“自然状态”发表了意见。这里涉及“在自然法则的界限之内，以他们认为恰当的方式完全自由地去支配他们的行为和处置他们的财产和人身的状态”，而在人的关系中一种原初的平等和交互性就建立在这上面（第二卷，第 2 章，第 7 节）。洛克由此完成了对传统的自然法的自由理念的一种影响深远的改造，即他并不把自然状态视为一个失去了的人类在

① 关于激动的形式，请参见贝滕代克（F. J. J. Buytendijk）的经典著作：《人的镇静和激动的普遍理论》（*Allgemeine Theorie der menschlichen Haltung und Bewegung*，1948）；关于感官知觉，请参见坎彭豪森（Chr. v. Campenhausen）：《人的感官——知觉的心理物理学引论》（*Die Sinne des Menschen：Einführung in die Psychophysik der Wahrnehmung*，1981，2 Aufl.，1993）。

其历史的开端时的原初状态，而是主张："所有的人都天然地在那种状态中，并一直保持到他们经由自己的意愿，将他们自身变为某种政治社会里的成员"（第二卷，第 2 章，第 15 节）。然而，并不像霍布斯所认为的那样，由于进入一个政治共同体，就要放弃原初的自由，以便在一位主权者的统治下为此换取免于他人侵犯的保护。相反，国家恰恰是为了保护各个公民的自由和财产而存在的（参见第二卷，第 4 章，第 22—23 节；还请参见第二卷，第 8 章，第 120 节）。足以说明洛克的特点的，还有自由概念与财产概念的结合，而无论是旧的自然法学说，还是国家统治的种种形式，都把财产视为社会状态或者原罪的后果。洛克通过财产概念与个人自由思想的结合使财产概念变得高尚起来。在这里，财产的权力是与人的活动相关的。原初的财产就是人的人格本身，是他的身体和与此紧密相关的"他双手的作品"（the work of his hands）。无论人们把自己的劳动与什么结合起来，他们都使之成为自己的财产（第二卷，第 5 章，第 27 节）。正是通过自由与财产的结合，洛克才能够把自然状态的原初自由断言为直到当前还存在的实在，从保护自己的公民的自由权利的任务出发来说明国家的根据。这样一来，失去了的斯多亚学派的自然法的黄金时代对于洛克来说就是当前的实在，尽管没有一种尘世天堂的色彩，并且以一个好的、非专制的政治秩序为前提条件。当然，这种以自然法论证的自由概念在洛克那里，跟在追随他的现代思想家那里一样，在很大程度上摆脱了基督教。这不再像在弥尔顿那里还有的那样，所涉及的是受各个人在基督里面与上帝的共联性制约的典型基督教式自由。与此相应，政治秩序不再被设想为以上帝的统治为根据。洛克宁可说

是倾向人民主权是政治秩序的根据的思想。无论如何,他关于自由的观念还受法权的制约,因此,法权和法律不是被理解为限制,而是被理解为自由的体制条件。[①] 法律的目的不是取消或者限制自由,而是保障和扩展自由(to preserve and enlarge freedom)。因此,自由不是被理解为任意,而是被设想在与人的理性的统一中,与今日的处境有别。在今日的处境中,合乎宪法的秩序的法权被理解为对个人自由发展人格的法权的限制。[②]

① 洛克:《关于公民政府的两篇论文》(*Two Treatises of Civil Government*,1690),第二卷,第6章,第57节:"法律绝不是如同指示之于一个自由且有才智的行为人对于他的恰当权益那样的限制,并且规定毋宁说是为了那些在此法律之下众人的普遍利益。"

② 例如在德国基本法中的第2款第1条。

# 第八章　康德及其对神学的影响[①]

## 一、康德哲学发展中的神学冲动[②]

直到五十七岁(1781)，康德才发表了他的批判哲学的代表作《纯粹理性批判》。自从他在科尼斯贝格(Königsberg)就职以来，在出版《纯粹理性批判》时已经二十五年过去了。在这些年里，产生了所谓康德的前批判时期著作，特别是关于自然研究和形而上学问题的著作。这些著作中最重要的有：

- 《关于活力的真正测算的思想》(*Gedanken von der wahren Schätzung der lebendigen Kräfte*，1746)。

---

① 亨里希(D. Henrich)在他的词条“康德”(《历史和当代中的宗教》，第三卷，第1123—1127页)中提供了康德哲学的一个简明扼要的概览。作为康德一方面与莱布尼茨，另一方面与牛顿的关系角度的引论，值得推荐的是马丁(G. Martin)：《康德》(*Immanuel Kant*，1951，4 Aufl.，1969)。

② 关于本章，特别请参见雷德曼(H.-G. Redmann)：《上帝与世界——康德前批判时期的创造神学》(*Gott und Welt: Die Schöpfungstheologie der vorkritischen Periode Kants*，1962)；还请参见作者在《神学文汇报》第89期(1964)上的评论，第898页以下；此外有施穆克尔(J. Schmucker)：《前批判时期的康德的本体神学》(*Die Ontotheologie des vorkritischen Kant*，1980)。

- 《一般自然史与天体理论》(*Allegemeine Naturgeschichte und Theorie des Himmels*,1755),包含行星体系的一种纯粹力学的产生的论题。
- 《形而上学认识各首要原则的新说明》(*Principiorum Primorum Cognitionis Metaphysicae Nova Dilucidatio*,1755),康德在科尼斯贝格以拉丁文撰写的大学授课资格论文(Nova Dilucidatio)。

对于康德的哲学神学来说重要的是下面的著作:

- 《证明上帝存在唯一可能的证据》(*Der einzig mögliche Beweisgrund zu einer Demonstration des Daseins Gottes*,1763)。

最后,这里还要列举的是:

- 《一位视灵者的梦——以形而上学的梦来阐释》(*Träume eines Geistersehers, erläutert durch Träume der Metaphysik*,1766)。

早期自然科学的作品一开始就是在为形而上学的旨趣、特别是为神学的旨趣服务——在该词的狭义上是神学的,因而是在对上帝观念的旨趣的意义上是神学的。康德的自然观的特殊性在于他主张纯粹力学地解释世界和世界的产生的坚定性,甚至反对牛顿的权威，而这种力学的自然观——如雷德曼(Horst Redmann)所指出的——是由一种对上帝的理解推动的。这种理解就其自身而言在改革宗的神学中，特别是在加尔文主义神学家施塔普弗尔(Johann Friedrich Stapfer)①那里，亦即在他对上帝的自由全能和崇高中有其根源。这种情况在下文中将这样来阐述，首先以简短的线条刻画康德对上帝的理解，接下来是与其相应的对世界的理解，最后是由康德直到1763年所讲授的关于上帝存在之证明的观点，与康德后来在他对理论理性的上帝证明的批判框架中对这种论证的评价相结合。

## 1. 康德在其早期著作中的上帝观念



早在1746年的《关于活力的真正测算的思想》中，康德就与从莱布尼茨和沃尔夫(Christian Wolff)出发的形而上学相对，强调了人的理性的有限性和不完满性。他谈到"我们的知性的狭隘界限"，并且拒斥"力图扩大人类知识、却不考虑人类的不完满性的人们的流行倾向"。② 这里反映出康德关于人与上帝的关系的观点。也就是说，莱布尼茨把上帝设想为像人的精神那样的精神，尽管在量上与我们的精神不同，而康德则谈到在质上的一种不可测量的差别。他说道："在质上的差别必然是不可测量的，如果人们对事

① 施塔普弗尔(Johann Friedrich Stapfer，1708—1775)，是哲学家沃尔夫(Christian Wolff)的学生。他曾四次拒绝马尔堡(Marburg)的一个改革宗神学教席的聘请，为的是继续做牧师，但却出版了五卷本的《辩论的敌对神学的准则》(*Institutiones theologiae polemicae diversae*，1743—1747)，并从1764年起出版《为真正的宗教奠基》(*Grundlegung zur wahren Religion*)，第十二卷出版于1753年。

② 《康德著作全集》(*I. Kant Werke*，hg. W，Weischedel)，第一卷，第42页。

物进行比较的话，其中一些就自身来说是无，另一些则是万物唯有通过它才存在的东西。”[①]

康德在其早年还会用“无限性”这一传统谓词来表达上帝在与一切事物的关系中无可比拟的优越性。[②] 然而，他在1763年就已经对无限性的说法做出批判性的判断了，因为无限者的概念在他看来“就其真正含义来说”具有数学上的意义，因而在运用于上帝时似乎在与受造事物的关系中包含有“人们不能声称的一种同类性”。与此相反，“属神的充足性（Allgenugsamkeit）的概念，是表示这一存在者的极大完善性的正确得多的表述”。[③]

上帝超出与受造事物的一切比较的崇高性，在康德看来其根据在于，上帝不仅是世界之存在的始作者，而且已经是一般有限事物的可能性根据：“一种伴随有最高智慧的力量为了启示自己而已创造的东西”，与“它能够创造的东西”相比，“……如同一个微分量”，[④]因而如同一个极小的量。上帝是“一切存在者的存在者……大自然甚至就其在规定性的整个总和之中的可能性而言，

① 康德在他关于负值概念的著作中如是说，参见《将负值概念引入世俗智慧的尝试》（*Versuch, den Begriff der negativen Größen in die Weltweisheit einzuführen*, 1763），第66页（载《康德著作全集》，第一卷，第816页）。

② 例如，在《一般自然史与天体理论》（*Die allgemeine Naturgeschichte und Theorie des Himmels*, 1755）中，第17页（《康德著作全集》，第一卷，第267页）以及第105—106页（《康德著作全集》，第一卷，第344页），但到1763年还在《证明上帝存在唯一可能的证据》（*Der einzig mögliche Beweisgrund*）中，第181、196页注（《康德著作全集》，第一卷，第724、733页）。

③ 康德：《证明上帝存在唯一可能的证据》，第186—187页（《康德著作全集》，第一卷，第727页）。关于充足性的概念，参见特斯特根（Gerhard Tersteegen）1729年的歌曲：《充足的存在者》（Allgenugsam Wesen; EKG 270）。

④ 康德：《一般自然史与天体理论》，第107页注（《康德著作全集》，第一卷，第330页）。

也就是从他里面得到其起源的”。①

### 2. 作为创造的世界

康德通过充足性的概念来表示上帝的特殊性，而对他来说，无限性则是世界与其创造者相适应的观点。在《一般自然史与天体理论》(*Allgemeine Naturgeschichte und Theorie des Himmels*, 1755)中，康德说道，一个无限的世界的表象“与伟大创造者的无限性是相称的。……已经启示出来的智慧、美善和力量是无限的，而且也是无限富有成果的、无限活跃的；因此，启示它们的计划必然与它们自身一样是无限的、没有边界的”。② 世界无限性的表象作为其创造者的无限性的相关物，大概首先是由库萨的尼古拉表述的，③当然在这里世界与创造者不同，只是被表现为有限受造物的一个没有边界的众多。除此之外，康德把世界设想为仅仅在空间上没有边界，而他在时间上虽然没有给世界一个终结，但却给它一个开端。④

但是，康德要把这个无限的世界理解为在自身中纯粹力学地安排的——根本不借用目的因或者上帝对世界进程的“偶因论”干预。康德在他以笛卡尔为出发点并反对牛顿的、关于行星系按照

---

① 《康德著作全集》，第一卷，第358页。

② 同上书，第267页。

③ 参见库萨的尼古拉(Nikolaus von Kues)：《论有学问的无知》(*De docta ignorantia*)，第二卷，第4章，对此的解释见第二卷，第1章。据此，宇宙只是欠缺的无限，因为它没有边界，唯有上帝才是否定的无限，与一切有限者都不同。

④ 《康德著作全集》，第一卷，第335页：“创造永远不可能完成。它虽然于某个时候开始，却永远也不会终结。”

纯粹力学的规律从混沌的原初状态中产生的理论中也用神学的论据来为自己辩护。世界的力学秩序的完善性是创造者的智慧唯一配得上的表述。斯宾诺莎就已经有过类似的说法。[①] 康德认为，恰恰是在力学的描述中，世界对上帝的全部依赖性和它与上帝的彻底不同得到表达。他明确地抵制一种“成见”，这种成见认为，如果人们从被植入自然之发生的普遍的运动规律和自然力量出发来解释其进程，就会“否认上帝对世界的统治”。恰恰是在其“通过普遍的规律”产生出来的“协调一致和秩序井然”中，包含着自然“在一个唯一的最高理智中”的起源的指示。[②] 这种论证使人想起从宇宙的秩序和美出发对上帝存在的宇宙神学(kosmotheologisch)证明，但对于康德来说，这却与从柏拉图的《蒂迈欧篇》出发的传统不同，在根本上涉及这种秩序的偶然性是属神的创造行动之自由的表述的观点。

中世纪的基督教创造神学在继续发展柏拉图的主题时把创造解释为按照现存于上帝里面的理念的范型给一个起初已经就绪的材料(质料)塑形。虽然奥卡姆就已经批判这种观点与属神的创造行动不适合，[③]但他由此并没有长久地贯彻下去，而追随柏拉图的

---

① 斯宾诺莎:《神学政治论》(*Theologisch-politischer Traktat*, 1670; übersetzt und eingeleitet von C. Gebhardt; Philosophische Bibliothek 93)，第 110—132 页(第 6 章:论奇迹)。

② 《康德著作全集》，第一卷，第 356 页。

③ 参见班纳赫(K. Bannach):《奥卡姆关于上帝的双重权力的学说——问题史上的预设和意义》(*Die lehre von der doppelten Macht Gottes bei Wilhelm von Ockham: Problemgeschichtliche Voraussetzungen und Bedeutung*, 1975)，第 54—275 页，特别是第 238 页以下，第 248 页以下。

创造活动是以存在于属神精神中的理念为取向的观点，由莱布尼茨通过把属神的全能与上帝的智慧的尺度结合起来，而引向一个新的高峰。与此相反，康德认识到，把创造理解为按照现存于上帝的精神里面的理念的范型给一个材料塑形，一方面给予质料以一种相对于上帝的不合适的独立性，另一方面忽视了事物的受造秩序与上帝本身的距离，因为这种秩序被理解为属神理念的直接表达，因而被理解为属神精神本身的结构的直接表达。康德在1763年对此写道："人们把其他事物的依赖性仅仅限制在它们的存在上，由此就抽掉了对那个最高本性如此之多的完善的根据的巨大兴趣，并把它给予我也不知道什么样的永恒怪物。"[①]这种批判的说明尤其是针对莱布尼茨的。莱布尼茨把上帝的全能设想为受制于他的智慧的，即受制于在他的理念中反映的可能事物的秩序。因此，对自然秩序的认识对于莱布尼茨来说——就像已经对于库萨和开普勒(Johannes Kepler)来说一样——被视为对上帝的创世思想的深思。与此相对，康德坚持认为，事物本身的可能性必须在上帝里面有其根据。上帝在他的创世行动中不可以设想为受制于在他自己里面先在的可能事物秩序。

这样，如果一方面，世界现实的一个角度，亦即世界事物的秩序，未被传统观点适当地以它的受造性、以他与上帝及其智慧的差异性来评价；那么另一方面，作为由上帝才塑形和安排的材料的质料却被赋予一种独立性，使其对上帝的依赖性变得不可理解。因

① 《康德著作全集》，第一卷，第724页。

此，康德针对传统的自然神学考察方式说道："这一方法只能用于证明世界的联系和艺术性结合的创造者，但不能证明物质自身的创造者和宇宙构成部分的起源。这一明显的缺陷必然使所有仅仅使用这种方法的人们陷入被称为更精致的无神论的失误的危险之中，按照这种失误，上帝在真正的意义上被视为工匠，而不是被视为世界的创造者，他虽然安排和塑造物质，但却不生产和创造物质。[①]"

因此，康德力图不仅在自然世界的形式结构方面，而且就其整个物质性存在来把它理解为受造的——一方面与上帝本身完全不同，另一方面恰恰在这种不同中完全依赖上帝。为了强调与上帝的这种不同，他力图把事物的形式和规律理解为物质性过程的功能，而在他那个时代的自然科学处境中，几乎不可能比通过康德关于世界的力学发展的学说更能做到这一点了。但恰恰是世界相对于上帝的独立发展可以使人通过其偶然性[②]来认识世界的受造性。世界在整体上的偶然性，恰恰也是就它的秩序结构而言，对于康德来说是把世界与上帝联结起来的最后的和坚定性的纽带——一个证明世界完全依赖于上帝的纽带。

世界及其秩序的偶然性意味着，它的存在使得它的可能性根据问题悬而未决。但是，这一问题不再可以在自然哲学上予以回答，因为世界——如果它是偶然的——不具有其起源的类比。中世纪的哲学就已经在必然的作用因和其结果为偶然的自由原因之

① 《康德著作全集》，第二卷，第 689—690 页。

② 关于偶然性的概念，参见《康德著作全集》，第一卷，第 644 页。

间做了区分,并仅仅对于前一种情况才主张类似地从结果回溯到原因的可能性。

自十八世纪五十年代中期以后,康德试图在本体论研究的层面上继续追究世界在其与上帝的关系中的偶在的主题。他的形而上学著作的主题由此与早期自然哲学著作的神学动机处在一种内在的联系之中。这也适用于1763年关于上帝存在的唯一可能证明根据的著作。

### 3. 出自理性的上帝证明

尽管在一种因果回溯的意义上任何从自然的偶然性到上帝的回溯都是不可能的,康德在他的大学授课资格论文(《形而上学认识各首要原则的新说明》)的发表年1755年直到他1763年的论文《证明上帝存在唯一可能的证据》之间,毕竟还能够指明,理性不以假定上帝的存在为前提条件,就不能思维任何东西。以这种方式,上帝的存在就可以不依赖任何经验先天地来证明。康德当时还认为不容辩驳的证明是什么样子呢?

理性的思维可能性以及理性本身受制于作为理性活动的出发点的实际被给予者。[①] 但存在着的东西是偶然的,也就是说,它在自身之中并不具有它的存在的"内在可能性"。因此,实际被给予者,即理性的一切思维可能性的基础,就其自身而言却唯有以它的可能性和一切可能性的一个根据为前提条件才是可能的,这个根

① 康德1755年就在他的《一般自然史与天体理论》中如此说过,《康德著作全集》,第一卷,第381页。

据就实际存在者而言是实在根据。[①] 在这种证明中，世界的存在不能从上帝观念出发在逻辑上得到论证，反过来也是一样。毋宁说，世界就其纯粹的实际性而言表现为从无中的创造，因而在逻辑上是无法理解的。

因此，康德的证明真正说来并不涉及从理性出发证明上帝的存在，而是涉及从理性受制于实际性出发证明上帝的存在，而且这是一种出自理性的限制的证明，康德在1746年针对莱布尼茨—沃尔夫的形而上学就强调过这种限制。晚年，康德对1763年的著作以及在其中展开的上帝证明的判断是：就连它也不是不容争辩地确定的，"因为它不能阐明这样一个存在者的客观必然性，而是仅仅阐明假定它的主观必然性"。[②] 在《纯粹理性批判》(1781)中，康德在同样的意义上纠正了他1763年的著作：在实际被给予者是历史活动的对象的前提条件下假定一个绝对必然者，这虽然在事实上是不可避免的，但却只是在主观上不可避免的。这一假定在《纯粹理性批判》中通过先验理念是一切实在完善性(omnitudo realitatis)的总和，就其自身而言是对象的一切可能规定的根据的思想得到具体化。[③]

康德虽然批判了传统形而上学的上帝学说，却很主张上帝观

① 关于康德的实在根据的概念，参见他关于负值概念的论文结尾处的总的说明(《康德著作全集》，第一卷，第816—819页)。与逻辑的根据不同，这一表述表明"某物如何从别的某物流溢而出，但不是按照同一性的规则"，而在这种意义上就要说："唯有上帝的意志才包含着世界存在的实在根据"(第817页)。

② 康德在他关于哲学的宗教学说的讲演中如是说[波里茨(Politz)编，第2版，1830年，第72页；引自亨里希：《本体论的上帝证明》，第148页]。

③ 参见康德：《纯粹理性批判》，B599—611。下文中标出的页码即为该著。

念也对理论理性有效，但只是主观上对理性的需要有效："因此，最高的存在者对于理性纯然思辨的应用来说依然是一个纯然的，但毕竟完美无缺的理想，是一个完成全部人类知识并使其达到顶峰的概念，它的客观的实在性沿着这条道路虽然不能得到证明，但也不能被反驳；而且如果应当有一种能够弥补这种缺陷的道德神学的话，那么在这种情况下，此前尚成问题的先验神学就……证明了自己的不可或缺性"(B669)。假定关于上帝的主观上对理性来说必要的思想不仅是理性的"理想"，而且是客观的实在性，导向这一点的只是实践理性，而这也已经是实践理性对上帝问题的全部贡献。

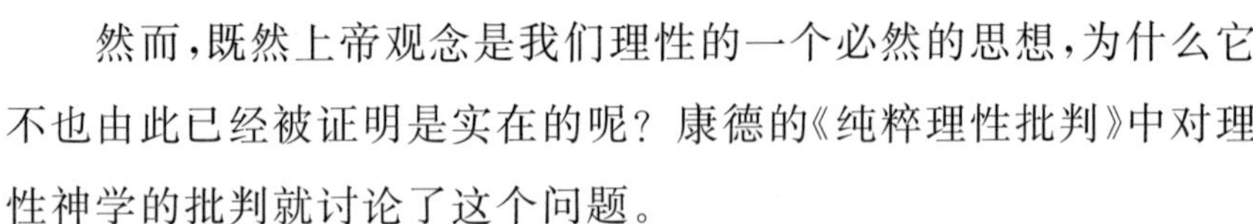

然而，既然上帝观念是我们理性的一个必然的思想，为什么它不也由此已经被证明是实在的呢？康德的《纯粹理性批判》中对理性神学的批判就讨论了这个问题。



康德把传统的上帝证明分为三类。他区分出上帝存在的一种宇宙论的证明、一种自然神学的证明和一种本体论的证明。宇宙论的论证是从世间事物的实际存在推论到上帝的存在，自然神学的论证是从在世界中可以观察到的秩序推论到这种秩序的一个理智的始作者，本体论的论证是从在我们的理性中有其根据的上帝概念推论到他的存在。在宇宙论证明的标题下，康德把三种异质的论证结合在一起：一、这么一个论证，即世界上的运动必然有一个第一起源，这是托马斯·阿奎那证明上帝存在的五种路径中回溯到亚里士多德的第一种；二、推论到事物存在的一个第一起源；三、假定一个必然的，也就是说从自身出发而存在着的存在者的论证，与一切有限的事物的偶然性相对立。第二种和第三种论证是在中世纪的阿拉伯哲学和基督教哲学中才有其起源的。在康德谈到宇宙论证明时，他首先想到最后提到的论证，即与托马斯·阿奎那的五种路径中的第三种相应的论证，而且是以由莱布尼茨给予它的推理形式，即从有限事物的偶然性推理到一个从自己本身出发、因而必然存在着的存在者，来作为在根本上有某种东西存在的可能性条件。[①]

在康德看来，必然存在者的概念贯穿着所有这三种证明方式。宇宙论的论证导向必然存在者的概念，把它作为事物的偶然性的对立概念，但却不能给予这个概念以内容。这在康德看来是本体论的论证的任务，本体论的论证应当从康德称之为“先验理想”的、作为“实在性的大全”(omnitudo realitatis)的最完满的存在者的思想出发，给予必然的，亦即从自身出发存在着的存在者以内容，这是就存在据说也属于实在性的大全而言的。由于这样一来，宇宙论论证的目标概念在内容上就得到规定，因此康德认为，这一论证为了有承载能力而以从上帝的本质概念推论到他的存在的本体论论证为前提条件，与此相似，自然神学的论证也依赖于本体论论证。

但是，证明上帝存在的本体论论证如今受到指责，即从最完满的存在者不能推论到它的存在，因为存在不能被理解为包含在“实在性的大全”之中的实在完满性中的一种。[②] 这种指责对于康德

① 康德在《纯粹理性批判》(B632)中明确地指出，他所说的宇宙论证明与莱布尼茨称为“出自世界的偶性”(a contingentia mundi)的论证是同一的。

② 关于康德对本体论论证的批判及其对于他的一般理性神学批判的意义，参见亨里希：《本体论的上帝证明》，第139—178页。

的批判证明的重要性与其说在于从上帝的概念到他的存在的推理被否定，倒不如说在于“实在性的大全”的先验理想被表明不足以完成阐明主张本质与存在的统一，并由此实际上从本质得出上帝的存在的必然存在者概念的任务。[①] 但是，如果必然存在者的概念不能在自身中以充足的规定性来设想，那么，失效的就不仅是从这一概念出发的本体论证明，而且还有导向它或者以它为前提条件的其他两种证明。虽然依然有效的是，世间事物和整体上的世界的偶然性促使理性上升到一个通过自己本身存在着的、必然的存在者——这个存在者构成其他一切实在性的起源——的思想，但这样一步对于理性来说的必然性却不能表明，这样一个存在者实际上通过自身而存在，以及它如何通过自身而存在。

与康德相反，黑格尔在后来坚持认为，宇宙论的证明单凭自身就已经导向了必然存在者的概念，因而不需要实在性的大全的概念来证明这样一个存在者的存在。[②] 这一批判的重要性在与黑格尔哲学的整个体系的联系中还需要更精确地来评价。我们在这里仅限于首先阐明，康德是如何在上帝存在在理论上的不可证明性的前提条件下，来使理性本身及其功能免除对它来说根本性的神学关联的。



① 康德:《本体论的上帝证明》，第 156 页以下。正文中提到的阐明应当更精确地理解为对普遍确定性的证明(第 156 页)。

② 黑格尔:《关于上帝存在的证明的讲演录》(*Vorlesungen über die Beweise vom Dasein Gottes*; hg. G. Lasson; Philosophische Bibliothek 64(1930), 1966)，第 136 页以下，特别是第 142—143 页。

## 二、康德的《纯粹理性批判》中上帝的形而上学功能的人化[①]

关于康德的思维在1746—1770年之间的发展的讨论已经表明，恰恰由于康德关于上帝作为创造者的崇高性的极端观点，理性被抛回到自身，亦即被抛回到它的有限性。对上帝和受造物之间的距离的强调，恰恰也是考虑到人类理性，这种强调一方面说明，康德日益强调理性活动受制于感官印象的前提，而且在这里向经验论的论证、尤其是休谟的认识批判敞开大门，但另一方面经典形而上学关于上帝——以及关于整体的世界和关于灵魂——的陈述只能还被评价为这种有限理性的表达，而且是其超越由受制于感官印象而给它划定的界限的倾向的表达。康德虽然相信，理性从自己本身出发给通过感官印象感受到的东西附加上了某种东西，这恰恰是就它感受到这些印象并把它们加工成认识而言的。尽管"我们的一切知识都以经验开始，它们却并不因此就都产生自经验"。[②] 但是，先于一切经验（先天地）属于理性的本性的认识形式在康德看来却唯有在运用于通过感官印象可以获得的经验时才具有意义。当然，对我们的经验如此做出的诠释的一个结果是，世界经验的通常与上帝观念相联结并通过它而建构起来的关联框架如

① 这里所阐述的情况已经由德勒卡特（F. Delekat）以别的形式讨论过了：《康德——对其代表作的历史批判诠释》（*Immanuel Kant: Historisch-kritische Interpretation der Hauptschriften*，1962）。

② 康德：《纯粹理性批判》，第二版导论，B1。

今被重新解释为人的主体性的表达，因而在人类学上重新得到解释了。这首先涉及空间和时间，它们作为感性感知的最一般形式，是康德在他的理性批判的第一部分以一种先验感性论的名义、因而以一种关于感性直观的可能性的普遍条件的学说的名义讨论的；而此后就是紧随其后的“先验分析论”的阐述，这是关于感性印象在知性的判断中的联结的普遍条件的学说，最后还有以经验的(以及知性应用的)总体为目标的世界、灵魂和上帝的“理念”，它们构成了康德的“先验要素论”名为先验辩证论的第三部分的对象。

### 1. 康德的先验感性论中对空间和时间的人类学解释

在十七世纪和十八世纪早期，无论是斯宾诺莎，还是牛顿和莱布尼茨，都对空间和时间做了神学的解释。如果斯宾诺莎把它们概括在广延的概念下，设想为属神实体的属性的话，牛顿则把它们设想为“上帝的感觉中枢”(sensorium Dei)，因而设想为上帝在他的受造物的位置上创造性地临在的媒介。[①] 牛顿和斯宾诺莎一样，把无限的空间理解为实在的，但并不是独立存在的，不是实体，因为在上帝现实的无限性之外，不能假定第二个现实无限的东西：两个现实地无限的东西将会彼此限制，以致二者中没有一个在严格的意义上是无限的。这样，就只能有一个现实的无限者，空间的无限性必须被设想为“附着于”上帝的无限性的某种东西，因而是

---

① 关于这一点以及关于下文，参见作者的《上帝与自然——神学与自然利学之间争辩的历史》(Gott und die Natur: Zur Geschichte der Auseinandersetzungen zwischen Theologie und Naturwissenschaft)，载《神学与哲学》(*Theologie und Philosophie*, 58 [1983])，第481—500页，特别是第491页以下。

上帝的属性或者(在牛顿那里)是他的创造性活动的媒介。在这里,按照克拉克对牛顿的观点的诠释,唯有具备属神的不可测度性(immensitas)的无限不可分的空间才能被理解为上帝的属性,与由各个部分组成的几何学空间不同,[①]而斯宾诺莎则不接受这样一种区分,因而蒙受了泛神论的指责。莱布尼茨同样怀疑牛顿(和克拉克)有一种泛神论的观点,因为他把属神的无限性由部分复合而成(以及反过来这种无限性的可分性)的悖谬观念归于他们。为了避免这样的结论,莱布尼茨本人便主张空间的实在性既不是实体,也不是属性,而是把空间设想为事物之间的关系的总体,如其在表象中被把握的那样。因此,空间是一种认识形式,但尽管如此,仍不是外在于事物而存在、不是任意的附加,因为它在属神的原初单子的知识中是由通过这些单子被创造的宇宙及其秩序得到论证的。

与此相反,康德既不以这种方式、也不以另一种方式来把空间和时间追溯到上帝,而是把它们当作人的直观形式来对待,它们的根据就在于我们的主体性。这样一来,康德一方面反对莱布尼茨,采用了克拉克的论证,据此空间作为一个无限的整体,对于部分的空间、空间形体和对象连同他们彼此之间的关系的一切规定来说,已经被当作前提条件。用康德的话说:空间是"一个无限的被给予的量"(B39—40)。另一方面,通过把空间理解成为人的主体性的直观形式,康德避免了克拉克所得出的结论,即这个无限的和不可分的、因为在一切分割中已经被当作前提条件的空间可以视为无



① 更详细的讨论,参见作者的《上帝与自然》,第495页。

限的上帝的属性，[①]亦且即被视为与属神的不可测度性相同一。

康德就时间而言所做的论证与此相似。[②] 不同的时间只不过是同一个时间的各个部分(B47)。因此，作为整体的时间的直观已经是一个有限的时间段的任何表象的前提条件。因为没有任何时间段，我们甚至不能离开之前和之后来思想现在。普罗提诺已经针对亚里士多德关于时间是运动的数字的观点提出过这样的指责。[③] 因此，灵魂超越时间的同一性以及由此而来的作为生命之整体的永恒被他视为时间的根据。[④] 但与普罗提诺不同，康德并不把这种功能归于一个世界灵魂，而是归于人的主体性，亦即经验的可能性的“先验”条件。康德的论题提供了这方面的论证。时间是“直观我们自己和我们的内部状态的……形式”(B49)，由此是所有一般显象的条件(B50)，亦即也是外部(空间)直观的条件，这是就后者以知觉的前后相继在我们里面发生而言的。作为我们的内部状态的直观，时间是“心灵通过自己的行动亦即其表象的这种

① 潘能伯格：《上帝与自然》，第494页注47，关于《纯粹理性批判》，A26。

② 对此，奠基性的是曼茨克(K. H. Manzke)关于康德的一章所做的阐述：《永恒与时间性——对时间的一种神学解释的种种视角》(*Ewigkeit und Zeitlichkeit：Aspekte für eine theologische Deutung der Zeit*，1992)，第55—160页，特别是第127—153页。

③ 普罗提诺(Plotin)：《九章集》，第二卷，第7章，第9节。参见拜尔瓦尔特斯：《普罗提诺论永恒和时间》，第123、235页。

④ 关于在普罗提诺那里灵魂是永恒和时间之间的中介，参见《九章集》，第三卷，第7章，第11节；拜尔瓦尔特斯：《普罗提诺论永恒和时间》，第241页以下，特别是第260—261页，以及第289页，关于《九章集》，第三卷，第7章，第13节，第49—53行，那里很清楚，普罗提诺关于时间依赖灵魂的论题涉及柏拉图主义的世界灵魂，但绝不涉及人的个别灵魂。关于永恒是生命整体的“没有部分的完成”的思想，参见《九章集》，第三卷，第7章，第3节，第17—19行(《普罗提诺论永恒和时间》，第99页，第166页以下，以及第172页以下)。

置入、因而通过自己本身被刺激的方式”(B67—68)。康德是通过自我意识与自我的活动的关联来讨论心灵自我刺激的困难思想的:自我在他的自己活动中意识到它自己本身(B68)。但这样一来,时间是如何作为连续体或者甚至作为无限的整体被给予我们的呢?《纯粹理性批判》的第一版认为对此负责的是“通观杂多,然后合并之”,康德把这称为“把握的综合”(A99)。但在这里面,时间(作为各个瞬间的一种前后相继的杂多)已经被设定了。这样,康德在其著作的第二版中就让“生产的想象力”为自己的活动的各个瞬间的一种前后相继的普遍化和概括负责了(B152 以下)。[①]

这样一来,人的自我就取代了在鲍姆加登(Alexander Gottlieb Baumgarten)的形而上学中由“上帝的创造性直观”所占据的地位。[②] 为了在这种功能中取代永恒的上帝,自我必须被设想为无时间的,因为它应当通过它的自己活动来首先建构时间。[③] 因此,有限的自我应当被设想为时间(还有空间)的无限整体的起源。“因此,本身从未感到自己是无限的整体的主体,在康德看来却应当是时间的统一性的保障。发现时间的统一性在上帝的永恒性的持久中得到论证的可能性,对康德来说就这样被打发掉了。”[④]但是,对此的代价也是很高的。他处在“自己绝对地设定自己的有限性的自相矛盾的‘理念’中;在时间中认知自己的有限自我把自己

① 特别请参见 B154—155。

② 证据见德勒卡特:《康德》,第 94 页。曼茨克也赞同这一判断:《永恒与时间性》,第 51 页。

③ 同上书,第 150—153 页。

④ 同上书,第 153 页。

设定在时间之外作为时间的统一性的保障”。[①] 因此，如此关注人的理性与属神的充足性的距离的同一个康德，通过把属人的主体独立化为他的经验意识的根据，而达到了实际上让这个自我取代上帝的地步。

但是，从对空间和时间的人化解释中，对于康德的经验意识分析来说，进一步产生出一种内在的困难，因为感性直观不再能够履行康德要赋予它的功能，亦即促成我们的知觉和知性判断的实在性关联、它们与一个在我们之外的预先被给予我们的现实的关联。也就是说，鉴于空间和时间的主体性，直观的这些形式是否也是被直观者自身的形式，就再也无法裁定了。[②]

### 2. 知性功能的主体性及其客观有效性问题

康德的“先验分析论”力图从在亚里士多德的逻辑学中已经区分开来的判断种类出发来辨别在我们的判断（或者直陈命题）中运用的联结形式。这就是范畴，康德已经能够从传统那里学来把它们划分为量、质、关系和模态四组（B106），并通过归属于各词在判断中的联结而统统予以理性的解释，尽管关系范畴一组（实体—偶性、原因—结果、交互关系）通过在它们里面联结功能成为主题而再次从其他范畴中得到强调。

莱布尼茨就已经把亚里士多德的范畴——当然实体是例

---

① 德勒卡特：《康德》，第 160 页。这样的自我设定的基础是“常驻不变的我”（A 123），Manzke 有理由把它理解为柏拉图主义和奥古斯丁主义关于永恒是时间的前提条件和起源的思想的一个回声。

② 同上书，第 62 页以下。

外——回溯到关系的观点。[①] 但是，关系、因而还有空间和时间，在莱布尼茨看来唯有在思维中才有其位置，不是事物本身的属性。但无论如何，莱布尼茨的思想还涉及属神的思维：由一切受造的单子以摹本的方式所体现的事物的秩序，其根据就在于属神的思维。在这种意义上，属神的知性在莱布尼茨看来就包含着“永恒的真理”，属神的知性在单子相互之间的关系中直观到它们的形式。[②] 在康德那里则与此相反，纯粹知性知识的要素仅仅被理解为人的知性的一种“真理的逻辑”(B87)。“属神的创造的‘永恒真理的要素’(elementa veritatis aeternae)由此成为‘工具’(Organon)，也就是说，成为人类科学的方法论原则的体系。”[③] 与神学家德勒卡特(Friedrich Delekat)的这种判断相应的，是哲学家马丁(Gottfried Martin)的判断，即莱布尼茨与康德之间的差异在于，“莱布尼茨把几何学的真理理解为上帝的思想，而康德则把几何学的真理理解为人的思想。从对真理的一种神学的论证到一种人类中心论的论证的这种逆转可以说构成了康德与莱布尼茨之间的真正区别”。[④]

当然，康德除此之外还坚持一种属神理智的观念，这种属神理智并不像我们的理智那样以论证的方式(diskursiv)行事，因而必须在时间中“通观”各个规定，以便把它们结合起来，而是以直觉的方式(intuitiv)直观整个世界秩序，把所有的部分视为依赖于整体

① 更详细的参见马丁(G. Martin)：《莱布尼茨——逻辑学与形而上学》(*Leibniz: Logik und Metaphysik*, 1960)，第59—62页。

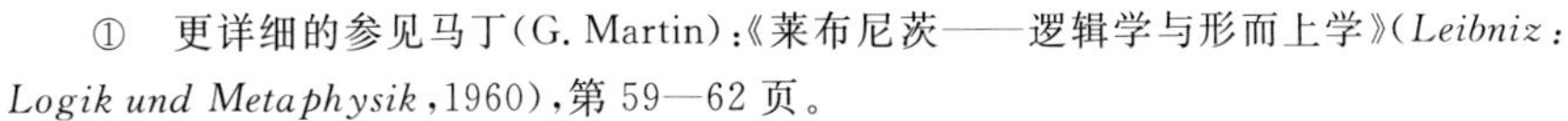

② 同上书，第125页以下。

③ 德勒卡特：《康德》，第76页。

④ 马丁：《莱布尼茨》，第129页。当然，马丁对像莱布尼茨在奥古斯丁主义传统中讲述的对真理的一种神学论证提出了“重大的疑虑”。

的。[1] 康德不再能够赋予这样一种属神的“原初直观”(intuitus originarius)(或者“理智原型”[intellectus archetypus])的观念以任何客观的实在性,但它对他来说却充当认识我们的论证知性的特性的相对概念和背景,对于我们的知性来说,整体的各个部分只是渐次进入视野,而且它以这种程序就整体的世界秩序而言永远也不能完成。当然,这一事实与我们对空间和时间的直观有一种紧张关系,空间和时间在康德看来每次都是作为无限的整体被给予我们的(参见上文),并且因此而作为直观与我们的知性概念的论证性质有别。

尽管我们的经验的论证性和永不完结性,毕竟在康德看来,意识有一种统一,这种统一为知性应用和一切经验的统一提供根据。它所依据的是伴随一切变换的意识内容的自我意识,亦即“我思”的意识,康德称之为“先验统觉”(A107;参见 B139 以下),与经验性的、时间上被规定的自我意识有别。[2] 即便是在作为经验意识的统一性的根据的这种“我思”的统一性这里,其所涉及的也是从形而上学的上帝学说到人的转用:鲍姆加登的“上帝的先验统一性”(unitas transcendentalis Dei),亦即属神的自我直观的基础,成为人的先验统觉,并且“取代上帝对一切受造物在场所凭借的创造性直观的,如今是人的想象力”。[3]

---

① 康德:《判断力批判》(*Kritik der Urteilskraft*,1790),第 343 页以下。

② 关于这种区别,请参见亨里希(D Henrich):《同一性和客观性——对康德的先验演绎的一项研究》(*Identität und Objektivität: Eine Untersuchung über Kants transzendentale Deduktion*,1976),第 89 页以下。

③ 德勒卡特:《康德》,第 94 页,参见第 98、99—100 页,有对鲍姆加登的《形而上学》第 863—889 节的提示。参见康德:《纯粹理性批判》,B153—154。

借助想象力，康德还想回答我们的认识机制的主观结构的客观有效性问题，亦即我们的认识是否实际上把握实在的东西的问题。每一个主张都要求有客观有效性，但并不是每一个主张都切合实际，以致人们必须把“我们的表象的纯然主观的统一与客观的统一区别开来”。[①] 康德把知性根据范畴采取的联结行动的客观有效性视为有保障的，因为想象力把知性概念与直观形式联系起来，在这些形式中对象通过直观被给予我们。[②] 由于知性概念唯有通过与直观的关系才与客体有关系，因此康德就可以断言，范畴“除了一种可能的经验性的应用之外没有别的应用”。[③] 这就是他批判传统形而上学关于超感性对象、因而也是关于上帝的学说的基础。然而，还有另一个问题，即这些范畴与空间和时间的直观形式的联结实际上是否能够保障我们的认识的客观性，因为这些直观形式在康德看来与知性功能一样属于我们的主体性。

还有我们的知识的客观有效性问题，自从认识者不再——像在古代认识论中那样——被设想成接受的，而是被设想成主动的以来，在哲学传统中也是以神学的方式回答的。我们在上文（第三章，第 83—84 页）中已经强调过，中世纪哲学中走向一种在认识活

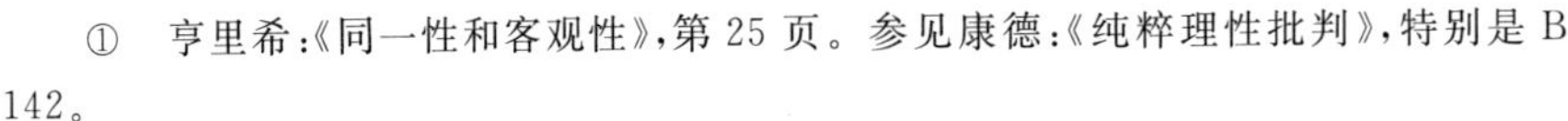

① 亨里希：《同一性和客观性》，第 25 页。参见康德：《纯粹理性批判》，特别是 B 142。

② 这是《纯粹理性批判》第 2 版“论纯粹知性概念的图型法”一章（B176—187）的对象。关于想象力的作用，参见 B179 以下。在康德看来，量的图型是数字（B182），实体的图型是“实在物在时间中的持久性”（B183），因果性的图型是有规则的“杂多的演替”（B183）。纯粹知性概念的这些图型是“给这些概念提供一种与客体的关系……的真正的和唯一的条件”（B185）。

③ 康德：《纯粹理性批判》，B185。

动中生产的主体性的观念的决定性一步，是通过把亚里士多德的积极理智归属于人的灵魂而完成的。但是，由于人的精神在认识过程中的生产性，如下问题就出现了，即要认识的事实是否会因此而受到歪曲。自从尼古拉·库萨以来，对这个问题的回答是：人在思维中的生产性是上帝在创造其受造物时的创造生产性的摹本。康德拒绝这种解答，[①]并用知性概念的先验演绎和据称通过与感性的关系为这些概念保障的“与客体的关系”(B185)来取代它。然而，由于感性直观的普遍形式(空间和时间)本身在康德看来是主观的，而且统觉的统一性虽然保障了意识内容的普遍综合和关联性，但并未保障与意识之外的一种现实的一致，所以我们的主观认识的客观有效性以这种方式则几乎没有得到论证。

### 3. 专门的形而上学转换为理性的理念



通过知性对感性材料的加工，在康德看来是通过其联结的基本形式，亦即通过范畴进行的，并在直陈命题(判断)中得到表述。“我思”的统一性是这种联结活动的基础。然而，它唯有在一般经验意识的统一中，因而在一切经验性知识于经验的统一中的并非仅仅零散的、而是普遍的联结中才发现自己完全的、全面的对应。康德把这个任务交给了与知性有别的理性。它具体地在于给一个被给予的有条件者找到条件的“总体”，而条件的总体就其自身而言所依据的是一个无条件者(B379)。这样的联结在判断结合成推理时找到了自己的表述，但此时联结的总体仅仅被表现在推理

① 参见德勒卡特：《康德》，第81—82页。

链中，而这些推理链归根结底按照亚里士多德的逻辑学以最高的原则为依据。这些原则在亚里士多德的科学模式中就是无条件者。在这种意义上，理性在康德看来就是“各知性规则在原则之下而有统一性的能力”，其目标是“通过概念赋予杂多的知性知识以先天的统一性”（B359）。

关于无条件者的理性概念虽然是“绝对的”（B380 以下），但却与知性应用相关，为的是把从这种应用产生的各个判断统一地结合起来。就像知性结合感官印象（“直观的杂多”）一样，理性概念用于联结知性的判断（B362）。“这样一条原理并没有给客体规定任何规律，并且没有包含把客体作为一般客体来认识和规定的可能性的根据”（B362）。理性活动在康德看来并不像知性那样直接与在直观中被给予的对象相关，而是仅仅与知性判断及其彼此的联结相关。因此，理性概念并不提供关于对象的知识——毋宁说，康德把这样一种理解称为与理性活动相结合的“先验幻相”——，相反，它们仅仅用于知性应用的联结，此外，理性永远也不能完成它。因此，理性概念不是存在者的建构性的原则，[①]而仅仅是结合、延续和扩展经验知识的规则，因而是“范导性的原则”（参见 B537）。作为这样的原则，康德把理性概念也称为“理念”（Ideen），尽管是从柏拉图主义对这一术语的运用出发（B369 以下），但在实际上却完全是非柏拉图主义的，亦即与实在的客体相对立。对于柏拉图来说，理念是真正的存在者，而在康德这里则是：“一切显象

① 德勒卡特（《康德》，第 160 页）指出，在康德这里，这种裁定仅仅涉及理论认识的领域，而他对于实践领域来说则很承认建构性的原则。

的绝对整体只是一个理念”(B384),因而不是实在的对象(参见B393)。

康德如今研究了经验在理性原则或者理念之下的众多联结形式。形式上,他在这里依据的是三种理性推理(定言的、假言的、选言的:B361,参见B378)。实质上,他把能思维的主体的绝对统一这个主题与互为条件的显象序列(世界)中的绝对统一和上帝的思想中“一切一般思维对象的条件”的绝对“统一”(B391)区别开来。借助这种三分,康德概括了专门的形而上学的对象:灵魂、世界和上帝。[①] 这些对象如今不再被理解为理性认识的对象,而是被理解为统一经验的范导性理念。由此,康德力图解决他那个时代的自然科学世界知识与有神论形而上学的传统主题构成之间的冲突。[②] 这特别清楚地表现在二律背反上,在康德看来,对世界概念的一种对象性理解就会导致二律背反:一、有神论的形而上学把世界设想为上帝的创造,从而设想为有限的,而世界在近代古典自然科学中则被当作时间和空间上无限的来对待。二、传统形而上学的世界由终极的组成部分构成,而由自然科学所研究的实在则是无限可分的。三、形而上学传统把自由归于人,在自然科学的观察中占统治地位的则是一幅普遍的因果必然性的图景。四、有神论的形而上学把世界之发生的因果系列追溯到一个第一的、无条件的原因,自然科学的世界解释则不再需要这样一种假定。然而,康德不仅在这里的第四个二律背反中、在世界概念的框架中(B480

① 德勒卡特:《康德》,第162页。

② 同上书,第165—166页,参见第186—187页。

以下)，而且在后面也以“先验理想”的名义(B595 以下)深入地探讨了上帝这个主题，而且在那里，在讨论宇宙论的上帝证明的时候，与在第四个二律背反中一样，是在(自身)必然的存在者是世间事物的偶然存在的根据的概念下(B633 以下)来探讨的。不过，在第四个二律背反中，对一个必然的存在者的存在的假定是作为“世界中”的显象序列的结束(B482)来讨论的。以这种形式，这样一个存在者的存在的主张就被康德否定了，而他则把世界的在其存在上偶然的事物连同世界出自一个通过自己存在的(并在这种意义上“必然的”)存在者的一个世界彼岸的起源的假定判定为仅仅理论上不可证明的，但毕竟是(在通过最高完满性的思想的诠释中，作为一切实在性的总和)“完美无缺的理想”(B669)，有一个出自其他(实践的)理由应当假定的对象与它相应。

考虑到康德的理性批判，我们应当说，它的所有部分实际上都可以理解为把启蒙运动以有神论的方式论证的形而上学溶解和转换为对经验意识的一种人类中心主义的描述。当然，在康德的理性批判中，使时空的经验世界独立化，以及把理性限制在这个世界上，可以理解为他的早期著作的努力的延续，即把莱布尼茨形而上学的形式世界与物质结合起来，并在力学的世界产生的理论中把它理解为世界的自我组织的结果。相应地，人的理性在 1763 年就已经连同其思维可能性被与实际存在的东西的预设联结起来。在 1781 年的理性批判中，理性在其对感性地被给予的东西的加工中得到理解，这无须对上帝的存在的任何形而上学追溯。这导致把有神论的形而上学转换为理性批判关于在理性的先验认识形式中论证经验意识的陈述。上帝观念对于人的意识来说在它与自身和与世界的关系中不再是建构性的，而仅仅是理论理性的界限概念。尽管如此，康德绝不是以从人对世界和自己的理解中清除和排挤上帝为目标的。毋宁说，如同在《纯粹理性批判》第二版的前言中所说，他要"扬弃知识，以便为信仰腾出地盘"(BXXX)，也就是说，要为一种在道德上论证的信仰腾出地盘。康德的这种追求归根结底始终还是从他对上帝的理解出发并以此为动机的：这就要求(可以纯粹力学地描述的)世界以及理性从上帝独立出来，以便保证创造者与受造物的距离。唯有通过其存在的偶然性，世界和人才依然被规定为依赖性的，并且指向上帝问题。但在康德那里，对这一问题的回答是道德哲学才提供的。

## 三、康德的伦理学和宗教哲学[①]

康德在他的道德哲学著作中说明，不假定上帝的存在，人的道德规定就得不到保证。因此，这种假定在道德上("在实践上")就在一种对人的自我理解来说必然的公设的意义上是必然的，尽管不能在理论上予以证明。因此，康德在他关于宗教对道德的意义的信念中在很大程度上是追随卢梭(Jean Jacques Rousseau)的，后者在自己的教育学小说《爱弥尔》(*Emile*，1762)中指出，——如果上帝不存在的话——唯有恶在合理地行动，而德性的东西则状

① 这一章的阐述，引证康德的《道德形而上学的奠基》(*Grundlegung zur Metaphysik*，1785)根据(康德著作全集)的科学院版(科学院版第四卷，1903年，第385—463页)，与此相反，引证《实践理性批判》(1788)和《纯然理性界限内的宗教》(1793)则根据其原版的页码，其中后者根据1794年第二版的页码。

况荒唐，因为在这个世界上，好人不能指望好报，相反却必须做出牺牲。因此，伦理上的善并不导致人按照自己的本性所追求的幸福，除非有一种彼岸的平衡，唯有一个上帝才能提供这种平衡。

康德试图更严格地论证卢梭的这种思想。在他看来，道德意识基于对道德法则的意识，道德法则是借助理性被给予的，仅仅在于理性对普遍性和无条件性的要求。这种要求在我们的行动原理的可普遍化方面的运用，康德称为“定言命令式”。这种命令式是定言的，与仅仅假言地有效、因而依赖一个目的的选择的命令式有别。康德使用不同的措辞描述了行动准则的可普遍化的定言命令式。它作为理性法则的特性，在《道德形而上学的奠基》(*Grundlegung zur Metaphysik der Sitten*)的描述中特别清晰可见：“要只按照你同时能够愿意它成为一个普遍法则的那个准则去行动”(第420—421页)。对普遍性和与此相结合的无条件性的要求(定言的)是理性的直接表述。把要求的内容限制在这上面，给予康德意义上的道德法则以其形式的性质。然而，如下任务就从定言命令式中产生，即透视和规定人的行动的实际内容，积极地评定其与法则的一致，消极地评定其不一致。因此，如下要求就进一步产生，即把属于人的本性的对幸福的追求置于道德上配享的条件之下。康德由此获得了在世间可以追求的“至善”的目的概念。作为这种至善可实现的条件，把上帝的存在作为公设就表现为必要的；因为道德要求和自然世界的进程的一致，使得个人唯有在他们配享的程度上分有福祉，这唯有通过一位同时是世界进程的主人的道德存在者才能得到保证。

对于这一论证链条来说，对幸福的希望以及由此假定上帝作

为按照道德上配享的程度来实现这一要求的条件，还被《纯粹理性批判》视为伦理行动的合理性的条件。那里写道："上帝和来世是两个按照纯粹理性的原则与同一个纯粹理性让我们承担的义务不可分割的预设。"因此，理性发现自己"不得不"假定上帝，"或者它就把道德法则视为空洞的幻觉，因为没有那种预设，道德法则的必然后果——是同一个理性把它与道德法则联结起来的——就必然被取消"(B839)。这与康德以之为出发点的卢梭的思想完全符合。然而，不依赖于后果为行动者规定道德态度的理性的自律，在这里似乎并没有得到严格的遵循。毋宁说，道德法则的义务表现为依赖人对个人幸福的希望。因此，康德后来把道德性和幸福更为外在得多地联系起来。如果自然世界和道德世界彼此分裂，那么，这就与人的意志的统一性无法一致，这是1788年在《实践理性批判》(*Kritik der praktischen Vernunft*)中说的话；因为道德意志的努力在这种情况下就会是："需要幸福，也配享幸福，尽管如此却没有分享幸福，这根本不能与一个同时拥有一切权能的理性存在者的完满意欲共存"(第199页)。[①] 在1793年的《纯然理性界限内的宗教》中，康德就这一主题说道：由于"人的那种必须在法则之外为一切行动设想一个目的的自然属性"(第XII页注)，一种至善以及一种与道德上的配享相应的幸福的思想就形成了，而"由于人的能力并不足以造成幸福与配享幸福的一致"，所以"必须假定一



---

① 关于康德这里道德上的宗教论证的内在张力，以及关于他的说法的发展，请参见耶施克(W. Jaesehke)：《宗教中的理性——对黑格尔的宗教哲学之奠基的研究》(*Die Vernunft in der Religion: Studien zur Grundlegung der Religionsphilosophie Hegels*, 1986)，第39—91页。

个全能的道德存在者来作为世界的统治者"(第 XIII 页注)。在这方面,康德自 1788 年的《实践理性批判》以来就强调:他并不想说,"假定上帝的存在是一切一般责任的一个根据乃是必然的"。属于义务的唯有为"尘世中的至善的产生和促进"对我们的存在的自然条件所做的"探讨";"因此,这种至善的可能性是可以公设的,但是,我们的理性发现,唯有预设一个最高的理智,这种可能性才是可思议的",尽管关于其存在的假定对于理论理性来说依然是假说(第 226—227 页)。1793 年的宗教学著作在同样的意义上说道:假定上帝的存在是尘世中的至善的条件,并不涉及"实然的知识",而是只涉及"或然的假设(假说)",它对于实践理性来说仅仅为一种"自由的实然信仰"提供根据,"这种信仰只需要上帝的理念,严肃的……向善的道德修养,都会必然不可避免地导向这个理念,但这种信仰并不用自以为能够凭借理论上的认识保证这个理念的客观实在性"(第 230—231 页注)。康德继续说道:"对于能够被当作每一个人的义务的东西,最低限度的认识(可能有一个上帝存在)在主观上必然就已经是足够的了。"因此,康德日益削弱了理性道德和上帝存在的公设之间的联系,以便应付说他本人如此激烈强调的理性自律在其道德立法中由此受到伤害的批评。因此,道德"为了自身起见……绝对不需要宗教,相反,借助于纯粹的实践理性,道德是自给自足的"。宗教学著作的前言中就是这样说的(第 III—IV 页)。尽管如此,从道德法则的约束力出发,沿着至善的思想的道路,一种宗教哲学就产生出,虽然它的说法只具有一种或然的假定的性质。

宗教哲学在康德那里的贯彻是由如下观点决定的,即人的自

私和恶在阻碍着道德的实现。只是为此才在根本上需要宗教。因此,康德以对在人心中虽然有向善的禀赋、但却有向恶的倾向——亦即向颠倒在人心中起作用的动机的倾向——在起作用的描述,来开始他对宗教哲学的阐述。人们虽然愿意采取道德的行动,但只是在这行动与他们的自私兴趣相一致的情况下。因此,道德上的命令式被置于自私的兴趣之下,而不是反过来,对幸福的自然追求被置于与义务的诫命相一致的条件之下。康德把动机的等级关系中的这种颠倒称为"根本恶"——与奥古斯丁关于罪的本质的描述惊人地类似。在奥古斯丁看来,罪的本质同样在于人的行动目标中间的等级次序的颠倒。[①]

尽管人有通过把义务的声音置于对幸福的追求之下而颠倒动机的这样一种偏好,善的原则对人的律法要求依然有效。根据康德的宗教学著作,这个原则在基督里面人格化,基督是"一个在道德上让上帝喜悦的人的理念"(第77—78页)存在于我们的理性之中的原型的一个实例。因此,基督不是人的一种新生的始作者,而仅仅是应当由每一个个别的人自己实现的"思维方式的革命"的一个实例。这种革命从义务在每一个人心中发言的声音的冲动出发来克服趋恶的倾向。

在历史和人在其行为中紧密相连的条件下,康德把对恶的原则的克服视为唯有通过建立一个"按照德性法则的社会"(第129页)才可以实现的,这个社会与"恶的王国"(第107页)中恶的社会实在性形成鲜明的对照。这样一个按照德性法则的社会在康德看



① 参见作者的《系统神学》,第二卷,第279页以下。

来有别于国家，国家的法律通过与此相结合的惩治威胁只能造就外部行为的合法性，但却不能造就内部意向的道德性。因此，与卢梭不同，康德坚持被规定为“按照德性法则的社会”的教会与国家的区分。建立作为一个道德共同体的教会，康德称之为“在地上建立一个上帝的国”（第 127 页）。

在康德看来，历史上的宗教，包括基督教教会，唯有在他们建立一个按照德性法则的社会的意义上才值得承认。相对于此，其他一切宗教内容都必须退后。与此相应的是，在康德看来，道德的理性信仰是教会信仰的最高诠释者（第 157 页以下）。这也符合道德与宗教的关系规定，在这种规定中，不是道德建立在一种历史地被给予的宗教上，而是反过来，宗教建立在道德之上。

在康德之后，道德与宗教的这种关系规定在神学中遇到了激烈的争论。在这里，根据康德自己在他的宗教学著作中已经描述过的概念规定，各派划分为理性主义者和超自然主义者：“如果一个人只是把自然宗教宣布为道德上必要的，也就是说，宣布为义务，那么，他也可以称为（信仰事务上的）理性主义者；如果他否认任何超自然的上帝启示的现实性，那么，他就叫作自然主义者；[①]如果他虽然容许这种超自然的上帝启示，但却主张，认识这种启示以及认为这种启示是现实的，对于宗教来说并不是必须要求的，那么，他可以称为一个纯粹的理性主义者；但是，如果他认为对这种启示的信仰是为普遍的宗教所必需的，那么，他就可以叫作信仰事

① 被视为神学中的自然主义的主要代表的，是神学教授、总教区牧师、最后客居哈勒（Halle）的巴尔德（Karl Friedrich Bahrdt，1741—1792）。

务上的纯粹的超自然主义者"(第231—232页)。

在哲学的讨论中,康德对上帝信仰的道德哲学新论证还在康德的生年,亦即在十八世纪的最后十年,就成为深刻批判的对象。这种批判集中在由康德所主张的道德理性的自律和它对人们的说服力对信仰尘世中的至善的所谓依赖性之间的张力上——不假定一个统治世界进程的上帝,至善就显得不能实现。[①] 康德本人试图通过松解道德法则的权威与上帝存在的公设之间的纽带来排除自己的论证的这种弱点,[②]但二者之间的联系却在根本上日益遭到他的批判者们的反对。既然按照康德对传统有神论形而上学的批判,他在道德上对上帝观念的论证体现为坚持这种思想的唯一出路,所以,对康德的道德神学的批判就很容易导向一种道德上的无神论,例如在世纪之交前不久,在福贝格(F. K. Forberg)那里以及在费希特的无神论之争中,[③]如果人们不像雅各比(Friedrich Heinrich Jacobi)那样宁可诉诸情感也不诉诸理性来跃入信仰的话。[④] 在这种处境中,唯有转向斯宾诺莎的思想——具有讽刺意



① 参见耶施克(《宗教中的理性》,第39—91页)所列举的对康德的早期指责,例如在早在1787年在维森曼(Th. Wizenmann)那里(见《德国博物馆》[*Deutsches Museum*]),在马斯(J. E. G. Maaβ)那里:《批判的启示理论》(*Kritische Theorie der Offenbarung*;2. Aufl.,1802)。此外还有科利茨(K. H. L. Köhlitz):《论我们时代的宗教哲学和释经的批判》(*Beitrag zur Kritik der Religionsphilosophie und Exegese unseres Zeitalters*,1975)。而尤其是谢林的《关于教条主义和批判主义的哲学通信》(*Philosophische Briefe über Dogmatismus und Kritizismus*,1795)。关于维森曼,还请参见蒂姆(H. Timm):《上帝与自由——歌德时代的宗教哲学研究》(*Gott und die Freiheit*:*Studien zur Religionsphilosophie der Goethezeit*,1974),第441页以下。

② 耶施克:《宗教中的理性》,第52页。

③ 同上书,第98页以下。

④ 同上书,第117页以下。

味的是通过雅各比在其《关于斯宾诺莎的学说的通信》(*Über die Lehre des Spinoza*,1785)中对这位思想家的阐述,尽管雅各比要把斯宾诺莎的学说描绘成真正的信仰的对立面——,才有可能重建宗教哲学,不仅在晚期费希特那里,而且在施莱尔马赫和谢林那里,情况亦是这样。关于这一点,我们将在下一章里再做讨论。无论如何,康德对上帝信仰的道德论证在新的世纪一开始就在哲学上被废弃不用,完全与他对有神论形而上学的解构相反。

尽管康德的哲学发展是由一种神学动机规定的,亦即由他对上帝的崇高的旨趣以及由此对一个恰恰就其独立性而言有限的和偶然的世界的旨趣、对一种受制于感性经验的理性的旨趣规定的,但他的哲学在结果上却与他的主导意向完全相反,使理性的自我和经验意识脱离了与上帝的任何结合。由于对上帝信仰的道德哲学新论证的失败,这种结果就变得更为令人瞩目了。实际上,如黑格尔后来针对他所指责的那样,康德把有限的自我当作经验的绝对基础来对待,由此违背他自己的意愿用有限的自我取代了上帝。①

① 参见黑格尔在《信仰与知识》(*Glauben und Wissen*,1802/1803)关于时代的"立场"的阐述:"不认识上帝,而是如人们所说认识人。这个人和人性是时代的绝对立场,亦即理性的一种固定的、不可克服的有限性……"(《哲学丛书》,第六十二卷乙,第11页)。黑格尔在做这种批判时首先想到的是康德(第23页),并且反对康德的观点,"一种只认识显象和一种无自身的知性,本身就是显象和无自身"(第23页)。黑格尔还于1817年在《哲学全书》(第3版,1830年)中做过相似的论证:这是"极大的不一致,一方面承认知性只认识显象,另一方面断言这种认识是某种绝对的东西,人们不能超越这种东西(第60页)。"关于黑格尔的批判,参见布克哈特(B. Burkhardt):《根据专门的形而上学的论题阐述和判断黑格尔对康德的理论哲学的批判》(*Hegels Kritik an Kants theoretischer Philosophie dargestellt und beurteilt an den Themen der metaphysica specialis*,1989)。

这种批判的依据是，康德在他的《纯粹理性批判》的第一部分中隐去了空间和时间的直观形式的神学含义，这些神学含义特别与空间相关在十八世纪得到激烈的讨论，就连康德自己在1770年的教授就职论文中也还肯定地接受了它们。实际上，这是对泛神论危险的忧虑，这种忧虑推动康德离开了利用世界通过空间和时间的无限性来介绍上帝的无限性的思想。[①] 但这样一来，他实际上就导致有限的自我的绝对化。曼茨克(K. H. Manzke)特别依据康德的先验感性论中对时间概念的探讨指出了这一点。“在时间中认知的有限自我把自己置于时间之外，作为时间的统一性的保证”，并由此实际上接过了此前被赋予属神永恒性的功能。[②] 这样一来，在康德那里，传统的哲学史写作错误地归于笛卡尔的那种东西实际上就出现了：唯有康德才实际上试图把经验的整体建立在“我思”的统一性之上，而不是建立在上帝的思想之上。



但是，鉴于这种断定，鉴于康德对上帝存在的信仰所做的道德哲学论证约在1800年左右就在哲学上被废弃不用的事实，人们如何理解康德的哲学对十九世纪和二十世纪初的新教神学有一种如此顽强的影响呢？人们径直把康德称为新教的哲学家，而且直到1917年，当时居于领袖地位的新教教义学家之一卡夫坦(Julius Kaftan)还出版了一部在本质上依据康德的《新教哲学》(*Philosophie des Protestantismus*)。[③] 我们在下一节里要概略地叙述康德

---

① 曼茨克：《永恒与时间性》，第114—115页。参见依据海姆塞特(Heimsoeth)：《西方形而上学的六大主题和中世纪的出发点》，第82页。

② 曼茨克：《永恒与时间性》，第160页。

③ 卡夫坦(J. Kaftan)：《新教哲学——新教信仰的一种护教学》(*Philosophie des Protestantismus: Eine Apologetik des evangelischen Glaubens*, 1917)。

在新教神学中(但除此之外也在天主教神学中)的影响史的规模，并说明这种影响的理由。

## 四、康德的神学影响

卡夫坦很正确地说中了康德哲学对新教神学的吸引力的最重要根据，他指出，按照新教的理解，信仰不是“一种纯粹理论的功能”，因而与对世界的理论知识不同，是“有别的内在根据”的。[①]所以，宗教被理解为人的一种主要是实践的事情，而且由于康德开辟了通向这样一种理解的道路，在卡夫坦看来，康德就有助于使在宗教改革的信仰理解中已经奠定的基督教理解实现突破。这种积极的判断并不依赖于康德那里的宗教和道德的关系规定。在这种关系规定中，除了理性主义之外，大部分神学家都脱离了康德。毋宁说，决定性的东西是对信仰相对于知识的独立性的信念。就这种信念来说，人们发现通过康德得到了加强。在这样的视角下，人们似乎用不着阻止康德把理论知识的领域建立在人的自我确定性上面，而不是建立在上帝上面。对于从康德出发的神学——至少在新教方面——来说，关键仅仅在于康德的实践哲学是重新塑造神学的基础。在这里，宗教在与道德性的关系中的功能在与康德的神学联系的三种主要的阶段上——在超自然主义中，在觉醒神学中，以及在里敕尔(Albrecht Ritschl)的学派中——得到了不同的规定，当然始终有对康德的道德理性主义的修正。

① 卡夫坦:《新教哲学——新教信仰的一种护教学》,第21页。

### 1. 超自然主义对康德的接受

由康德所表述的理性主义和超自然主义之间的区分为标示新教神学中决定着十九世纪前二十年的那场争论提供了主题词。[①]在这里,双方都受到康德的影响,并在这一哲学的地基上相互争论。

超自然主义者们在康德的预设的基础上来论证反对康德那里对启示信仰的——如他们所认为的——贬低,而理性主义者们则把康德的论证的立场也引入神学,因为他们在道德上解释耶稣的学说,并在康德的意义上把基督教历史上的学说理解为把理性宗教引入人们中间的手段。在这种意义上,赫尔姆施泰特(Heimstedt)的教授亨克(Heinrich Philipp Konrad Henke,1752—1809)就已经在为神学理性主义的进一步发展指明方向的教义学[②]中,要求从对基督的信仰返回基督本人在道德上确立的宗教。为康德关于历史的启示信仰是道德的理性宗教的前奏的观点(这种观点就其自身而言通过莱辛[Gotthold Ephraim Lessing]的著作《论人类教育》[*Die Erziehung des Menschengeschlechts*,1780]已经做好了准备)辩护的,有克卢格(Wilhelm Traugott Krug)关于启示宗

① 这一争论的历史和两个阵营中不同的神学家所捍卫的立场,在赖希(Wolfgang Reich)的慕尼黑博士论文中得到了全面的阐述:《超自然主义中的启示概念——一项传统史和影响史的研究》(*Der Offenbarungsbegriff im Supranaturalismus: Eine überlieferungs und wirkungsgeschichtliche Untersuchung*,1974)。遗憾的是,这篇论文一直还没有出版。

② 亨克(H. Ph. K. Henke):《基督教信仰的历史批判准则概要》(*Lineamenta institutionum fidei Christianae historico-criticarum*,1793)。

教的完善能力的通信(1894—1896),以及康德其他学生如蒂夫特隆克(Johann Heinrich Tieftrunk)和尼特哈默(Freidrich Immanuel Niethammer)的作品。魏玛(Weimar)总教区牧师罗尔(Johann Friedrich Röhr)于1813年在他关于理性主义的书信中要求,人们应当不再把《圣经》视为上帝的启示,而是把基督的学说和榜样视为上帝的启示。在理性主义的晚期,它的代表如哈勒(Halle)的教授魏格沙伊德(Julius August Ludwig Wegscheider)[①]成为天主教反对康德之后唯心论的所谓泛神论而信仰一个世界之外的上帝的辩护人。

比理性主义者们更为奇特的是超自然主义者们,而且单是由于他们不得不试图在康德预设的基础上用哲学论证来同康德对启示信仰的评价的严明性、在根本上同他对道德与宗教的关系的规定做斗争这一点,就已经够奇特了。这首先适用于图宾根超自然主义的创始人施托尔(Gottlob Christian Storr),[②]而他的后继者们则进一步发展了由施托尔开创的道路,例如聚斯金德(Friedrich Gottlob Süskind)通过与费希特1792年的《对一切启示的批判的尝试》(*Versuch einer Critik ailer Offenbarung*)的辩论,并且后来又反对黑格尔和施莱尔马赫而为他辩护(施托伊德尔[Johann Christian Friedrich Steudel]亦是这样)。但是,超自然主义神学也可以在一种集中于《圣经》的内容、在很大程度上非哲学的形式

---

① 魏格沙伊德(J. A. L. Wegscheider):《基督教教义神学的准则》(*Institutiones theologiae christiane dogmaticae*,1875;8. Aufl.,1844)。

② 施托尔(G. Chr. Storr):《从〈圣经〉获得的基督教学说的理论部分》(*Doctrinae christianae pars theoretica e sacris literis repetita*,1793)。

中来讲述，例如在赖因哈德(Franz Volkmar Relinhard)1801 年关于教义学的很有影响的讲演录中。

施托尔 1794 年出版了《关于康德的哲理宗教学说的说明》(*Bemerkungen über Kant's philosophische Religionslehre*)，[①]在这些说明中，他把康德在说明道德与宗教的关系时的模棱两可用于为宗教作为道德的基础的不可避免性辩护，从而也用于为历史的启示的权威辩护。施托尔一开始就对康德的如下论题表示赞同：理性“对超感性的对象在理论上不能确定任何东西”，既不能肯定，也不能否定(第 1 页)。在这里，新教神学家们追随康德的一个基本动机清晰可见，即卸除启蒙运动的理性主义形而上学的压力。然而，施托尔立刻从赞同限制理论理性在宗教事务中的权限前进到如下结论：由此，“如果人们从理论的根据出发坚决拒绝关于超感性事物的《圣经》学说”，那就是不合逻辑的(第 2 页)。也就是说，道德根据并不与《圣经》的陈述相对立(第 6 页以下)。毋宁说，在施托尔看来，道德法则本身的约束力依赖于对上帝是至善的保证的信仰。也就是说，至善在道德上必然的终极目的“不可能使之可疑或者被否认，而不削弱乃至取消对道德法则本身的敬重。因为如果人们并不认为一种被给予人的本性的法则适用于达到必然为人的本性提出的终极目的，或者干脆认为它不适用，人们要如何敬重它呢？在这种情况下，什么能够阻止……或者怀疑法则的神圣性，或者简直把它视为我们理性的纯然骗局，视为一种空洞的幻

① 这部作品最初于 1793 年以拉丁文本发表。以下正文中的页码说明指德文版(再版 1968 年)。

觉呢?”(第35页)。

施托尔知道在这一论证中与康德自己首先在《纯粹理性批判》的方法论中陈述的说法保持一致。那里讲道:“获得幸福的希望与使自己配享幸福的不懈努力的上述那种必然的联结……唯有在一个按照道德法则发布命令的最高理性同时作为自然的原因被奠定为基础的时候才可以希望”(B838)。而康德自己补充说,理性否则就会发现自己“不得不”“把道德法则视为空洞的幻觉”(B839)。[①] 当然,康德在直到施托尔的著作出版过去的十年里多次减弱道德法则的约束力与由此得到论证的对至善的希望之间的联系,并且强调,道德法则无须考虑任何结果地发布命令。与此相反,施托尔坚持1781年也由康德主张过的联系,按照这种联系,“在一般幸福的希望被减弱或者被取消的同一个关系中,德性的光芒和尊严也被减弱或者消失”(第36页)。反过来说,德性“同样通过一种从遵循道德法则中可以期待的幸福的希望而被促进”(第37页)。因此,在施托尔看来,如果道德法则应当被视为与我们的意志的本性一致,并成为“立意和实施的动机”,那么,对一个做出报应的上帝的宗教信仰就是不可缺少的。[②] 没有在宗教上有根据

① 在上面引用的那段话里(Storr:《关于康德的哲理宗教学说的说明》,第35页),施托尔援引了《纯粹理性批判》第2版的第839、856页,当然除此之外也引用了1790年的《判断力批判》的第456页。那里虽然说道,“最高的道德上的终极目的”的条件必须“由于对这一终极目的的责任而被假定为真的”,但在前一页却明确地说过,这个终极目的“并不像义务本身那样”应当被理解为“在实践上是必然的”。因此,施托尔是从康德1781年的说法的视角来读他后来的说法的。

② 施托尔:《关于康德的哲理宗教学说的说明》,第43页。施托尔在这里的措辞明显引自《纯粹理性批判》,B841。

的希望,对于人来说“在对法则的敬重和遵循中立场坚定就是不可能的”(第48页)。

施托尔虽然有理由援引康德1781年的说法,但却给予它们一种转变,违背康德自其1785年的《道德形而上学的奠基》以来日益强调为“道德的最高原则”的理性和意志在其道德立法中的自律。[①] 与此相反,由施托尔所讲述的诠释导致的是宗教的他律,亦即道德对宗教的一种依赖性的主张。因此,施托尔利用康德关于至善与道德法则的约束力之间的联系的说法,有助于把注意力引导到此处在康德那里隐蔽的冲突。这特别适用于年轻谢林的康德批判的前史。

向一种有宗教根据的他律的转变,在施托尔这里由于他从有宗教根据的希望与对道德法则的敬重之间的联系得出的结论而完全清楚明白,其论题是:因此,“忽视宗教”,拒绝《圣经》启示的真理要求,是“违背我们的义务”的(第54页)。也就是说,一方面“基督教学说的历史部分……非常有助于证实、支持和振奋道德上的信仰”(第65—66页)。例如,耶稣对我们来说不仅是道德完善的实例和榜样,而且也是在其中获得根据的幸福的实例和榜样。[②] 另一方面,耶稣的学说以及历史“对于我们来说不是纯然的观念或者意见,而是历史地确定的事实”(第71页)。[③] 在这个前提条件下,施托尔可以断言:“但是,如果一种旨趣要求参与事情,而且除了对

① 《道德形而上学的奠基》,第440—441页,参见第432—433页。

② 施托尔:《关于康德的哲理宗教学说的说明》,第67页。还请参见施莱尔马赫(Schleiermacher):《基督信仰论》(1821),第88节,2以及第100、101节。

③ 施托尔在后面的第15—20节中详细地讨论了《圣经》见证的历史可信性。

立面的纯然可能性之外，人们根据已做过的研究不能以任何东西来反对一个重要的见证，那么，拒绝它的判断，或者使整个事情悬而未决，就是不再允许的；相反，谁在这样一种场合上伪称他不敢接受证词所说出的东西，他就由此表明他想要拒绝它"（第75—76页）。

从后来的观点看，超自然主义的论证从强调对宗教的一种道德旨趣到要求赞同《圣经》的权威的步骤不再是可仿效的。但是，施托尔还是可以总括地主张《圣经》见证的历史可信性，并由此致力于在《圣经》的基础上对教义学进行改革。唯有对《圣经》的历史批判研究的进一步发展才使得对基督教学说的历史基础的旨趣与一种总体上的按照《圣经》的权威取向分道扬镳。后者可能导致在历史问题的包围下来寻找从主观的经验到《圣经》的福音内容的一条直接通道。就这涉及对道德法则的要求的经验而言，神学相信基本为此也可以从康德出发，因为道德法则的约束力是对它形成经验的前提条件。这就是康德在觉醒神学家和他们的神学继承人那里的威望的根据。

### 2. 觉醒神学的端倪

自1826年始在哈勒活动的托路克（AugustGottreuTholuck，1799—1877）的觉醒神学，与超自然主义类似，以康德对理论理性认识超感性对象的能力的批判以及对宗教的一种伦理实践旨趣的主张为前提条件。但在这里，事情与其说在于至善的可能性和道德法则的约束力的根据，倒不如说在于人由于道德法则的要求而形成的罪责经验。对于罪责经验对所有人的重要性来说，神学可以援引康德的宗教学著作所陈述的关于根本恶的学说。然而，对于同作为道德法则的始作者的上帝的关系的后果，康德和觉醒神学却做了不同的判断。

康德在他的宗教学著作中谈到了一种二律背反，即人类理性与它自己的冲突。他所提出的问题是：鉴于人的负罪，对永福的希望以及由此道德行为的动机是否只能通过对一种外来的补赎来重建，这种补赎必须“先行于对善功的一切追求”，或者反过来，一种“改善了的生活方式必须先行，以便拿出哪怕极微小的理由，来希望这样一种更高的功德能够给他带来好处”。[①] 康德在后一种观点的意义上回答了这个问题，并说明道，上帝将通过他的恩典在人的正直努力方面“顾及这种诚挚的意念而弥补行为的缺陷，无论这种弥补是以什么方式进行的”(第 176 页)。这样，康德就选择了佩拉纠(Pelagius)曾经与奥古斯丁相对立所代表的观点。康德拒绝了保罗在《罗马书》九章 18 节那里——“上帝要怜悯谁，就怜悯谁；要叫谁刚硬，就叫谁刚硬”——表达的思想，即在无条件的属神主权的意义上属神恩典先行于人的一切行动；因为“从字面上来看，这就是人的理性的‘致命的跳跃’(salto mortale)”(第 178 页)。尽管康德在创世的主题中曾经强调过上帝的无条件的自由，但在他的宗教学说中，他却很少想承认属神恩典有一种相应的自由。

在这一点上，觉醒神学选择了为康德所拒绝的对他所表述的二律背反的解决，因为它完全在宗教改革的意义上主张有罪的人依赖于他所不能要求、而是只能接受的宽恕。在这种意义上，觉醒神学的创始人赫尔曼(Wilhelm Herrmann)、里敕尔和凯勒(Mar-

① 康德：《纯然理性界限内的宗教》，第 171—172 页。

tin Kähler)的老师托路克,就把道德经验当作启示福音的标准来对待:启示福音必须根据它能够解决罪责经验的分裂来表明它是真的。如果人发现了"最成功地解决他心中的分裂的那种启示,那么,这种启示就是真启示"。[①] 赫尔曼有相似的教诲:"唯有一位在我们的道德斗争中表现为我们内心中确实臣服的全能的上帝,才能够对我们启示自己。"[②]这是通过耶稣的宽恕许诺而发生的,因为在他道德上的高贵中,同时有律法对人的要求。[③]

沿着这条路线,路德关于律法和福音的学说就可以与康德的伦理学结合起来,并由此得到新的论证:人在律法那里形成的罪责经验促使他求助于福音的宽恕信息。当然,在宗教改革的学说中,作为上帝之言的福音和律法确立于一切诸如此类的经验之前。在觉醒神学看来,这只是还适用于律法,而且即使在这种场合上也不是由于《圣经》的权威,而是多亏了康德的道德哲学。道德法则的权威的根据在于理性,而福音的真理则唯有通过它的解决性力量才表现在由于律法而形成的经验上。觉醒神学的这种信仰论证从托路克出发,经赫尔曼和凯勒,直到布尔特曼那里还在起作用,尽管它的基础自尼采的道德批判以来就被动摇了。[④] 集中于罪责意

① 托路克:《基多与尤利乌斯》,第 296 页。

② 赫尔曼(W. Herrmann):《基督徒与上帝的交往》(*Der Verkehr des Christen mit Gott*,1886),第 169 页。

③ 赫尔曼:《宗教与认识世界和道德的关系》(*Die Religion im Verhältnis zum Welterkennen, und zur Sittlichkeit*,1879),第 396 页。

④ 参见作者的《伦理的危机和神学》(Die Krise des Ethischen und die Theologie),《神学文汇报》87(1962),第 7 页以下,现收入作者的《伦理学与教会论》(*Ethik und Ekklesiologie*,1977),第 41—54 页。

识，作为基督教的真理意识和基督教的虔诚的基础，便构成了这种信仰论证形式的弱点。另一方面，它的吸引力的根据并不仅仅在于从宗教改革传统的一个核心论题出发，而是还在于它为确信福音的真理提供了一个似乎不依赖于批判的《圣经》诠释的历史问题的基础。然而，即便是在神学中不走这条经验主观主义和决定主观主义的道路的地方，康德的道德哲学和宗教哲学也还给新教神学提供了通向哲学取向的第三条道路。

### 3. 对耶稣的上帝之国宣讲的伦理解释

对上帝之国这一概念的伦理解释并不是康德的发明。按照《圣经》的传统，上帝的君王统治是以律法、正义与和平为标志的。[①] 当然，上帝的君王统治在以色列的先知预言中就已经日益成为未来盼望的对象，这是一种对审判世界和完成世界的上帝之未来的盼望，其临近和开始是由耶稣宣讲的。然而，在基督教神学的意识中，上帝之国终末论上的未来性经常退后。上帝的永恒性导致人们也把上帝的国理解为永恒的。十七世纪影响深远的、由科齐乌斯(Johann Coccejus)建立的盟约神学(Föderaltheologie)试图通过上帝之国在尘世的历史的思想把上帝之国的永恒性与它的实现的未来性结合起来。与此相反，在莱布尼茨那里，上帝作为众精神王国的君王，他的国是一个正义的道德之国，是一个“恩典之国”，其成员有

---

① 关于《诗篇》九十九篇，参见耶雷米亚斯(J. Jeremias)：《〈诗篇〉中上帝的王国》(*Das Königtum Gottes in den Psalmen*, 1987)，第114页以下。一般而言请参见格雷(J. Gray)：《〈圣经〉关于上帝之国的教义》(*The Biblical Doctrine of the Reign of God*, 1979)。

义务行善，[①]而上帝在他的创造中的统治则是以这个国的实现为目标的。康德的用语接近于这些思想，当然附加了人类的一种社会联合的成分。例如在他的宗教学著作中谈到通过“建立和扩展一个遵照德性法则的社会”来“在地上建立一个上帝之国”。[②] 这个上帝之国作为一个“伦理共同体”是与“恶的国”，亦即恶的原则在人们中间的社会效果（第 107 页以下）相对立的，这个伦理共同体与国家的公民法律秩序不同，“总是关系到一个所有人的整体的理想”（第 133 页），但具体地以一个教会的形态来实现，“它就人们所能实现的而言，在地上体现着（道德的）上帝之国”（第 142 页）。

康德对上帝之国的伦理解释在神学中的效应远远超出了通常受过康德影响的神学家的圈子。特别是施莱尔马赫，虽然批判过康德的命令式伦理学，但却接受了他与至善的目标思想相结合而对上帝之国概念的伦理解释，[③]而且是作为他的神学的一个核心概念。[④]

① 参见格兰（A. Görland）：《莱布尼茨那里的上帝概念——他的体系的一个前言》（*Der Gottesbegriff bei Leibniz : Ein Vorwort zu seinem System*，1907），第 119 页（特别是他的《著作集》[hg. Gerhardt]，第七卷，第 106—107 页），第 138 页以下。莱布尼茨在他的《形而上学论》（*Discours de Métaphysique*，1686）的结尾、尤其在他的论文《自然和神恩的原则》（*Prinzipien der Natur und der Gnade*，第 15 页）和他的《单子论》（第 83—90 节）中对这一主题发表过意见，后二者均写于 1714 年。

② 康德：《纯然理性界限内的宗教》，第 127 页以下，特别是第 129 页。

③ 参见梅茨勒（N. Metzler）：《天国伦理学》（*The Ethics of the Kingdom*；Diss, München，1971），第 42—74 页，特别是第 50 页以下，第 57 页以下。此外还请参见米勒（M. E. Miller）：《过渡——施莱尔马赫的上帝之国神学与他的整体思想的联系》（*Der Übergang : Schleiermachers Theologie des Reiches Gottes im Zusammenhang seiner Gesamtdenkens*，1970）。

④ 米勒对此的判断是：“施莱尔马赫的神学是作为一种上帝之国神学来构想的”（《过渡——施莱尔马赫的上帝之国神学与他的整体思想的联系》，第 133 页）。

也就是说，按照施莱尔马赫的《基督信仰论》(*Die Glaubenslehre*)，基督教是一种受“目的论”规定的、因而受伦理学规定的信仰方式（第11节），它作为这样的方式与上帝之国的目标相关（第9节，2），当然是以“由拿撒勒人耶稣所完成的救赎”为中介的（第11节）。上帝之国的思想的奠基性意义在施莱尔马赫的《基督信仰论》的阐述中并没有到处都显现出来，因为救赎的概念处于其中心。但是，由基督建立教会，却毕竟明确地被描述为建立上帝的国（第117节），而与基督的结合则对个人来说意味着“一再更新的上帝之国的意愿”（第110节，3；参见第112节，2）。

康德对上帝之国思想的伦理解释在十九世纪的新教神学中的影响，在施莱尔马赫看来特别出现在罗特(Richard Rothe)和里敕尔那里。这种影响在后者那里达到了顶峰。在这方面，里敕尔明确地与康德联系起来，也与施莱尔马赫联系起来，把他们当作自己的先驱，尽管他批评施莱尔马赫，说由基督进行的救赎与作为属神的“终极目的”的上帝之国的关联在他的阐述中，并没有得到充分清晰的强调。[①] 当然，里敕尔知道要在教会和上帝的国之间做出区分。然而，“耶稣本身把上帝的国视为要由他来建立的宗教团契的道德目的”，这是就这个团契是以“由出自爱的动机的行动而来的人类组织”为目标而言的。[②] 在这里，里敕尔在多重角度修正了康德的阐述。首先，对于他来说，跟对于施莱尔马赫来说一样，耶

① 里奇尔(A. Ritschl)：《关于称义与和解的基督教学说》(*Die christliche Lehre von der Rechtfertigung und Versöhnung*, 1870—1874; 3. Aufl., 1888—1889)，第三卷，第11—12页，第9页。

② 同上书，第12页。

稣不仅仅是象征，而且还是在人们中间建立上帝之国的历史创始人。其次，道德上的上帝之国并不像在康德那里一样与理性的道德法则相关，而是与“出自爱的动机的行动”相关。其三，里敕尔反对对基督教的一种片面伦理的理解。[①] 施莱尔马赫有理由置于中心的由基督进行的救赎，必须与作为其目的的上帝之国相关联。但反过来说，罪人唯有通过罪的宽恕才有能力充满信赖地参与上帝和在尘世促进上帝的国。

对耶稣的上帝之国宣讲的伦理解释的影响，只是通过由魏斯(Johannes Weiß)在他1892年的《耶稣关于上帝之国的布道》(*Die Predigt Jesu von Reiche Gottes*)中做出的释经证明才被打断，即根据耶稣的宣讲，上帝之国作为救赎完成的未来，唯有从上帝本身出发才来临，无须人的任何参与。[②] 这样一来，对耶稣的上帝之国期待的“终末论”解释就与其伦理主义的解释对立起来了。虽然就连康德、施莱尔马赫和里敕尔也没有把上帝之国及其在尘世的实现仅仅理解为人的行动的任务，上帝之国的概念与至善的概念的结合在康德那里就已经包含着上帝之国不能仅仅通过人的行动来实现，因为至善以上帝的存在为前提条件，这正是由于在这一概念中所设想的世界进程或者至少是其结局与行动着的个人在道德上的配享不能由人来造成，而是只能由自然的世界秩序和道德的世

① 里奇尔：《关于称义与和解的基督教学说》，第13—14页。

② 当然，魏斯的阐述就其要点而言获得了广泛的赞同，对耶稣的上帝之国宣讲的伦理解释在新教中绝对没有完全消失。它顽强地保持下来，尤其是在第一次世界大战之后的基督教社会主义中，以及后来在解放神学中。对此参见作者的《伦理学的基础》(*Grundlage der Ethik*，1996)，第70—71页。

界秩序的始作者来造成。但是,人根据上帝之国的目标采取的行动毕竟参与了它在尘世的实现。相似的是,对于施莱尔马赫来说,上帝之国是“必须由上帝来造就的新的共同生活”。[①] 它是由救主建立的,因为上帝通过救主起作用,而人的活动则通过参与基督和参与从基督出发的影响而参与了上帝之国的实现。[②] 里敕尔也是这样理解的。但是,魏斯的释经证明说道,上帝之国唯有从上帝出发而来临,无须人的任何参与。与伦理学的联系的建立,并不是由于上帝之国也是人的行动的目标,而是反过来由于它在信仰中的在场是信仰者的行动的出发点和动机。

## 4. 先验的托马斯主义

从康德出发的十九世纪各种新教神学无一例外地是从他的实践哲学出发的,而在当代的罗马天主教思维中,则出现了通过在认识论上为其本体论奠定基础来更新其经院哲学的运动。其开端首先是与马雷夏尔(Joseph Maréchal,1878—1944)的名字结合在一起的。马雷夏尔不仅在法语区、而且还在德国从沿着他所开辟的道路的追随者们那里获得了巨大的反响。[③] 马雷夏尔肯定在认识

① 施莱尔马赫:《基督信仰论》(1830),第 87 节,3。

② 同上书,第 110 节,3,第 112 节,1—2。

③ 关于马雷夏尔,参见洛茨(J. B. Lotz)在科雷特(E. Coreth)等编的《十九世纪和二十世纪的天主教思维中的基督教哲学》(*Christliche Philosophie im katholischen Denken des 19. und 20. Jahrhunderts*,1987—1990)中的文章,第二卷,第 453—469 页。其他文章探讨了法语区的马雷夏尔学派(第 470—584 页)和德语区的马雷夏尔学派(第 590—622 页)。被归于后者的有洛茨·拉纳(K. Rahner),布吕格尔(W. Brugger)和科雷特。康德对罗马天主教哲学和神学的较早影响在该著第一卷中给予了探讨。那里特别应提出施韦特(H. H. Schwedt)开于赫尔梅斯(Georg Hermes,1775—1831)的文章(第 221—241 页)。

论上为世界知识奠基的必要性，力图通过回溯到费希特向作为自我意识之基础的存在思想的发展来深化康德的认识论分析。就像《纯粹理性批判》一样，马雷夏尔也在判断活动那里开始他对知性活动的分析，但他却反对康德，想强调在康德那里被忽视的判断系词、从而强调存在的意义。在判断中做出肯定的根据归根结底在于也建构判断者的主体性的存在本身，因而在于上帝。马雷夏尔由此相信已经找到了通向托马斯主义本体论的桥梁。他的追随者中的一些人（如拉纳[Karl Rahner]）把对认识的可能性条件的反思扩展到人的一般生活实现的条件问题。[①] 拉纳以这种方式获得了对基督教教义的一种人类学诠释的基础，不过，这种人类学诠释并不是还原主义的，因为上帝的存在和上帝的一种可能启示在拉纳看来对于人的主体性来说已经是建构性的。[②] 当然，拉纳在这条道路上远离了根据康德的取向。

① 批判性的参见格赖纳（F. Greiner）：《启示的人性——神学在拉纳那里的先验奠基》（*Die Menschlichkeit der Offenbarung. Die transzendentale Grundlegung der Theologie bei Karl Rahner*，1978）。

② 关于同拉纳在自己的著作《圣言的倾听者》（*Hörer des Wortes*，1941；2. Aufl.，1963）中给自己的神学的宗教哲学奠基的争论，参见西蒙斯（E. Simons）：《启示的哲学》（*Philosophie der Offenbarung*，1966）。

# 第九章　早期唯心论

十九世纪前半叶在哲学上是德国唯心论的世纪。它的开端在于已过去的十年，并绵延到世纪之交之后的年代里。人们把这个阶段称为早期唯心论。对它来说决定性的是费希特的哲学发展。但除此之外，人们还把谢林和黑格尔的开端、施莱尔马赫的《论宗教》(*Reden über die Religion*)和他向对于他的哲学伦理学和辩证法来说具有决定性的立场的转变归于此列。紧接着的唯心论盛期阶段是以黑格尔自《精神现象学》(1807)始的体系发展和谢林的晚期哲学为特征的。但后者还与小费希特* 和魏斯(Christian Hermann Weiß)的思辨有神论一起被归入晚期唯心论阶段。在这一阐述的框架中，早期唯心论只能得到不完备的探讨，在费希特那里集中于他的知识学的建立问题及其与无神论之争的联系。谢林的发展描述到对他的晚期哲学也依然具有规定性的那种观点的开始。他的晚期哲学和思辨有神论将在下一章里顺便提到，但却不能做深入的评价。



---

* 即费希特的儿子 Immanuel Hermann von Fichte(1796—1879)。——编注

# 一、费希特和无神论之争

费希特(Johann Gottlieb Fichte)生于1762年，于1780—1784年在耶拿(Jena)和莱比锡(Leipzig)学习神学，但却中断了学习并成为家庭教师。他把与康德思维的相遇经历视为从一种决定论世界观的解放。1792年7月，他拜访了康德本人，并经康德推荐于1792年出版了他的《对一切启示的批判的尝试》，但却是匿名的，被公众认为是康德本人的一部作品。1794年，费希特获魏玛大臣歌德聘请为耶拿哲学教授，并于同年发表了对康德先验哲学的一种系统解构的第一个版本，即《全部知识学的基础》(*Grundlage der gesamten Wissenschaftslehre*)。它是按照自我意识是经验的统一性的根据来构想的。对于这部著作，费希特在后来的年代里做过一些说明性的导论，直到他于1814年逝世，他曾多次开始起草新版本，并在一个精选的听众圈子中讲授。然而，后来对知识学的这种修订大多没有付印，以致对于更广大的公众来说，1794年的版本对于他的思维的形象来说依然是决定性的。在耶拿，费希特还出版了他的《依据知识学原则的自然法基础》(*Grundlage des Naturrechts nach Prinzipien der Wissenschaftslehre*，1796)和《道德学说体系》(*System der Sittenlehre*，1798)。在同一年，他不得不针对无神论的控告自卫，这种指控在1799年导致他被解雇。关于后来年代里的作品，特别要提到的是《人的使命》(*Die Bestimmung des Menschen*，1800)和《至福生活指南》(*Die Anweisung zum seligen Leben*，1806)。费希特是柏林大学创建人之一，并于1810年成为柏

林大学的第一任校长。

### 1. 费希特知识学中的自我哲学

还在他的耶拿时代，费希特就长期相信与康德一致。但是，他力图以一种更为完善的体系化阐述的形式来从我们的经验意识在自我意识中的基础出发重新论证康德对我们经验意识的结构的分析。这可以说涉及对康德根据其最终的前提条件（先验的条件）来分析知性在其判断中的活动并最终达到作为经验意识之基础的自我意识（“先验的统觉”）的程序的一种逆转。对这种程序的一种逆转已经由费希特在耶拿的先驱赖因霍尔德（Karl Leonhard Reinhold）铺平了道路，[①]并由对康德假定物自身——物自身“刺激”我们的感官并由此从对象一方在接受者那里造成经验——的批判所引起。在认为这一假定与康德关于我们的一切经验意识的内容都由我们的自我的认识形式规定的证明无法统一的批判者中间，特别要提到的是雅各比和他 1798 年关于唯心论和实在论的著作，就连费希特也为理解康德、为放弃物自身的假定而援引这部著作。[②]如果这种假定被取消，那么，就产生了把经验意识描述为不仅以自

① 赖因霍尔德（K. L. Reinhold）：《人类表象能力的一种新理论的尝试》（*Versuch einer neuen Theorie des menschlichen Vorstellungsvermögens*，1789）。

② 雅各比（F. H. Jacobi）：《休谟论信仰——或者唯心论与实在论》（*David Hume über den Glauben，oder Idealismus und Realismus*，1787）。参见费希特 1798 年的知识学的第二篇导论（J. G. Fichte：《知识学的一种新阐述的尝试》[*Versuch einer neuen Darstellung der Wissenschaftslehre*，1797/1798；hg. P. Baumanns；Philosophische Bibliothek 239]，第 62 页）。雅各比就其自身而言绝不想放弃对我们之外的事物的实在性的假定，但却把它解释为一种信仰的事情。

我意识为“条件”、而且也被它所“规定”的任务，[①]而在费希特着手进行这样一种描述时，他相信强调了在康德的理性批判中已包含的经验意识体系。

在费希特看来，人类精神在判断中的一切行动的根据是自我的“事实行动”（Tathandlung），自我通过这种行动而设定自己本身。[②] 在这里，自我“同时是行动者和行动的产品”（第 16 页，第 1 节，第 6 段）。但这不能被理解为，自我所知道的自己本身就是他自己作为主体的产品，因为“自我只是就它意识到自己本身而言才存在”（第 17 页，第 1 节，第 7 段）。自我意识作为自我使自己本身成为自己的对象的“退回”到自己本身，[③]本身就是事实行动，即自我所是的活动。

把自我解释为事实行动，使得把自我知道自己与之有别的非我同样理解为自我的产品成为可能。自我意识和对在它之外的一个存在的意识是“必然地结合在一起的”，但前者在这里应当被设想为后者的根据。[④] 在 1794 年的知识学中，费希特对此说道：“对立的可能性”以“意识的同一性”为前提条件（第 23 页，第 2 节，第 4 段），因而以自我为前提条件。但反过来说，自我的自我设定“没有

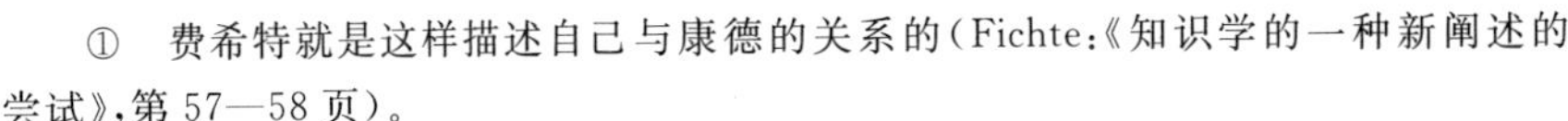

① 费希特就是这样描述自己与康德的关系的（Fichte：《知识学的一种新阐述的尝试》，第 57—58 页）。

② 费希特：《全部知识学的基础》（*Grundlage der gesamten Wissenschaftslehre*，1794；3. Aufl.，1802；hg. F. Medicus：Philosophische Bibliothek 246），第 11 页以下（第一原理）。以下正文中的页码说明所指的就是这部著作（页码与《哲学丛书》第二四六卷[1988]相同）。

③ 费希特在知识学的第二篇导论中就是这样解释的，《知识学的一种新阐述的尝试》，第 38、39 页。

④ 同上书，第 37—38 页。

使自我之外的一种存在对自我产生的另一种设定是不可能的”。[①]

如此设定的非我首先是完全空洞的，不是一个某物，而是无。[②] 然而，由于自我知道自己与非我相对立，它也就知道自己是受非我限制的，因而是有限的，[③]而直到“现在……人们才能够对二者说：它们是某种东西”。[④] 借助这第三条原理，费希特在他的反思过程中从纯粹的自我意识出发达到了划分为主体和客体的意识的层次，这种意识也像康德的理性批判所描述的那样，构成了知觉意识的基础。但最初以及直接地，有限自我的受限制性只是以一种感觉的方式被知觉到的，而且“要从一个某物的效用出发来进一步解释这种原初的感觉，是康德主义者”在其对物自身的信仰中的“教条主义”。实际上，情况恰恰相反。感觉“通过对一个有广延的物质的直观才创造自己，它通过思维把感觉的那种纯然主观的东西过渡给这物质，作为它的根据，而唯有通过这种综合才为自己产生一个客体”。[⑤]

与自己的意识的对象有别，并与之相关的有限自我，与原初的自我直观中被绝对设定的自我不同，并与之对立。但是，有限自我与对象的这整个对立关系如今被知道是从绝对自我产生的。[⑥] 但

① 费希特：《知识学的一种新阐述的尝试》，第 38 页。

② 费希特：《全部知识学的基础》，第 24 页，n. 9 以下；参见第 30 页。

③ 费希特：《知识学的一种新阐述的尝试》，第 69 页。

④ 费希特：《全部知识学的基础》，第 30 页。参见费希特：《知识学的一种新阐述的尝试》，第 69 页：“这样，我知道设定我自己，我把我自己设定为一个受限制者……我根据这种直观是有限的。”

⑤ 费希特：《知识学的一种新阐述的尝试》，第 71 页。

⑥ 费希特：《全部知识学的基础》，第 30 页。

自我的设定和第一个非我的设定如费希特多次强调的那样，并不是在理论上能够推导出来的。它们的根据在于我们在道德法则的要求中经验到的“自己活动和自由”。“我应当在我的思维中从纯粹的自我出发，而这同一个绝对自己活动的思维，不是被事物规定的，而是规定着事物的。”[①]

由于费希特与康德不同，以自我开始，以便把经验意识理解为在自我中得到根据的，所以费希特必须对自我意识的统一性问题给予更大得多的注意。[②] 如果康德把自我在经验意识的联系中的自我意识描述为对自己的反思，并如此伴随着一切经验，那么，自我意识在其自我和自己的双重性中的建构问题由此还没有得到回答。认知的自我和被认知的自我的区别在这里一直已经预先被设定的。但是，如果自我应当是一切经验的统一性根据，那么，它就必须首先作为它自己的统一性根据而是可以理解的，而费希特的作为事实行动的自我概念履行了这一功能：“如今，我只是通过行动才成就我自己，因为我是自由的。那个行动同样是自我的概念。”[③]但通过事实行动的思想，自我对自己的反身认知并没有得到解释，关于这种认知，费希特说它与自我是不可分割的（同上）。把自我解释为事实行动，“欺骗着自我对自己的认知，并没有回溯到它”。[④] 因此，费希特在1797—1798年扩展了他的第一原理的

① 费希特：《知识学的一种新阐述的尝试》，第46—47页，引文在第47页。

② 关于下文请参见亨里希（D. Henrich）：《费希特的原初洞识》（*Fichtes ursprüngliche Einsicht*，1967），关于下面的句子参见第11页的论述。

③ 费希特：《知识学的一种新阐述的尝试》，第40页。

④ 亨里希：《费希特的原初洞识》，第21页。

表述:自我的自我直观如今被刻画为“设定自己为设定者”。[①] 然而,即便是以这一公式,费希特也没有达到证明设定的自我与被设定的自我的同一性。自我如何能够产生自己作为拥有自己和认知自己的自我,这并不是自明的。因此,费希特在其后来的年代里放弃了自我设定是自我意识的根据的思想。自我不能自己产生自己,而是必须从它的一个先行于它的积极根据来理解自己,这个根据就其自身而言不能又是“自我”。[②] 因此,1801—1802 年的知识学把自我的自我直观描述为一只“捕捉自由之光”的眼睛。[③] 如果费希特在这一新方案的结尾那里已经谈到在理性中上升到更高的属神力量,这种力量就是“感官世界的永恒创造力”,其中上升到它的人“在上帝里面直观自己和世界”,[④]那么,他在以后的年代里则把自我意识径直解释为上帝的显现。[⑤] 按照 1804 年的知识学,“一个原则先行于”自我的“绝对的、内在的和有生命的自我产生”,这就是属神的光,[⑥]自我由它出发自己就是光。从这光出发,“派



① 费希特:《知识学的一种新阐述的尝试》,第 108 页。

② 亨里希:《费希特的原初洞识》,第 25 页。

③ 费希特:《1801—1802 年对知识学的阐述》(*Darstellung der Wissenschaftslehre aus den Jahren 1801—1802*; hg. R. Lauth; Philosophische Bibliothek 302; 1977),第 48页,参见第 46 页。关于费希特那里的眼睛隐喻的历史,参见亨里希:《费希特的原初洞识》,第 26—27 页。眼睛“被使用”的思想已经存在于费希特在他《道德学说体系》(*System der Sittenlehre*, 1798)的一个边注中(《费希特全集》,第四卷,第 33 页注)。

④ 费希特:《1801—1802 年对知识学的阐述》,第 218—219 页。

⑤ 亨里希:《费希特的原初洞识》,第 39 页。

⑥ 费希特:《知识学——1804 年的第二次报告》(*Wissenschaftslehre Zweiter Vortrag im Jahre 1804*; bg. R. Lauth u. a.; Philosophische Bibliothek 284; 1975),第 216 页,参见第 226 页,第 231 页以下。

生出光的显象”(第200、12—13页),作为“上帝的启示和表现”。[①] 在1806年的《至福生活指南》中,费希特谈到意识是“存在”在“这一存在的表现和启示”的意义上的“存在”。[②] 这里所指的完全是人的意识:“意识,或者还有我们自己,是属神的存在本身,与属神的存在完全是一回事。它已经包含在这一存在中,并由此成为意识;而它自己的或者还有属神的真实存在,对他来说成为世界。”借助于意识,属神生活向世界的转化得到设定,这种转化通过反思而分裂成“无限多的形象”。[③] 但是,“同一道属神的光也能够通过自己本身,从这种散射出发,又聚合起来,把自己把握为一,以便理解自己,是其就自身而言所是的东西,是存在,以及上帝的启示”。[④]

## 2. 费希特哲学的实践特征和无神论之争



在费希特那里,理论哲学和实践哲学不再像在康德那里一样被分开。尽管费希特分别阐述过法哲学(1796)、伦理学(1798)以及宗教哲学,但在他那里,实践哲学和理论哲学原则上是一回事,因为二者都要探讨理性在行动中的“自己立法”或者自律,探讨自我在其作为事实行动的自我实现中的自己设定。在这里,自我意

① 费希特:《知识学——1804年的第二次报告》,第27页。在1810年的知识学中,自我被描述为属神存在的“图型”(《知识学的总概论》[*Die Wissenschaftslehre in ihrem allgemeinen Umriß*,1810;hg. G. Schulte;1976],第26页以下)。

② 费希特:《至福生活指南》(*Die Anweisung zum seligen Leben*,hg. H. J. Verweyen;Philosophische Bibliothek 234;1983),第50页。参见第63页:上帝绝对的存在“启示自己”。

③ 同上书,第68页。

④ 同上书,第73页。

识的起源归根结底是一种道德的起源。它表现在道德法则中，通过道德法则，自我“被要求采取一种绝对的、唯有在它里面……才有根据的行动”。这里“为对自己活动和自由的直观提供了根据”，[①]它在1794年的知识学的前两个原理中是作为不可推导而出现的。与此相应，1796年在关于自然法的基础的著作中说道：“实践的自我就是原初的自我意识的自我”，意欲则是“理性的真正的本质性的特点”。[②] 费希特还在《人的使命》(1800)中说过同样的思想：“意志是理性世界的作用者和有生命者，就像运动是感性世界的作用者和有生命者一样。”[③]这里还说道：上帝是“生命、力量与行动”的永恒洪流的源泉，“它起源于原始生命；呵，无限者，它起源于你的生命，因为一切生命都是你的生命，而且只有那具有宗教感的眼睛才深入了解真正美的王国”。[④]



在费希特那里，这种理解的出发点1792年就已经存在于他的《对一切启示的批判的尝试》之中了。那里说道：上帝的意志虽然不可以设想为道德法则的内容的原因——因为这将导致他律——，但上帝的意志却能够是“道德法则在我们心中的存在”的原因。[⑤] 在上

---

① 费希特：《知识学的一种新阐述的尝试》，第46—47页。

② 费希特：《自然法的基础》(*Grundlage des Naturrechts*; Philosophische Bibliothek 256)，第21页。

③ 费希特：《人的使命》(*Die Bestimmung des Menschen*; Philosophische Bibliothek 226)，第118页。

④ 同上书，第151页。

⑤ 费希特：《对一切启示的批判的尝试》(*Versuch einer Kritik aller Offenbarung*, 1792)，费尔韦恩(H. J. Verweyen)编，哲学丛书354，第26页。还请参见瓦格纳(F. Wagner)《费希特和黑格尔关于上帝的位格性的思想》(*Der Gedanke der Persönlichkeit Gottes bei Fichte und Hegel*, 1971)，第24页以下。

帝的本质中，道德法则具有其最高的形象。这样，它的内容就不依赖于上帝的意志，但它在我们心中的存在却依赖于上帝的意志，因为上帝是自然世界的原因，因而也是我们自己的存在的原因。费希特当时还像康德那样把上帝存在的假定建立在至善的概念上。若干年之后，当这种论证作为对康德的公设说的批判的结果而被取消时，上帝是我们心中的道德法则的根据的思想也就退后了。1796年，在《自然法的基础》(*Grundlage des Naturrechts*)这部作品中，毕竟还有人为了自由的活动而需要来自他人的"敦促"的思想，而这样的敦促出现在教育中，但归根结底回溯到上帝。[①] 与此相反，在1798年的《道德学说体系》中，就道德法则在我们心中的作用而言，没有向上帝的任何回溯。[②]

在费希特1798年导致无神论之争的文章"论我们相信上帝统治世界的根据"(*Über den Grund unsers Glaubens an eine göttliche Weltregierung*)[③]中，"对我们的道德使命的信念"本身被

---

① 费希特：《自然法的基础》，第33页以下，特别是第39页。

② 然而，在关于康德的根本恶学说的阐述中(《费希特全集》，第四卷，第198页以下)，曾谈到外部推动对于道德性的用处，那里说道："这样，有某种东西是积极的宗教：即杰出的人们进行的活动，为的是影响其他人发展道德感"(第205页)。

③ 之前在1798年的《哲学杂志》(*Philosophisches Journal*)上有费希特的学生福尔贝格(Friedrich Karl Forberg)的一篇文章(《宗教概念的发展》[Entwicklung des Begriffs der Religion])，费希特力图通过自己置于前面的论述《论我们相信上帝统治世界的根据》(Über den Grund unsers Glaubens an eine göttliche Weltregierung)来避免它使人得出印象，好像这里代表的是一种对一切宗教的怀疑似的。一封匿名的《一位父亲就费希特和福尔贝格的无神论写给大学生儿子的信》(*Schreiben eines Vaters an seinen studierenden Sohn über den Fichteschen und Forbergschen Atheismus*，1798)引发了争论，很快，德累斯顿高等教会监理会(Dresdner Oberkonsistorium)根据向萨克森选帝侯的指控介入了争论。

描述为"信仰"。也就是说,在我"领会那个由我自己的本质为我设定的目的,并把它当作我的现实行动的目的的时候,我也同时通过现实行动把它的实现设定为可能的"。[①] 这样,在我们的生活中,就出现了一种"新的秩序"。世界对我们来说表现为"我们的义务的感性化了的材料"。那里接着说道:"使我们不得不"信仰这种秩序的实在性的"那种强制",人们"完全可以称为启示",而且"这是真正的信仰;这种道德秩序就是我们所假定的神圣事物"。[②] 与费希特的启示批判不同,这样一来就完成了上帝观念向道德意识的还原:"那种有生命的和起作用的道德秩序本身就是上帝;我们不需要任何其他的上帝,也不可能理解任何其他的上帝。"这里不再说上帝是道德秩序和自然秩序的起源:"离开那种道德秩序,而借助于从有根据的东西到根据的推论,再把一个特殊的存在者假定为有根据的东西的原因,这种做法在理性中是没有根据的。"[③]毋宁说,与此相结合的"上帝概念,即作为一个特殊实体的上帝的概念,是不可能的和有矛盾的"。[④] 如费希特后来所说明的,这是因为作为在变化中持存的东西的实体,其概念按照康德的原理只能运用于空间的、物质的事物上。[⑤] 在费希特看来,同样充满矛盾的

① 林道(H. Lindau)编:《费希特有关无神论之争的作品》(*Die Schriften J. G. Fichte's zum Atheismusstreit*, 1912),第 28 页;《哲学杂志》8(1798),第 9—10 页。

② 同上书,第 31 页;《哲学杂志》8(1798),第 13 页。

③ 同上书,第 32 页;《哲学杂志》8(1798),第 15 页。

④ 同上书,第 35 页;《哲学杂志》8(1798),第 18 页。

⑤ 费希特:《〈哲学杂志〉的编者对无神论指控的法律辩护文》(*Der Herausgeber des Philosophischen Journals Gerichtliche Verantwortungsschriften gegen die Anklage des Atheismus*, 1799),引自林道编:《费希特有关无神论之争的作品》,第 221 页以下。

是上帝的位格性的观念，因为它与上帝的无限性相矛盾。位格性和意识“离开限制和有限性是绝对不可”思议的。[①] “据此（第 17 页），你们是通过把这种属性附加到一个有限的、与你们类似的存在者上，构造出了这个存在者，而且你们也没有像你们希望的那样设想上帝，而是仅在思维中复制了你们自己。”这种批判连同其中所包含的投射设想都在事实上回溯到斯宾诺莎对基督教的中世纪关于一个认知的和意欲的上帝的观念；[②]但是，它也与费希特对其知识学的第一原理的追求相关，亦即与关于自我的自我设定的论题的失败相关，与此结合在一起的是一种洞识，即自我的根据不能又是另一个自我——一个绝对的事物，而必须是完全不同的。在关于无神论之争的著作——如直接在《人的使命》（参见本书第 262 页注③）之后——中，费希特想到了我们心中实践理性的道德意愿，他在对后来对知识学的设想中则更为一般地谈到在我们心中起作用的光，而自 1806 年之后，他就更为接近斯宾诺莎，谈到属神的存在，其启示就是我们的意识。[③]

通过对传统的上帝观念的批判，费希特于 1798 年如他当时所写，打算“消除学院的废话，以便让欢快的正义行为的真正宗教耸

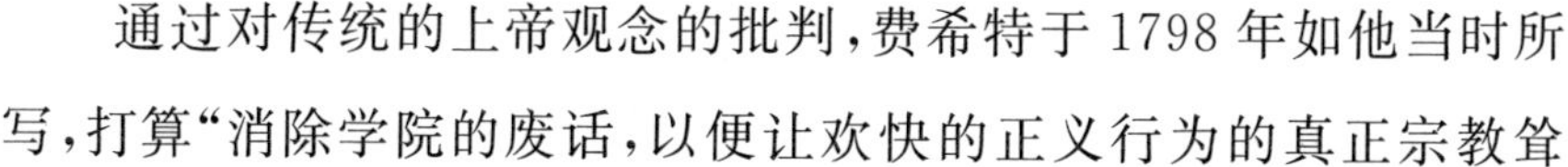

① 费希特：《论我们相信上帝统治世界的根据》，载林道编：《费希特有关无神论之争的作品》，第 34 页；《哲学杂志》8(1798)，第 16 页。以下的引文在下一款中。

② 斯宾诺莎：《伦理学》，第一卷，命题十七。

③ 参见本书第 261 页注②③。关于费希特在其后期的表达中与他原初曾尖锐拒斥过的斯宾诺莎立场的接近，参见作者的《费希特与无限者的形而上学》（Fichte und die Metaphysik des Unendlichen），载《哲学研究杂志》（*Zeitschrift für philosophische Forschung*，46[1992]），第 348—362 页，特别是第 351 页以下。

立起来”。[①] 不过,他的表述读起来却像是要为了道德性而拒斥特殊的宗教。这样,它遭到激烈的拒绝就不令人奇怪了。德累斯顿高等教会监理会(Dresdner Oberkonsistorium)在萨克森(Sachsen)选帝侯那里控告了费希特和他的学生福尔贝格(Friedrich Karl Forherg)的学说。由于选帝侯1798年11月19日的批复,《哲学杂志》(*Philosophische Journal*)被查封,在莱比锡大学和维滕贝格大学(Universität Wittenberg)执教的人们被要求,“凭借坚定、热情和尊严来维护受到攻击的宗教,并留心到处建立、传播和巩固对上帝的理性信仰和对基督教真理的鲜活信念”。费希特对此的最初反应是他的《对公众的呼吁》(*Appellation an das Publikum*,1799)一文,其冷嘲热讽的副标题是“请君在查封之前一读的文章”。接着是有利于费希特的大学生声明和费希特的《针对无神论指控的法律辩护书》(*Gerichtliche Verantwortungsschrift gegen die Anklage des Atheismus*,1799)。费希特对教会监理会发出威胁,如果个人受到斥责就将辞职,这成为他通过1799年4月3日的批复而被解除职务的诱因。大臣歌德以书信的方式(致施洛塞尔[J. G. Schlosser])表达了他的惋惜,“我们不得不失去他,他的愚蠢的过分要求使他丧失了他在广阔的天地里……再也找不到的生存”。不过,费希特去了柏林,在那里,国王威廉三世(Friedrich Wilhelm III)以如下说明向这位后来的柏林大学建校校长颁布了允许居住令:“如果他真的对仁慈的上帝有敌意,那么,仁慈的上帝



① 费希特:《论我们相信上帝统治世界的根据》,第35页;《哲学杂志》8(1798),第18页。

是会对付他的。这与我毫无关系。”

费希特感到由于无神论的控告而受到深重的打击。尽管他1798年的说法为此绝对提供了诱因，但控告在一种更深的意义上却实际上对费希特不公。他的思维在以后的年代里的发展说明了这一点，这种发展不仅是对那种指控的反应，而且其中也延续着费希特对建构自我的自身确定性的追求。在这里，费希特试图如此表达自我的主体性的属神根据，即上帝不再被设想成主体或者自我。这样一来，他就不仅避免了通过另一个自我来论证自我的循环和把绝对者理解为这样一个本身还需要一个与它不同的建构根据的自我的矛盾，而且也避免了他本人在无神论之争中所揭露的传统有神论上帝观念的拟人论。晚期费希特的恒久意义也就在这里，尽管这一发展的主观理论动机几乎不为公众所知，因为重构知识学的一次次规划，除了1810年的规划之外，都没有出版。费希特在这一问题上超越了黑格尔关于绝对者是主体的论题，超越了思辨有神论，甚至也超越了费尔巴哈的宗教批判，而指向了一种未来的、能够更好地对待上帝的超越性的哲理神学，当然，他依然未能阐述这种神学。

## 二、谢林和黑格尔的开端

唯心论盛期的两个最重要的思想家，即谢林与黑格尔，1790—1793年与荷尔德林(Friedrich Hölderlin)一起在图宾根学习神学，并生活在图宾根修道院里。他们把法国革命和新的批判哲学当作一个新时代的共同特征来欢迎，在他们对此感到的振奋中，他们对图宾根教义学家施托尔把康德用来在哲学上为其超自然主义神学辩护而感到反感。① 针对施托尔,他们坚持康德的理性自律思想,并准备放弃康德的公设说隐藏着的幸福论,以便抽去施托尔的这种论证的地基。

年轻的谢林在图宾根的朋友圈子里首先成为精神领袖。在未刊行的保罗《罗马书》和《加拉太书》注释中,十七岁的他在1792—1793年就力图指出,耶稣原初的学说与康德的实践理性伦理学是一致的,耶稣对上帝之国的宣讲包含着一场尘世的政治革命,其目标是普遍地推行理性法则。施托尔《关于康德的哲理宗教学说的说明》在1793年的出版,使得谢林离开了神学而完全投身于哲学,而且是作为康德的方案的继续发展的费希特哲学。1795年,谢林的著作《论作为哲学原则的自我》(*Vom Ich als Princip der Philosophie*)出版,它以费希特的精神主张一个排除一切对立的东西的绝对自我是经验性的、受与对象的关系所规定的自我的自由和自发性的根据。② 经验性的自我就像费希特已经主张过的那样,在"理智直观"中意识到它自己的我性,③而且受到要求,通过

① 参见亨里希:《处境中的黑格尔》(*Hegel im Kontext*,1971),第41页以下(黑格尔体系的历史前提)。

② 谢林:《谢林著作选集》(*Ausgewählte Werke*,1975),第一卷(1794—1798年著作),第56—57页(6),参见第60页(8)。在谢林看来,绝对自我包含著"一切存在、一切实在性"(alles Seyn,alle Realität;第66页,10),并且是谢林明确地援引的斯宾诺莎(第74页)意义上的"唯一实体"(第72页,12)。费希特的自我哲学在他看来不仅是康德的批判哲学的完成,而且也是斯宾诺莎主义的完成。

③ 同上书,第61页(8;参见第112—113页)。费希特大约最先是在他1792年的《〈埃奈西德穆〉书评》(Aenesidemus-Rezension)中为了自我对自己的认知而使用理智直观概念的(《费希特全集》,第一卷,第二部,第48页)。在1794年的《全部知识学的基

克服一切复多性而与绝对的自我相同。这个法则对于有限的自我来说就是道德法则，而它对于包含着一切实在性的绝对自我来说就是自然法则。①这一说明表现出一种与对费希特的自我哲学的斯宾诺莎主义解释相结合的向一个居于道德意愿之上的无条件原则的转变，这个原则表现在有限的自我里面，但却也能够成为一种自然哲学的出发点。

在1798年，即无神论之争的那一年，谢林以二十三岁成为耶拿编外哲学教授。在之前的那年，他的《自然哲学观念》出版。谢林在这里的出发点却不是自我，而是绝对者或者作为绝对理性者与绝对实在者的统一（无差异）的绝对知识的观念。②这个"绝对者是一个永恒的认识活动，它是它自己的质料和形式，是一种生产，其中它以永恒的方式自己……成为实在者，成为形式，并重新以同样永恒的方式把作为形式的自己，就其作为客体而言，化为本质或者主体"。③因此，这是一个双重的运动；"绝对者在永恒的认识活动中把自己扩张为特殊，只是为了在把自己的无限性绝对地构入

础》中，这一表述退居到了经验性自我对自己的我性的反思概念背后。然而，在1797—1798年，它又被提出来并详细地加以讨论，但现在是与绝对自我的自我理解以及在经验性自我的立场上对绝对自我的察觉相关：《知识学的一种新阐述的尝试》，第39页以下，特别是第41页，第43页以下。同时，费希特还详细地为这一概念辩护，以驳斥说其中包含有对康德的偏离的指责（《知识学的一种新阐述的尝试》，第51页以下）。1795年，费希特才与自我同非我的关系相关而谈到直观（《略论知识学的特征》[*Grundriß des Eigentümlichen der Wissenschaftslehre*；Philosophische Bibliothek 224]，第18页）。

① 谢林：《谢林著作选集》，第一卷，第78—79页。

② 同上书，第一卷，第385页。当然，作为知识的统一性之根据的自我的退后，最初只是由自然哲学的主题规定的。在《先验唯心论体系》（*System des transzendentalen Ideaismus*，1800；Philosophische Bibliothek 448：1992）中，它还曾一度居于中心。

③ 同上书，第一卷，第386页。

有限者里面时再把有限者取回到自己里面，二者对它来说是同一个活动。”[①]与这一运动的两个角度相应的，是哲学体系本身中先验哲学与自然哲学的双重性。哲学的这两个方面的统一在谢林那里如今叫作“绝对唯心论”，[②]而且他批评费希特哲学，说费希特满足于把观念的东西和实在的东西的那种同一性“重新当作一种特殊性而限制在主体意识上”，并使它的绝对性“成为一个无限的任务、绝对的要求的对象”，而不是把它设想为始终已经实现了的。[③]

如果绝对的自我在两年前还被谢林追随费希特设想为在经验性自我中作为其建构性根据可以直观地进行把握的、在自己本身中设定一切实在性的无限自我或者绝对自我（作为无须意识和位格性的自由活动），那么，谢林在1797年便认识到，自我只是一个方面。自然独立地与它相对，但二者统一在绝对知识中。谢林想通过以下思想把自然和有限自我从自然联系中的来源纳入费希特的知识学的框架，即在自然中，精神达到自己本身，“但恰恰由于这种方案，为对自然的一种独立的考察做好了准备，这种考察阐明了

① 谢林:《谢林著作选集》，第一卷，第389页。

② 同上书，第一卷，第392页。

③ 同上书，第一卷，第396页。与此相反，斯宾诺莎的体系“是一种创造性的想象力的第一个大胆设想，它在无限者的观念中，把它纯粹作为无限者，直接把握到有限者，并仅仅在无限者中认识有限者”（第344页，1803年第2版的文本）。不过，他不是“下降到他的自我意识的深处，并从那里出发观看两个世界——理想的世界和实在的世界——的产生，而是飞越而过”，并且“……立刻迷失在我们之外的一个无限者的观念中”（第360页）。谢林在后来的年代里对费希特的批判更尖锐了，例如在文章《论自然哲学与一般哲学的关系》（Über das Verhältnis der Naturphilosohie zur Philosophie überhaupt）中，《谢林著作选集》，第二卷（1802—1804年著作），第422—440页。

从无意识者到有意识者的客观过程”。[①]

在1801年对其体系的阐述中，谢林与斯宾诺莎的接近特别明显地表现出来。其中作为自然和意识的根据的绝对者不再称为自我，而是称为“理性”，它可以设想为“主体的东西与客体的东西的完全无差异”。[②] 为了把绝对的理性设想为绝对的，“必须抽象掉思维者”，就像在费希特那里便已经有必要从经验性自我上升到绝对自我的思想一样。这样一来，就导致“在理性之外没有任何东西，一切都在理性之中”。[③] 这就是谢林的斯宾诺莎主义，但却是一种理性的斯宾诺莎主义，理性在根本上就是对其绝对的同一性的一种认识（第18节），由此在形式上“被设定为主体并被设定为客体”（第22节）。这种作为总体的同一性就是宇宙（第26节；第33节），在宇宙中绝对理性认识自己，因为它把一切个别的东西都聚集和扬弃在自身中。[④] 在这个过程中，绝对的根据就其自身而言才成为神性。在这种意义上，对于谢林来说，“作为整体的历史就是一个前进着的、逐渐地展露的启示”，而在其终结时“也将有上帝存在”（《先验唯心论体系》[*System des transzendentalen Idealismus*]，载《谢林著作选集》，第2卷（1801—1804年著作），1973年版，第273、275页）。

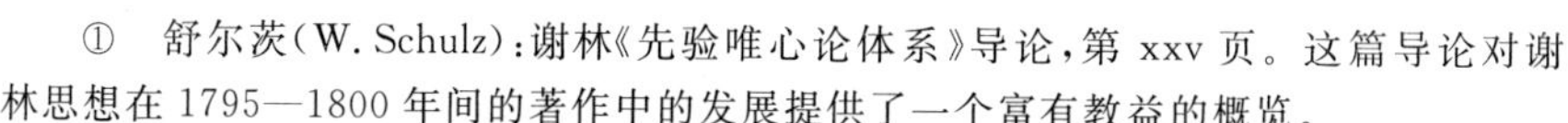

① 舒尔茨（W. Schulz）：谢林《先验唯心论体系》导论，第xxv页。这篇导论对谢林思想在1795—1800年间的著作中的发展提供了一个富有教益的概览。

② 谢林：《对我的哲学体系的阐述》（*Darstellung meines Systems der Philosophie*），载《谢林著作选集》，第二卷，第10页（第1节）。正文中下一引文紧接这段话。关于无差异是绝对者的称谓的思想早在1797年就已出现，参见本书第269页注②。

③ 同上书，第11页（第2节）。

④ 这篇文章还是未完稿，仅仅就自然哲学方面阐述了无差异性的体系。

在1802年的《学术研究方法讲演录》(*Vorlesungen über die Methodes des Akademischen Studiums*)中，谢林以通俗易懂的形式讲述了他的新体系设想的特征，这些讲演在1803年印刷出版。十四次讲演的第一次(《论科学的绝对概念》[*Über den absoluten Begriff der Wissenschaft*])探讨了体系的基础。这个体系基于“就其自身而言无条件的知识的观念”，这种知识是完全的“与对象一致”，以致“真正观念的东西独自、无须别的中介也就是真正实在的东西，而且在它之外没有任何别的东西”。[①] 这个“元始知识”(Urwissen)原初就寓于绝对者本身里面。但我们的知识应当是或者成为“那个永恒知识的一个摹本”。[②] 与它相应的则是作为同一个“宇宙”的“另一种”表现的自然。[③] 在这里，支配实在的东西的领域的是有限性，而支配观念的东西的领域的则是无限性。也就是说，观念的东西“把它的本质性塑造到形式中，作为实在的东西”，由此使自己有限化，而应当在我们的知识中发现其摹本的元始知识则把形式的有限性“重新化为本质”，[④]由此它们在绝对者的无限性中结合起来。



谢林的这一构想对于1801—1803年在耶拿与谢林关系紧密的黑格尔来说也是奠基性的，并且以另一种方式对施莱尔马赫的哲学辩证法来说也是奠基性的。然而，谢林与黑格尔——最初只是外在地——分道扬镳了，他于1803年由于同卡罗莉娜·施莱格

---

① 谢林：《谢林著作选集》，第二卷，第449页。

② 同上书，第二卷，第450—451页。

③ 同上书，第二卷，452第。

④ 同上书，第二卷，页453。

尔(Caroline Schlegel)的关系而受聘到维尔茨堡(Würzburg),在那里卡罗莉娜(在离婚后)很快就与他结婚了。在维尔茨堡和在慕尼黑(自 1806 年始),谢林把他的体系构想深化为在他的研究《论人的自由的本质》(*Über das Wesen der menschlichen Freiheit*, 1809)中首次得到表达的形态。实在者如今表现为模糊的、含混的权能,其欲望需要通过精神来驯服。两个方面都是出自上帝,但实在者出自“上帝里面的自然”,出自上帝里面的“在上帝本身里面不是他本身”的东西。[①] 但在上帝里面,就连“实在的原则”也是“爱的意志,圣言通过它被说出而进入自然”,而由此产生的启示则是“行动和活动”。[②] 如今在上帝里面,“根据的意志”和精神是不可分的,而它们在受造物里面却是可分的,按照这部著作,这里就说明了恶的可能性,这种可能性也构成了这部著作的主题。

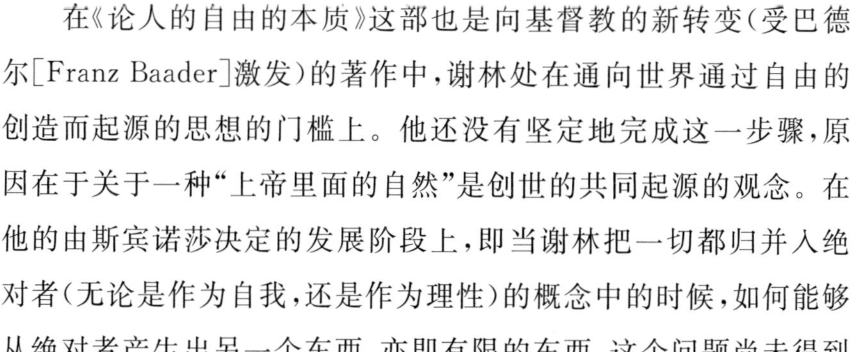

在《论人的自由的本质》这部也是向基督教的新转变(受巴德尔[Franz Baader]激发)的著作中,谢林处在通向世界通过自由的创造而起源的思想的门槛上。他还没有坚定地完成这一步骤,原因在于关于一种“上帝里面的自然”是创世的共同起源的观念。在他的由斯宾诺莎决定的发展阶段上,即当谢林把一切都归并入绝对者(无论是作为自我,还是作为理性)的概念中的时候,如何能够从绝对者产生出另一个东西,亦即有限的东西,这个问题尚未得到

① 谢林:《谢林著作选集》,第一卷,第 359 页,7。

② 同上书,第一卷,第 395 页,7;参见第 363 页:“永恒的上帝说出统一性或者圣言而进入自然。”

回答。[1] 1809年，谢林正要把上帝的自由设想为这种过渡的根据，而这一步骤是在遗下的残篇《世界年代》(*Die Weltalter*, 1813)中坚决地完成的。在这里他说到，每个人都认识到，"上帝的本质不能在他外面凭借他的本性的一种盲目的必然性进行创造，而是借助最高的自由进行创造"，而从上帝的本性的纯然必然性中"不会有任何创造"。[2] 凭借这一对其晚期哲学来说依然是奠基性的论题，谢林终于与他开端时的斯宾诺莎主义分道扬镳了。他由此也选择了一条不同于他的青年朋友黑格尔自1801—1803年始在耶拿的共同年代里所选取的道路。

黑格尔在转向哲学之前，比小他五岁的谢林研究神学主题的时间要长得多。在他生前始终没有发表的所谓早期著作(截至1800年)完全是讨论神学主题的，但与哲学观点紧密相关，其出发点是把他与谢林结合起来的实现由康德和费希特建立的自由唯心论的问题。由此产生出在他那里的神学旨趣与政治旨趣之间的关系问题。对于理解在1800年之后建构的黑格尔成熟体系来说，这一问题也是奠基性的。他的成熟体系的基本思想是通过他的早期

① 《关于教条主义和批判主义的哲学通信》(1795)就已经把"从绝对者出来"称为"哲学的核心争论点"(《谢林著作选集》，第一卷，第174页＝《谢林全集》，第一卷第一部，第294页)，而谢林的判断是："没有一个体系能够实现那种从无限者到有限者的过渡。"哲学只能"反过来从有限者向无限者过渡"，因为有限者本身固有一种"趋向无限者的趋势"，一种"在无限者里面失去自身的追求"(第194页＝第一卷，第314页)。

② 《谢林全集》，第八卷，第210页。还在《先验唯心论体系》(1800)中就已经说过，绝对的自由与绝对的必然性相同一，以致上帝的行动虽然必须被设想为绝对自由的，"但这种绝对的自由却同时是绝对的必然性，因为在上帝里面，不能设想任何规律和任何行动不是出自他的本性的内在必然性的"(《先验唯心论体系》，第64页＝《谢林全集》，第一卷第三部，第395页)。

著作做好了准备的，以致这些早期著作不仅对于他的思维的开端才具有意义。①

宗教主题和政治主题在早期著作中联系如此紧密，以至于就连社会问题对于黑格尔来说也表现为一个归根结底的宗教问题。这从他的早期著作的专门讨论“民众宗教与基督教”的关系的第一篇中就可以看出来：“那生产和哺育伟大意念的民众宗教是与自由携手前进的”(《黑格尔早期神学著作》，第 27 页)。民众宗教的任务就是促进道德的效力(《黑格尔早期神学著作》，第 48 页)，因此，国家必须对宗教感兴趣；“使客观的宗教成为主观的”，让它在人的意念中、在人心中找到入口，必须是“国家的大事情”。相对于此，现代世界在黑格尔看来是以(基督教的)学说和人们的社会生活之间的一种分离为标志的(《黑格尔早期神学著作》，第 26 页)。黑格尔认为，这方面的根据在于基督教原初是一个私人宗教。这样在基督教里面就出现了一道使宗教变得不可信的“生活与学说之间的隔离墙”(《黑格尔早期神学著作》，第 26 页)。后来，黑格尔在同样的意义上谈到礼拜日和工作日之间的分离，这种分离标志着宗教在现代的地位。关于基督教是一个不适合直截了当地作为公共

① 所谓的黑格尔早期著作直到 1907 年才出版，使用的是由编者诺尔(Hermann Nohl)选取的标题：《黑格尔早期神学著作》(此处正文中所引即为该书)。其中最重要的是：《民众宗教和基督教》(*Volksreligion und Christentum*, 1793)、《基督宗教的实证性》(*Die Positivität der christlichen Religion*, 1795/1796; überarbitet 1800)、《基督教的精神及其命运》(*Der Geist des Christentum und sein Schicksal*, 1798)。对其内容的导论，参见罗尔莫泽(G. Rohrmoser)：《主体性与物化——青年黑格尔思维中的神学与社会》(*Subjektivität und Verdinglichung: Theologie und Gesellschaft im Denken des jungen Hegel*, 1961)。

宗教的私人宗教的判断，可能是受到了卢梭的启发，特别是卢梭在其《社会契约论》(*Contrat Social*, 1762)中关于公民宗教的必要性的阐述。[①] 然而，无论是在卢梭那里，还是在黑格尔那里，对现代处境中宗教与社会的关系的中肯描述都关注这一点，即现代处境是在十七世纪、在紧随宗教改革和反宗教改革的宗教战争结束后开始的国家与社会的世俗化的结果。相反，与公共领域的分离被在根本上理解为基督教的一个特性。青年黑格尔在希腊人那里发现了它的对立形象(《黑格尔早期神学著作》，第 23、26 页)，希腊人的宗教信念能够"友好地到处伴随着"人——"在他的事务上和生活中严肃的事件上，以及在节日和欢乐方面支持他"(《黑格尔早期神学著作》，第 26 页)。



因此，在这个开端时代，黑格尔部分地依据康德的宗教学著作，把宗教仅仅理解为手段，为的是加强人们的共同生活中的道德性。但自 1796 年始，在黑格尔从伯尔尼(Bern)迁居法兰克福(Frankfurt)，荷尔德林在那里给他介绍了一个家庭教师位置之后，黑格尔成为康德和费希特所讲授的那种对基督教的道德解释的批判者。真正的宗教，亦即耶稣的爱的福音，如今与道德对立起来。

荷尔德林在这段时间就已经在批判地研究费希特的自我哲

---

① 卢梭：《社会契约论》(*Contrat Social*, 1762)，第四卷，第 8 章。关于黑格尔与卢梭的关系，请参见富尔达(H. F. Fulda)：《黑格尔的发展中的卢梭问题》(Rousseausche Probleme in Hegels Entwicklung)，载富尔达与霍斯特曼(H. F. Fulda & H.-P. Horstmann)编：《卢梭、革命与青年黑格尔》(*Rousseau, die Revolution und der junge Hegel*, 1991)，第 41—73 页。

学。针对费希特从自我意识派生出对象意识，荷尔德林能够指责说，人们只能在与一个客体的关系中思维一个主体，因而一个绝对自我的概念是毫无意义的。毋宁说，主体和客体已经在自我意识中彼此限制——由此对荷尔德林来说就产生出囊括二者的现实的问题。荷尔德林把主体与客体的这种统一称为“存在”和“生活”，并在柏拉图学派赫姆斯泰胡伊斯（Franz Hemsterhuis）的影响下达到如下见解，即通过爱来重建由于生活和反思的对立而失去的这种原初的统一。[①]

在荷尔德林这些思想的影响下，并且在它们的视角里，黑格尔1798年再次转向了对耶稣传记的诠释。此时，耶稣与犹太教律法性的对立得到了不同于更早的著作中的解释。在那些著作中，黑格尔把康德的道德性与合法性的对立运用到对耶稣传记的诠释。在这种情况下，耶稣通过宣讲康德式道德法则的自律道德性而与犹太教的外在合法性相对立。犹太教的意念在黑格尔看来局限于外在的服从（《黑格尔早期神学著作》，第153页）。耶稣与此相反，“开始把宗教和德性提升到道德性，重建道德性的自由，道德性的本质就在于自由”（《黑格尔早期神学著作》，第154页）。但在1798年，在《基督教的精神及其命运》这部著作中，黑格尔把康德的道德哲学本身视为现代的分裂的一种表达形式；而且，它是以同一种分裂——亦即以“应然”与“实然”的对立——为标志的，这种

① 关于黑格尔与荷尔德林的关系，请参见亨里希：《处境中的黑格尔》，第9—40页。关于荷尔德林自己的思想，参见氏著：《意识中的根据　　荷尔德林思想（1794　1795）研究》（*Der Grund im Bewußtsein. Untersuchungen zu Hölderlins Denken (1794—1795)*, *1992*）。

对立在黑格尔看来支配着犹太教的律法虔诚。因而现在，这种律法虔诚的特征不再被视为服从的外在性，而是“应然”与“实然”的对立本身的内在结构。从现在开始，黑格尔不再在道德性中，而是在被分离者的统一中寻找宗教的真正意义。“把主体性的东西和客体性的东西……统一起来这种需求，人类精神的这种最高需求，就是趋向于宗教的动力”（《黑格尔早期神学著作》，第332页）。

这一思想在1788年的出现并不是全新的。早在1793年，在《民众宗教和基督教》中，人们就可以读到：“对基督是上帝与世界的和解者的信仰”是基督教的枢纽（《黑格尔早期神学著作》，第68页）。黑格尔对民众生活的总体的旨趣早在当时就已经使得和解的思想对于他来说成为重要的，后来对他来说也依然是核心的。但在1793年，他还是在赎罪的意义上来理解和解：“通过外来的功德，人们被赦免其罪恶”（《黑格尔早期神学著作》，第69页）。和解对他来说还不是把被分离的东西结合起来的爱的表述，因而也还没有表现为与对宗教的道德解释的对立。但五年之后，情况发生了变化。耶稣如今不再表现为道德性的辩护人，而是：“耶稣把人与犹太人的实证性对立起来”（《黑格尔早期神学著作》，第276页）。他反对“把其他东西都归摄在一个在律法中得到体现的概念之下”（《黑格尔早期神学著作》，第274—275页）：爱并不做审判（同上书）。

黑格尔把犹太教的律法不仅视为一种历史上偶然的东西，而且视为一种哲学上更为普遍的情状的表达。在这里，他追随的是传统的基督教考察方式，这是就律法在它里面与自然法的诫命等同而言的。黑格尔此时不仅把理性的道德法则、而且也把犹太教律法的历史形态视为通过他的区分而分裂的知性的表达。相对于此，爱的思想对他来说成为对生活的超出这样的分裂之上的统一性的更新："在爱里面，这个整体不再是作为被包含在许多观察者、被分离者的统一中；生活本身就处在它里面……。在爱里面，被分离者依然——但不再是作为被分离者——是独特的，而有生命者感觉到有生命者"(《黑格尔早期神学著作》，第 379 页)。"在爱里面，人在另外一个人身上重新发现了他自己，……他的欢乐与他所承认的每一别的生命混在一起"(《黑格尔早期神学著作》，第 322 页)。[①] 爱的思想作为对知性的分离的承认着的、而非取消性的克服——而且作为对生命的统一性的描述——构成了黑格尔日后的思辨概念的构想的萌芽，思辨概念同样是被分离者的统一，其中它的种种规定的每一个都指示着另外的规定，以至于它在另外的规定中就是在自身。[②] 在《基督教的精神及其命运》这部著作中，黑格尔离一种概念哲学当然还很远：爱在这里还没有把知性连同其合法则性接受并扬弃在自身，而是还让知性和合法则性作为它的对立面留在自身之外，并对这种对立面感到反感。因此，耶稣的爱表现为仅仅主观的意念，它相对于客观的东西、合法则地存在的东西的权力仍然是没有力量的。故而，耶稣不得不失败于现实，而唯有在观念性中，亦即在宗教信仰的理想世界中，也就是说，在对耶稣

① 关于对爱的概念的这种哲学的解释，参见《民众宗教和基督教》里面的一个注，那里已经强调，爱"具有某种与理性类似的东西，这是就它——作为爱在其他人里面发现自己，或者毋宁说遗忘自己——从自己的实存走出，仿佛是在另一个里面生活、感知和活动而言的，就像理性作为普遍有效的法则又在每一个有理性的存在者里面认识到自己，作为一个理智世界的公民一样"。

② 参见罗尔莫泽：《主体性与物化》，第 59—60 页。

的复活和升天的原始基督教信仰中，这种失败才被克服："因此，耶稣的实存是与世界的分离，是从世界逃避到天上，是在观念性中恢复那遁入空虚的生活"(《黑格尔早期神学著作》，第 329 页）。按照黑格尔 1798 年的判断，即使在基督徒们那里，这一对立也作为信仰和生活现实之间的对立继续起作用。因此，黑格尔还没有把关于一种建立在基督教的本质之中的基督教与民众宗教的对立丢在脑后。

黑格尔进一步的道路是在爱的思想中克服其纯然主观性的观念，把客观的世界并入在爱中表现出来的生活统一性。这首先是通过扩展宗教的概念来实现的。它是——也许是在施莱尔马赫的《论宗教》的影响下——《一八〇〇年体系残篇》(*Systemfragment von 1800*)的核心主题。在这里，宗教不再像两年前那样与生活的现实相对立(参见《黑格尔早期神学著作》，第 332 页以下)，而是生活的统一性在宗教中获得了其最高的表达。

在《一八〇〇年体系残篇》中，黑格尔第一次用"提升"(Erhebung)来界定宗教。[1] "从有服的生命……提升到无限的生命，这就是宗教"(《黑格尔早期神学著作》，第 347 页)。如果人"把无限的生命设定为整体的精神，同时是在他之外的，因为他自己是一个受限制者，……并把自己提升到有生命之物，最亲密地与它结合在一起，那么，他就是在崇拜上帝"(《黑格尔早期神学著作》，第 347 页)。黑格尔在这里与一年前施莱尔马赫在自己的《论宗教》中一样，想在生活的总体中、而不是在有限者的彼岸来发现无限

---

① "提升"这个概念已经出现在费希特和谢林那里，是在提升到绝对者的思想的意义上用的，但也出现在施莱尔马赫的《论宗教》(第 167 页)中。

者。生活的这个总体与一切有限的受限制者、个别者都不同，但包括了一切有限者，从现在起在黑格尔那里就叫作“精神”。精神与始终和特殊相对立的法则的抽象普遍性不同，是包含着一切特殊的东西的具体普遍的东西——正是生活的总体。换句话说：“精神是同多样之物结合为一的活生生的法则，多样之物本身因此也是有生命的”（《黑格尔早期神学著作》，第 347 页）。宗教是把人提升到生活的这种无限的总体，这个总体把与自己不同的东西（有限的东西）一起包括在自身。此际，在《一八〇〇年体系残篇》中，把握这个无限的总体还被保留给了宗教。这还不是哲学的对象。哲学的反思只是要“在一切有限之物中揭露有限性”（《黑格尔早期神学著作》，第 348 页）。

稍后，在他的第一部印刷作品《费希特哲学体系与谢林哲学体系的差异》（*Differenz des Fichte'schen und Schelling'schen Systems der Philosophie*，1801）中，黑格尔毕竟承认哲学有能力在思想中——而且是通过“直观”——把握无限的整体。[①] “直观”这个概念既使人想起费希特和谢林意义上的“理智直观”，也使人想起施莱尔马赫在《论宗教》中对这个概念的应用。在这里，黑格尔更为接近施莱尔马赫的用语，这是就直观与一个具体的对象相关、亦即作为该对象的不同方面的综观而言的。然而，与施莱尔马赫不同，宗教如今已经被指派了一个从属的位置：宗教直观被标示为始终只是主观的直观。它没有客观的真理。[②] 与此相反，哲学的直

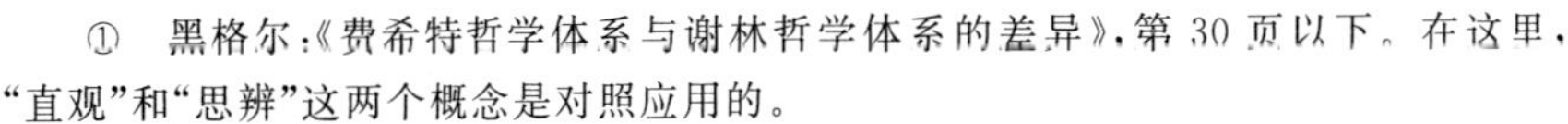

① 黑格尔：《费希特哲学体系与谢林哲学体系的差异》，第 30 页以下。在这里，“直观”和“思辨”这两个概念是对照应用的。

② 同上书，第 91 页。

观能够被阐明为普遍有效的,因为它在自身中扬弃了一切对立。[①]这是通过它与反思的合作实现的,反思通过一切有限者、有规定者的对立面来揭露它们的有条件性。[②]“理性的东西”,因而思辨地把握到的不同东西的统一性,“必须按照其有规定的内容,亦即从有规定的对立者——它们的综合就是有理性的东西——的矛盾中演绎出来;唯有执行和保持这种二律背反的东西的直观才是可以公设的东西”。[③] 因此,后来在黑格尔那里叫作“概念”的哲学直观与宗教直观的区别,乃是在于借助于反思能够演示它的必然性,它作为通过反思对立起来的东西的统一是能够证明的。

值得注意的还有,这样的直观的对象如今不再简单地是生活的统一,而是(与谢林一致)绝对者。虽然黑格尔现在还可以把哲学的任务规定为“恢复总体”,但他从现在开始把“种种限制的总体”与绝对者区别开来,绝对者只是“出现”在那种总体里面。[④]



在从谢林接受绝对者的概念时,黑格尔与他的朋友的区别在于,他使对绝对者的直观受制于反思,受制于对种种矛盾的说明,这些矛盾的总括性统一在这种情况下是通过“直观”来把握和表达的。与此相反,按照黑格尔的见解,谢林立刻跳跃到最高的直观,而最高的直观据此来说始终是空洞的,因为它并不具有自己在通过反思区别开来的东西的统一中的内容。毫无疑问,即便是在谢林那里,绝对者也是具体的否定,是某种东西的无差异,亦即相对

① 黑格尔:《费希特哲学体系与谢林哲学体系的差异》,第 32 页。

② 参见 Nohl 编:《黑格尔早期神学著作》,第 348 页。

③ 黑格尔:《费希特哲学体系与谢林哲学体系的差异》,第 32 页。

④ 同上书,第 16、12—13 页。

于最高的对立，主体与客体、观念的东西与实在的东西的对立。但是，这种对立本身已经出现在抽象的最高层面，而绝对者的统一则在与绝对者的关系中被明确地描述为“无差异”（Indifferenz）。因此，谢林意义上的无区别的统一的绝对者，如黑格尔数年后在《精神现象学》的前言中所讽刺的那样，是“人们通常所说的一切牛只在其中都是黑的那个黑夜”。[①]

## 三、施莱尔马赫与唯心论的关系

施莱尔马赫（Friedrich Daniel Ernst Schleiermacher，1768—1834）以特别的方式属于德国唯心论的历史：他是唯一为唯心论哲学的发展做了自己的贡献的一位神学家。他尤其是通过自己作为三十岁的柏林慈爱医院牧师和围绕弗里德里希·施莱格尔（Friedrich Schlegel）的柏林浪漫主义圈子的成员出版的第一部著作《论宗教——对蔑视宗教者中间的有教养者的讲演》（*Über die Religion. Reden an die Gebildeten unter ihren verächtern*，1799）引起了谢林，特别是黑格尔的注意。就其自身而言，他自1798年始日益受到谢林的同一性哲学构想的影响，[②]这种构想无论是对

① 黑格尔：《精神现象学》，第19页。

② 对施莱尔马赫与谢林思想的关系的评价，在研究中是有争议的。作者在这里追随赫尔姆斯的判断（《施莱尔马赫那里各门科学的体系的起源、发展和第一个形象》［*Herkunft, Entfaltung und erste Gestalt des Systems der Wissenschaften bei Schleiermacher*，1974］，第256页以下），反对聚斯金德（《谢林对施莱尔马赫的体系发展的影响》［*Der Einfluß Schellings auf die Entwicklung von Schleiermachers System*，1909年］，第55页），后者相信施莱尔马赫在九十年代受到费希特的影响（赫尔姆斯的意见相反：第252页以下），并且认为与谢林的接触1804年才开始。未与赫尔姆斯争辩而追

于施莱尔马赫的“辩证法”(Dialektik)来说，还是对于和他的辩证法一样在施莱尔马赫在世时一直没有发表的哲学伦理学来说，都获得了显著的意义。

比费希特和谢林的思维还更为重要的，对于施莱尔马赫来说当然是雅各比关于一种直接的实在性意识的论题，在该意识中对象意识和自我意识原初地共联一体，但还有有限者和无限者的意识。[①]这种观点无论是对于施莱尔马赫的讲演《论宗教》来说，还是对于他包括1819年还想献给雅各比的《基督信仰论》(1821)[②]在内的进一步发展来说，都成为奠基性的。接受这样一种直接的实在性意识，对于由施莱尔马赫来修正康德的认识批判和谢林的体系构想来说，都是决定性的。

## 1. 讲演《论宗教》中的宗教概念的哲学视角[③]

借助于这部著作，施莱尔马赫想指出的是，宗教在本质上属于人的存在。因此，他在自己的阐述中期望那些“认真地看待人的每一个方面得以形成和得到阐明”的人们的兴趣。[④]因此，论证的基

随聚斯金德的观点的，还有阿尔布雷希特(Chr. Albrecht)：《施莱尔马赫的虔诚理论》(*Schleiermachers Theorie der Frömmigkeit*，1994)，第61页以下。

① 关于施莱尔马赫自1793年始与雅各比的接近，参见赫尔姆斯(E. Herms)：《施莱尔马赫那里各门科学的体系的起源、发展和第一个形象》，第121页以下。

② 参见雷德克(M. Redeker)为施莱尔马赫的《基督信仰论》(7. Aufl.，1960)所撰写的导论，第一卷，第xxvi页。

③ 关于这部著作的内容的导论，一直还值得一读的是塞弗特(P. Seifen)：《青年施莱尔马赫的神学》(*Die Theologie des jungen Schleiermacher*，1960)。

④ 施莱尔马赫：《论宗教》，第26页。下面正文中注出的是该讲演的原版的页码。

础是人性的一个可以全面发展的总体的观念。它决定着施莱尔马赫的教育思想，[①]并安排了宗教的人类学位置的问题。

在施莱尔马赫看来，属于宗教的，是除了知识的行动之外“心灵中的一个特殊领域”(《论宗教》，第37页)。宗教在知识和行动之外的独立性要求就基于此。它既不需要通过形而上学来论证，例如在理性的一种自然的上帝知识的意义上，也不像在康德和费希特那里一样是道德的一个附庸。这一论题被施莱尔马赫的许多读者感受为解放性的，但也包含着施莱尔马赫对宗教概念的新规定的哲学影响依然有限的最重要原因。

尽管主张宗教对于形而上学的独立性，施莱尔马赫对宗教的对象和人类学基础的规定依然一方面是以他对斯宾诺莎的倾向为条件的，另一方面是以雅各比关于一种直接的实在性意识的论题为条件的，在这种直接的实在性意识中，人也已经在一种“宗教禀赋”(《论宗教》，第144页)的意义上与无限者相关。宗教的对象并非首先是某种超自然的东西、外在于世界的东西，而是“宇宙”，即一切有限者的总体，这是就无限者在它里面在场而言的(《论宗教》，第38—39页)。[②] 无限者不是在有限者的彼岸，而是在有限

① 参见里默(M. Riemer)：《教育与基督教——施莱尔马赫的教育思想》(*Bildung und Christentum. Der Bildungsgedanke Schleiermachers*，1989)。

② 施莱尔马赫意义上的宇宙并不简单地与自然世界同一。斯宾诺莎通过费希特、特别是通过谢林而被修正。施莱尔马赫区分了直观宇宙的各个阶段，从外在的自然(《论宗教》，第78页)及其“巨大的质量”(第81—81页)，经过在它们里面起作用的规律(第82—83页)，直到生物(第85页)，到人类及其存在和内在的生命(第87页以下)以及其指向人类之外的历史生成(第99—100页)“一切宗教都追求对人类之外和之上的某种东西的这样一种猜想”(第105页)。

者里面在场："一切有限者都唯有通过规定其仿佛必须从无限者切割下来的界限而存在"(《论宗教》,第 53 页)。宗教是对这种实际状况的意识。它应当在一切"个别的东西和有限的东西里面看到无限者"(《论宗教》,第 51 页)。它应当"把一切个别的东西当作整体的一个部分,把一切受限制的东西当作对无限者的一种表现"(《论宗教》,第 56 页)。在这个句子中富有启发性的首先是,"宇宙"、"整体"、"无限者"这些表述显然是等价的。但除此之外,整体对于各个部分的意义来说是建构性的。各个部分是通过它们从中被"切割出来"的整体来"定义"的(《论宗教》,第 53 页)。因此,一切有限者都是无限者和整体的一种表现,而作为这样的表现,有限者"在这些界限内部"又自身是无限的(《论宗教》,第 53 页)。[①]



对于"有知性的和实践的人"(《论宗教》,第 144 页)的日常意识来说,一切有限者以无限者和整体为条件这一点还是隐秘的,因为他们只是以有限的事物和关系为取向。他们的影响已经在孩童们心中扼杀了宗教禀赋(《论宗教》,第 145 页)。因此就需要有宇宙对我们的一种"行动",以便我们在个别的东西和有限者里面直观无限者:"一切直观都是从被直观者对直观者的一种影响、从被直观者的一种原初的和独立的行动出发的,这种行动此后被直观

---

① 这个对于个体性思想来说重要的观点回溯到莱布尼茨的单子论。按照单子论,每个单子都在自己的位置上反映看整个宇宙或者关于宇宙秩序的属神知识。谢林就已经于 1797 年在他的《自然哲学观念》(*Ideen zu einer Philosophie der Natur*)中追溯到莱布尼茨的这一思想。他说道,任何观念或者单子都是"一个特殊的东西,作为特殊的东西它是绝对的"(《谢林选集》,第一卷,第 388 页,还请参见那里第 344—345 页和第 361—362 页关于莱布尼茨的说明)。当然,施莱尔马赫与莱布尼茨不同,不主张单子无窗口的思想。毋宁说,在他看来个别事物的个体性需要通过经验来形成。

者按照自己的本性来接受、总结和理解”(《论宗教》,第 55 页)。在这里,任何直观都是与一种情感相结合的,因为被经验的影响也必须在我们的“内在意识中引起一种变化”(《论宗教》,第 66 页)。因此,在施莱尔马赫看来构成宗教的本质的对宇宙的直观和情感,就是宇宙对我们的一种“行动”的结果,这种行动使我们觉察到无限者在有限者里面的在场。在施莱尔马赫看来,与宇宙的这种行动相联系的还有宗教的上帝观念。它对于一般宗教的本质来说并不是奠基性的,但却在那些有能力仅仅“以一个自由的存在者的形式来思维”宇宙的行动的人们那里形成(《论宗教》,第 129 页)。因此,某人是否“为了他[对宇宙]的直观而有一个上帝,这取决于他的想象力的指向”(《论宗教》,第 128—129 页),也就是说取决于在想象力中是作为行动的根据的自由的意识,还是一种普遍的因果联系的知性思想是决定性的。[①]

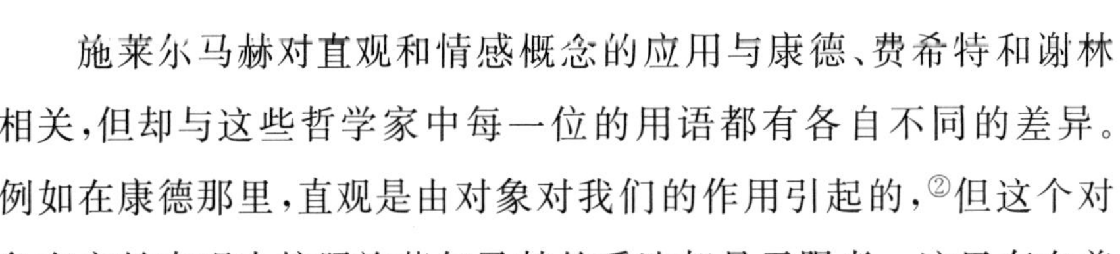

施莱尔马赫对直观和情感概念的应用与康德、费希特和谢林相关,但却与这些哲学家中每一位的用语都有各自不同的差异。例如在康德那里,直观是由对象对我们的作用引起的,[②]但这个对象在宗教直观中按照施莱尔马赫的看法却是无限者。这里存在着

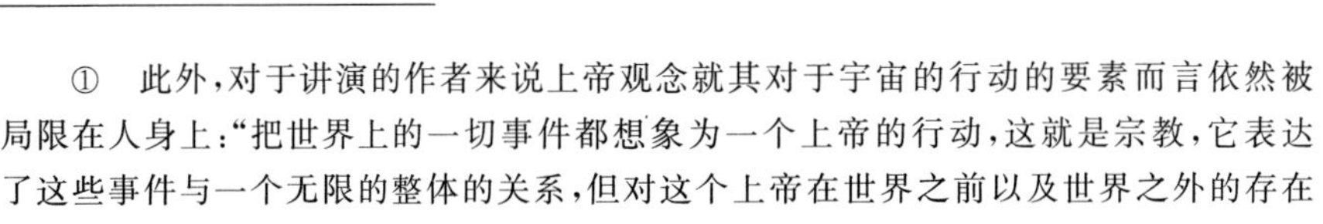

① 此外,对于讲演的作者来说上帝观念就其对于宇宙的行动的要素而言依然被局限在人身上:“把世界上的一切事件都想象为一个上帝的行动,这就是宗教,它表达了这些事件与一个无限的整体的关系,但对这个上帝在世界之前以及世界之外的存在苦思冥想,在形而上学中也许是好的和必要的,在宗教中却也只是空洞的神话。”

② 这当然不仅适用于康德,而且也适用于施莱尔马赫很早就赞同的一般经验论,与之相结合的是对思辨的知识要求的一种怀疑,参见赫尔姆斯:《施莱尔马赫那里各门科学的体系的起源、发展和第一个形象》,第 91 页;关于《论宗教》中对直观概念的应用,参见第 181 页。

与谢林的指向无限者或者绝对者的“理智直观”的相似性，但谢林的“理智直观”并不像在施莱尔马赫这里那样以对有限者的一种意识为中介，作为在有限者中对无限者的直观，也就是说，作为有限者的建构根据。施莱尔马赫关于直观和情感的共属性的说明又使人想起费希特1794年的知识学，[①]但在费希特那里，(与对象相关的)直观与情感的关系是这样设想的，即首先是非我在情感中作为自我的原初活动的障碍被经验到，然后这种障碍才通过直观被回溯到一个引起它的对象。费希特试图借此证明康德的物自身的假定对于描述经验性的实在性意识是多余的，而施莱尔马赫则以实在主义的方式使一个对象对我们的影响为直观和我们心中的情感的产生负责。

尽管如此，对于施莱尔马赫来说，直接的实在性意识在雅各比(和休谟)的意义上也本质上就是“情感”，[②]但是，在《论宗教》的宗教理论中，与直观相应的情感可以理解为从对象的影响出发对通过刺激在我们的“内在意识”中产生的这种基本情感做出的修正(《论宗教》，第66页)。当然，在施莱尔马赫后来的发展中，雅各比意义上的情感概念作为“直接的自我意识”又回到了宗教理论的中心，而在一些表述中——亦即在《基督信仰论》的阐述中——也出现了对费希特的赞同即我们把依赖感回溯到作为我们的依赖性之

① 费希特：《全部知识学的基础》，第230页以下(《费希特全集》，第一卷，第314页以下)，第237页(《费希特全集》，第一卷，第321页)。关于情感的在先性，参见该书第184页(《费希特全集》，第一卷，第267页)，以及第224页注18(《费希特全集》，第一卷，第307页)。此外参见费希特的《知识学的一种新阐述的尝试》，与自我的理智自我直观有别。

② 参见赫尔姆斯：《施莱尔马赫那里各门科学的体系的起源、发展和第一个形象》，第124、157页。

来源的上帝的观念。[①] 一般而言,《基督信仰论》的第四节关于直接的自我意识是依赖感的阐述明显地使人想起费希特关于情感是对自我活动的一种障碍的觉察的描述。但是,第五节关于自我意识的感性的对象意识的共存的阐述却又是与施莱尔马赫的思维的经验性取向相适应的。

施莱尔马赫 1799 年讲述的对宗教意识的描述,绝对利用了对意识的哲学反思的结果。尽管如此,宗教本身是与知识和行动完全不同的。唯有在对宗教的自己活动的保证仅仅与在施莱尔马赫看来完全是个人的宗教直观和情感的内容相关的前提条件下,一方才显得可以和另一方相统一。但这样一来,就产生了一些引起哲学批判的问题。

### 2. 谢林和黑格尔对施莱尔马赫的《论宗教》的反应



在其《学术研究方法讲演录》中,谢林在 1802 年虽然没有指名道姓,但却足够清晰地联系到"重新宣讲宗教的本质"并且"主张宗教不依赖于道德和哲学"的施莱尔马赫。谁如此论证,当然也就必须反过来承认,"宗教不能提供哲学或者取代哲学"。单是对宗教与自己本身的和谐的阐述,就已经是"与那种纯然主观的独创性很不同的任务"了。[②] 对于哲学来说,谢林要求通过理智直观来把握作为观念的东西和实在的东西的统一点的绝对者的理念,从而把握为一切科学提供基础的元始知识。[③] 由此,也就必然导致"基督

① 施莱尔马赫:《基督信仰论》(1830),第 4 节,4。

② 谢林:《谢林著作选集》,第二卷,第 512—513 页。

③ 同上书,第 489 页,参见第 450—451 页。

教的历史建构”。①

黑格尔也对《论宗教》的宗教理解提出了主观主义的指责，但这种指责在黑格尔那里是与对该著的比谢林1802年的讲演更为积极的评价的特点相结合的，它的论证也比在谢林那里更为精细。黑格尔已经在他1801年的《费希特哲学体系与谢林哲学体系的差异》这部著作的前言中写道：《论宗教》虽然“并未直接涉及思辨的需要”，但毕竟暗示着“对一种哲学的需要”，这种哲学与康德和费希特不同将调和理性与自然（哲学丛书62a，第6页）。黑格尔在这里可能想到的是“宇宙”对于《论宗教》的宗教概念的核心作用，以及在这里面表现出来的、施莱尔马赫受斯宾诺莎主义启迪的构想，这种构想与黑格尔本人当时还觉得与之关系密切的谢林的构想绝对类似。

至于宗教与哲学的关系，黑格尔还在短短一年之前②把宗教提升自己要达到的无限生命视为唯有宗教能够接近的，而与哲学



① 谢林：《谢林著作选集》，第二卷，第520—529页，特别是第526页。对基督教的这种阐述，施莱尔马赫在他对该著的通常相当批判性的书评中称为“在整体上很杰出的”。对基督教与历史的关系的阐述也许受到《论宗教》（参见该书第293页以下）的启发，但在这里所涉及的却不是“对别人的思想的生硬的接受”，而是这样一种接受，“它通过自己属于一个合乎规则地阐述的整体而表现为一种真正的第二次发明，对它来说另一个人过去的发明只是偶然地被当作前提条件”（《耶拿文汇报》[*Jenaische Literaturzeitung*，1804]，第一卷，第137页以下，转引自W. Dilthey编：《施莱尔马赫传——书信等》[*Aus Schleiermachers Leben. In Briefen etc*]，第四卷，第579—593页，引文586）。如果人们把谢林在关于学术研究的第八次讲演和第九次讲演讲中的阐述与在他的《先验唯心论体系》（1800）中关于历史的概念及其与绝对者的启示的关系的阐述（第258—275页）进行比较，那么，实际上就会发现在谢林的历史理解中有一种明显的基督教神学上的深化。

② 在1800年9月的《一八〇〇年体系残篇》（*Systemfragment von 1800*）中，参见诺尔（Nohl）编：《黑格尔早期神学著作》，第345页以下，特别是第347—348页。

有别，因为哲学作为反思是在对立的领域运动的，这些对立是在宗教中被扬弃的。实际上，这种观点接近于《论宗教》中对宗教和知识的区分。与此相反，在《费希特哲学体系与谢林哲学体系的差异》中，黑格尔除了反思的功能（哲学丛书 62a，第 17—18 页）外，还赋予哲学以“直观”的功能，这种直观作为“对立者的综合”被他称为“先验的直观”（哲学丛书 62a，3 第 1），而且和反思一样与绝对者相关。[①] 从哲学知识是直观和反思的统一这种观点出发，《论宗教》的演讲那允许在每个有限者中直观无限者、因而预期有无限多的这种直观的宗教直观，对于黑格尔来说就必然显得是在内容上偶然的和主观主义的了。

黑格尔之后在他 1802—1803 年的著作《信仰与知识》（*Glauben und Wissen*）中也是这样评价施莱尔马赫的直观概念的。《论宗教》在这里历史具体地被归属于雅各比的哲学，并在关于雅各比哲学的阐述的一个附录中予以讨论。与雅各比一样，施莱尔马赫把“个体的东西和特殊的东西提升到概念之上”，但黑格尔却认识到，施莱尔马赫在这里并不像雅各比那样把真正的绝对者理解为只能在信仰中或者在情感中来把握的“绝对的彼岸”，[②]而是在“被承认为宇宙”的自然本身里面（哲学丛书 62b，第 89 页）。通过这种斯宾诺莎主义的转变，在施莱尔马赫这里，雅各比的主观主义“原则”就达到了最大的提高，因为在宇宙的思想中，

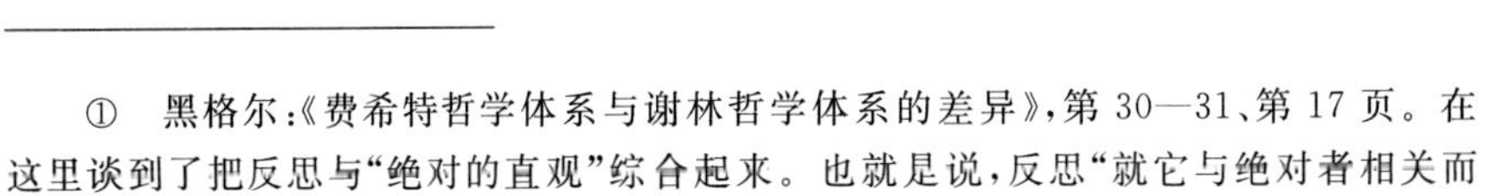

① 黑格尔：《费希特哲学体系与谢林哲学体系的差异》，第 30—31、第 17 页。在这里谈到了把反思与“绝对的直观”综合起来。也就是说，反思“就它与绝对者相关而言，取消了它自己和一切存在与受限制的东西”（第 17 页），而直观则把握对立者的统一。

② 在黑格尔那里（《信仰与知识》，第 87 页），这一表述与雅各比有关。

虽然主体与“绝对不可达到的客体”之间的隔离墙被推倒了，但“最高的直观本身仍被解释成为某种主观的和保持特性的东西”(哲学丛书 62b，第 89 页)。施莱尔马赫意义上的直观依然是“某种绝对主观的东西和特殊的东西”，因为它“不能固定”自己的表现(哲学丛书 62b，第 89 页)。这指的是什么，可以从《费希特哲学体系与谢林哲学体系的差异》关于直观和反思的共属性的阐述看出来。直观只是由于它在自身扬弃了由反思所揭示的对立，并就此来说表明自己“由反思所要求”，才具有客观有效性：“理性的东西必须按照其有规定的内容，亦即从有规定的对立者——它们的综合就是有理性的东西——的矛盾中演绎出来；唯有执行和保持这种二律背反的东西的直观才是可以公设的东西”(哲学丛书 62a，第 32 页)。相比之下，《论宗教》的宗教直观事实上停留在主观偶然的东西的领域之内。要为施莱尔马赫辩护，人们只需要说，赋予宗教直观一种普遍有效的真理的资格，也根本不是他的意图。对于施莱尔马赫来说恰恰相反，关键在于宗教直观的个体性和多元性。[①] 唯有在关于基督教的第五演讲的阐述中，情况才是别的样子，因为基督教被归于一种与其他宗教的“论战的”关系，这是就其他宗教表现得不足以调停有限者和无限者而言的。[②] 然而，施莱尔马赫



① 参见黑格尔对这样一种多元论的尖刻描述：“诸多群分，……对于其中每一个来说，其观点的特殊性和其特性都同时公正地是某种如此多余的和甚至不受重视的东西，以致它们能够对于这些东西被承认漠然视之，放弃了客观性，在一种普遍的原子论中平静地和平共处，当然教会和国家经过了启蒙的分离是很适应于这种情况的”(《信仰与知识》，第 90 页)。

② 施莱尔马赫：《论宗教》，第 294 页以下。

为这种真理断言提供根据——与黑格尔当时认为必要的不同——不是通过描述直观与反思的相互关系，而是通过如下论题，即基督教由于“把宗教本身当作宗教的材料来处理……仿佛就是宗教的一个更高级次”，[①]这是黑格尔后来在他的宗教哲学讲演中以修正了的形态接受的论证。

在其对施莱尔马赫的主观主义的批判中，黑格尔可能感到已被证实，自《论宗教》1806 年的第二版始，施莱尔马赫对宗教和虔诚的理解中的重点就移到了情感，而直观的因素则附属于情感。与雅各比的联系由此也表现得更为清晰。当然，由黑格尔在宗教哲学讲演中对把宗教解释为情感进行的批判，[②]忽视了施莱尔马赫在其后来的措辞中的情感概念所指的不是每次的内容实际上都完全归因于表象的偶然情感，而是自我意识的结构，可以与康德的先验统觉相比，但和在晚期费希特那里一样是通过一个对他来说超验的根据建构的，自我意识当然只有与对象性的世界经验相结合才意识到这一根据。[③] 尽管其批判忽视了这一事实，黑格尔的宗教哲学却在一系列重要问题上与施莱尔马赫的《论宗教》对宗教和基督教的理解一致。

这里首先要提到的是，黑格尔与施莱尔马赫一样，完全是在实证宗教中、而不是在一种“自然”宗教中发现宗教的具体现实的。施莱尔马赫（与卢梭和休谟相似）把自然宗教当作从一神论宗教中

① 施莱尔马赫：《论宗教》，第 293—294 页。

② 黑格尔：《宗教的概念》，第 97—100 页，参见第 55—56 页。

③ 施莱尔马赫：《基督信仰论》（1830），第 4、5 节。

抽象出共同的东西的一个产物来对待，[①]而在黑格尔那里与之相应的是在阐述历史上的具体宗教之前对一般的“宗教概念”的讨论。[②] 在讨论历史上的具体宗教时，黑格尔与施莱尔马赫类似，发现每一种实证宗教的特殊性的根据在于，在它里面某一种宗教直观成为其余一切宗教直观的中心。[③]《论宗教》把“中保”的思想视为基督教的核心概念，这种思想在属神本性与属人本性在基督里面的结合的观念中获得了自己的表述。[④] 黑格尔比施莱尔马赫自己更接近于这一观点，施莱尔马赫在自己的《基督信仰论》中把通过基督的“救赎”移入中心，并由此又把重心置于主观的经验上。[⑤]最终，构成最后一个接触点的，是黑格尔把基督教理解为“启示的”

① 施莱尔马赫：《论宗教》，第 243 页，第 272 页以下，特别是第 277 页。参见休谟：《宗教的自然史》(*The Natural History of Religion*, 1757)。在黑格尔那里参见《宗教的概念》，第 45、54 页。

② 黑格尔：《宗教的概念》。

③ 黑格尔：《宗教哲学讲演录》(*Vorlesung über die Philosophie der Religion*; hg. G. Lasson; Philosophische Bibliothek 60—61)，第二卷：“确定的宗教”(Die bestimmte Religion)。还请参见洛伊策(R. Leuze)：《黑格尔那里的基督教之外的宗教》(*Die außerchristlichen Religionen bei Hegel*, 1975)。在施莱尔马赫那里参见《论宗教》，第 259—260 页。

④ 施莱尔马赫：《论宗教》，第 295 页；关于与道成肉身思想和基督的神人二性观念的结合，参见第 302 页。谢林也在 1802 年的《学术研究方法讲演录》的第八讲中强调了道成肉身思想和属神的东西与属人的东西在基督里面的统一的意义，当然有如下的转变，即“真正的无限者进入有限者，不是为了宠爱有限者，而是为了在它自己的位格中把它献祭给上帝，并由此达到和解”(谢林：《谢林选集》，第二卷，第 526 页)。

⑤ 不过，黑格尔偏爱和解的概念为“有限者被接纳入永恒、属神的本性与属人的本性的统一”(《绝对的宗教》[*Die absolute Religion*; Philosophische Bibliothek 63]，第 34 页，参见第 38 页)。这里，和解概念的用法不同于前注谢林引文中的用法。关于施莱尔马赫，参见《基督信仰论》(1821)，第 11、91 节以下。

宗教，这是就在基督教里面宗教的本质一般而言就宗教意识的内容而言的，[①]与施莱尔马赫的《论宗教》中基督教是“众宗教的宗教”[②]的理解相应，众宗教的宗教以论战的方式与所有其他宗教相关，因为它提倡它们的本质是调解有限者与无限者，来反对它们的实际形态。当然，在施莱尔马赫自己那里，这种观点后来与《论宗教》中所强调的基督教与历史的关系一起退后，为的是把基督的救赎解释为人的本性的创造完成。[③]

### 3. 施莱尔马赫的哲学体系与谢林和黑格尔的关系[④]

施莱尔马赫在《论宗教》中说道，哲学把人提升到“他自己与世界的交互关系的概念”(第 171 页)。对“哲学”的这种描述把哲学和宗教类似地置于道德和物理学之间(第 172 页)，其所反对的是先验哲学集中在自我上，但它本身却是在直接的实在性意识的意义上完全依据人类学取向的，在这种实在性意识中，自我意识和世界意识始终是已经结合在一起的。这种方案在以后的年代里，在

① 黑格尔：《绝对的宗教》，第 1 页以下，还有第 15 页：“在这个宗教中，宗教对于自己来说是客观的”(1824 年的讲演)。作为这样的宗教，它就是“启示的宗教”(第 19 页，1827 年的讲演)，但同时是一上帝“启示了的”宗教(第 19 页，1827 年的讲演)。在绝对的宗教的概念中，二者共属一体。

② 施莱尔马赫：《论宗教》，第 310 页。

③ 施莱尔马赫：《基督信仰论》(1830)，第 89 节。

④ 关于这个体系的发展，请参见赫尔姆斯：《施莱尔马赫那里各门科学的体系的起源、发展和第一个形象》；关于这个体系的不同部分，请参见狄尔泰(W. Dilthey)：《施莱尔马赫传(二)——施莱尔马赫作为哲学家和神学家的体系：遗著》(*Leben Schleiermachers II: Schleiermachers System als Philosophie und Theologie, aus dem Nachlaß*; hg. von M. Redeker; 1966)。

一种有形而上学根据的知识理论的意义上得到深化,[1]而在这方面,可能谢林《学术研究方法讲演录》的第一讲起到了某种作用。谢林关于观念的东西与实在的东西在知识的概念中的"同一性"的论题相当接近施莱尔马赫的思想,而在其对谢林的《学术研究方法讲演录》的书评中,施莱尔马赫虽然只是略略提及第一讲关于其哲学的"基本特征"的阐述,但毕竟还说明,有些人"在这里更为直观地看待它,而且在其族类中包含着比在别的地方更为正确的观念"。[2]

施莱尔马赫为其《哲学伦理学》的最后版本所做的"总导论",[3]使他自己的构想与谢林的接近清晰可见。它以一种最高的知识的概念为基础(第1节),每一门附属的科学的位置都必须由此出发来规定。在这里,只有处在相互关系之中的知识和存在(第23节)。但与谢林不同的是,在施莱尔马赫这里说道,最高的知识作为"与它本身相同的最高存在的绝对单纯的表述"(第29节),"不是直接地,而是……仅仅作为其他一切知识的内在根据和源泉"(节33)表现给我们的意识的。因此,施莱尔马赫悄悄地跳过了谢林对观念的东西和实在的东西的绝对无差异点的一种直接的"理智直观"的主张,而在谢林看来这种理智直观是哲学的原则。相反,与知识领域本身中观念的东西与实在的东西的基本对立相应的,在施莱尔马赫看来也是"事物性的存在和精神性的存在"(第

① 参见赫尔姆斯:《施莱尔马赫那里各门科学的体系的起源、发展和第一个形象》,1974年,第193—234页,特别是第231页以下。

② 狄尔泰编,《施莱尔马赫传——书信等》,第四卷,第579页。

③ 施莱尔马赫:《哲学伦理学纲要》(*Grundriß der philosophischen Ethik*;hg. A. Twesten;1841),第3—37页(第1—122节)。

46 节)、自然和理性的对立,而知识的目标则是自然和理性的完全渗透和统一(第 48 节)。与此相应,“只有两门基本的科学,即自然的科学和理性的科学”(第 55 节)。负责自然向理性的生成的是物理学(第 59 节),负责理性对自然的渗透的是伦理学(第 60 节),伦理学作为对象的不是一种纯然的“应当”,而是“理性对自然的现实行动”(第 95 节),因而与“历史学”紧密地结合在一起(第 65 节;参见第 60 节)。

但是,在这种科学学说中,理论哲学待在哪里呢?除了伦理学知识和物理学知识在“世俗智慧”的观念中具体的相互“渗透”之外,它只拥有“辩证法”的形态。施莱尔马赫把辩证法称为“最高的知识的无内容的摹本,它只是就它处在其他二者之中而言”,亦即处在伦理学和物理学之中而言,“才具有真理”(第 61 节)。在施莱尔马赫那里,这种“辩证法”取代了其他唯心论体系中绝对者的科学。对于施莱尔马赫来说,绝对者作为一切有限存在的根据并不是一种理论科学的对象,[①]而是宗教意识的对象,这种意识在实证的宗教中获得其具体的形象。

① 参见施莱尔马赫在其 1804 年关于谢林的书评中的批判性问题,即究竟“无差异的点能否成为一门实在科学的对象”,因为毕竟一切有限的知识都依然受制于“分离和隔离”的领域(《耶拿文汇报》[1804],第一卷,转引自狄尔泰编:《施莱尔马赫传——书信等》,第四卷,第 584 页)。施莱尔马赫并不像在谢林那里(《谢林著作选集》,第二卷,第 517 页)一样,把神学理解为“绝对的和属神的存在者的直接科学”,这种科学“客观地表现无差异的点”,而是理解为“实践的”科学,亦即与“领导教会”的任务相关的科学(《神学研究简述》[*Kurze Darstellung des theologischen Studiums*, 1811; 2. Aufl., 1830],第 1—5 节),而且在《基督信仰论》的场合里理解为伦理学的应用科学,它的对象是人类共同体形成的某种形式,亦即作为共同体的教会与虔诚的关系(《基督信仰论》[1830],第 2 节,2—3)。

辩证法的概念也出现在谢林那里。在1802年的《学术研究方法讲演录》的第六讲中，谢林用辩证法这个名称来称谓哲学"通过讲授实施的东西，亦即……这门科学的艺术方面"。[①] 它建立在思辨与反思的关系之上(同上书)。——这是一个使人想起黑格尔在《费希特哲学体系与谢林哲学体系的差异》中对哲学方法的描述的说明。在谢林那里继续说道：这样一种哲学的艺术学说尚未存在。"如果它应当是对有限性在其与绝对者的关系中的形式的一种纯粹的展示，则它必定是科学的怀疑论。"[②]

谢林的这种表述读起来如同施莱尔马赫自1811年开始多次在他的柏林演讲中在"辩证法"这个标题下讲授，但不再(除了导论之外)能够付印的东西[③]的一种特征刻画。无论施莱尔马赫怎样使人想起柏拉图的对话方法，施莱尔马赫所给出的系统展示毕竟不能从柏拉图那里出发来理解，而是应当理解为由谢林所表述的纲领的实施，尽管施莱尔马赫与"合乎逻辑的怀疑论"保持距离，取而代之的是想提供围绕存在者的争论和克服这样的争论的一种"艺术学说"。[④]

辩证法的"艺术学说"作为这门学科的第一部分，施莱尔马赫让一项关于知识的条件和界限的研究先行于它。知识的条件既是

---

① 谢林：《谢林著作选集》，第二卷，第501页。

② 同上书，第503页。

③ 施莱尔马赫：《辩证法》(*Dialektik*; hg. R. Odebrecht; 1942)。

④ 同上书，第11页，第19页以下，第37页以下。摆脱"否认一般知识的完全的怀疑论"(第111页)在一项专门探讨知识的条件的研究中是显而易见的。还请参见瓦格纳(F. Wagner)：《施莱尔马赫的辩证法——一种批判的诠释》(*Schleiermachers Dialektik. Eine kritische Interpretation*, 1974)，第25页。

（与谢林一致）主体与客体、观念的东西与实在东西的差异，①也是先行于这种差异的、在知识中扬弃这种差异的根据。因为在知识中，思维与存在、观念的东西与实在的东西被统一起来。此外，这种统一的条件是思维者们的一致，②以致知识也意味着一切争论的终结。同时，知识也必须在对象方面是全面的，③为此知识必须被描述为最普遍的、包囊一切的对立，亦即观念的东西与实在的东西的对立④的扬弃。

同观念的东西与实在的东西的对立相应的，在主体方面首先是感性和知性的差异，在知性内部⑤是判断和概念的差异，以及在概念方面是特殊与一般之间的差异。⑥

① 施莱尔马赫：《辩证法》，第 174 页以下。同观念的东西与实在的东西、主体与客体的对立相联系的，还有被思维者与思维者的不同（第 19 页以下，第 129 页，第 135 页以下），这种不同是一切争论的条件。瓦格纳（《施莱尔马赫的辩证法》，第 33 页以下）在施莱尔马赫那里因没有发现为“预设一种与思维有别的对象性存在来作为一种自在”做辩护而感到遗憾（第 34 页）。但这种辩护的根据可以在于把“思维”理解为判断，就像它在也是由瓦格纳强调的施莱尔马赫对康德的意识描述的追随（第 65 页以下）那里表现出的那样。说“思维”这一表述在施莱尔马赫那里经常使用得相当含混，这依然是正确的。

② 施莱尔马赫：《辩证法》，第 129 页，参见第 155 页；以及瓦格纳：《施莱尔马赫的辩证法》，58 第以下。

③ 施莱尔马赫《辩证法》，第 162—163 页。“在一切知识的全部联系被给予之前……不可能有一种完成了的知识”（第 162 页）；参见第 62—63 页。

④ 施莱尔马赫：《辩证法》，第 177 页。

⑤ 同上书，第 138 页以下。不过，施莱尔马赫并没有在理性和知性之间做出区分，在他考虑的是知性思维的时候大多说的是“理性”（瓦格纳说的是对的，《施莱尔马赫的辩证法》，第 66 页以下），他也可能把“思维”概念限制在知性思维上（《施莱尔马赫的辩证法》，第 68 页以下）。

⑥ 施莱尔马赫《辩证法》，第 190 页以下，第 208 页以下（参见第 142 页，第 144 页以下）。瓦格纳把向讨论概念和判断的过渡称为“无中介的”（《施莱尔马赫的辩证法》，第 92页），这也许在与先行的关于空间和时间的“附录”的关系中，作为被感性感知的

克服知识中意识的对立的最高条件是可以在这些对立的彼岸预设的、因而是它们的共属性的一个“超验的”根据。这个统一性根据是对知识的一切追求的基础,因而也处在一切争论的彼岸。[①]因此,一切知识都“建立”在一种被施莱尔马赫称之为“宗教的”“对一个绝对者和至高者的意识上,我们意识到这样的知识是根据,一切个别的知识都必须回溯到它”。[②]但与谢林相对立,施莱尔马赫否认我们能够在思维中适当地规定一切知识和存在的这个超验根据,因为我们的思维总是必须受制于此前讨论过的相对对立。如果把本原设想为与最高的概念相应的存在,那么,这一方面将导向由于力量和现象的相对性而不能把本原设想为无条件者的泛神论,[③]或者另一方面将导向创造者上帝的思想,但这个创造者上帝始终这样或者那样受制于物质的观念或者受制于作为相关物的世界理念。[④]就连存在的共同性的观点,与思想规定在判断中的联结相对应,也并不导向对无条件者的把握,而是仅仅导向命运和预旨的相对对立的观念。[⑤]说所有这些公式都“停留在对立的领域”,这还是不充分的。[⑥]即便是人们试图像康德那样从意愿出发,而不是



东西一方的最高的对立(施莱尔马赫《辩证法》,第178页以下),同实在的东西与观念的东西在理智一方的对立相应,是有道理的。但这样一来,关于同主体与客体的对立在主体一方相应的相对对立就继续得到了讨论。

① 施莱尔马赫:《辩证法》,第312、115页。

② 同上书,第91页,参见页171,关于知识的本原和目标的同一性。

③ 同上书,第245页。

④ 同上书,第246页以下,第267、300页以下。

⑤ 同上书,第253页以下,参见第265页以下,回顾超验根据的“四个公式”,这四个公式都还是不充分的。

⑥ 同上书,第270页。

从知识出发来达到统一性的根据，事情也并不好一些。[①]

因此，即使一切知识的"超验根据"不能在思维的任何公式中得到适当的表述，在人的自我意识中，亦即在居于意识的一切功能和对立之上的情感直接的自我信赖中，也毕竟有它的一种相应物；[②]在这情感中，我们自己对自己来说仍然是"一个有条件者和有规定者"，以致这情感作为我们心中"超验根据的体现"，就是一种依赖感，因而是有宗教规定的。[③] 但现在，宗教意识决不纯粹地是先验根据，而是永远仅仅与对象性地规定的意识相结合。此外，"与直接的自我意识的混淆"在宗教意识中导致了"超验根据的一种彻底的人化"。[④] 因此，"思维"对于超验根据来说的接近公式获得了一种象征的价值，来作为它在情感中的在场的补充（补足的部分）。[⑤]

① 施莱尔马赫:《辩证法》，第 275 页以下。意愿与存在一致的根据必须同思维与存在的统一性的根据是一回事（第 281 页）。对康德片面地把对上帝存在的假定建立在实践理性上、因而建立在意愿领域的批判，合理地受到瓦格纳（《施莱尔马赫的辩证法》，第 132 页）的拒斥，因为建立在实践理性之上的上帝存在公设，在康德那里是以上帝观念对应理论理性来说至少构成一个"完美无缺的理想"（《纯粹理性批判》，B 669）为前提条件的。

② 施莱尔马赫:《辩证法》，第 286 页以下，特别是第 289 页。施莱尔马赫把这种意义上的情感既与和对象相关的感知区别开来，也与自我的反思自我意识区别开来（第 287—288 页）。参见《基督信仰论》（1821），第 3、4 页。

③ 施莱尔马赫:《辩证法》，第 289 页（施莱尔马赫 1822 年的笔记）。参见《基督信仰论》（1821），第 4 页，3。但在这里，情感作为依赖感的规定却不是从与超验根据的关系获得的，而是通过对绝对自由的否定获得的。

④ 施莱尔马赫:《辩证法》，第 296—297 页。

⑤ 同上书，第 297 页以下，特别是第 300 页。

尽管施莱尔马赫否认能够通过思维来规定超验根据，但他毕竟主张对这个超验根据有一种“知识”。[①] 这涉及先验反思的一种结果，涉及无条件者问题的一种形式。二者在施莱尔马赫对“思维”的描述中都没有位置，这种描述实际上只是以通过知性概念和判断对感官印象的加工为主题的。因此，施莱尔马赫所主张的“思维的界限”[②]起初只不过是知性思维的界限，在康德的意义上以无条件者为目标的理性概念就已经可以与知性思维区别开来了。尽管施莱尔马赫本人以其超验根据的思想超越了知性思维的领域，但他毕竟把一切思维都视为受制于其条件和对立的。

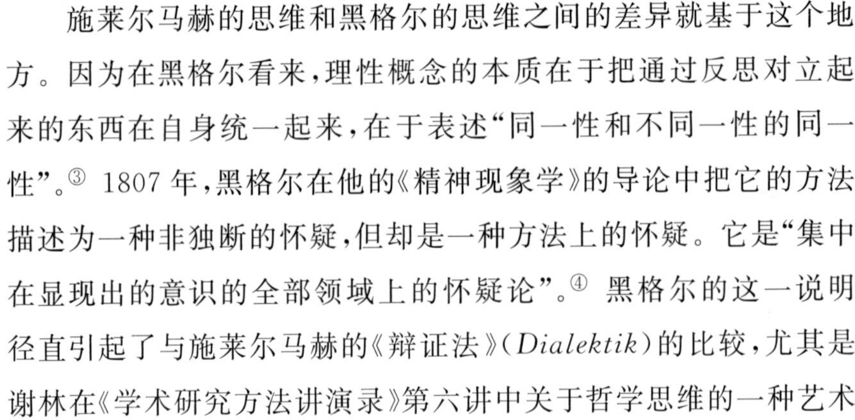

施莱尔马赫的思维和黑格尔的思维之间的差异就基于这个地方。因为在黑格尔看来，理性概念的本质在于把通过反思对立起来的东西在自身统一起来，在于表述“同一性和不同一性的同一性”。[③] 1807 年，黑格尔在他的《精神现象学》的导论中把它的方法描述为一种非独断的怀疑，但却是一种方法上的怀疑。它是“集中在显现出的意识的全部领域上的怀疑论”。[④] 黑格尔的这一说明径直引起了与施莱尔马赫的《辩证法》(*Dialektik*)的比较，尤其是谢林在《学术研究方法讲演录》第六讲中关于哲学思维的一种艺术

---

① 请再参见瓦格纳:《施莱尔马赫的辩证法》，第 123 页以下。瓦格纳正当地指出了存在于这一实际情况中的问题。

② 例如施莱尔马赫:《辩证法》，第 228 页，参见瓦格纳的批判:《施莱尔马赫的辩证法》，第 68 页以下。

③ 同一性与不同一性的同一性这一公式最初在黑格尔的《一八〇〇年体系残篇》中表现为构成生活的“结合与不结合的结合”(诺尔编:《黑格尔早期神学著作》，第 348 页)。然后在《费希特哲学体系与谢林哲学体系的差异》中，它作为绝对者的公式出现(第 77 页)。

④ 黑格尔:《精神现象学》，第 68 页。

学说的任务所说的话就处在这两部著作的背景上。这种艺术学说作为“有限性的形式在其与绝对者的关系中的展示”，无非就是“科学的怀疑论”(参见本书第300页注②)。施莱尔马赫的《辩证法》的第二部分提供了这样一种艺术学说，但它停留在确认知性思维在其对立中的片面性并要求这些对立的联合或者彼此渗透上。黑格尔的《精神现象学》不再是艺术学说，而是意识的科学，作为意识通过对其分别的真理意向和其实际的内容之间的矛盾的日益更新的反思达到其自我把握的道路。在这里，与施莱尔马赫不同，在这条道路的每一个阶段上，都出现了鉴于意识作为自己的真理所意向的东西在意识的自我理解的一种新形态中对前此矛盾的扬弃。与谢林不同，无论是施莱尔马赫，还是黑格尔，都不是从对绝对者的一种“理智直观”出发的，而是专注于对意识的各种功能和内容的反思，当然是与对这种意识来说为真的东西相关的。但是，施莱尔马赫发现意识的功能和内容的有限性在于其他东西对它们的限制，而黑格尔则在它们自己与自己的矛盾性中揭示这种有限性，以便在《费希特哲学体系与谢林哲学体系的差异》的意义上通过一种在自身中保持矛盾和扬弃矛盾的“直观”来克服这种有限性。

# 第十章　黑格尔的体系思想

在本章中，我们不可能着手在整体上阐述黑格尔的体系。我们必须满足于以典范的实例来展示黑格尔主要的基本思想和辩证方法，以及讨论他的思维对神学的重要性，连同从神学家方面对他做出的批判。在黑格尔的著作中，这里首先探讨 1807 年的《精神现象学》，然后是黑格尔 1812 年的形而上学的《逻辑学》（*Logik*，1833），最后是实在哲学（Realphilosophie）——因而一方面是自然哲学，另一方面是精神哲学——的那些对于黑格尔思维的神学意义最为重要的部分。这就是宗教哲学和历史哲学。相比之下，黑格尔的《法哲学原理》（*Grundlinien der Philosophie des Rechts*，1821）只是顺便顾及。

就连黑格尔在《哲学全书纲要》（*Encyclopädie der Philosophischen Wissenschaften im Grundrisse*，1817、1830）中对他的体系的整体阐述在这里也不能得到深入的探讨。在该书中，黑格尔在第一部分中以压缩了的形式阐述了逻辑学，然后在第二部分中阐述自然哲学，在第三部分中阐述精神哲学。在这个第三部分中，关于主观精神的一章提供了对人类学、对意识学说和对心理学的论述，它们只是部分地与《精神现象学》远为广泛的规划相联系。关于客观精神的一章包含有对法哲学的一个简要阐述，它在很大程度上与1821年对该主题的独立阐述相对应，而以“绝对精神”为题的最后一章则以简要的形式探讨艺术、宗教和哲学。该章的论述一方面可以与《精神现象学》的最后部分相比，另一方面可以与关于这些主题的讲演录，特别是与《宗教哲学讲演录》(*Vorlesungen über die Philosophie der Religion*)的论述相比。《哲学全书》(*Encyclopädie der philsophischen Wissenschaften*)指明，在黑格尔的总体构想中，逻辑学虽然是奠基性的，但却绝对不与哲学体系的整体是一回事。自然哲学和精神哲学这些分科也不能仅仅被理解为逻辑学基本思想的运用。逻辑学与实在哲学的关系问题属于对黑格尔哲学的诠释中争论最为激烈的问题。在探讨黑格尔的逻辑学时，我们将要对这一主题表明态度。

此外，在这里给出的阐述中，宗教哲学和历史哲学将在讨论逻辑学中对体系的奠基之前得到探讨，因为在这些学科中，跟在《精神现象学》中一样，人们都可以觉察到将精神提升到自然条件之上，特别是提升到感官经验的事件之上的基本形态。对逻辑学的讨论将与批判的反思结合在一起，这些反思将导向神学中对黑格尔哲学的接受，导向专注于从神学角度评价黑格尔的思维的最后一节。

## 一、基础与最初的阐述

在上一章中，我们已经追踪过黑格尔从追随康德哲学，特别是追随康德的实践哲学直到耶拿年代的第一批著作的道路。在他的《一八〇〇年体系残篇》中，黑格尔——与一年前的施莱尔马赫相似——把宗教标示为人“从有限生命向无限生命”的提升(诺尔编:《黑格尔早期神学著作》,第347页),亦即“向整体的精神”的提升,这精神既与杂多的东西相结合,又与之有区别:“结合与不结合的结合。”[①]这个公式把对立的元素纳入到“整体”的思想中,而人在宗教中就要把自己提升到这个整体。与1800年唯有宗教才能够接近的“无限生命”[②]相应的,是1801年同时使人想起谢林和施莱尔马赫关于对绝对者的哲学直观的思想,这种直观与“种种限制的总体”不同,是“以思辨的方式”在其整体性中把握这个总体。先前唯有宗教才能接近的生活整体由此成为哲学的对象。哲学直观的客观性——与施莱尔马赫的宗教直观相对立——在黑格尔看来在于,它可以表现为对通过反思所证明的有限者领域里的对立的扬弃,[③]这些对立被直观把握为在自身中充满张力的统一。

黑格尔也把作为“对立者的综合”的直观称为“思辨”。[④] 思辨是“直观”,这是就在它里面“一切对立都被扬弃”而言的。因此,哲学知识包括二者:直观和反思。如此规定的哲学知识在黑格尔那里自1802、1803年始叫作“概念”。[⑤] 对立者,还有受限制者,恰恰



---

① 诺尔编:《黑格尔早期神学著作》,第348页。还请参见黑格尔:《费希特哲学体系与谢林哲学体系的差异》,第77页。

② 生命概念以类似的方式出现在《费希特哲学体系与谢林哲学体系的差异》(第14页)中,作为在其自己的统一性中对“种种限制的总体”的扬弃(第12—13页):“因为必然的分裂为二是永恒地对立着构成自己的生命的一个要素”(第14页)。

③ 同上书,第32页。

④ 同上书,第21页以下,第31—32页。

⑤ 黑格尔:《信仰与知识》,第6页以下,特别是第9—10页:“概念”此时被视为真无限者的称谓。但在这里,也已经出现了“理念”(《信仰与知识》,第9页),来作为实现了的、不仅仅是“绝对的观念性和空洞性”的概念的称谓。关于概念之概念,参见谢林

由于它通过反思被认识为一个受限制者而“与绝对者相关”。另一方面，绝对者本身由此而成为“一个客观的总体、一个知识的整体、一个认识的有机组织”。[①] 现在，黑格尔与谢林的区别在于，他不是一跃而在“一种像从手枪发射那样直接以绝对知识开始的兴奋之情”中从同主体与客体、观念的东西与实在的东西的对立密切相关的有限者达到无限者。[②] 毋宁说，对他而言在一切有限者本身中、因而通过其“有限性”已经一起设定的绝对者分别由这种有限者来规定，它在这有限者中表现为将处在其对立之中的有限者聚合在一起的统一。这就是把有限者在自身中充满张力和充满矛盾的领域“组织”成为总体。以这种方式，黑格尔力图分别在有限者本身中证明绝对者（概念），但他却是这样来证明的，即它在反思过程的终结时出现在那个领域的内在矛盾性上，作为整合对立者的统一性。换句话说：概念分别从它的“他物”中被发展出来：“唯有这种正在重建其自身的同一性或在他物中的反思，才是真东西，而原始的或直接的统一性，就其本身而言，则不是真东西。”[③] 但哲学思想的进程始终是越过有限者提升到无限者或者绝对者的形式。这应当是首先借助《精神现象学》所指出的。

这部著作是黑格尔在耶拿写作的，普鲁士在耶拿和奥尔施泰特（Auerstädt）大战中败给拿破仑（Napoleon）之后，黑格尔去纽伦

的《先验唯心论体系》，第 176 页。在这里，已经在根本上提出了客体与作为概念之概念的概念的统一。与此相反，在黑格尔的《费希特哲学体系与谢林哲学体系的差异》中，概念和理念还是区分开来的（还请参见该书第 26、30、33 页）。

① 黑格尔：《费希特哲学体系与谢林哲学体系的差异》，第 21 页，参见第 19 页。

② 黑格尔：《精神现象学》，第 26 页。

③ 同上书，第 20 页。

堡(Nürnberg)住了八年,并在海德堡(Heidelberg)短暂从事教学活动(1816—1817)之后应聘到柏林做费希特的后继者。

按照原初的封面,这部著作应当叫作《意识的经验的科学》(*Wissenschaft von der Erfahrung des Bewußtseins*),而且它实际上也是以意识对自己形成的经验为对象的。这种经验在于,意识的实际内容永远又与它分别认为作为真理来把握的东西不一致。但意识作为自我意识必须鉴于它的真理断言而与自己一致。因此,它必须在对自己的反思中试图把握预期的真理与它实际的内容的统一。由此它达到它的自我理解的一个新阶段。然而,在新阶段上,意识的真理意向和它的实际内容之间的那种对立又以新的形态出现,以至于得出意识的经验的一条道路,它的结果最终就是有哲学教养的意识或者——如黑格尔所说的——"绝对知识"。这一表述经常被误解。它所说的并不是在个别的东西中不再有可学习的东西了,而是仅仅把哲学意识的形式称为其真理意向与其内容一致的在自身中完全得到反思的意识。[①]

《精神现象学》以"自然意识"视为真理的东西为开端。被视为自然意识的,是以感性经验的对象性世界为取向的日常意识。它在自在存在的对象中发现真正的现实。"在与自己本身的对立中认知对象性事物,在与对象性事物的对立中认识自己本身",这标志着这种自然意识的立场。[②] 它相信在对自己的对象的"感性确定性"中有自己的基础。黑格尔在经验论中发现了这种意识形式

① 用于哲学的"绝对知识"这个称谓在谢林那里已经出现在《自然哲学观念》(1797)导论的附录中,《谢林著作选集》,第一卷,第385—386页。

② 黑格尔:《精神现象学》,第25页。以下正文中的页码说明亦为该著。

的哲学对应物，经验论把感官印象理解为一切经验的基础。因此，黑格尔采用经验论者所展开的立场作为他描述“意识的经验”的出发点。这远远不是在一种抽象思想规定的哲学中飞越我们的思维与感性经验的联系，黑格尔把感性经验和经验论哲学的意义视为奠基性的。只不过他并没有停留在这里。黑格尔向“自然的意识”证明，它与它自己本身处在矛盾中，因而必须学会超越自己和自己的真理。构成这种证明的出发点的是如下事实，即意识总是已经在要求是真理。但是，就真理的概念而言，属于真理的是与其自己的内容的一致或者意识与它的对象的一致。因此，意识必须——如果它为自己的内容（或者对象）要求是真理——反躬自问，它在这里面是否与它自己一致。它的实际内容被按照它自己“宣布为自在之物或者真理”的东西来衡量（第 71 页）。由此，意识就被逐出到它自己、它关于自己和自己内容的真理性的意见之外。对真理的要求在这里表现为绝对者在有限意识中的在场，这种在场迫使有限意识提升到自己的内容的有限性之上。在其真理性的主导问题之下对自己的内容的反思表现出意识的真理性之总是暂时的规定的一个阶段序列，即通过相互冲突的要素的综合来扬弃意识视为由它把握的真理的东西与它的实际内容之间的矛盾之尝试的一个阶段序列：每一个这样的综合都表达着意识的真理，因为它排除了意识与它自身的已得到证明的矛盾，它就其自身而言又表现为意识对于真理性的一种意见，但这意见总是还、并且总是又与这种意识的实际内容处于矛盾中，尽管是在新的等级上。

意识运动在第一步就表现出，感性确定性的真理绝不像它认

为的那样是此时和此地；因为所说的“此时”和“此地”在每一瞬间都是一个另外的东西。它的内容总是又不同。如果这种内容仅仅被知道是“此时”和“此地”，那么，意识的实际内容就绝不像它所认为的那样是不可超越的具体的东西，而是一般的和抽象的——恰恰是一般的此时此地。因此，意识实际上是一个一般的东西（“此时”和“此地”）与一个被给予的“这个”的关系，是在感性地被给予的东西上对一般规定的把握。适合作为这种复杂的事态的称谓的，是“感知”这个名称（第 89 页）。因此，对事物、对其属性和关系的感知就是感性意识的真实形象。但现在，感知相信在事物里面有真理，而对感知意识的反思则表明，它对事物的理解在主观上是有条件的。因此，感知意识的真理恰恰不在事物中，而是——如同康德所指出的——在思想中、在知性中。我们对事物的感知的一般形式所靠的是我们的知性的活动。

知性的真理又不像它所认为的那样，在于在由它所把握的现象背后可以假定并通过知性的活动仅仅以主观上有条件的方式（因而是作为现象）来理解的“物自身”。毋宁说，对我们与我们自己区别开来的事物的感知意识的根据（与费希特一样）在于自我意识。因为在自我意识中得到论证的是，我们把事物与我们区别开来。就连自我意识的真理也又不在它自己本身里面——因为它在它自己里面是自由的和独立的——，而是在他物里面：主人多亏奴隶才有自己的自由，正如反过来奴隶唯有通过与主人的关系才是他所是一样，只不过区别在于他知道这样，而主人则由于奴隶而低估了自己的自由的有条件性。因此，自我意识与它关于自己的意见相悖，由于自己与他物的关系而永远是有条件的。[①] 因此，自我意识在其自为存在中的自由感唯有作为一切人的平等自由的意识才是真实的，就像它历史上在斯多亚学派的哲学中形成的那样。在这种普遍的自由意识中，不同的个人是平等的。他们的平等是针对主人和奴隶的差异消极规定的（第153页）。但是，这种普遍的、平等的自由只是抽象的。它仅仅在于思维的要素，在社会的现实中没有实在性，而且它因此而是对表现为不变的（不动摇的）和自由的斯多亚学派自我意识实际上的偶然性、依赖性和多变性做出反思的怀疑论的牺牲品：[②]这种怀疑论批判的结果是自我意识的双重化，自我意识知道它的真理，亦即它的作为一切人的平等自由的自由，现在与它的实际状态有区别，因而是它的实际存在的彼岸。这就是苦恼的意识，它之所以是苦恼的，乃是因为它知道自己与自己的真理分离开来了，而且把它的真理定位在一个对于人来说无法达到的（属神的）彼岸。[③] 这又是自我意识的真理，不是作

① 在对这种事态的阐述中，《精神现象学》首先转向了个人的自我意识因与其他个人的关系而来的有条件性，以致它可能显得与自然世界和是感性意识的对象的自然事物的关系如今完全消失在自我意识中似的。但是，黑格尔在第五章“理性的确定性与真理性”（第175—312页）中返回到自我意识与世界的关系。自我意识“是一切真理”的确定性（第175页，参见第128页），这一点只是精神的现实性的一种预先推定。它还需要实现，而这种实现既发生在“观察的理性”与世界的关系中（第183—254页），也发生在与其他人的社会关系的发展中（第255—312页）。唯有在精神阶段上，“成为一切实在性的确定性才提升到真理性”（第313页）。在第五章中产生的与世界的关系，在上面的正文中并没有特别地复述，为的是更为清晰地突出从自我意识经主体间性导向精神概念的联系。

② 黑格尔在这些阐述中综述了自由和围绕自由的实现的斗争的社会史方面以及古代晚期哲学在斯多亚学派和怀疑论之间的对立中的哲学斗争。两个过程的结果是救赎需求的意识，这种意识构成了基督宗教出现的历史条件。

③ 这种“苦恼的意识”与基督教的关系在文献中是颇有争议的。参见作者对此的

为抽象的彼岸，而是作为一个具体的历史世界的理性和精神。不过，人的历史世界就其自身而言实际上是在个人的利益和普遍的利益之间被撕裂的。因此，它的真理仅仅在于对绝对者的认识——通过宗教、艺术、哲学——的领域。但在这里，绝对者不再像在苦恼的意识阶段被设想成一个纯然的彼岸，而是被设想成为贯穿此岸的、在此岸形成的真理：它已经表现在希腊人的艺术宗教中，更是表现在"启示的"宗教中，因而表现在基督教中（第 521 页以下）。然而，就连启示的宗教也相信自己的真理还在一个与自我意识相对立的他物之中："它的现实的自我意识还不是它的意识的对象。"这种意识的形式和内容还是彼此分裂的，因为它在表象中把它的内容与自己区别开来了。"表象的内容虽是绝对精神，不过还需进一步扬弃这种单纯的形式"，以便意识到它在这内容中并不具有一个外在于自己的别的东西，而是在它里面就与自己本身同在（第 549 页）。意识在对启示宗教的哲学诠释中达到与自己本身的这种统一。在哲学的"绝对知识"中，意识在它自以为作为自己的真理所拥有的东西和它实际上所是的东西之间的一切对立都被扬弃了。

这样，《精神现象学》就描述了意识如何通过对自己的反思而达到关于自己的真理的意识，因为在反思运动的每一个阶段，意识以为作为自己的真理所把握的东西，都与实际上是它的内容的东



提示：《黑格尔哲学中基督教的意义》，载作者的《上帝观念和人的自由》，第 83 页注 12。不过，黑格尔并不想把基督教本身描述成在其与绝对者的分离中苦恼的意识。毋宁说，启示宗教毕竟借助上帝的化身为人（第 528 页）而以那种对立的和解（第 541 页）为内容。苦恼的意识只是它的历史产生的前提条件，是精神的"分娩阵痛"（第 515 页，参见第 533 页）。

西相比较。两个方面的结合就产生出意识的自我经验的各个新阶段。于是，意识就把自己从以为在感性地被给予的东西中有自己的真理的对象性意识逐级地一直提升到对绝对真理的宗教意识和哲学意识。在这里，这种提升的道路同时就是把意识的经验“组织”成为总体：唯有作为这整个道路的结果，并且就它们在自身包含着意识的经验的整体而言，宗教和哲学才具有它们作为绝对真理的意识的意义。

## 二、实在哲学和逻辑学

在《精神现象学》的进程中被描述为意识的自我经验的道路的这种意识运动，亦即越过感性地被给予者提升到绝对者或者（如黑格尔也说过的）提升到真正普遍者的运动，在黑格尔的《宗教哲学讲演录》中则被描述为宗教在其历史中的发展进程。在这里，宗教意识在其发展的每一个阶段上都已经是对绝对者的意识。这就是宗教意识的特殊之处。它由此与其他意识形式区别开来。但在人类的历史上，宗教意识起初还沉陷在自然事物的直观中，并把自然事物当作属神的东西。这在黑格尔看来标志着自然宗教的阶段。诸般宗教类型接下来的阶段序列，按照黑格尔的阐述同时描绘着宗教历史的道路，[①]反映着人超越直接被给予的东西、因而超越自然事件的提升，类似于《精神现象学》从感性直观到绝对精神阶段

① 关于把宗教的历史展示为宗教的结构类型的一个阶段序列，而不是一个在每个个别宗教的历史中和在各宗教的相互关系中实现自己的发展这一问题，参见洛伊策：《黑格尔论基督教之外的各宗教》，第241页以下。

的进程。在宗教的历史上，意识学会了把绝对的东西、属神的东西与自然、与一切直观地被给予的对象性区别开来，而且它学会了把这种对象性把握为一个他物的表现，即一个非被给予者的现象。与自然被给予者不同，属神的东西在“精神主体性的各宗教”中，在希腊人、犹太人和罗马人那里，类似于人的主体性，是被表象为超乎自然之上的。但是，唯有在基督教中，通向把握属神的东西的道路才以其绝对性完成，因为在这里，有限的现象以耶稣这个人的形象、因而作为这个个别的有限者被认识为属于无限者或者绝对者本身的，所以绝对者与有限者的对立就被扬弃了，这样上帝也以他的真正无限性启示出来了。

把绝对者启示为不仅把彼岸的东西，而且也把此岸的东西与自己统一起来，其有限的形象恰恰是一个人的形象，与此密切联系的是，人作为自己意识到自己的存在者，通过把握其自己的有限性而同时超乎这种有限性之上，超乎一切有限的东西之上，提升到绝对者，就像绝对者通过它放弃自己的彼岸性，以便与把自己提升到自己的有限性之上的有限者成为一体而是真正的无限者一样。[①] 因此，黑格尔把上帝化身为人及其结果——亦即上帝与人的统一，最初是在耶稣这一个人里面，此后在整个被他接纳的人类里面——视为基督教的核心理念。在黑格尔那里，这也是和解思想的内容，以至于化身为人与和解表达着同一个基本思想。此外，一切宗教崇拜的意义也由此得到充实，这种意义恰恰在于把人与神



① 关于宗教提升的这种双面性，参见黑格尔：《关于上帝存在的证明的讲演录》，第 76 页以下。其具体的形象在崇拜中，参见《宗教的概念》，第 159 页以下，第 127—228 页。

性结合起来。因此，黑格尔——实际上与施莱尔马赫相似——可以把基督教称为绝对的宗教，亦即在其中一般宗教的本质得以完成的宗教。此外，基督教之所以是绝对的宗教，乃是因为上帝在耶稣基督里面，亦即在化身为人与和解的完成中完全启示出来：上帝在这里不再表现得在抽象的无限性中与有限者对立，而是作为真正的无限者，他在自身中扬弃了与有限者的差异，因为他在人身上启示自己并把自己告知出来。[1]

把人提升到自己的自然依赖性之上的基本思想也规定着黑格尔的历史哲学。黑格尔与自然法传统、与卢梭相对立，把自然状态理解为一种并非自由的状态，而是不自由的状态。[2] 人在其中与精神同在的自由[3]必须是获得的。黑格尔把这样的真正自由清晰地与个人的人性区别开来。个别的人唯有通过洞识到普遍者才获得真正的自由。[4] 这样的自由的根据在宗教中，[5]并在国家中发现它的具体的形象，[6]国家本身在黑格尔看来是基于宗教的。[7]“这

① 黑格尔：《宗教哲学讲演录》，第三卷，第 19 页以下，第 32 页以下。

② 黑格尔：《世界历史哲学讲演录》(*Vorlesungen über die Philosophie der Weltgeschichte*; hg. J. Hoffmeister; Philosophische Bibliothek 171a)，第一卷：“历史中的理性”(Die Vernunft in der Geschichte)，第 116—117 页。

③ 同上书，第一卷，第 54—55 页：“如果我与我自己同在，我就是自由的。”

④ 同上书，第一卷，第 144 页。

⑤ 同上书，第一卷，第 127 页：“自觉的自由只存在于每个个体性都作为积极的在属神的本质中被认知、而且主体性在属神的本质自身中被直观的地方。”

⑥ 同上书，第一卷，第 111 页：国家是“个人在其中拥有并享受自己的自由的现实，但同时这就是对普遍者的认识、信仰和意愿”。因此，“法、道德、国家，并且唯有它们，才是积极的现实和自由的满足。个别人的喜好恰恰不是自由。”参见第 142 页—143，第 162—163 页。

⑦ 同上书，第一卷，第 128 页。

样，国家就是世界历史的更确切规定了的对象。在国家中，自由获得了它的客观性，生活在对这种客观性的享用中。因为法律是精神的客观性，是真正的意志；而且只有服从法律的意志才是自由的。因为意志所服从的是它自己，是与自己本身同在的，因而也就是自由的。”[①]另一方面，人作为理性存在者注定要有的自由并不是在人化国家形式中都同样实现的，而是适用于这条原理：“最好的国家就是最大的自由在其中统治的国家。”[②]但自由的尺度根据什么来规定自己呢？哲学上按照作为特殊与普遍之统一的理性的尺度，但在历史的实在进程中则在黑格尔看来是通过宗教中的进步。因此，按照黑格尔的说法，世界历史的对象并不简单地就是人，而是在这个历史中实现自己的精神，作为“在人的意识中阐明”自己的世界精神，与“属神的精神”相应，属神的精神就是“绝对精神”，因而与世界精神有别。通过世界精神，上帝对人们临在，并“出现在每一个人的意识中”。[③] 世界精神又具体地在一个共同体、一个民族的精神中表现为与个体相结合的普遍者，而且在黑格尔这里就它的这种特殊化来说叫作民族精神：“民族精神就是在一种特别的形象中的普遍精神，它自在地超乎这种形象，但就它实存而言，却拥有这种形象。”[④]就像宗教的历史在黑格尔那里是通过诸般宗教类型的演替来展示的一样，世界历史则是通过一系列时

① 黑格尔：《世界历史哲学讲演录》，第一卷，第115页。

② 同上书，第一卷，第142页。

③ 同上书，第一卷，第60页。关于上帝和世界精神之间的区别，参见第262页的附录（关于第60页）。

④ 同上书，第一卷，第59—60页。

期所展示的，在这些时期中，每次都有某一个民族开辟新纪元，而在该民族衰落之后则由另一个民族取而代之，后者在精神的道路上通过历史来体现一个新的原则。① 这条道路的目标是通过精神在人的意识中的自我理解，因而通过自由——它在一个人身上既是上帝的自由，也是人的自由——的实现来荣耀上帝。②

在这种复杂的意义上，世界历史的进程在黑格尔的意义上就是自由意识中的进步。这个过程如在对宗教历史的阐述中那样，是通过把人提升到其存在的自然条件之上来实现的，而且这一过程与宗教历史中逐步实现的人与和自然有别的绝对者的结合、直到这种结合在人与上帝通过道成肉身的统一中达到巅峰密切相关。由于个别的人唯有通过与上帝的共联性才在与所有其他人的关系中是自由的，所以世界历史的进程和宗教历史的进程在黑格尔那里就如此紧密地融为一体。在这个视角中，也就可以理解对世界历史的那种著名的划分。按照那种划分，在第一阶段中，只有一个人是自由的，亦即国王，但在第二阶段（在希腊人、犹太人和罗马人那里）中，则有一些人是自由的，亦即与奴隶有别的自由人。最后，在以基督教为开端的历史的第三阶段中，由于上帝在一个人里面的道成肉身，一切人都是自由的，因为上帝在这一个人身上接

① 《世界历史哲学讲演录》，第一卷，第 180 页。在黑格尔那里有这样的说法：一个民族“不能两次在世界历史上开辟新纪元”，而是分别被另一个作为世界精神的一个新原则的载体的民族取而代之。在这种意义上，黑格尔——几乎是以先知的方式——把美洲称为“未来的国度”（第 209 页），但这个国度处在他局限于迄今为止的世界历史的阐述之外。

② 关于荣耀上帝是历史的目标，参见上书，第一卷，第 181—182 页。必须把这一说法与该著开始时关于历史的终极目的的讨论放在一起来看，按照后者，这种历史就在于精神的自由，自由就是精神的与自身同在（第 53 页，第 54 页以下，第 61—62 页）。

受了人的本性，接受了人类，并且与它结合为一体。① 人作为人的自由、因而一切人的自由，当然在基督里面只是作为原则奠定的。这个原则还需要以一切人的自由为形象来世俗地实现自己。黑格尔把宗教改革，特别是路德关于基督徒的自由的学说视为这方面的突破，②但这一洞识的完全实现却是在现代的宪政国家中，不过并不是在民主制中。③

---

① 《世界历史哲学讲演录》，第一卷，第 62、155—156 页。在后一处还说道：说明东方各国家的特征的仅仅一个个人的自由，即国王的自由，还是"精神汩没于自然性之中"的表述，它在个别化的个人的任性（作为"不自由的个别性"）中表现出来。专制君主是不自由的，因为他并不是在对于所有人有效的、因而普遍的法律中，而是仅仅在他自己的任性中有自己的自由。就连希腊式的自由民的自由在黑格尔看来也是一种仅仅偶然的自由，因为它虽然在与城邦法律的连结中有自己的基础，但并不真正地是普遍的。与此相反，在罗马虽然个人要"服务于普遍"（第 156 页），但这仅仅涉及世俗的和此岸的普遍，以致产生出"个人的和此岸的东西的人格性与普遍的对立"，这是一种唯有通过基督教才被克服的对立。在基督教里面，个人在与作为真正普遍者的上帝的共联性中发现自己被解放为自己。

② 同上书，第四卷（Philosophische Bibliothek 171d），第 877 页以下。在这里，黑格尔正当地称之为路德的自由学说的根本的，是"自然的人并不是像他应当是的那样，他必须"通过上帝"克服他的自然性"，以致精神的自由"一般而言唯有在与上帝的和解中才达到"（第 878 页）。

③ 关于黑格尔对宪政国家的理解，特别是他在 1819/1820 年法哲学讲演中关于"内部国家法"的阐述富有启发性。参见《法哲学——1819/1820 年讲演的一部手稿》（*Philosophie des Rechts. Die Vorlesung von 1819/1820*；hg. von D. Henrich；1983），还请参见《法哲学原理》（*Grundlinien der Philosophie des Rechts*，1821；Philosophische Bibliothek 124*a*），第 214—283 页（第 260—329 节）。在该讲演中，黑格尔特别特别强调了分权原理对于现代国家宪法观的意义（第 230 页以下）。"君王权力"被纳入如此建立的宪法之中，因而被纳入与立法权和统治权的关系之中。但通过如此规定的作为世袭君主制的立宪君主制的形式，黑格尔发现国家的一种通常不能达到的稳定性得到了保证，因为国家的最高首脑由此就"避免了偶然性和特殊性"（《法哲学》，第 246 页）。黑格尔在他的世界历史哲学（《世界历史哲学讲演录》，第一卷，第144页）中对现代的一种代议制民主观念的批判基于他对群众的理性的怀疑。他针对群众的理性提出，

在《精神现象学》中，在对宗教历史和世界历史的阐述中，黑格尔描述了意识越过其感性规定的直接性向与绝对者的统一的提升，这种提升在宗教、艺术和哲学中得到表达。然而，黑格尔的阐述由以开始的直接被给予的东西——作为提升到精神的出发点——并不总是像感性确定性对于《精神现象学》或者自然宗教在宗教历史的阐述中或者东方国家在黑格尔的世界历史哲学中那样，与自然被给予的东西是一回事。《精神现象学》意义上的自然被给予者同时是一个抽象的普遍：感性确定性的此时此地就表现为这样一个自然被给予者。这样，在其他著作中，各自不同的主题就在其抽象的普遍性中构成了反思运动的出发点：在《法哲学原理》(1821)中是“抽象的”法，它通过忽视在各个个人之间存在的具体差别描述了他们的法权；在《逻辑学》(1812)中是存在，作为绝对的一的直接的、完全抽象的形态，在它里面主体与客体的差异消失了。在这两个场合，由以开始的东西在直接有表现时都对反思表现为一个他物：存在，这个最普遍的概念，对反思表现为空洞的，因而表现为事实上的无；抽象的法，作为普遍意志的表达，表现为从特殊意志的观点来看的法的纯然显现，特殊意志由此又把自己置入非法。与此类似，宗教哲学在阐述宗教历史之前，也以抽象的宗教概念开始，这个概念还不是具体的宗教。宗教哲学结束于绝对宗教。在绝对宗教中，是宗教的本质的东西也成为它的内容。就连在历史哲学中，也有关于“历史中的理性”的一般讨论先行于具

---

自由“不是以主观的意志和任性为原则，而是以普遍的意志的洞识为原则”(第144页)。遗憾的是，这种情况在阿尔布雷希特(R. Albrecht)那里依然没有被注意到[《黑格尔与民主制》(*Hegel und die Demokratie*，1978)]。

体的历史过程的阐述，这阐述在基督教的出现及其世界历史影响的描述中达到顶点。与此相应，处于以抽象的法为开端的法哲学的结尾的，不再是法的普遍性的抽象形态，而是其具体形态，而这就是道德的国家，在这种国家中个别的东西和普遍的东西得到和解。

黑格尔的逻辑学以处在其无条件性和绝对性之中的完全现实的东西为对象：无条件者在康德那里就已经被视为理性认识的特殊对象。人们也可以说：《精神现象学》以之结束的无条件的或者“绝对的”知识——因而就是哲学特有的知识——是“逻辑学”的主题。因此，黑格尔的逻辑学不仅仅是研究判断和推理的形式的形式逻辑，而首先是形而上学。[①] 黑格尔在他的《逻辑学》第三卷探

① 在其耶拿讲演中，黑格尔还没有把逻辑学和形而上学分开对待，而形而上学的对象还是旧的专门形而上学的主题结构（灵魂、世界、上帝）。参见黑格尔：《耶拿逻辑学、形而上学和自然哲学》（*Jenenser Logik, Metaphysik und Naturphilosophie*; hg. G. Lasson; Philosophische Bibtiothek, 58）；以及亨里希与迪辛（D. Henrich & K. Düsing）编：《黑格尔在耶拿——体系的发展和与谢林的合作》，（*Hegel in Jena. Die Entwicklung des Systems und die Zusammenarbeit mit Schelling*, 1980）。自1812年的《大逻辑》始，逻辑学和一般形而上学在黑格尔关于逻辑学是上帝的定义的阐述中结合起来了，专门形而上学的其他主题则落入了实在哲学的各学科。参见富尔达（H. F. Fulda）：《思辨逻辑是“真正的”形而上学——论黑格尔对近代形而上学观的转变》（Spekulative Logik als die “eigrntliche Metaphysik”. Zu Hegels Verwandlung des neuzeitlichen Metaphysikverständnisses），载佩措尔德与范德耶各特（D. Pätzold & A. Vandejagt）编：《黑格尔对形而上学的转变》（*Hegels Transformation der Metaphysik*, 1991），第9—27页。与富尔达（H. F. Fulda）不同，布克哈特（《在批判的张力场中的黑格尔〈逻辑学〉》[*Hegels“Wissenschaft der Logik” im Spannungsfeld der Kritk*, 1993]）在其关于从逻辑学到实在哲学的过渡问题的阐述（第483页以下，特别是第492页，第499页，以及第507—508页）中强调，黑格尔的体系唯有在绝对精神的概念中才得以完成，而《逻辑学》本身结尾时的绝对理念“还是逻辑的”，唯有在逻辑学领域的“自我超越”中才得以完成（第497页以下）。

讨的形式逻辑的主题则融入其中，同时自身移入了形而上学的视角。

如果说逻辑学以作为绝对者对于意识来说的直接形象的“存在”为开端，则在其结尾产生出作为真正绝对者的“概念”。也就是说，存在从反思来看直接表现为它的对立面，表现为无，而概念则把一切对立者在自身中统一起来：它是它自身（普遍的思想）与他的对立面（具体的特殊者）的统一，是形式与内容的统一，是本质和现象的统一。在这里，唯有真概念才是现实地把握事物，而绝不仅仅在自身之外拥有事物的概念：那样的话它就只是一个主观的表象，而不真正是事物的概念。但黑格尔把在其事物的客观性中实现的概念称为“理念”。① 因此，唯有理念才作为实现了的概念是绝对者的最高形态。

概念之概念或者理念在黑格尔的逻辑学中——与其他著作中的程序类似——处于一个阶段序列的结尾。在每个阶段上，关键都在于把在前一个阶段出现的对立结合起来，而且是这样结合的，它使得在这些对立中已经隐含的统一明确地成为主题。如果存在就其普遍性来说对于进一步的考察表现为无，那么，“存在”和“无”这两种规定的联系首先就被规定为“变易”，因为变易可以设想为从无到存在或者反过来从存在到无的过渡。但存在与无的统一的这种形式只是一个规定到另一个规定的突变。它们的统一唯有作为“此在”才获得了稳定性，在此在中存在和无结合在一起，这是就



① 黑格尔：《逻辑学》（*Wissenschaft der Logik*，1816；*Philosophische Bibliothek* 57），第二卷，第 407 页以下，参见第 228 页以下。

一个此在者——一个某物——“不”是别的此在者而言的。但在综合的这个阶段上，又对反思产生出新的矛盾，在此在阶段上首先是由于此在的有限性及其与无限者的对立，这对立又首先在自为存在的概念中得到扬弃。如此继续进行，矛盾每次都要求综合的一个更高的阶段——一直达到概念阶段，在黑格尔看来，概念作为实现了的概念（理念）把此前出现的一切对立和综合都扬弃在自身中，作为它自己的元素。这样，过去的各个阶段都成为意识（在《精神现象学》中）或者思想（在《逻辑学》中）的暂时形式，其中已经“自在地”包含着概念，但还没有被理解为概念自身。在《逻辑学》中，每一个阶段上都涉及无条件者或者绝对者，但它按照黑格尔的见解唯有借助概念的概念才最终被把握为这样的无条件者或者绝对者。人们可以这样来刻画这一事态，即人们说：在黑格尔的《逻辑学》的思想进程中，每一阶段都是概念的预先推定，但这种预先推定总是又失败，就连概念本身，作为它的事物的概念，不应当外在于这个事物，也仅仅是唯有通过理念才兑现的预先推定，理念明确地被设定为实现了的概念，即主观的东西与客观的东西的统一。当然，就连理念也还是本身需要实现的逻辑形式，而这就是在《逻辑学》的结尾阐述的从理念到自然的过渡的意义，这是一种当然被描述为在理念本身中有根据的过渡，因为只有这样，理念才被认真地当作现实的规定根据来对待。①

黑格尔的最重要、也许还是最成问题的思想步骤在于如下的主张，即概念（作为绝对者的等值形态）不仅“自在地”在把握它的

① 黑格尔：《逻辑学》，第二卷，第505—506页。

道路的每一个阶段上都已经存在，而且绝对者的出现和暂时形态的序列及其解体不能被理解为进行反思的哲学家的行为，而是必须被理解为概念自身的行为。这样，黑格尔在《哲学全书纲要》里面就说道：逻辑学虽然直接在存在那里开始，“但从思辨理念来看，存在是思辨理念的自我规定，这作为概念的绝对否定性或者运动进行判断，把自己设定为其自身的否定东西”。[①] 对绝对者的“原初分解”（判断[Ur-teilen]）就是分化为相互对立的元素。因此，在逻辑学的整个思想运动中，一再有事先主张的东西被否定，被分解在对立的规定中，但这些规定又被聚合为统一，这种思想运动从《逻辑学》的结尾来看表现为绝对概念的一种作为，或者毋宁说理念自身的一种作为，理念把概念的对立面，亦即存在（作为“其自身的否定东西”）设定为其自我把握的前提条件，并恰恰借此造成了“绝对否定性”的运动。

人们唯有想到黑格尔意义上的真概念不仅是某种主观的东西，而且把握事物自身，因而作为理念与事物自身是一回事，[②]才能理解黑格尔的这一主张。在这种情况下，人们实际上也必须将把握事物的道路设想为概念（或者理念）自身的作为，而不是理解为外部的主观附加。当然，在这里作为前提条件的是，概念和事物之间的任何差异都消失了，而且人们可以问自己，在我们人类的认识中是否每次都是这样，每次知识都是以这种方式完成的，即在认

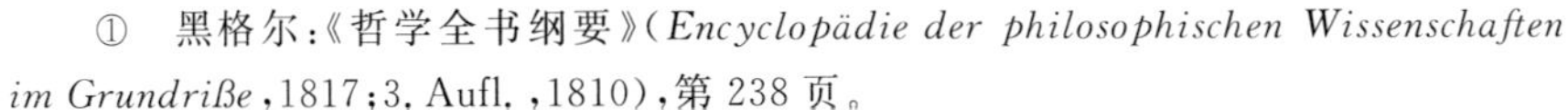

① 黑格尔：《哲学全书纲要》(*Encyclopädie der philosophischen Wissenschaften im Grundriße*，1817；3. Aufl. ，1810)，第 238 页。

② 参见谢林的要求：为了把绝对的理性思维成绝对的，就必须“抽象掉思维者”（本书第九章，第 271 页）。

识行为和被认识者之间不再有差异，以致认识本身的进程成为被认识者的自我展开的进程吗？这实际上即使在黑格尔那里的绝对理念阶段也并非如此。因为逻辑学的绝对理念需要通过它在自然哲学和精神哲学中的展开来实现自己。唯有在它的这种自我展开中，并且从这种展开的结果出发来回顾，它才——也在黑格尔的意义上——真正是绝对的理念，是概念与实在性的统一。逻辑学的绝对理念仅仅要求的确如此，但它在自己本身中作为纯然逻辑的理念却也又仅仅是其真理的预先推定。①

因此，对黑格尔的程序的阐述自身就已经包含着对概念自己运动的论题的批判。也就是说，黑格尔逻辑学的程序表现为人类反思的一种进程，在创造性的想象力那里达到顶点。在这里，反思虽然是由事物引导的，但它却表现着在事物本身出现的要素。就此而言，这所涉及的并不是一种仅仅外在的、外在于事物本身的反思。但是，它毕竟是在某种主题化的影响下产生的。如果人们注意到，在逻辑学的种种规定那里得到探讨的是在哲学自身的历史上出现的绝对者的种种称谓，那么也就清楚了，这些规定在哲学讨论的历史进程中是以另一种方式得到反思和发展的，不同于在黑格尔的逻辑学的反思进程中所发生的。如果人们不想说，哲学思维的历史进程对于相关规定的思想内容来说依然是完全外在的，

① 在《精神现象学》的导言中（第 23 页），黑格尔本人谈到，绝对者的主体性这种主张单独来看仅仅是预先推定。但在逻辑学的结尾，关于绝对理念说道：它本身“还是逻辑的”，“只是属神的概念的科学”（《逻辑学》，第 505 页）以致向自然的过渡是以对纯然逻辑的东西的片面性的反思为中介的，尽管理念也可以理解为这种过渡的规定根据，在“理念自由地解脱自身”（第 505 页）的意义上。

那么就得出，在黑格尔的逻辑学中展开的反思进程原则上只是对那些规定的内容进行的一种由事物自身引导的反思的众多可能性中的一种，其所根据的是在它们里面包含的辩证法和种种对立在其中得到扬弃的那种立场。哲学家的反思证明，任何表述出来的立场严格地说与它直接显现的或者自己表现的相比，都是某种别的东西。在这种情况下，对立起来的各个环节通过思辨的直观（在黑格尔的《费希特哲学体系与谢林哲学体系的差异》的意义上）在其隐秘的统一中被把握，并如此结合成为对象的一个新直观，借此重新开始反思。在这里，无一例外地涉及进行反思的哲学家的作为，而不是像黑格尔所主张的那样，直截了当地涉及绝对的概念（或者属神的理念）的作为。如果反思所经过的所有阶段都对我们对这种作为的反思表现为绝对真理的纯然预先把握（预先推定，事物的真概念只是"自在地"存在于其中），那么，这也再次适用于黑格尔的概念之概念：就连概念——哪怕它是一个事物的概念——也只是对真理的一种预先把握，亦即对它自己和它的对象的统一的一种预先把握。黑格尔是与概念相联系明确地如此说的，但它也相似地适用于理念的逻辑形式。

当然，说我们对现实事物的真理的把握不可能简单地是外在的，这依然是正确的。若不然，就会根本不能认识任何东西。概念就会不再是事物本身的概念。因此，我们的认识必须被理解为真理本身在我们心中的作品，就像我们关于上帝的知识是由上帝的灵在我们心中造成的一样。但是，这却毕竟不能意味，这样的认识的道路不再是一种人的作为，反倒是成为属神的理念在我们心中的纯粹活动。那样的话，我们的认识中的人类因素，因而还有反思着的哲学家的作为，就会在黑格尔的逻辑学的思想进程中黯然失色，反过来说，在我们的认识中本来属人的和有限的东西，就会毫无差异地被假冒为绝对真理本身的作为。

如果人们愿意用基督论的二性论的语言来表述这种情况，这就可以说涉及一种一性论的错误结论，而且显而易见，黑格尔事实上也在类似的意义上一性论地曲解了耶稣的道路：这样，他尤其是把耶稣之死理解为上帝本身之死。在这个地方，存在着对一般唯心论，尤其也是针对黑格尔提出的泛神论质疑的相对合理性。①

## 三、基督教神学对黑格尔哲学的反应

自《精神现象学》(1807)始，黑格尔愈是把基督教尊称为绝对的宗教，②并把古代教会的三位一体教义和基督论教义理解为这种宗教的本质内容的表达，他也就愈是抱怨现代神学相对于启蒙运动的知性批判而退回到情感的主观性，“以教义开辟纯粹的道路”，把自己的内容“还原到一种最低限度”。③ 由于这样一来“基督教的基本学说大部分都从教义学中消失了”，黑格尔也就可以断

① 暂请参见作者的《基督教在黑格尔哲学中的意义》，载《上帝观念和人的自由》(*Gottesgedanke und menschlische Freiheit*, 1972)，第 78—11 页，特别是第 95 页以下。下一节还必须回到这个问题。

② 黑格尔：《精神现象学》，第 528 页。

③ 黑格尔：《哲学史讲演录》(*Vorlesungen über die Geschichte der Philosophie*)，第一卷：《哲学的体系和历史》(*System und Geschichte der Philosophie*; hg. J. Hoffmeister; Philosophische Bibliothek 166)，第 198—199 页(1827 年的讲演)。关于对神学家们返回到情感的批判，参见《宗教的概念》，第 21 页(《黑格尔全集》，第十五卷，第 33 页)；以及《绝对的宗教》，第 226—227 页(参见《黑格尔全集》，第十六卷，第 346—347 页)。

言："不仅仅是哲学，但却首先是哲学，如今在根本上是正统的；过去一直都有效的命题、基督教的基本真理，是由哲学维护和保存的。"[①]

神学家们对此的反应绝不是异口同声地转向黑格尔哲学。[②]就其大多数而言，他们要么停留在一种敬虔主义的情感神学的道路上，要么停留在追随康德对宗教做出一种道德论证的道路上。在哲学的基础上对古代教会的教义做出一种概念上的透彻研究和辩护，只是对少数人表现为神学的机会。他们中间的第一批人中的一位就是道布(Karl Daub，1765—1836)，他在1816年作为海德堡大学副校长在那里推动了对黑格尔的聘请，并在以后的年代里不再以谢林为取向，而转向了黑格尔。自黑格尔1818年迁往柏林始，道布的学生马海尼克(Philipp Konrad Marheineke，1780—1846)在那里与他结交。马海尼克在岁月的进程中，尤其是通过他的《作为科学的基督教教义学的基本学说》(1827)，成为神学上的黑格尔学派的领袖人物，并在黑格尔于1831年去世后与哈勒哲学家罗森克兰茨(Johann Karl Friedrich Rosenkranz；《神学科学全书》[*Encyclopädie der theologischen Wissenschaften*，1831])和法学家戈舍尔(Karl Friedrich Göschel，1784—1861)一起为黑格尔对基督教的诠释辩护，既反对外部的攻击，也反对所谓的青年黑格尔学派。马海尼克对黑格尔关于上帝在其与世界的关系中的理解

① 黑格尔：《绝对的宗教》，第26—27页(《黑格尔全集》，第十六卷，第207页)。

② 黑格尔曾谈到遁入概念是宗教在启蒙运动的知性批判面前遁入情感的另一种选择(《绝对的宗教》，第224页)。

的解释，与青年黑格尔学派的泛神论化立场相比，毫无疑问是保守的。[①] 但是，他在这方面毕竟比青年黑格尔学派依然更接近黑格尔。

泛神论的嫌疑自其开端以来就伴随着德国唯心论哲学。雅各比 1785 年关于斯宾诺莎学说的书信连同其报道构成了出发点，莱辛在 1780 年与雅各比的一次对话中承认自己信奉斯宾诺莎主义。相对于雅各比的观点，他关于斯宾诺莎的著作并没有预期的惊人效果，而是成为下一个十年自门德尔松(Moses Mondelssohn)和赫尔德(Johann Gottfried Herder)始与泛神论的概念结合在一起的斯宾诺莎复兴的最重要的推动者。[②] 雅各比本人却把这样的泛神论视为骨子里的无神论。他发现自己在这方面通过费希特的无神论之争得到了证实，费希特的自我哲学对他来说表现为一种颠倒为唯心论的斯宾诺莎主义。然而，谢林的自然哲学却成为雅各比批判的主要对象。由谢林 1807 年学术祝词《论造型艺术与自然的关系》(*Über das Verhältnis der bildenden Künste zu der Na-*



① 马海尼克的教义学与黑格尔的关系在瓦格纳(F. Wagner)的阐明中颇受批评:《马海尼克那里的上帝位格性思想》(Der Gedanke der Persönlichkeit Gottes bei Philipp Marheineke)，载《系统神学和宗教哲学新杂志》10(1968)，第 44—88 页。保守的解释在马海尼克那里产生了，他把黑格尔的理解置入表象思维的形式，并与传统上帝学说的种种规定结合起来，其中对表象的批判的要素退后了，另一方面从上帝到世界的平滑过渡在神学规定中则出现得更少。此外，马海尼克在人与上帝的关系方面追随基督教关于人是上帝的肖像的学说，把柏拉图的原型—摹本关系的范畴与黑格尔对上帝和创造之间关系的理解联结起来了。参见马海尼克(Ph. Marheineke):《作为科学的基督教教义学的基本学说》(*Die Grundlehren der christlichen Dogmatik als Wissenschaft*，1827)，第 248 节以下。关于与泛神论的分野，参见该书第 176、231、235、245 节。

② 参见施罗德(W. Schröder)词条“泛神论”(Pantheismus)，载《哲学历史词典》，第七卷，第 59—63 页，特别是第 60 页。

tur)所诱发,他把自己 1811 年的著作《论属神的事物》(*Von den göttlichen Dingen*)对准了谢林的自然哲学。在这部著作中,他试图证明,谢林把绝对者与自然等同起来,这种等同就包含着无神论和虚无主义。人只有在虚无或者一个上帝之间做出选择。[①] 在这里,借助对一个有位格的上帝的信仰,同时选定的是人的自由。自然主义既不能允许上帝的自由,也不能允许人的自由。谢林 1812 年以他的《雅各比先生关于属神的事物等的著作和在该著作中对他做出的一种蓄意的、骗人的、说谎的无神论的指控的纪念碑》(*Denkmal der Schrift von den göttlichen Dingen etc. des Herrn Friedrich Heinrich Jacobi und der ihm in der selben gemachten Beschuldigung eines abbsichtlich täuschenden, Lüge redenden Atheismus*)回答了雅各比的著作。[②] 谢林能够在这里令人信服地驳斥雅各比的栽赃,即按照他的学说自然就是一切,在自然之外没有任何东西。他以如下论题来反对由雅各比所主张的自然主义和有神论的二者择一,即(在谢林的《论人的自由的本质》中阐发的)在上帝里面有一种自然的假定是把位格性归于上帝的前提条件,因为这种位格性是以同某种与它不同的东西的关联为条件的。[③] 因此,谢林为无神论的指责辩护,但并不否认自己的自然哲学接近斯宾诺莎主义。[④]

---

① 雅各比的著作与谢林的答复一起重印于魏舍德尔(W. Weischedel)编:《围绕属神事物的争执——雅各比和谢林之间的争辩》(*Streit um die göttlichen Dingen. Die Auseinandersetzung zwischen Jacobi und Schelling*,1967)。关于正文所涉及的雅各比的说法,见该书的第 129、269 页。

② 谢林的答复,见《围绕属神事物的争执》,第 357—474 页。

③ 同上书,第 406 页以下,第 411　412 页。

④ 同上书,第 364—365 页。当然,斯宾诺莎主义只是构成了他自己的哲学的一个方面,其另一个方面是先验哲学。

谢林被从神学方面判定为泛神论者,这对于直到 1809 年的《论人的自由的本质》的几年来说是完全有实际理由的。对斯宾诺莎主义的最终摆脱,甚至直到 1813 年,才借助《世界年代》这部著作完成。特别是聚斯金德(Friedrich Gottlicb Süskind)于 1812 年转而反对谢林的泛神论,[①]为的是针对这种泛神论来捍卫图宾根超自然主义的哲学上以康德为取向的有神论。但后来,这种批判也被转用到唯心论哲学通过黑格尔的进一步发展。与此相反,黑格尔在其《哲学全书》1827 年的第二版中还为自己辩护过,特别联系到托路克的《东方神秘主义文选》(*Blütensammlung aus der morgenländischen Mystik*,1825)。[②] 黑格尔把泛神论的观念,即"一切,亦即经验性的事物,都……没有区别,都拥有主体性,而且世间事物的存在就是上帝",[③]当作一种完全非哲学的、无思想的

① 聚斯金德(F. G. Süskind):《对谢林关于上帝、创世、自由、道德上的善和恶的学说的审视》(*Prüfung der Schellingschen Lehre von Gott, Weltschöpfung, Freiheit, moralischem Guten und Bösen*,1812)(此前有多篇文章发表在《弗拉特杂志》(*Flatt's Magazin*)上)。其他文献参见布雷特施奈德(K. G. Bretschneider):《所有在教义学中出现的概念的系统阐发》(*Systematische Entwicklung aller in der Dogmatik vorkommenden Begriff*,1804),第 3 版 1825 年,第 57—58 页。布雷特施奈德甚至(第 42 页)归于谢林一种"自然主义的泛神论","这种泛神论把自然和上帝解释为一体,解释为同一的,而神性则化解在世界整体(绝对者)里面"——因而是谢林在与雅各比的争论中拒斥过的理解。

② 黑格尔:《哲学全书纲要》(*Encyclopädie der philosophischen Wissenschaften im Grundriße*,1817;hg. J. Hoffmeister;*Philosophische Bibliothek* 33),第 10—11 页(引自 1827 年第 2 版前言),还有第 484 页注。托路克早在 1823 年就在其著作《基多与尤利乌斯》中陈述了他对唯心论哲学的泛神论,以及不仅拒斥上帝的位格性和自由、而且拒斥人的自由连同对罪的责任的结论,参见《基多与尤利乌斯》,第 260 页以下,参见第 231 页。下文请参见作者的《基督教在黑格尔哲学中的意义》,第 95 页以下。

③ 黑格尔:《哲学全书纲要》(1817),第 479 页(第 573 节)。

观点予以拒斥。这样一种理解就连斯宾诺莎也不曾有过,按照斯宾诺莎的学说,毋宁说"恶与有限的东西和一般而言的世界一样,都根本不存在",因为只有上帝才作为统一的和唯一的实体而真正存在。[①] 黑格尔尤其可以与他自己的哲学相联系,把与"泛神论"这个标签结合在一起的诋毁视为错误的,他的哲学把上帝不是设想为实体,而是设想为主体和精神。在这个视角中,有限事物的世界是绝对主体的"他者",而反过来说,提升到上帝则是以对有限者的否定为中介的。上帝作为世界的第一因存在着,并不是因为有限者存在,相反:"有限者的非存在就是绝对者的存在。"[②]

无论这一辩护多么重要,黑格尔也没有用它打发掉"通常关于泛神论所发的议论"。[③] 就连出身于觉醒神学的神学家中最敏锐的一位,即缪勒(Julius Müller),至少也还把一种"逻辑学的泛神论"归于黑格尔,因为在黑格尔看来,世界以逻辑的必然性从属神的存在者中产生出来,而不是通过无根据的自由的一种行动。[④] 这里同样重要的是,在世界之产生的一种于绝对者之本质中获得根据的逻辑必然性的主张里面,事实上从基督教方面来看蕴含着黑格尔的论证——当然不仅仅是黑格尔的论证——的一种缺陷,因为它在这个地方——与谢林自1813年始采取的立场不同——落在创世思想中所包含的世界起源——以及由此一切有限的实

① 黑格尔:《哲学全书纲要》,第12页。

② 黑格尔:《逻辑学》,第二卷,第62页。

③ 黑格尔:《哲学全书纲要》(1817),第11页。

④ 缪勒(J. Müller):《基督教关于罪的学说》(*Die christliche Lehre von der Sünde*,1838;3. Aufl.,1849),第二卷,第241页。参见作者的阐述:《基督教在黑格尔哲学中的意义》,第104页以下。

在——的偶性的后面。尽管如此,“泛神论”的称谓对于这种情况来说是不适合的,因为黑格尔在其成熟期一直坚持有限事物的存在与绝对者的存在的区分。除此之外,就连米勒也把泛神论这种指责与自雅各比始通常也作为由它得出的结论来主张的诋毁结合起来,即在这样的基础上(因而也在一种仅仅“逻辑学的”泛神论的基础上)既没有上帝的自由的空间,也没有人的自由的空间,因而也没有罪的实在性的空间。如此得出结论,事实上是没有根据的。① 不过,它使人清晰地认识到强加给黑格尔和谢林的泛神论的系统敌对思想:一个超越世界的、位格的上帝的观念,人的人格作为上帝的肖像,其自由与上帝相应,其中也论证了罪作为人的有责任的行为的可能性。因此,对于比米勒更少敏锐性的批判者来说,黑格尔对一个仅仅在世界彼岸的上帝之观念的片面性的批判以及用如下思想来取代它,即真正的无限者不仅与有限者相对立,而且必须被设想为还——超越这种对立——在有限者方面存在,就足以让人发现证实了泛神论嫌疑。②

说黑格尔和早期谢林一样是泛神论者,这个神学判断在黑格尔去世后可能发现自己得到了证实,当时黑格尔学派的一个部分,即所谓的黑格尔左派,明确地以泛神论的方式解释老师的学说。



① 至于黑格尔关于罪的学说,这清晰地出自林勒本(J. Ringleben)的阐述:《黑格尔关于罪的理论——一个神学概念的主体性逻辑结构》(*Hegels Theorie der Sünde: Die Subjektivitäts-logische Konstruktion eines theologischen Begriffs*,1977)。

② 吕格特(W. Lügert):《德国唯心论的宗教及其终结》(*Die Religion des deutschen Idealismus und ihr Ende*),第三卷,第93页。关于吕格特在二十世纪的神学中影响深远的黑格尔批判,参见作者的《基督教在黑格尔哲学中的意义》,第95—96、106页。

以这种理解公开地站出来的第一批人，是在其最初匿名出版的《关于死亡和不朽的思想》(*Gedanken über Tod und Unsterblichkeit*, 1830)[①]中的费尔巴哈和施特劳斯(David Friedrich Strauß)。在施特劳斯1836年的《耶稣传》(*Das Leben Jesu*)的结束语中，他的泛神论立场最初只是含蓄地以如下论题表现出来，即上帝和人“自在地是一体”，而且人性与上帝的这种一直就已经存在的统一唯有在耶稣这个个人身上才被意识到。[②] 在他1840年的《基督教信仰学说》(*Die christiche Glaubenslehre*)中说道，我们关于绝对存在者的概念就是这个存在者本身，他的“现实的存在就是自然”，就连“我这个个别的思维者”也属于这个自然。[③] 为了在思辨哲学中重新解释三位一体学说，施特劳斯写道，传统的有神论在这里转化成“一种或多或少坚定的泛神论”，[④]而且对于读者来说可能没有疑问，作者本人同意这种理解，并且把它视为黑格尔哲学的真正结论。[⑤] 在这方面，对于施特劳斯来说决定性的是，按照黑格尔的真

① 费尔巴哈(匿名发表):《出自一位思想家的草稿的关于死亡和不朽的思想》(*Gedanken über Tod und Unsterblichkeit aus den Papieren eines Denkers*, 1830)，重印于《费尔巴哈全集》，第十一卷，第69—324页。参见科内尔(P. Cornehl):《和解的未来——启蒙运动、黑格尔和黑格尔学派的终末论和解放》(*Die Zukunft der Versöhnung: Eschatologie und Emanzipation in der Aufklärung, bei Hegel und in der Hegelschen Schule*, 1971)，第221页以下，特别是第227页以下，以及第217页注②提到的文章。

② 施特劳斯:《耶稣传批判版》(*Das Leben Jesu kritisch bearbeitet*, 1835—1836)，第二卷，第730、734—735页。

③ 施特劳斯:《在其历史发展和与现代科学的斗争中来阐述的基督教信仰学说》(*Die christliche Glaubenslehre in ihrer geschichtlichen Entwicklung und im Kampfe mit der modernen Wissenschaft dargestellt*, 1840—1841)，第一卷，第399—400页。

④ 同上书，第496页。

⑤ 同上书，第512页。参见格拉夫(F. W. Graf):《批判与伪思辨——作为教义学家的

实见解，和在谢林那里一样，“圣子不能是一个超尘世的、精神性的存在者，而只能是世界或者有限的意识本身”——这是一种抹平了黑格尔有意识地坚持的上帝的内在三一生命为一方、上帝在世界的创造及和解为另一方之间的区别，因而严重歪曲了黑格尔的立场的解释。①

由黑格尔自己的学派的一翼做出的对黑格尔的泛神论解释使黑格尔哲学在神学中的影响遭受到极其严重的损害，因为它证实和加强了本来就对唯心论哲学存在、并且被转用到黑格尔身上的成见。此外，黑格尔对基督教的解释的弱点绝不大于例如施莱尔马赫神学的弱点，后者在把上帝理解为位格时所遇到的困难并不小于黑格尔，但在这方面却拒绝三位一体学说的帮助，也不像黑格尔的思维那样适宜于把上帝表现为创造者。尽管如此，施莱尔马赫作为现代新教的教父进入神学的历史，而黑格尔在神学的历史中却依然是一个边缘现象，这几乎是只能用成功地怀疑黑格尔主义是泛神论来解释，这里当然要补充的是，施莱尔马赫的思维与黑格尔的思维不同，可以与敬虔派的主体主义相结合。

至于黑格尔在新教神学的历史中的影响并没有消失，② 这首

施特劳斯在他的时代的立场神学的处境中》(*Kritik und Pseudo-Spekulation: David Friedrich Strauß als Dogmatiker im Kontext der positionellen Theologie seiner Zeit*, *1982*)，第533页以下。

① 施特劳斯：《在其历史发展和与现代科学的斗争中来阐述的基督教信仰学说》，第一卷，第490页。参见作者在上文注50引用的作品，第98页以下。

② 比德曼(A. E. Biedermann)产生自黑格尔左派的教义学无论如何宣称追随黑格尔把上帝理解为绝对精神，却在其本质内核中放弃了古代教会的教义，特别是三位一体学说：《基督教教义学》(*Christliche Dogmatik*, 1869; 2. Aufl., 1884—1885)，第二卷，第453—457页。

先要归功于如下事实，即黑格尔有理由自诩通过自己的哲学更新古代教会的教义，特别是三位一体学说。即便是施莱尔马赫和觉醒神学的继承人们也不能回避这种事态的重要性，以致从施莱尔马赫学派出发，在十九世纪的中叶出现了关于三位一体学说及其在教义学中的地位的激烈争论。[①] 与此紧密联系的是，就连由黑格尔（按照谢林的榜样）从与《圣经》默示的超自然主义结合中解放出来的启示概念也得到讨论，因为在三位一体的讨论中，鉴于施莱尔马赫学说与黑格尔学说之间的关系，涉及“内在的”本质三位一体和经世的启示三位一体之间的共属性——一种本身在上帝的自我启示的思想中有其根据的共属性。这场讨论以及在其中完成的把施莱尔马赫和黑格尔的初衷结合起来的努力，在道尔纳（Issak August Dorner）的著作中达到了高潮和暂时的结束。[②]

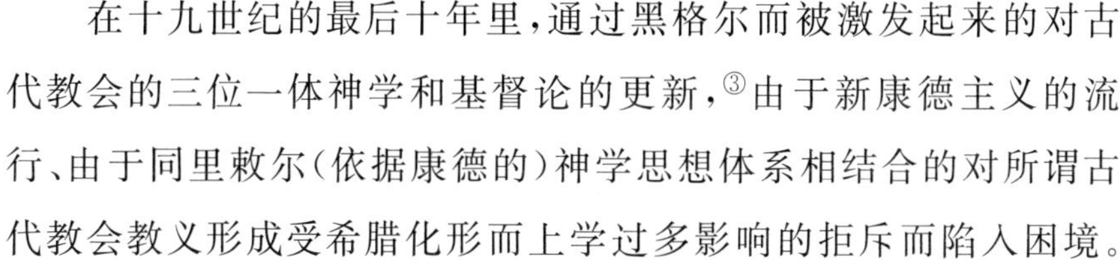
在十九世纪的最后十年里，通过黑格尔而被激发起来的对古代教会的三位一体神学和基督论的更新，[③]由于新康德主义的流行、由于同里敕尔（依据康德的）神学思想体系相结合的对所谓古代教会教义形成受希腊化形而上学过多影响的拒斥而陷入困境。

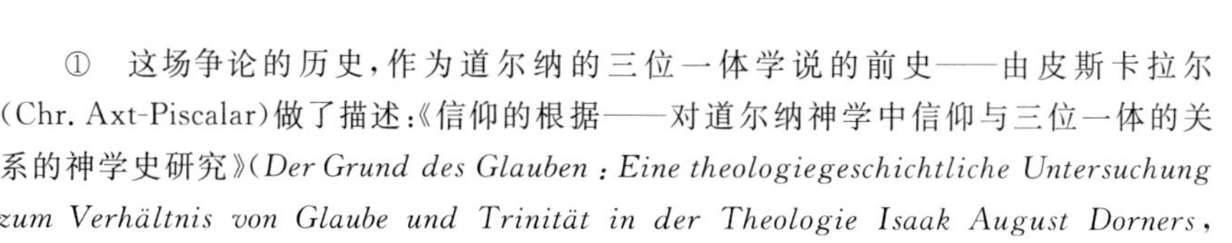
① 这场争论的历史，作为道尔纳的三位一体学说的前史——由皮斯卡拉尔（Chr. Axt-Piscalar）做了描述：《信仰的根据——对道尔纳神学中信仰与三位一体的关系的神学史研究》（*Der Grund des Glauben : Eine theologiegeschichtliche Untersuchung zum Verhältnis von Glaube und Trinität in der Theologie Isaak August Dorners*, 1990），第94—141页。

② 与道尔纳同时并在特韦斯滕（A. D. Ch. Twesten）和尼奇（C. I. Nitzsch）之后，主要应提到利布纳（Th. Liebner）、罗特（R. Rohte）和马滕森（H. L. Martensen）。

③ 该方向上的第二次冲动是从晚期谢林的启示哲学出发的，并通过霍夫曼（Johann Christian Konrad v. Hofmann）和托马修斯（Gottfried Thomasius）而尤其是在埃尔兰根（Erlangen）神学中被接受。

含蓄地说，这也——即使不是首先——涉及脱离黑格尔、脱离受黑格尔的思维影响的神学发展。反过来说，巴特转而一般而言反对文化新教、特殊而言反对他所出身的里敕尔学派，在第一次世界大战之后导向了启示神学和三位一体学说对于基督教上帝学说的奠基性意义的一种更新，这种更新在许多方面是与十九世纪的思辨神学、尤其是与道尔纳结伴而行的。① 巴特由此成为关于三位一体学说及其对于总体上的基督教神学的意义的一场新的激烈讨论的出发点。在这场于二十世纪下半叶展开的讨论中，一再地、特别是在云格尔(Eberhard Jüngel)和本书作者这里，也涉及神学与黑格尔哲学的关系。因为在黑格尔那里可以学到，三位一体学说不仅是一般的上帝学说的一个附加物，而是一般而言与基督教关于上帝的现实性的理解联系最为密切的。② 但在这方面，最后十年

① 参见巴特对马海尼克和道尔纳的评价：《十九世纪新教神学》，第 442—449 页，第 524—534 页。除缪勒之外，道尔纳是巴特在其 1927 年的《基督教教义学纲要》的前言中，在他"神学上就决定性的问题而言有家园般感觉"的那些神学家的行列中提到的十九世纪唯一领袖群伦的神学家。更详细的参见作者的《上帝的主体性和三位一体学说——论巴特和黑格尔哲学之间的关系》(Die Subjektivität Gottes und Trinitätslehre: Ein Beitrag zur Beziehung zwischen Karl Barth und der Philosophie Hegels)，载《宣讲与教义》(*Kerygma und Dogma*，23[1977])，第 25—40 页，现在收入《系统神学基本问题》，第二卷，第 96—111 页，特别是第 99—100 页。

② 云格尔在这里也详细地探讨了黑格尔对现代文化世界因上帝在耶稣之死中死去的思想而无上帝的描述(《上帝是世界的奥秘——在有神论和无神论之间的争论中建立被钉十字架者的神学》[*Gott als Geheimnis der Welt. Zur Begründung der Theologie des Gekreuzigten im streit zwischen Theismus und Atheismus*，1977]，第 55—137 页，特别是第 83—132 页)。美国的上帝之死神学——特别是奥尔蒂泽(Thomas J. J. Altizer)——已经以别的方式诉诸黑格尔关于上帝之死的说法(参见 S. Daecke:《上帝之死的神话——一个批判的概览》(*Der Mythos von Tode Gottes: Eine Kritische Überblick*，1969)；关于奥尔蒂泽的见解，特别参见奥尔蒂泽：《基督教无神论的福音》

的三一神学讨论追随的是由特维斯滕(August Twesten)和尼赤(Carl Immanuel Nitzsch)所论证的(并且由巴特尽管不知道这些起源而接受的)对严格地在启示神学上论证三位一体学说的要求,不是出自上帝是绝对精神或者其启示的主体的思想,而是作为上帝在耶稣基督里面的启示行动的内涵的展开。①

## 四、持久的意义和界限

在德国哲学及其国际传播的历史上,除了康德之外,还没有其他哲学家像黑格尔这样以其思维的重要性,而且还以原则上超越由康德所体现的哲学意识状况的要求,历经一切争论和变换的模式而不衰。愈是只有少数人能够在整体上赞同黑格尔的体系,在这一点上的一致的程度就愈为重要。这方面的理由还需要说一说。与这个体系结合在一起的终极有效性要求连同它的展开的从未被超越的思想水平一起,对于后人来说永远又是某种同时有吸引力和排斥力的东西。黑格尔的"科学"的体系是不能以它原初出现时的要求来恢复的。尽管如此,它却为评价一切后来的思维设定了标准,而且它不仅为哲学、也为神学开辟了新的思维道路。

(*The Gospel of Christian Atheism*,1966),第 62 页以下)。本书作者不赞成借助黑格尔的论题及其在尼采那里继续发展对现代文化世界的这种解释,因为耶稣基督之死可以理解为上帝之死这一论题在神学上是值得质疑的。按照整体的基督论学说以及早期新教的神学,基督之死虽然能够从作为神人耶稣基督的神圣逻各斯出发来陈述,但却只是鉴于被假定的人性而言的,而不是鉴于逻各斯的永恒神性而言的,因而根本不能完全从神学出发、也不能从圣父出发来陈述。

① 还请参见作者对这一方案的展开,见《系统神学》,第一卷,第 283—364 页。

在从康德出发的近代哲学发展中，唯有黑格尔现实地克服了把一切经验相对化为有限主体的意识。尽管谢林就已经主张，不仅——如费希特晚期已经认识到的那样——自我意识的双重形态以它的统一性的一个与它有区别的根据为前提条件，而且在我们的世界意识中主体与客体之间的一切差异也都以自我与世界（主体与客体）的可能一致的一个与我们自己和世界不同的根据为前提条件，谢林把这个根据称为绝对者。但是，在谢林贯彻这一思想时，他的自然哲学的阐述在多大程度上能够兑现这个主张，并且不最终是把思维束缚在我们的意识的先验条件之上的表述，这依然是可疑的。与此相反，黑格尔在其 1802—1803 年的著作《信仰与知识》中就已经陈述了的康德批判，对于每一个能够领会黑格尔的论证的人来说，都是对康德的主观主义或者现象主义的无懈可击的克服，按照后者，我们在一切经验中所把握的都只是显象，但并不是事物本身。在《信仰与知识》中，黑格尔就已经针对康德提出，"一个只认识显象和一个无自身的知性，本身就是显象和无自身"，[①]而《精神现象学》则有理由谈到康德哲学中的一个"矛盾"，这是就康德哲学伪称"只对有限性有所知道，而且更确切地说，知道有限事物是真实的东西，并且知道这种关于有限性亦即关于真实东西的知识是最高的知识"而言的。[②] 黑格尔所指责的矛盾在于，知性在知识主体与我们之外的事物之间、但还在物自身和显象之间做出的区分被设定为绝对的，尽管这仅仅涉及知性本身做出



① 黑格尔：《信仰与知识》，第 23 页。

② 黑格尔：《精神现象学》，第 400 页。还请参见《宗教哲学讲演录》中相应的说明，《黑格尔全集》，第十五卷，第 32—33 页。

的，因而在康德的意义上真正说来必须叫作对于知性来说的纯然显象的区分，这最终必须也适用于关于一个知性本身的表象。这样一来，实在与显象的整个对立就消失了。如果一切都是显象，就连显象对之显现的主体也是显象，那么，显象本身的表象就被取消了，因为它的前提条件就在于，存在着实在的东西，必须把纯然的显象与它区别开来。黑格尔令人信服地指出，没有一种被假定为不仅主观有效的立场回避真理的主张。这是《精神现象学》的反思过程开动的基本思想。这里表现出，这些真理断言中的每一个都只有暂时的效力，都是对真理的纯然预先推定。尽管如此，黑格尔还是认为，预期的真理最终能够在哲学概念中获得。然而，概念如黑格尔也承认的那样，本身是纯然的预先推定。我们觉察到真理作为属神的、也是绝对的真理在我们的意识和我们思维的种种主张中在场，从而自由地承认我们的一切理解的有限性，这是否就够了呢？

然而，人们恰恰在反思人类思维活动不可避免的有限性时，应当坚持黑格尔的洞识，即通过启蒙运动的知性批判从我们的认识中除去上帝，这导致了作为有限主体的人的膨胀，就好像人在他的有限性中是绝对的似的。人们不能以表面上的谦卑把自己限制在自己的有限性和仅仅内容有限的意识上，却不同时把有限者本身、尤其是人本身的有限性以及自己的自我当成绝对的，从而实际上取代上帝。这是黑格尔对现代的、世俗化了的文化世界的无上帝、特别是对哲学随着启蒙运动而且最终随着康德的认识批判所采取的转向的基本批判。这一批判是有说服力的，尽管它的重要性直到今天还没有被认识到。与这一批判联系最为密切的，是黑格尔对现代文化的核心理念，亦即对在另外的解释中也属于他自己的思维之中心的个人自由理念的批判：有限主体膨胀为绝对性，远远不是实现人的自由。毋宁说，真正的自由由此摧毁了。真正的自由恰恰就基于对上帝的意识，在于与上帝结合的意识，而不是在于自己的有限性的绝对化。基督教把自由理解为出自与上帝的结合的，这包含着近代自由感的真理内核，同时构成近代自由思想（以及自由的实在性）的堕落史的必然批判的基础，这是一个以启蒙运动为开端、并一直以其民主的自由激情延续到我们当代的堕落史。但从自由思想的堕落中，不可避免地也产生出建立在它上面的国家宪法和政治状态的堕落。

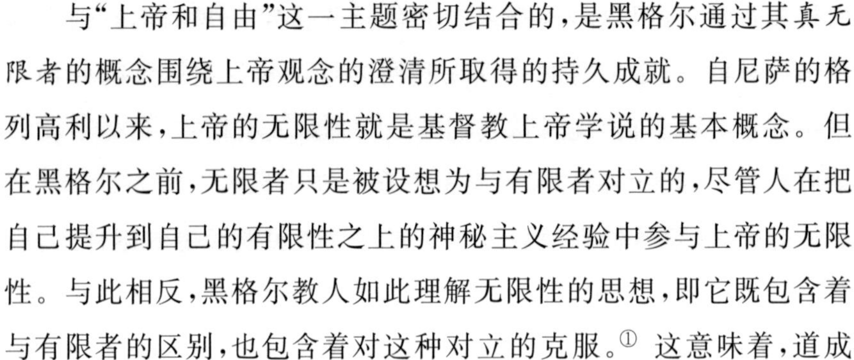

与“上帝和自由”这一主题密切结合的，是黑格尔通过其真无限者的概念围绕上帝观念的澄清所取得的持久成就。自尼萨的格列高利以来，上帝的无限性就是基督教上帝学说的基本概念。但在黑格尔之前，无限者只是被设想为与有限者对立的，尽管人在把自己提升到自己的有限性之上的神秘主义经验中参与上帝的无限性。与此相反，黑格尔教人如此理解无限性的思想，即它既包含着与有限者的区别，也包含着对这种对立的克服。[①] 这意味着，道成



① 这种情况——甚至就其作为上帝观念的其他一切表述的标准的功能而言——由科赫（T. Koch）在其著作《差异与和解——根据黑格尔的〈逻辑学〉对他的神学的一种诠释》[*Differenz und Versöhnung: Eine Interpreration der Theologie G. W. F. Hegels nach seiner"Wissenschaft der Logik"*]，1967）中予以强调。对黑格尔这本书所做的一切批判（特别请参见托伊尼森（M. Theunissen）：《作为神学政治论的黑格尔关于绝对精神的学说》[*Hegels Lehre vom absoluten Geist als theologisch-politischer Traktat*, 1970]，第39—42页）都驳不倒那个主要的论题，即真无限者的概念——尽管它在黑格尔那里已经定位在存在逻辑学的进程中——在作为对绝对者的随后一切规定的标准起作用。只有这样，黑格尔在他其余的著作中对这一思想的广泛运用才也得到解释。

肉身能够被理解为上帝在他的这种真正的无限性中的自我启示。而且就道成肉身作为人与绝对者从这位绝对者出发的联系的建立而是人在黑格尔意义上的自由的基础来说，真无限者的概念在黑格尔那里也与他的自由思想共属一体，后者绝对在《新约》的意义上发现自由在上帝里面、确切地说在道成肉身里面获得了根据："天父的儿子若叫你们自由，你们就真自由了。"（约 8:36）

真无限者的概念并不仅仅能够与有限者对立，这乃是基于，仅仅被设想为有限者的对立面的无限者本身还是有限的，因为有限者的形式概念乃是通过仅仅在其与别的东西的对立中才是其所是来规定的。唯有不仅在与其他东西的对立中是其所是，而且自在地就作为其自己的环节而拥有自己与其他东西的这种关系的东西才是真正无限的。黑格尔的这一思想的结果是，恰恰道成肉身启示着上帝的绝对性，因为上帝正是在他的儿子的道成肉身中在人的被创造的现实里面与自己本身同在。无论是对上帝观念的哲学解释，还是基督教的神学，都不能退回到黑格尔的这一思想后面。

比对质的无限的真正本性的这种洞识更成问题的，是黑格尔的另一主要论题，它在黑格尔用来把自己的哲学与斯宾诺莎的哲学相区别的那个语式中得到了最简练的表述：据此，绝对者不仅是实体，而且是主体。斯宾诺莎否认有限事物的独立性，因为只能存在一个实体，即在存在的完全独立性的意义上，而这种独立性就是无限的，并且与上帝是同一的。与此相反，黑格尔把绝对者理解为像在早期费希特那里一样自己外化自己的主体，因为它作为一个他者与自己相对立。这与费希特早期从自我的事实行动出发对自我意识的状况的描述是相应的；自我把自己本身相对于自己设定为自己同时知道与其同一的自己。黑格尔按照这种模式解释了基督教的三位一体学说:圣父在他同时知道与其同一的圣子里面把他自己作为他的另外一个产生出来。作为基础的是真无限者的思想,真无限者同时是它自己的他者,并在这个他者中与它自己同一。绝对者是外化并在自己的外化中与自己本身同在的思想,构成了黑格尔自己发现他的真无限者的思想所要求的东西已经兑现的内容充实的形象。但是,自己设定自己并在自己的他者中与自己同一的主体的思想与真无限者的思想不同,在哲学上和神学上依然是成问题的。它在哲学上站不住脚,乃是因为——如同费希特在他后来为知识学奠基的几次尝试中必然发现的那样——设定的自我和被设定的自我永远不能像我们在我们的自我意识中知道我们与我们自己同一那样彼此相同。但如果自我必须把自己理解为由它自己的一个先行于它的根据设定的,那么,这一属神的起源不能再在严格的意义上被设想为一个自我或者主体。黑格尔没有仿效费希特超出其出发点立场的发展,他根本上是在费希特1794年的自我自己设定自己的意义上来设想绝对者的主体性的,当然,绝对主体与自己的统一性是以由它产生的它自己的他者为中介的。在这里,绝对主体不仅是以由它自己产生的与自己的内在对立为条件的,而且它的本性也是要产生一个有限事物的世界,在这个世界中,与它自己对立的他性是彻底的,为的是也在有限事物中在自然到精神的发展阶段上,亦即在人里面把握自己。

把绝对者理解为在自己的他者中设定自己的主体——但这个主体只不过是绝对主体的自我关系的中间站罢了,其在哲学上的不足是要为这个绝对者概念在其中必然与基督教神学的根本旨趣陷入冲突的一切问题负责任的。在神学上,这种绝对者在自己的外化中自己设定自己的思想之所以是成问题的,主要是因为由此就错过了三位一体学说的纯正意义:尽管圣子和圣灵从圣父中产生,三位一体的各个位格却等级相同;圣子和圣灵在与圣父的关系中位格上的独立性。当然,黑格尔由于从精神概念(在自我意识的意义上)引出三位一体学说,处在基督教西方一直回溯到奥古斯丁的一个悠久的神学传统之中。奥古斯丁通过人的心灵中的统一性和差异性对三位一体所做的解释自坎特伯雷的安瑟伦(Anselm von Canterbury)以来用作从自我意识的结构引出三位一体的陈述。这种思维形式已经又被莱辛拣起,并被黑格尔再次引导到其思想展开的一个巅峰。因此,如果三位一体学说的这种阐述形式被判定为不充分的,那么,这一判定就不仅涉及黑格尔,而且涉及他站在结尾处的那整个神学传统。但尤其是由于他对绝对者是主体的论题在三位一体上的展开与基督教三位一体学说的历史的联系,黑格尔的哲学在十九世纪的神学中引发了对三位一体学说的旨趣的更新,一直达到巴特,并超出巴特之外。这依然是黑格尔对基督教神学的最重要的功绩。黑格尔有理由意识到,他的哲学把基督教的核心教义、特别是三位一体学说和在它里面获得根据的上帝之子道成肉身的学说又置于中心位置,而它们却被他那个时代的大多数神学家忽略了。尽管如此,黑格尔的思辨的三位一体学说在神学上依然是需要批判的,因为神学不应当从一个上帝是主体的概念中引申出三位一体的陈述,而是应当就上帝在耶稣基督里面的启示而言按它们解释成为圣父、圣子和圣灵的共属性的陈述。黑格尔对三位一体学说的重构与他的概念或者绝对理念的

自我阐释的论题的联系，尽管黑格尔对三位一体学说的更新在十九世纪的神学中造成了深刻的印象，在神学家方面也是被有保留地接受的。这里包含着某种合理的东西，无论怎样有必要批判神学对黑格尔抱有的成见，即使事实上针对黑格尔提出的有神论上帝观念，如果人们根据真无限者的概念的标准来衡量它的话，依然是不充分的。

“启示”的概念本身是下一个主题，在这个主题上神学要感谢黑格尔的重要推动和启迪。在黑格尔看来，启示自己，这属于作为精神或者主体的上帝的本质。这个论题与黑格尔的思辨的三位一体学说联系紧密。因为自我启示与作为在他者中认识自己的条件的外化是同步的。通过启示，重建起与被外化者的统一性。在这种意义上，黑格尔已经把创造理解为上帝的启示。与此相反，基督教神学家们已经在施莱尔马赫学派关于三位一体学说的讨论中出自《圣经》诠释的理由把上帝自我启示的思想与耶稣基督的福音和传记联系起来了。尽管如此，黑格尔的思想还是帮助神学把三位一体学说理解为对启示实践的神学阐释——如今集中在耶稣的学说和传记中圣子与圣父的联系上。这样，在二十世纪的神学中，巴特就更新了启示主题与三位一体学说的联系，并在由他指出的道路上也展开了进一步的讨论，尽管把启示概念与历史的主题联结起来背离了巴特。虽然有一些批判，在神学中依然坚持了对上帝的启示是自我启示的思想进行的恰恰对于上帝学说和三位一体学说而言奠基性的讨论。这个原初也许由谢林当作把启示理解成为《圣经》灵感或者理解成为奇迹般的历史事实的另类选择而构想的概念，从黑格尔出发就在他那里得出的与子和父的关系的联结而

言在神学中得到了贯彻。

因此，基督教神学有许多东西要感谢黑格尔：上帝是真无限者的思想，与此相联系三位一体学说和基督教道成肉身信仰的更新，启示是上帝的自我启示及其与三位一体学说的联系的理解。唯心论哲学家中间没有一位像黑格尔处在与基督教的一种如此积极的关系中。尽管晚期谢林在他的《神话学与启示柏林讲演录》（*Berline Vorlesungen über Mythologie und Offenbarung*，自 1841 年始）中试图超越黑格尔对基督教学说的接受，但他在这方面却既没有达到黑格尔上帝学说的逻辑基础的说服力和细腻性，也没有——且不说对创世的自由的强调——达到黑格尔的宗教哲学与基督教教育的神学实际内容的接近。人们只需想一想黑格尔对耶稣的宣讲和传记与基督论教义的陈述之间联系的解释。黑格尔在这一点上比康德更要接近基督教精神。康德对待基督教的核心学说要比黑格尔更有保留得多。尽管如此思辨神学家，亦即黑格尔学学说在神学家中间的追随者的圈子却依然如此有限，这一事实除了已经讨论过的对黑格尔的所谓泛神论的成见之外，只有一个重要的实际根据，亦即对黑格尔的一种囊括一切的逻辑必然性要求的怀疑，这种必然性不仅迫使人不仅把创造，而且也把人的原罪与和解描述为属神理念的展开中的必然环节。尽管黑格尔力图把这种必然性本身设想为自由，人们毕竟有理由在神学方面发现在这种描述中上帝创造世界的自由受到了伤害，而且人的自由，不仅就罪的起源而言，而且就人一般来说的受造存在而言，也受到怀疑。尤其是米勒，他在自己 1838 年的两卷本著作《基督教关于罪的学说》（*Die christliche Lehrec von der Sünde*）中把这种批判指

向了黑格尔。虽然米勒的批判在许多问题上并没有击中黑格尔，但它在这一点上却是言之有理，即黑格尔的自己外化自己并从其外化又返回到与自身的统一的绝对理念的构想，并没有给受造物最终独立的存在留下空间。受造物的存在对于基督教神学来说并不仅仅是一个绝对理念的发展中的中间站。斯宾诺莎以其独一实体说对待《圣经》的创世信仰的困难，在黑格尔这里得到了局部的改善，但并未得到深刻的克服，因为受造物独立的存在并不能被设想为上帝的最终的、在终末论上终极有效的意志的表现。与此相联系的还有历史的种种事件中的偶在的消失，尽管概念唯有在个别事物中才完全达到自己本身。黑格尔在他的实在哲学讲演录中，在令人惊异的程度上关注作为其阐述材料的经验性个别事物，但他毕竟又能够解释，与理念的逻辑必然性相比个别的东西是无关紧要的。这样，个别事物及其存在的不能消失在绝对理念的运动中的有限性，就像特别还有理解的思维本身的有限性一样，只能被提出来反对黑格尔了。

# 第十一章　人类学转向

## 一、黑格尔之后哲学的标志

作为口号，人类学转向的呼吁首先出现在黑格尔左派那里。不过，这种转向实际上远远超过这一点，标志着黑格尔之后的哲学处境。就结果而言，它规定着极为不同的哲学流派直到今天仍在其上发展的基础。被视为对理解世界和人类社会来说奠基性的，不再是上帝或者绝对者，而是人本身。在这里，问题不仅仅在于人是关于上帝的意识的出发点，而且还在于上帝被还原为是人的一种思想。甚至这种倾向的反向运动，例如已经在克尔凯郭尔那里发生的那样，也必须还在人类学端点的决定性的地基上为自己辩护。

普遍的文化意识中这种人类学转向的前提条件毫无疑问要追溯得更远。在第六章中，我们曾指出过在十七世纪的欧洲于宗教改革之后的宗教战争结束后在关于宗教与社会的关系的观点中的突变。它使人想起狄尔泰就已经描述过的这个时代把法律秩序和国家思维、道德以及甚至宗教本身重新建立在人的普遍本性上、而不是——如到此为止那样——建立在上帝上面的努力。但是，文化体系以及还有社会体系的基础里面的这种重构最初只是以把宗教争端从对于社会中的共同生活具有奠基性的主题的圈子中排斥掉为目的的。剩下来无可置疑的还有,对于人及其理性的存在和特性来说的终极根据和自然的终极根据一样,应当到既是人的创造者、也是世界的创造者的上帝上面去寻觅,而且在其生活的这种基础的普遍有效的形式中来保障人类,就落到了哲学头上。

人和社会为其思维和生活,以及为其与自然的关系而根本不需要上帝,在这个意义上的人类学转向,既不是在笛卡尔和追随他的哲学发展中,也不是在洛克和他的经验论后继者那里登场的。就连休谟和康德也没有想要这样一种转向,尽管在康德的思维中,至少对于理论理性来说,由于经验意识的统一完全基于人和他的自我意识的统一,上帝观念如此远地被移到边缘,以至于上帝的多余性的问题就可以提出来了。这一问题实际上得到提出,是在康德证明对上帝的信仰的道德论证脆弱的时候。然而,费希特关于自我意识就其自身而言需要一种更深刻地基于一个先行于它的绝对起源的观点,以及谢林关于相应的东西适用于人的世间关系、适用于人的思维的主观自发性与先行于它的客观自然世界相一致的可能性的认识,再次开启了理性地确认一切主观的和客观的现实都基于绝对者的道路,这种确认在黑格尔哲学中获得了其经典的、系统的精心塑造的形态。

因此,在费尔巴哈对黑格尔的批判反应中登场的人类学转向在十九世纪中叶就不再是什么全新的东西。它是由十七世纪对作为社会基础的人性的思索,并在哲学中虽然很少由笛卡尔、但却由从洛克出发的经验论传统、特别是由康德和早期费希特做好了准

备的。但在对黑格尔体系的反应中，人类学转向获得了一种新的彻底性。无论是洛克，还是康德或者费希特，都无意于废黜上帝，以便用人取代他。就这在康德的理论哲学中实际上已经发生而言，这个结果毕竟与引导他的思维的意图和神学动机是相矛盾的。现在，针对黑格尔，用人取代上帝成了纲领，特别是在费尔巴哈、施蒂纳（Max Stirner）、马克思和尼采这里。

黑格尔的体系——如果人们不谈晚期谢林与此相比有所薄弱的努力的话——是哲学把文化的公共意识建立在上帝上面，而不是建立在人上面的最后一次大规模的尝试，而且特别是为了人的真正自由。黑格尔由此处在从笛卡尔开始的哲学体系构想之系列的队尾，这些构想实际上对于公共的文化来说替代了变得有教派争议、因而对任何功能都不适用了的宗教的地位——尽管人们在这里要承认具体的、教会传承的宗教对于个人需要的重要性继续存在。然而，人在绝对理念的思想中被剥夺而丧失的有限性针对黑格尔索回了自己的权利，因为绝对理念的思想本身被宣布为思维着的哲学家的一个产品，成为哲学家的抽象与具体现实的古怪混淆的表达，尽管还没有甚至成为把自己思维的产品伪称是一种超人的、属神的真理的僭妄的表达。

我们从上一章结尾进行的批判性思考中得出，在黑格尔去世后的十年间反对他的思辨体系的转向至少是部分地有道理的，因为黑格尔事实上在他关于绝对理念及其自我实现的陈述中已不再提及他自己——进行反思和构建的哲学家——的有限性，毋宁说是如此行事，就好像他相信在提升到绝对理念时扬弃和消除了自己的有限性似的。现在，它被费尔巴哈提出来以反对黑格尔，而且

随他之后不仅被马克思提出来，而且以不同的变化和强调被施蒂纳和克尔凯郭尔以及后来被尼采和狄尔泰提出来。

这里完成的转向构成了哲学在后来的发展的出发点，二十世纪既由狄尔泰也由克尔凯郭尔和尼采所激起的存在哲学就属于这些发展。不过，甚至很少表现出这种联系的哲学流派，也在黑格尔之后哲学的人类学转向中有自己的前提条件。这样，人类学转向也就成为自十九世纪中叶始重新转向康德的前提条件。因为这仅仅还涉及对我们的经验知识——因而我们的世间关系——在人的主体性中的基础的一种批判解释。通过这种努力，康德主义者就与实证主义的代表们区别开来了。但是，新康德主义[①]的大多数流派都在这一点上背离了康德，即认识批判仅仅按照其与形而上学对立的一面、作为自然科学的基本概念的奠基来理解。这样一来，认识批判反思本身的意义就转移了，因为这种反思不再像在康德那里一样被理解为给重建形而上学做准备，而是仅仅还被理解为对科学的前提条件的思考。但是，各门科学就其自身而言并不需要这样一种认识论上的奠基。它们是在它们自主的方法意识的地基上发展自己的。因此，批判主义的反思实际上唯有作为对科学世界知识与人的主体性的关系的澄清才具有其意义，在这里，科学的世界知识在人的知性功能的自发性中有其最终的基础，这种假定同时包含着在人与世界的关系方面的一种形而上学主张，但它并没有作为这样一种主张成为主题。

① 参见霍尔茨海(H. Holzhey)在《哲学历史词典》该词条中的概览，第六卷，第747—754页。

第二次世界大战之后，在维也纳学派的所谓的逻辑实证主义或者“新实证主义”中，取代认识批判的奠基的，是建立一种没有形而上学相似之处的、可以形式化的客体语言的尝试，[①]然而，这种尝试最终因证实一切应被视为有意义的命题的要求在感官材料上不能通过与观察的关系来证实而失败。维特根斯坦(Ludwig Wittgenstein)因此而在他的思维的第二阶段发展出一种标准语言的哲学，这种哲学指望认识的是，任何形式语言都需要标准的日常语言中的解释，因而必须回溯到标准的日常语言。维特根斯坦的标准语言哲学保留了实证主义者的形而上学批判的态度，因为它要求按照一种假定在经验性上可以提升的“标准”语言应用的尺度来衡量哲学的语言应用。[②] 即便是这一纲领，今天也可以判定为失败了的，因为鉴于语言及其语词意义的灵活性和历史可变性，一种“标准的”语言应用被确立为与此背离的语言形式的标准，这种确立也不是无可置疑的。

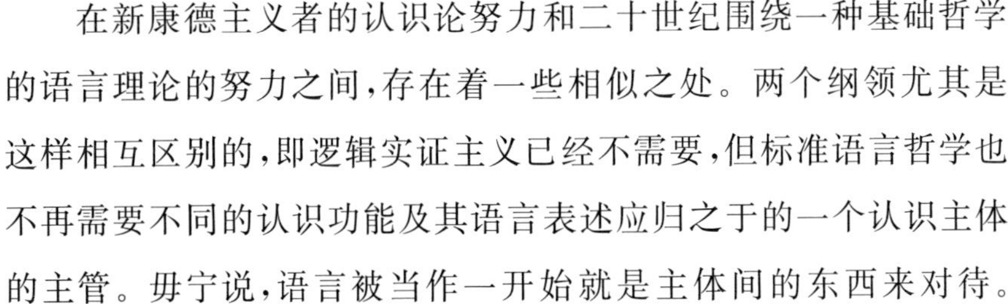

在新康德主义者的认识论努力和二十世纪围绕一种基础哲学的语言理论的努力之间，存在着一些相似之处。两个纲领尤其是这样相互区别的，即逻辑实证主义已经不需要，但标准语言哲学也不再需要不同的认识功能及其语言表述应归之于的一个认识主体的主管。毋宁说，语言被当作一开始就是主体间的东西来对待。

---

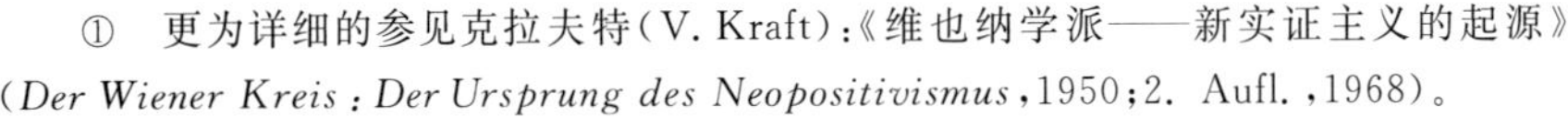

① 更为详细的参见克拉夫特(V. Kraft)：《维也纳学派——新实证主义的起源》(*Der Wiener Kreis: Der Ursprung des Neopositivismus*, 1950; 2. Aufl., 1968)。

② 参见图根哈特(E. Tndhat)：《语言分析哲学入门讲演录》(*Vorlesungen zur Einführung in die sprachanalytische Philosphie*, 1976)，以及萨维尼(E. v. Savigny)：《标准语言哲学》(*Die Philosophie der normalen Sprache*, 1969)。

然而，在当前的联系中，认识论和基础哲学上的语言哲学却首先作为范例对在黑格尔之后的哲学发展中登场的——在人采取唯心论哲学与绝对者概念结合在一起的那种基础哲学立场的意义上的——人类学转向感兴趣。在这里，人们是在认识实施中或者在语言中找到人性的最为接近哲学反思的方面，还是——像由舍勒(Max Scheler)建立、并主要由普勒斯纳(Helmuth Plessner)和盖伦(Arnold Gehlen)继续发展的哲学人类学那样——要求一门无所不包的、整合一切人文学科的人类学来既作为理解语言的基础，也作为理解认识的基础，只具有从属的意义。即使语言应当是一切认识，甚至是一切人类交往的最终条件，对语言的这种功能的反身认识也毕竟早就已经包含在我们对人的认识之中，包含在我们对与他人共在的我们自己的认识之中。因此，作为基础哲学的语言分析的方案和认识论的方案一样，依然是抽象的。二者在哲学反思的视角都需要一种人类学的奠基。没有这样一种奠基，“语言”就和康德主义者的认识主体一样，依然是一个假设的东西。

最后提到的黑格尔之后哲学的几个流派在这里不予深入讨论，因为它们对哲学与神学的关系贡献甚少：新康德主义对宗教哲学的贡献今天已不使人感兴趣，语言分析的贡献在传统实证主义的形而上学批判的意义上主要是批判地取向的，并且试图把宗教言说的对象关联还原为情感的功能，[①]或者它们虽然用语言分析的手段行事，但在它们的观点中却回味着形而上学传统和神学传



① 在与这样的观点的争辩中，对于神学家来说主要涉及宗教陈述命题的认识资格。参见作者的《科学理论与神学》，第34页以下，第331页以下。关于“上帝”一词的语言批判讨论的思考，参见作者的《系统神学》，第一卷，第73页以下。

统的更古老的库存。人类学对于神学来说是重要的，这是就此而言的：神学针对宗教主题从人文科学研究和人类学理论形成中隐退的以世俗化为条件的倾向，而必须坚持与上帝的关系及其在宗教生活中的反映对于人身份的建设性意义。[①] 但与在和哲理神学的传统的关系中不同，在和人类学和人文科学发生关系时，直接作为主题的并不是关于上帝及其启示的学说，而是保障关于上帝的言说依然总的来说在理性上具有意义的基础。这样一种努力的必要性本身就是包含在黑格尔之后的人类学转向之中的与哲学的形而上学传统告别的结果。

作为哲学基本主题的人类学转向与对人的理解方面的一种自然主义相结合并不罕见。费尔巴哈和马克思的唯物主义就已经倾向于这样一种考察方式了。现在，人们事实上毫无疑问已要求在与自然的联系中看待人及其特性了。自十九世纪晚期以来，尤其是进化论使得人们有可能以新的方式把人理解为自然的产品。另一方面，我们的一切知识毕竟始终还是人的知识，而一切自然主义（类似于黑格尔的绝对理念）依然回溯到人的主体性，来作为我们关于自然的知识的位置：如果不注意这一点，那么，一个给定的自然研究水平就被完全混同于自然的客观性，就好像未来科学不会给我们提供关于自然现实的新教诲似的。同时，在这种情况下，鉴于其开放的未来而超越人类生命每次的当下存在的、也超越其出自自然的起源的生命维度就隐退了。从这样一些理由出发，生命哲学虽然把对人的思索当作通向超越我们属人的存在的通道来使

① 参见作者的《神学视角中的人类学》。

用，但另一方面却把对生命的理解回溯到充实我们的生命情感。尽管一种生命哲学的多义概念[1]可以用于如此不同类别的思想家——如一方面是尼采，另一方面是狄尔泰，但上述说法特别适用于柏格森，他的思维成为在怀特海的著作中达到顶点的过程哲学的出发点。生命哲学和过程哲学是在黑格尔死后登场的人类学转向的基础上再次找到通向形而上学的通道的少数哲学流派之一。这适用于狄尔泰的生命哲学和由他出发的存在哲学，尚不及适用于柏格森和怀特海。怀特海把形而上学这个概念再次落落大方地用来称谓哲学的一个任务。在这里，他把形而上学的行事方式描述为"想象式的普遍化"(imaginative generalization)，[2]而且他的形而上学宇宙论看起来是基于人的自我经验的某些特征的普遍化。就此而言，就连怀特海的过程哲学的基础也在表明整个唯心论之后哲学之特征的人类学转向的地基上。



因此，在黑格尔看来，人在一种新的、彻底的意义上成了哲学的基础主题。当然，黑格尔预先就讲述过对这种观点的批判，他发现这种观点在他的时代的趋势中已经开辟了道路，尤其是通过康德的哲学。黑格尔的批判说明，人在这里作为他所是的有限存在者，被提升成为绝对者。这是一个矛盾，因为人恰恰是有限的，因而不是绝对的。但是，把有限的东西绝对化，特别是把人绝对化，被黑格尔正确地视为人不得不逾越有限地给定的东西，并这样或者那样把自己提升到绝对者的思想的基础：如果他不把绝对者与

---

① 关于这一称谓的多义性，参见普夫卢格(G. Pflug)在《哲学历史词典》中为这个术语撰写的词条，第五卷，第135—140页。

② 怀特海：《过程与实在》，第6页以下，引文在第8页。

自己本身(以及一切有限者)区别开来,他就把自己本身(或者任何一个别的有限者)当作绝对的。这种通过把有限者绝对化而提升到绝对者的反常形式以自己的方式——尽管不情愿地——证实了,宗教主题这样或者那样地属于人的生活实施。路德已经表述过同样的洞识,只不过是在信赖的观点下,而不是——如在黑格尔那里——在思维的观点下:人们不得不在某个地方绝对地信赖,因而有一个上帝。问题仅仅在于,他们把自己的信赖建立在什么地方,以及他们有什么样的神,是真正的上帝,还是一个偶像。这也是黑格尔对回避绝对者哲学的提前批判的意义所在,这种回避是在他去世后通过转向对人来说作为最高存在者的人而出现的。

在这一章的下一节中,我们应当以简练的形式探讨在摆脱黑格尔时出现过的最重要的几种立场,然后探讨由此出发对于重新规定人的处境来说变得具有决定性的几个流派。在这里,我们不可能给出二十世纪哲学的一个概观。[①] 二十世纪的哲学的一些重要发展,例如胡塞尔(Edmund Husserl)建立的现象学,根本不能顾及;其他发展,例如解释学哲学,则只能在与其在狄尔泰那里的出发点的联系中提及。新康德主义和各语言分析流派在这里不能再予以讨论,这一点已经说过了。但是,就连最后十年扩大了的科学理论讨论也不得不予以忽略。[②] 与此相反,在柏格森的生命哲



① 施特格米勒(W. Stegmüller)给出了这样一个概观:《当代哲学主流——一个批判的引介》(*Hauptströmungen der Gegenwartsphilosophie: Eine kritische Einführung*; 6. Aufl.;1978—1979)。还请参见舒尔茨(W. Schulz):《改变了的世界中的哲学》(*Philosophie in der veränderten Welt*, 1972)。

② 施特格米达的著作《当代哲学主流》第二卷详细地探讨了其直到大约 1980 年的发展。

学中实现的根据一种新的自然哲学对人类学专注的扩展，以及这种方案在亚历山大(Samuel Alexander)和怀特海的过程哲学中的继续发展，则还需要更仔细的讨论，因为过程哲学是少数在唯心论之后的处境中再次拣起自然哲学的主题，除此之外拣起形而上学的主题，由此也在神学中、亦即在北美过程神学中发生影响的哲学流派之一。

## 二、摆脱黑格尔时的哲学新方案[①]

### 1. 费尔巴哈和马克思

费尔巴哈(Ludwig Feuerbach，1804—1872)于1823年开始在海德堡学习神学，但在次年就已经前往柏林，在那里学习哲学并成为黑格尔的学生。他于1828年在埃尔兰根以维护唯一的和普遍的理性与个人相对立的属神性的论文《论唯一的、普遍的和无限的理性》(*De rationae una，universali，infinita*)获得博士学位。翌年，费尔巴哈在埃尔兰根获得授课资格(viva legendi)。十年后(1839)，他出版了《黑格尔哲学批判》(*Kritik der Hegelschen Philosophie*)。此时，他已是私人学者，他在这本书中反对黑格尔把世界现实理解为一个绝对理性的自我展示的作品。黑格尔由此只



① 参见洛维特在此期间的经典描述：《从黑格尔到尼采——十九世纪思维中的革命性决裂》(*Von Hegel zu Nietzsche：Der revolutionäre Bruch im Denken des 19. Jahrhunderts*，1941)。

是达到了一个抽象的链条,"只是达到了作为被思维者的存在"。[①] 在此期间,费尔巴哈从他开始时的泛神论的唯心主义转向了同样泛神论的自然主义,后者在某些方面可以明显地认出对早期谢林的自然哲学的认同。[②] 1830年匿名发表的《关于死亡和不朽的思想》构成了向这一发展的过渡点。[③] 在其《黑格尔哲学批判》中,费尔巴哈相应地要求人的具体的、有血有肉的感性存在必须也在哲学中被肯定为思维的基础。两年后(1841),他在《基督教的本质》(*Das Wesen des Christentums*)一书中提出了一种从这一视角出发构思的人类学来作为宗教观念的基础和来源,但把上帝观念当作人的自我意识的异化形态,因而作为人关于自己的真实的(无限的)自我的表象投射在一个虚构的天国的结果。这样,就产生了一个据说与人不同的神灵的表象。在这一论证中,费尔巴哈作为黑格尔的学生,足以知道宗教上向上帝的提升就意味着超出自己的有限性而提升到无限者的思想。但是,人从自身出发应当从哪里得到无限者的思想呢?费尔巴哈的回答是,人虽然作为个别的人是有限的,但作为类却是无限的。如果人们在自己的自我意识中具有他们自己是类之存在者的意识,那么,从人类作为类的无限性与一个跟人完全不同的无限存在者的混同中就产生出上帝的观念。费尔巴哈认为在下述情况中可以发现对这种混同的解释,即

① 《费尔巴哈全集》,第二卷,第239页。

② 参见科内尔(P. Cornehl):《费尔巴哈和自然哲学——论青年费尔巴哈的人类学和宗教批判的起源》(Feuerbach und die Naturphilosophie: Zur Genese der Anthropologie und Religionskritik des jungen Feuerbach),载《系统神学和宗教哲学新杂志》11(1969),第37页以下。

③ 科内尔:《和解的未来》,第221页以下,特别是第227页以下。

个人的唯我主义导致他们把类特有的无限性视为一个不仅与有限的个人异样的,而且与一般的人异样的存在者,并把它当作神灵来崇敬——鉴于如下事实,即个人的唯我主义按照1828年的博士论文恰恰应当反过来解释个别的人如何为自己要求毕竟只是应归于类的不死,这当然就是一个奇怪的论证。

即便是博士论文,也已经为把类置于个人之上做了辩护,尽管还有唯心论的征兆。这种征兆自《关于死亡和不朽的思想》始发生了变化。关于人的类的无限性的自然主义色彩的观念成为1841年的宗教批判的基础,在1849年的《宗教的本质》(*Wesen der Religion*)中表现得更为清晰。在此期间,费尔巴哈在其1843年的《未来哲学原理》(*Grundsätzen zur Philosophie der Zukunft*)中继续发展成为一种自然泛神论,但其基础始终还是关于作为一个由自己的肉体性规定的存在者的人的人类学。

费尔巴哈关于人的类所特有的无限性的思想被马克思在其早期人类学著作中、尤其是在1845年关于国民经济学和哲学的巴黎手稿中所接受。马克思也接受了与此相结合的费尔巴哈的宗教批判。然而,作为使人类的无限本质实体化并成为一个与人不同的神灵的动机,马克思并不满足于费尔巴哈指向个人的唯我主义。与之相反,马克思要求,人在其自我意识的宗教自我异化中的分裂状态的根据必须到人之为人在人类社会的世俗关系里面的实际分裂状态中去寻找,[①]在这些世俗关系中,人们由于私有制而自我异

① 马克思:《关于费尔巴哈的提纲》(*Thesen über Feuerbach*,1845/1846),提纲4(引自马克思:《马克思早期著作》[*Die Frühschriften*;hg. S. Landshut,1968],第340页)。

化，因为人们的本质在劳动中外化的产物成为别人的财产。马克思把对这种异化的克服理解为历史的任务。由于人类作为类在其历史的过程中产生出自己来，所以历史作为阶级斗争的历史对于马克思来说完全是一个人道主义的主题和目标。唯有对通过实现一个无阶级社会来克服人们的世俗的分裂状态和异化，马克思才期待人们的现实社会异化在其中反映出来的宗教异化最终消亡。个人当下生活的幸福在马克思的思维中当然为类的人类目标做出牺牲，就像理论上在费尔巴哈关于不是个人、而仅仅是类的不朽性的早期论题中就已经是这种情况了一样。

### 2. 施蒂纳和克尔凯郭尔

施蒂纳（Max Stirner，1806—1856）赞同费尔巴哈的黑格尔批判，但在其代表作《唯一者及其所有物》（*Der Einzige und sein Eigentum*，1845）中却与费尔巴哈有如下区别，即他拒绝费尔巴哈的类理念，把人的无限性纳回到无界限地肯定自己的个人的主体性中。



返回到个人及其实存来作为哲学反思的基础以反对黑格尔绝对理念的普遍的东西，但也反对费尔巴哈对类的狂热，这就把克尔凯郭尔（Søren Kierkegaard，1813—1855）与施蒂纳结合在一起了。但是，这两位思想家之间的共同性也就借此已经穷尽了。因为克尔凯郭尔以如下论题来反对施蒂纳还和费尔巴哈一样留恋的无神论，即个别的人在其自我理解的辩证法中总是已经与永恒者相关。尽管克尔凯郭尔也赞同在所有的黑格尔学派那里都可以发现的思想，即人在意识到他自己是一个有限的存在者时就已经完成的对他自己的有限性的超越中具有无限性，但对于克尔凯郭尔来说，无限者毕竟不是仅仅在个体的生存实现中能发现的。他与黑格尔一样，依然认为个体在超出自己的有限性时与作为一个他者的无限者，亦即绝对者相关。人作为这样的人虽然是与无限者和永恒者的一种关系，但却恰恰因此而不是与无限者和永恒者简单地同一的。

此处不可能更为详细地讨论克尔凯郭尔的思想。[①] 这里由以出发的是他与父亲的敬虔主义虔诚的联系。克尔凯郭尔回溯到笛卡尔，展开了个体的生命主题《论怀疑者》(*De omnibus dubitandum est*,1843)：[②]怀疑开启了在诸种生活形式中选择一种的通道，这些生活形式的多样性在克尔凯郭尔写作时对各个笔名的使用中得到反映，[③]而且他通过《生活之路上的研究》(*Studien auf dem Lebensweg*,1845)试图把它们纳入一种等级秩序：审美的阶段、伦理的阶段、宗教的阶段和基督教信仰(“宗教 B”)。[④]

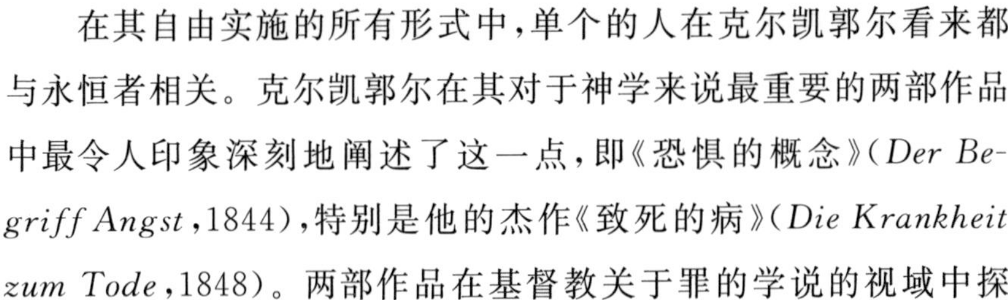

在其自由实施的所有形式中，单个的人在克尔凯郭尔看来都与永恒者相关。克尔凯郭尔在其对于神学来说最重要的两部作品中最令人印象深刻地阐述了这一点，即《恐惧的概念》(*Der Begriff Angst*,1844)，特别是他的杰作《致死的病》(*Die Krankheit zum Tode*,1848)。两部作品在基督教关于罪的学说的视域中探

① 迪茨(W. Dietz)在对于克尔凯郭尔来说核心的自由问题观点下阐述了他的思想：《克尔凯郭尔——实存与自由》(*Sören Kierkegaard：Existenz und Freiheit*,1993)。

② 参见同上书，第 157—187 页。

③ 迪茨讨论了各个笔名彼此之间以及与克尔凯郭尔自己的思想之间的关系这些困难的问题：同上书，第 43 页以下，第 53 页以下。

④ 同上书，第 12 页以下，第 205—237 页。

讨了自由的自我错失。《致死的病》是以把人定义为精神或者自我开始的，这个定义处于唯心论的主体性哲学的传统中，但却给予这个传统以一个新的措辞："自我是一种关系，它自己与自己发生关系。"也就是说，人作为知道自己的有限性的有限存在者，与无限者或者永恒者相关，而且他唯有在这种关系中才有自己的存在。同时，他作为意识到他自己的存在者，拥有一种与自己的关系，作为有限者与永恒者的关系。但是，他必须作为"无限性和有限性的综合"在自己的有限性的基础上实存，因而在这个基础上实施综合，尽管人作为他所是的东西是由上帝创造的，因而是从无限者和永恒者出发设定的，亦即是作为与上帝的关系。如果人通过他与自己本身的关系在自由的活动中、在自己的有限性的基础上实现自己本身——因而实现他的有限性与无限者的那种关系或者综合，那么，他就这样或者那样地与从上帝出发对他的实存所做的论证陷入了矛盾。借助于对这种随后全都以"绝望"来称之的处境的无出路性的描述——无论人们对此是知道还是不知道——，克尔凯郭尔给出了对基督教关于罪的学说的令人印象最深刻的现代诠释。通过人在自己的自由中从上帝出发来接受自己而从这种处境解脱出来的可能性，从自我关系中人的自我建构的处境出发来看是"悖论的"，而这种悖论是与另一个悖论结合在一起的，即如何把一种永福建立在一个历史的出发点上：这是1844年的《哲学片断》(*Philosophische Brocken*)和1846年的《最后的非科学的附言》(*Abschließende unwissenschaftliche Nachschrift*)的问题。与此积极相应的是"重复"的主题(《重复》[*Die Wiederholung*，1843])

或者“获取”既定真理的主题。[①]

通过本身又以历史性为标记的经验来历史地促成与真理及其获取的关系，[②]也构成了本章最后要讨论的思想家亦即狄尔泰的生命主题。

### 3. 狄尔泰和历史经验的解释学

狄尔泰不再属于其思维直接在与黑格尔的争论中或者通过脱离黑格尔而展开的那一代。在于他逝世那一年(1911)发表的论文集《精神世界》(*Die geistige Welt*)的前言[③]里，狄尔泰写道：“当我步入哲学的时候，黑格尔的唯心主义一元论已经摆脱了自然科学的统治。”然而，对于1833年出生的牧师之子来说，十九世纪五十年代早期在柏林的最重要的学习经历是德国历史科学在柏林大学的繁荣，其核心人物就是兰克(Leopold von Ranke)，[④]此外还有蒙森(Theodor Mommsen)和德罗伊森(Johann Gustaf Droysen)。狄尔泰的生命主题成为如德国历史主义所发展出的那种“普世历史考察”的人类学基础问题。[⑤] 在这个领域，兰克和——在较小的

---

① 参见林勒本(J. Ringleben)：《获取——克尔凯郭尔的思辨神学》(*Aneignung: Die speculative Theologie Sören Kierkegaards*, 1983)，特别是第101—195页，以及第438页以下，第472页以下。

② 林勒本(《获取》，第438页以下)把克尔凯郭尔的“修养”(Erbauung)和“获取”(Aneignung)这两个范畴与释义词“宗教经验”联系起来，并(第450页以下)置于与黑格尔的经验概念的关联中，这里的比较点在于，即使在黑格尔(《哲学全书》，第7节，说明)看来，在经验中也必须有“*人本身在场*”。朝另一方面——在历史地促成获取的观点下——与狄尔泰对经验的历史性的描述建立一种关系，这是富有启发性的。

③ 《狄尔泰全集》，第五卷，第3页。

④ 同上书，第8—9页(值其七十华诞之际的讲演，1903年)。

⑤ 同上书，卷5，第9页。

程度上——德罗伊森虽然也摆脱了黑格尔历史哲学的影响，但最终什么东西取代它来作为“普世历史考察”的基础，却还是悬而未决的。这样，德罗伊森的《历史学大纲》(*Grundriß der Historik*，1858 年在传阅中，1868 年付印)与作为历史的决定因素的“道德力量”相结合，完全也还是在谈论“理念”，理念的作用规定着历史的进程，并且是可以从这一进程中获得的。[①]

狄尔泰在柏林的研究专业本来是神学，但他却对自己时代的神学持拒斥态度，[②]而他宁可说是对柏林早期浪漫主义的泛神论倾向有好感，这里特别是施莱尔马赫的《论宗教》。1856 年通过神学考试后，他转科到哲学，黑格尔的批判者特伦德伦堡(Adolf Trendelenburg)成为他的老师。但是，即使在这个新的阶段，对施莱尔马赫的兴趣依然伴随着狄尔泰，并于 1860 年在关于施莱尔马赫的解释学的获奖作品中结出了第一个果实。在同一时间，他致力于出版施莱尔马赫的书信，其最后两卷于 1861—1863 年出版。[③] 对“施莱尔马赫生平”鸿篇巨著的阐述的第一卷出版于 1867 年至 1870 年，该著的第二卷到狄尔泰去世时尚未完成，到 1966 年才从狄尔泰的遗著中发表。[④]

在这期间，狄尔泰于 1864 年在柏林获得博士学位，并以对道

---

① 德罗伊森(J. G. Droysen)：《百科全书和历史方法论讲演录》(*Vorlesungen über Enzyklopädie und Methodologie der Geschichte*；hg. R. Büchner；3. Aufl.，1958)，第 342 页以下(第 42 页以下)。

② 赫尔曼(U. Herrmann)关于狄尔泰的杰出词条(《神学实用百科全书》，第八卷，第 752—763 页)出色地介绍了对宗教和基督教的研究在狄尔泰的发展中的意义。

③ 狄尔泰编：《施莱尔马赫传——书信等》，第三、四卷。

④ 狄尔泰：《施莱尔马赫传(二)》。

德意识的一篇仍未出版的分析获得教职。鉴于道德上的生命力量对于历史的意义,这一主题也与他对历史的兴趣相关。1867 年,狄尔泰被聘往巴塞尔(Basel),1869 年被聘往基尔(Kiel),1871 年被聘往布雷斯劳(Breslau),但他在 1872 年就回到柏林,成为洛策(Rudolf Hermann Lotze)的继任者,他在柏林一直待到去世,并能够把他的方案整理成历史和其他精神科学的奠基。

自他的学习时代始,狄尔泰除了施莱尔马赫之外还有两个其他项目。一个是"西方基督教世界观的历史",其构想后来转变成近代文化史和精神史的构想。[1] 此外是研究历史意识的本性和条件的计划,即一种"历史理性批判",[2]它最初是与人们当时视为康德之成就的自然科学的认识论奠基紧密相邻地构想出来的,但后来却日益摆脱康德,在经验的历史性的解释学方向上得到发展。在这种发展的中途,狄尔泰于 1883 年出版了他的《精神科学引论》(*Einleitung in die Geisteswissenschaften*)第一卷,副标题为"为社会和历史研究奠基的尝试"(Veisuch einer Grundlegung für das Studium der Gesellschaft und der Geschichte)。他由此遵循的意图是:"在哲学上论证历史学派的原则",但不是在一种"我们认识能力的僵化的先天意义上",而是在一种"从我们的本质的整体性出发的发展史"的意义上。[3] 该著的第一卷从"具体精神科学"的

① 关于这两个项目,参见米施(G. Misch)为《狄尔泰全集》第五卷撰写的内容丰富的"前言"(第 xxiii 页以下)。关于这两个项目的第一个的具体研究,见《狄尔泰全集》第二—四卷。

② 狄尔泰自己在他的七十华诞(1903 年)这样说的(《狄尔泰全集》,第五卷,第 9 页)。

③ 狄尔泰:《全集》第一卷引言,载《狄尔泰全集》,第一卷,第 xvii、xviii 页。

概览开始，继而是对形而上学及其解体的历史之内容丰富的阐述。在狄尔泰看来，通过这种批判的阐述，就为一种新的建立敞开了道路，而第二卷本来就应当提供这种新的建立的。但是，这个第二卷从未出版。原因在于，狄尔泰所要做的在认识论和心理学上对历史生活的论证，如其在他的一门“描述心理学”的草案中反映出来的那样，[①]转变为一种历史经验解释学的纲领，有众多的开端描述了这种解释学的种种构想，[②]但它却没有获得一个最终的形态。

形而上学及其解体的历史在狄尔泰的精神科学基础中之所以占有如此多的空间，乃是因为这样的基础的功能按照狄尔泰的判断“自两千多年以来”是通过形而上学被感知到的，[③]而且在历史意识的产生中达到巅峰的现代性意味着形而上学的终结。“人对现实的形而上学态度的解体”（第 351 页）是在十七世纪的自然科学中开始的，而且是以“社会从此从人的本性出发得到理解”开始的（第 379 页），而这种考察方式在十八世纪则通过“一种普世史的

① 《关于一门描述的和分析的心理学的思想》（*Ideen uber eine beschreibende und zergliedernde Psychologie*，1894），载《狄尔泰全集》，第五卷，第 139—240 页。与自然科学的解释心理学不同，“描述”心理学在狄尔泰看来是从自我在“情景变迁”中的“生活统一体”的思想出发的，狄尔泰当时把它称为“结构”（《狄尔泰全集》，第五卷，第 139—240 页）。克劳塞尔（P. Krausser）的阐述就是依据这个草案的：《有限理性批判——一般科学理论和行动理论的狄尔泰革命》（*Kritik der endlichen Vernunft: Diltheys Revolution der allgemeinen Wissenschafts-und Handlungstheorie*，1968）。但是，这一阐述并没有考虑到，在《狄尔泰全集》第七卷中汇集的历史经验解释学残篇延伸到了这个草案之外。

② 《狄尔泰全集》，第七卷，特别是第 131—157、191—204 页，但尤其是第 228—245 页。

③ 同上书，第一卷，第 125 页。以下正文中的页码说明即为该卷。

观点"臻于完美,"其核心就是进步思想"(第 380 页)。在狄尔泰看来,对人的历史性的揭示就是形而上学的终结,亦即其一种基于上帝思想的"逻辑上的世界联系"的理想的终结(第 386 页以下),狄尔泰认为这种世界联系的原则在莱布尼茨那里通过理由律得到表述(第 388 页),并在黑格尔的体系中得到其最后的贯彻(第 390 页)。与这样的"逻辑主义"(Logismus)相对立的是自由(第 391 页)和生活的历史性。唯有"我们生活的形而上的东西作为个人经验……保留下来了"(第 384 页)。

因此,在狄尔泰那里,对黑格尔的背离就成了对在黑格尔体系的"逻辑主义"中达到巅峰的整个形而上学史的背离,而形而上学的终结并不像在孔德那里一样是简单地通过现代自然科学的产生而出现的,而是随着人的历史行为的揭示才最终出现的。由此同时出现了对一切历史现象的有限性和相对性的洞识。"任何历史现象,无论它是一个宗教,还是一个理想或者哲学体系,其有限性,以及对事物之联系的任何一种属人的把握的相对性,是历史世界观的最后一言,一切都在过程中流动,无物常驻。"[①]狄尔泰相信看到了走出由此产生的相对主义种种问题的出路,它不会导致令人担忧的"信念无政府状态"。他通过思索在经历中在场的生活整体来寻找这条出路,这生活整体对他来说就是在形而上学解释的"逻辑主义"终结之后还留下的形而上学因素。

狄尔泰晚期残篇的关键思想是,生活统一体在 1894 年对于狄尔泰的"描述"心理学来说是规定性的,它不仅是一个从外部考察

① 《狄尔泰全集》,第五卷,第 9 页(值其七十华诞之际的讲演,1903 年)。

的范畴，而且在“经历”中对于经历者本人来说是直接在场的。[①]与经历概念结合在一起的，是“意义”和“重要性”的概念：个别的经历作为一个整体的部分而具有意义，其所凭借的是它与生活整体的关系。[②] 但是，个别经历对于生活整体的等级值在生活的过程中是以时间为转移的，而这样，我们在回忆中与生活结合起来的意义就发生了变化。因此，个别事件在生活的进程中的意义永远不是已经终极规定了的，除非是在它的终点：“唯有在一个生命的最后时刻，才能对它的意义做出估算，而且这样一来，这个时刻真正说来只能出现在生活的终点，或者出现在一个重新体验生活的人身上。”[③]“人们不得不等待生活进程的终点，唯有在死的时刻才能纵览整体，从整体出发才能确定它的各部分的关系。人们不得不等待历史的终点，以便为规定历史的意义而占有完备的材料。”[④]另一方面，“对过去的意义的规定”也受到“我们把什么设定为我们的未来的目的”的影响，因为这样的目的设定与生活整体的尚未到来的部分相关，因而与这个整体自身相关。

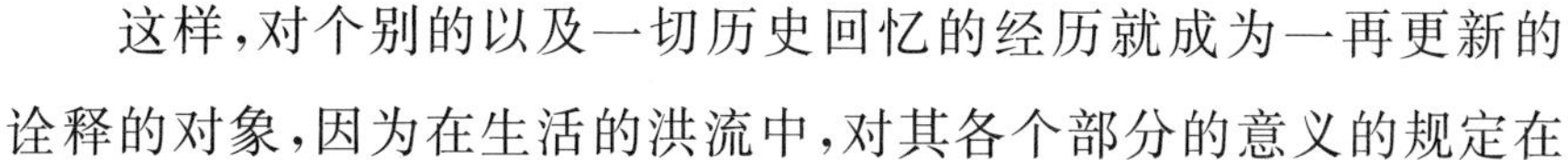

这样，对个别的以及一切历史回忆的经历就成为一再更新的诠释的对象，因为在生活的洪流中，对其各个部分的意义的规定在

① 《狄尔泰全集》，第七卷，第 229 页，参见第 140 页。关于作为“个人之间服从外部世界条件的交互作用的联系”的生活概念，以及关于这些作为生活统一体的个人，参见第 228 页。“在其整体性中的”生活概念取代了“黑格尔的普遍理性”（第 151 页），而黑格尔称之为“客观精神”的东西，被追溯到“各生活统一体的在共联性中延续的结构联系”。“黑格尔是以形而上学的方式进行建构，而我们则是分析给定的东西”（第 150 页）。

② 同上书，第七卷，第 229 页，参见第 232 页以下。

③ 同上书，第七卷，第 229 页，参见第 237 页。

④ 同上书，第七卷，第 229 页，参见第 233 页。

变动中。但是，从这个过程在生活进程中的无终结性中岂不产生出一种极端的相对主义吗？狄尔泰看到了这个问题，但认为能够以如下说明来对付它，即“整体只是就它从各个部分出发可以理解而言才对我们存在”(同上)。这个回答是不能令人满意的，因为各个部分的意义同样依赖于整体，但整体却不能从各个部分派生出来，尽管整体必须整合各个部分，由此也(部分地)具有它自己的规定性。在尚未结束的生活进程中，如果要避免相对主义的解体性结论的话，就必须有与生活整体的一种关系。

海德格尔在《存在与时间》(*Sein und Zeit*，1927)中认识到，他要为自己对此在的历史性的分析感谢狄尔泰。[①] 鉴于海德格尔在这部书中把历史性视为对此在的特殊存在方式来说建构性的，由此，狄尔泰的思维就被赋予了对于《存在与时间》的整个构想来说奠基性的意义。对于从经验的重要性的历史性中产生的相对主义的疑难来说，海德格尔阐明了一种引人走出狄尔泰的描述的解答：尽管生活的历史没有结束，我们却在“预先进入”自己死亡的可能性时获得了“在生存上预先把握整个此在的可能性，亦即作为整个存在的可能(ganzes Seinkönnen)而生存的可能性”。[②] 如果说，狄

① 海德格尔：《存在与时间》，第403—404页。海德格尔在这方面特别联系到狄尔泰和约克(Graf Yorck von Wartenburg)伯爵之间的书信往来，联系到后者对更清晰地划分历史性的东西和存在的东西的界限的愿望。海德格尔对此的说明，即这里涉及存在者(因而“最广义的现存者”)的存在方式与作为此在与此不同的存在方式之历史性的关系的存在论问题，解释了《存在与时间》的意图，即通过研究(人的)此在的存在方式来澄清一般存在的意义(《存在与时间》，第15页以下)，但也解释了狄尔泰对于这整个构想的意义。

② 同上书，第264页，参见第260页以下。

尔泰曾写过，人们必须等待终结，才能在死亡的时刻最终认识生活的整体及其各个部分的意义（参见本书第369页注③），那么，海德格尔则谈到在尚未完成的生活整体的发生过程中，当然是仅仅在潜能中预先把握这个整体。这样的预先把握虽然在原则上还要通过后来的经验来校正，但它只要在经验的进程中得到证实，就避开了相对主义，因为它在历史经验的流动中间就抢先把握尚未到来的生活整体及其最终的真理。

海德格尔当然只是与个人生活相关联来阐发这一思想的，而狄尔泰则把个人生活之流中的意义转移问题与蔓延在个人生活之上的历史联系视为平行。既然个人生活被编织进更大的生活联系之中，所以，人们就必须甚至说，他的个别经验的整体性和意义不可能完全摆脱整全性的生活。[①] 因此，如果在时间之流中间一个个别生活及其经验的终极意义是可以接近的，那么，就必定存在着与海德格尔的"预先走向死亡"相应的从其终点来预先推定历史的整体的可能性。[②]

基督教信仰知道这样一个在历史中间使一切历史的终点显现

① 与此相联系的是，针对海德格尔的阐述被提出怀疑的是如下主张，即个人的生命能够通过走向作为其最后的可能性的死亡而达到其整体性（参见作者的《论历史学和神学的解释学》[*Über historiche und theologische Hermeneutik*, 1964]，载《系统神学基本问题》，论文集，第一卷，第123—158页，特别是第145—146页）。萨特（J.-P Sartre）已经对海德格尔提出了这一异议。生命在死亡中被打断，并没有完成而为整体（参见作者的《系统神学》，第三卷，第600页以下）。恰恰因此之故，"预先进入"自己的死亡的未来就能够成为针对死亡而确保自己的此在之超越死亡的整体性的理由。

② 参见作者的文章，《论历史学和神学的解释学》，第148页以下，以及第151页以下，论"拿撒勒人耶稣的出现和历史的预先推定式结构"（第152页）。这篇文章的阐述使人认识到，作者自己的历史神学要感谢狄尔泰的思维及其通过海德格尔的继续发展。

的事件:这就是耶稣的复活,是在历史的尚未终结的进程中间的这一个人身上对犹太教的盼望所期待的终结之发生的预先把握。当然,某人唯有在考虑到作为全能的创造者、"叫死人复活使无变为有的"(罗 4:17)上帝的存在时,才能相信这一事件是在历史中实际出现过的。

当然,狄尔泰并没有把生活的整体、把对个别经历中的重要性的一切经验的条件都视为与作为统一性之根据的上帝的思想必然结合在一起的。按照他的见解,这种结合只说明了众多可能的"世界观"[①]中的一种,亦即与哲学世界观不同的宗教世界观。但是,在狄尔泰看来,宗教,确切地说恰恰是一神论的各宗教,其上帝观念"只不过是人在其中领会自己的意志对于整个自然联系的独立性的最大宗教经历的投射罢了"。[②] 这种说法使人想起青年施莱尔马赫的一个说明,大概并不是偶然的。据此,一个人是否为了自己对"宇宙"的观点而有一个上帝,这取决于他的想象力的走向:"如果你们的想象力取决于对你们的自由的意识,以致它不能抑制这种意志,即以不同于一个自由存在者的形式来思维它本应当思维成原初起作用的东西;那么好吧,它就将使宇宙的精神人格化,你们就将有一个上帝。"但是,如果想象力取决于知性,"你们就将有一个世界,而没有一个上帝"。[③] 由此就相当精确地标识出狄尔泰作为哲学家而与宗教有别的自我理解。他关于个别的经历与之相关才有其意义的生活整体的思想相当于施莱尔马赫的宇宙,但

① 参见《狄尔泰全集》,第五卷,第 378 页以下。

② 同上书,第五卷,第 390 页。

③ 施莱尔马赫:《论宗教》,1799 年,第 129 页。

这是一个没有上帝的宇宙。在狄尔泰看来，形而上学的标志是把作为世界的根据的上帝纳入哲学。因此，在狄尔泰的眼中，属于形而上学的历史性的，绝对还有它的宗教起源。[①] 但是，形而上学在现代达到了自己的终结，确切地说最终恰恰是由于对一切生活现象的历史性的揭示。剩下来的问题只是，狄尔泰的生活整体是否和施莱尔马赫的“宇宙”一样，并不总还是一个形而上学思想，而由此提出的另一个问题就是，这个生活整体能否离开其统一性的一个把种种生活要素的统一体结合成为整体的根据来被思维。无论如何，施莱尔马赫大概出自这一理由又放弃了“宇宙”的自给自足性的观念，并在他的《辩证法》中用如下语式取代了它：“不存在没有世界的上帝，就像不存在没有上帝的世界一样。”[②]

尽管有生活整体的概念在狄尔泰那里暂时搁置的问题，他对形而上学的历史性的反思在适用于一切生活现象的历史性的框架中毕竟意味着哲学洞识的一个重要的进步，甚至超出了黑格尔。与对历史的开放性的意识相结合的，是对各种生活现象的与其历史性一起被给予的有限性的洞识。就此而言，就连狄尔泰对形而上学的剥夺了哲学意识的这种开放性的“逻辑主义”的批判也获得了有效性。狄尔泰的解释学哲学与下一节要讨论的立场一起，是对在人的有限性的基础之上重新规定人的处境的一种贡献，这种有限性在狄尔泰那里是在历史性的观点下成为主题的。

① 《狄尔泰全集》，第五卷，第387页，参见第391页。狄尔泰在这里当然没有认识到“哲学世界观”对宗教世界观的一种常有的、实际的依赖性的根据。

② 施莱尔马赫：《辩证法》，第303页。在这里，施莱尔马赫把作为“排除一切对立的统一”的上帝与作为“包括一切对立的统一”的世界区别开来。

## 三、依据上帝之死重新规定人的此在

把握黑格尔之后向人的转折的反基督教意义和无神论意义，并根据其结果予以思考，没有人比尼采更深刻。由此，他的思维成为二十世纪存在主义构思的出发点。这些构思着手在由尼采开辟的虚无主义空间中，但却在与尼采本人不同的方向上，重新规定人的此在的意义。此际，这绝对也是要尝试在这个基础上审视无神论的预设——就像克尔凯郭尔在黑格尔之后向人转折的处境中已经做过的那样。最后，与各种存在主义构思的处境关联区别开来的，是从动物与人的比较出发客观地规定人的特性，并由此达到一种能够以普遍有效性的要求登场的“哲学人类学”的努力。

### 1. 虚无主义哲学家[①]

尼采（Friedrich Nietzsche，1844—1900）的父亲和祖父都是萨克森新教牧师，他在一个具有敬虔主义特色的家庭中长大成人，但他在舒尔普佛尔塔（Schulpforta）上中学时就已经开始与这个家庭的虔诚拉开了距离。如果这种虔诚是以一种尼采后来称为“瑙姆

---

① 由尼采著作的校勘版编者蒙蒂纳里（Mazzino Montinari）发表：《尼采——一篇引论》（*Friedrich Nietzsche：Eine Einführung*，1991）。这本书主要是以传记方式撰写的，而洛维特则从其核心思想出发阐述了尼采的哲学：《尼采的相同者永恒复归的哲学》（*Nietzsches Philosophie der ewigen Wiederkehre des Gleichen*，1956；3. Aufl.，1978）。在尼采文献的洪流中，这本书——也与雅斯贝斯（K. Jaspers）和海德格尔的阐述不同，这些阐述主要是作为其作者与尼采的关系的证词才使人感兴趣的——始终还可以视为奠基性的（还请参见蒙蒂纳里的判断：《尼采》，第85页）。

堡德性”(die Naumburger Tugend)的道德主义为特征的，那么，它毕竟是基于对上帝的信仰的，而这种信仰在舒尔普佛尔塔由于阅读费尔巴哈的《基督教的本质》[①]而经历了第一次深层次的震动。尽管尼采遵从母亲的意愿，于1864—1865年在波恩开始学习神学，对基督教历史的研究，在宏观上把他引向了对施特劳斯的《耶稣传》的研究，在微观上明显地迅速把他引向了对基督教的内在虚假信念的反思，并促使他在莱比锡改学古典语文文献学(Altphilologie)。[②] 在以后的几年紧张学习中，尼采对叔本华的《作为意志和表象的世界》(*Die Welt als Wille und Vorstellung*)印象深刻。根据在《莱茵博物馆》(*Rheinisches Museum*)上发表的一些古典语文文献学的研究，他于1869年3月在莱比锡获得博士学位，此前他已经被决定聘往巴塞尔，1869年4月他应聘前往。在巴塞尔工作十年期间，尼采发表了他的第一本书：《出自音乐精神的悲剧的诞生》(*Die Geburt der Tragoedie aus dem Geist der Musik*, 1872)，该书被献给瓦格纳(Richard Wagner)，也是在这顺利的几年里与瓦格纳及其夫人科西玛(Cosima)的友好关系的证明文件。这几年于1878年以尼采的《人性的，太人性的》(*Menschliches, Allzumenschliches*)而突然终结。翌年，尼采由于自己日益恶化的健康而不得不请求辞去教职。此后的十年里，出版了他的决定性的哲学著作。

对于费尔巴哈、其先驱和后继者在理论上对上帝思想的拆毁，

① 蒙蒂纳里：《尼采》，第19页。

② 同上书，第29—30页。

尼采已经把它当作一个完成了的时代来回顾。这个“近代历史的最伟大的事件”[①]对于他后来的判断而言并不仅仅与费尔巴哈相关。尼采已经注意到法国启蒙运动，尤其是康德的理性批判，按照他的判断，上帝和形而上学由此变成为多余的和不可证明的。[②]对假定上帝存在的最终反驳当然是由此才做出的，亦即指出“有一个上帝存在这种信仰如何能够产生，以及这种信仰通过什么获得了自己的重力和重要性”。[③] 这是费尔巴哈的论证。自此以后，上帝之死已是如此成为定局，以至于就连还在寻找上帝——而且是大白天打着灯笼在市场上找——的“疯人”也再也找不到他了：“上帝到哪里去了？他喊道，让我来告诉你们！我们已经把他杀死了，你们和我！我们所有的人都是杀死他的凶手！”[④]尼采的主题是这一恰恰“把自己的第一批阴影投在欧洲上面”的事件的种种结果。这些结果首先在于一切东西的长长的“一系列崩溃、摧毁、衰亡和颠覆”，这些东西“在这种信仰被销蚀之后就必然衰落，因为它们都是建立在那信仰上面，依傍着那信仰，在那信仰中长成的：例如我们全部的欧洲道德”。[⑤] 在这一联系中出现的还有对于在这样的崩



---

① 尼采：《快乐的科学》(*Die fröhliche Wissenschaft*, 1882)，第五卷，第 343 节。

② 参见库恩(E. Kuhn)的证明：《尼采的欧洲虚无主义哲学》(*Friedrich Nietzsches Philosophie des europäischen Nihilismus*, 1992)，第 122 页以下。这些证明一直回溯到 1872 年。

③ 尼采：《曙光——关于道德成见的思想》(*Morgenröte. Gedanken über die moralischen Vorurteile*, 1881)，第 95 节。参见本书第 376 页注⑤中的引文。

④ 尼采《快乐的科学》，第 125 节。当然，仍然有必要还再战胜上帝的影子(第 108 节)。

⑤ 同上书，第 343 节。早在《人性的，太人性的——一本为自由精神所写的书》(*Menschliches, Allzumenschliches: Ein Buch für freie Geister*, 1878—1880)中就说道“但如果上帝的观念被去除，作为对属神规范的一种触犯的‘罪’的感觉也就被去除了……”(第一卷，第 133 节)。

溃和这样的摧毁的过程中那结合世界的原则的虚无主义概念。[①]

但在这种情况下，尼采自己的哲学致力于向前推进上帝之死的毁灭性后果，以便还"战胜"上帝的阴影，就此而言，它岂不是虚无主义的吗？事实上，尼采至少有时把他自己的学说称为"虚无主义"。[②]然而，这与尼采思维的整个发展中肯定生活的倾向如何一致呢？

在一篇出自1887年的残篇中，尼采谈到了基督教道德在三重角度上针对虚无主义来保护人，亦即：第一，它赋予"人一种绝对的价值"；其次，它给世界保留了完善的性质；第三，赋予人一种关于绝对价值的知识。这样一来，基督教道德就阻止人把自己当作人来蔑视，阻止"人采取反对生活的态度"，阻止"人怀疑认识"，而且这样一来，基督教道德就是"医治实践上和理论上的虚无主义的最大的解毒剂"。然而，属于这种道德的真诚义务却最终摧毁了这种道德的基础，亦即对上帝的信仰。[③] 与此类似，尼采在《道德的谱系》(*Zur Genealogie der Moral*，1887)中说道，出自正直的无神论是"两千年的真理之训练的要求敬畏的灾难，它最终在对上帝的信

① 尼采：《快乐的科学》，第346节。关于自大约1880年始在尼采的著作中出现的这个术语的前史，库恩提请注意它在1880年关于俄国反对派的谋杀的舆论中的应用(《尼采的欧洲虚无主义哲学》，1992年，第10页)。尼采于1880年接受这一概念，就把他与叔本华的悲观主义连结在一起，但也与路德连结在一起(第13页)。与施蒂纳的关系未被库恩考虑，尽管第23页以下以一般的形式谈到作为"虚无主义者的先驱"(第25页)的黑格尔学派。关于施蒂纳，请参见洛维特：《尼采的相同者永恒复归的哲学》，第155—156页。

② 洛维特：《尼采的相同者永恒复归的哲学》，第60页。

③ 尼采：《遗著残篇》(*Nachgelassene Fragmente*)，第五卷，第71页，引自蒙蒂纳里：《尼采》，第110页，他谈到一篇对于理解尼采来说"决定性的"文本。还请参见库恩：《尼采的欧洲虚无主义哲学》，第194—195页。

仰中禁止谎言”。[1] 然而，现在与这一思想相结合的是另一种思想，对于尼采来说，它把欧洲虚无主义的历史置于一种再次更新了的解释之中。

从他的断定——在对上帝的信仰中确立的价值面对否定生活的虚无主义来保护人，以致虚无主义唯有在上帝信仰的终点才为自己开辟了道路——中，尼采绝对没有得出结论，要为重建对上帝的信仰的那种前提条件而努力。对于他来说，这会显得是违背批判者的真诚义务。尼采显然没有产生一个想法，即把他的批判“猜疑”[2]也在某个时候对准近代无神论及其捍卫者的论证。他反倒把这种猜疑集中在清除上帝之后必然紧接着倒台的道德上。

在《曙光》(*Morgenröthe*)的前言中，尼采说道：“迄今对于善与恶的思考都是极糟糕的。”虽然尼采本人已经把他的第二部代表作《人性的，太人性的》(第一卷，1878 年)集中于一种心理学的“道德感觉史”，但他于 1887 年在他的《道德的谱系》一书——他的也许最重要的哲学著作——中又更为尖锐、更有说服力地重拾了这个话题。整合在这部著作中的三篇论文的第一篇用好与坏之间的“贵族式”区分取代了在尼采看来产生自弱者对强者的怨恨的善与恶的对立。[3] 第二篇论文提供了一部罪责意识的产生史，罪责意识是从人类学上的责任现象提取出来的，责任为人这种“可以许诺

① 尼采：《道德的谱系》(*Zur Genealogie der Moral*，1887)，第三篇，第 27 节。

② 参见本书第 376 页注⑤中引自《快乐的科学》的一段话。

③ 特别请参见《道德的谱系》，第一篇，第 16 节。在这里，这两种考察方式的对立被追溯到被征服的犹太人与罗马人的对立。在这种“道德上的奴隶起义”(第 7 节以下)中，“怨恨本身成为创造性的，并生出价值”，在尼采看来，这里就有基督教的爱的伦理学的根源。

的”[1]动物所特有。与此不同，罪责的概念起源自“义务和权利”的概念（第 6 节），因而起源自“买主和卖主、债权人和债务人之间的关系”（第 8 节），被转用到个体对共同体的责任，最终是对祖先的责任（参见弗洛伊德！）以及对神灵的责任（第 19—20 节）。与此相结合的，是“作为痼疾的坏的良心”，当人“发现自己彻底被锁进社会和太平的囹圄”之中，以致他的攻击性本能被对内使用、被用来针对他自己的时候，他就患上了这种痼疾（第 16 节）。但对神灵的罪责感在与基督教的上帝的关系中达到了它的极限（第 20 节），在人这方面则与一种自我折磨的意志相结合（第 22 节），这种自我折磨是让这个上帝满意的前提条件。在尼采看来，唯有无神论才使人从这种宗教上的“神经官能症”[2]中解放出来。[3]

第三篇论文研究禁欲主义理想对生活的敌视，特别是当它们落入宣布对当前生活的否定是分有一种彼岸的生活的条件的那些教士们手中的时候。[4] 在这里，教士利用罪责感及其强化来产生



① 尼采：《道德的谱系》，第二篇，第 2 节。以下正文中的数字即为该论文中的节。

② 弗洛伊德的这个核心概念已经出现在尼采这里：《在善与恶的彼岸》（*Jenseits von Gut und Böse*，1886），第三部分，第 47 节；《道德的谱系》，第二篇，第 21 节。蒙蒂纳里（《尼采》，第 96 页）认为，弗洛伊德很可能通过帕内特医生（Dr. Joseph Paneth）早就知道了尼采的思想。

③ 尼采：《道德的谱系》，第二篇，第 20 节。无论如何，尼采在这里提到通过那个“基督教的绝招”使“备受折磨的人类”得到了“片刻的安慰”：上帝为了人的罪责牺牲了自己（第 21 节）。关于保罗那里这种对“律法的否定”的起源，还请参见尼采：《曙光》，第 68 节；对此还请参见蒙蒂纳里的阐述：《尼采》，第 79—80 页。

④ 尼采：《道德的谱系》，第三篇，第 11 节。在尼采看来，禁欲主义的这种形式产生自“对一种退化的生活的保护本能和医治本能”，禁欲主义教士的理论就基于此（第 13 节）。“对受难者的统治就是他的国……”（第 15 节）。以下正文中的数字即指这第三篇论文中的各节。

对解救的渴望(第20节)。尼采绝对也为禁欲主义理想的效能找出了一些积极的特征:不仅"两千年的真理训练"属于此列,它最终揭露了基督教的上帝的无效(第27节),而且禁欲主义理想的成就首先在于使受难变得可以容忍:"人由此得到拯救,他具有一种意义"(第28节)。但尽管如此,禁欲主义理想在本质上是虚无主义的:"这种对于人性的东西的仇恨,乃至对于动物性的东西的仇恨,乃至对于物质性的东西的仇恨,这种对于感官、对于理性本身的厌恶,这种对于幸福和美的恐惧,这种超出一切外观、变迁、生成、死亡、愿望、要求本身的要求——这一切,如果我们敢于理解这一点的话,都意味着一种虚无的意志,一种对生活的憎恶……"(第28节)。

《道德的谱系》的这些研究对于理解欧洲虚无主义来说的收获,对于尼采哲学是重要的:如果此前虚无主义是上帝之死的一个后果的话,那么现在,这一诊断如此得到了深化和扩展,以至于基督教及其上帝本身从起源上就已经是虚无主义的了。[①] 这种诠释有其自己的困难,而尼采也没有完全隐瞒这些困难。如果基督教沿着诺斯替主义及其二元论世界观的路线发展,这些困难就会小一些。反驳对基督教的虚无主义解释的,除了尼采费了一些力气



---

① 尼采使用"虚无主义"或者"虚无主义的"这些表述的这两个阶段的区分,在文献中经常被忽视。但它是必不可少的,因为是把虚无主义——像在最早的一些例证中那样——描述成上帝之死的后果,还是把基督教及其上帝本身已经理解为一种虚无主义倾向的表述,这并不是一回事。至于这后一种理解实际上在尼采那里具有回溯到叔本华的更老的根源,这是不可否认的。尽管如此,就这个术语的应用而言,事情在于扩展一个最初狭义地理解的用语,而且唯有关注这一事实,才能正确地规定尼采那里无神论与虚无主义的联系。关于尼采那里的虚无主义的主题,现在还请参见西谷启治(Nishitani Keiji):《虚无主义的自我克服》(*The Self-Overcoming of Nihilism*;übersetzt von G. Parkes;1990),第29—99页。

才引回到一个虚无主义主题(参见本书第379页注③)的关于基督为和解而死的基督教福音外,尤其还有尼采在《道德的谱系》出版之年还关注过的基督教创世信仰(参见本书第377页注③)。然而,虚无主义历史图景的系统完整性无疑得到了明显的加强,如果这里所说的是一个已经被置于基督教本身之中的原则的结果,而绝不是杀死上帝的一个虚无主义原始行为的后果的话。

但是,尼采对哲学的真理之爱在上帝之死的后果中参与了断裂和摧毁的过程的辩护,只能是如下论题,即由此最终使得对生活的一种新肯定成为可能。与此相关的是尼采自《查拉图斯特拉如是说》(*Also spruch Zarathustra*,1883—1884)以来的积极信息的三个关键词,亦即在上帝死后应当创造的超人的图像、强势意志(Wille zur Macht)的语式和相同者永恒复归的学说。

《查拉图斯特拉如是说》在"论自我克服"(VonderSelbstüberwindung)的标题下探讨强势意志,大概不是偶然的。[1] 在那里他说:"在我发现有生命者的地方,我发现了强势意志。"这里不是专门讨论对他人的统治的意志,尽管这也是强势意志的一种表现形式。蒙蒂纳里(Mazzino Montinari)断言"强势意志"不是一个形而上学原则,而"仅仅是生活本身的另一种说法,是定义生活的另一种方式",[2]可能是有道理的。在尼采看来,"存在意志"(Wille zum Dasein)这个语式是不适合这个目的的;因为"许多东西对于生活着的人来说被评价得比生活本身更高……"(《查拉图斯特拉

① 尼采:《查拉图斯特拉如是说》(*Also sprach Zarathustra*,1883—1885),第二部分,第12章。

② 蒙蒂纳里:《尼采》,第99页。

如是说》,第二部分,1883,第 12 章)。其根据在于,生活是“必须总是自己克服自己”的东西。因此,自我克服是强势意志思想中的真正要点。

这就导向了与超人的说法的联系。按照《查拉图斯特拉如是说》的前言,人是在通向产生超人的目标的道路上的“一种过渡和一种衰落”。因此,超人是从人的自我克服产生的。但是,在人身上,什么是必须予以克服的呢？出自写作《查拉图斯特拉如是说》期间的一个残篇说明了这一点,当时尼采在一次病后几乎被对生活的厌恶征服。尼采写道,他只是“考虑到肯定生活的超人”[①]才忍受生活的。当该部分(第三章)让查拉图斯特拉发誓说“忠实于大地吧,不要信任那些对你们谈论超尘世的希望的人”时,他就是在呼吁对生活做出这样的肯定。对于像尼采这样把这样一些希望理解为对此岸生活的否定的人来说,如果人们要忠实于大地,就必须避免这些希望。不过,这需要在受难和厌恶生活的诱惑方面的自我克服。

这样的生活肯定对于尼采来说在相同者的永恒复归的思想中获得了最极端的表述。它一方面是“虚无主义最极端的形式:无(‘无意义者’)是永恒的”,但同时也是它向对这种生活的无限制的肯定的转变——怀有一种指望,即必定再次并且无数次经历这种生活。[②] 洛维特指出,这种思想在骨子里只不过是古代一切生命循环不已的观念的重复罢了,但却“处在反基督教的现代性的顶

① 尼采:《遗著残篇》,第四卷,第 81 页,引自蒙蒂纳里:《尼采》,第 91 页。

② 洛维特:《尼采的相同者永恒复归的哲学》,第 60 页以下。参见尼采:《快乐的科学》,第 341 节。

端”。[①] 尼采发现自己也受到他那个时代的自然哲学观点的鼓励。[②] 但对于转向这一学说而言,决定性的动机见于1881年夏天的一个残篇中:“不相信一个万有的循环过程的人,必定相信任性的上帝——我的观点就这样处在与一切有神论观点的对立中。”[③] 因此,与基督教的创造者上帝的对立在这里对于尼采对立立场的选择来说再次是决定性的。在此,残篇把一束独特的光线投回到上帝之死的论题上。尼采为什么冒着如此之多的内在抵制而必然决定选择相同者的永恒复归的学说,仅仅是为了避免创造者上帝的选项吗,而这个上帝又是“已死”的?

洛维特使人注意到,《查拉图斯特拉如是说》把永恒复归的思想与指向未来的重估一切价值的规划结合起来,依然植根于基督教的精神:“没有一个希腊哲学家如此仅仅在未来的视域里思维,没有人把自己当作一个历史的命运。”最高级的“最高的”和“最终的”意愿“出自犹太教—基督教传统,出自世界和人都是由上帝的全能意志创造的、上帝以及他的属人的肖像在本质上都是意志的信仰”。[④] 如果这里说的是对一种基督教的基本态度的不情愿的

① 洛维特:《尼采的相同者永恒复归的哲学》,第113页以下,第124页。参见第194页:“永恒的复归是永远相同者,亦即在一切有生命者里面同类的和同样有力的生命的这样一种复归。”令人感兴趣的还有洛维特在相同者的永恒复归思想和克尔凯郭尔的相同者的(历史)重复的要求之间所做的比较,参见第161页以下,特别是第172页以下。

② 参见蒙蒂纳里:《尼采》,第86页以下,以及还有瓦蒂莫:(G. Vattimo):《尼采——一篇引论》(*Friedrich Nietzsche: Eine Einführung*, 1992)。

③ 尼采:《遗著残篇》,第十一卷,第312页,引自蒙蒂纳里:《尼采》,第86页。还请参见洛维特:《尼采的相同者永恒复归的哲学》,第192页,尼采在这里由于与循环思想相结合的一种回归自然的倾向而被称为“十九世纪的卢梭”。

④ 洛维特:《尼采的相同者永恒复归的哲学》,第125—126页。

依恋，那么另一方面，尼采的《查拉图斯特拉如是说》则是完全有意识地被构想成耶稣宣讲的对照形象，有许多与福音书的话相似之处。查拉图斯特拉“像一个基督教教士那样”谈论“拯救”，拯救不仅是瓦格纳的主旋律，而且也是尼采的主旋律。该书“无论是就文学形式来看，还是就内容来看，都是一部反基督教的福音，是颠倒了的山上布道”。①

基督教神学②要与十九世纪晚期的那所新教牧师宅第及其虔诚相联系来理解尼采，他从那种虔诚走出，并转而反对它。他本人曾给出过这方面的提示，他在 1887 年的《道德的谱系》前言中谈到他在“道德”主题方面很早就“特有的疑虑”——“一种疑虑，它在我的生活中如此早地，如此自动地，如此不可阻挡地，如此与环境、年龄、榜样、出身相矛盾地出现，以至于我可以把它称为我的‘先天’(A priori)”。像这样的自我见证就导致了一个问题，即尼采的无神论在他本人那里是否产生自对基督教道德连同其罪感和忏悔感的反感，尽管在虚无主义的历史上，上帝之死曾经反过来是颠覆道德价值的前提条件和引发性因素。罪感的基础随着上帝之死而失去，这一思想至少在尼采明确地探讨基督教和道德的一开始就已经完全出现。③



---

① 洛维特：《尼采的相同者永恒复归的哲学》，第 189 页。

② 科斯特(P. Köster)：《二十世纪神学中的尼采批判和对尼采的接受》(NietZsche-Kritik und Nietzsche-Rezeption in der Theologic des 20. Jahrhunderts)，载《尼采研究》(*Nietzsche-Studien*，10/11[1981/1982])，第 615—685 页。

③ 参见尼采：《人性的，太人性的》，第一卷，第 133 节。还请参见第三卷，第 114 节：“基督教……完全压瘪和打碎了人，就像把人沉入了深深的泥沼之中，然后，它一下子就让一种属神的怜悯的光辉照进完全被抛弃的情感之中……”尼采把这称为一

如果人们把尼采向无神论的转变视为他厌恶新教的忏悔意向的表现，[①]那么，通常仍然像谜一般的东西就可以理解了，即尼采从来没有把他的理智怀疑的尖锐性对准现代无神论的论证及其社会条件。他如此自诩的真诚德性，实际上他只是相当片面地和局部地履行，而这一事实需要如上面暗示的那样一种解释。尽管如此，基督教对于尼采将其置于镜子前面来说仍是心存感激的，尽管它是一面哈哈镜。神学不可以不理睬它能够从叛逆的牧师之子的著作中获得的关于基督教虔诚的错误发展的教诲。这就是尼采——而且特别是他的《道德的谱系》——对于基督教神学的潜在意义。基督教在这种意义上对尼采的必然接受一直还处在开端。被尼采称为神经官能症的对世界和自己的自我的否定的独立化必须被取消，自我否定必须被阐述为仅仅是广泛的自我肯定和世界肯定的一个要素，这种肯定的根据就在于基督教的创世信仰。上帝的拯救的爱与造物主的爱的共属性（太 5:45）必然规定着基督教的虔诚意识，但在这里，造物主的爱已经必须被理解为创造性的，因而一直也必须被理解为指向改变的。另一方面，上帝的拯救行动及其未来的、终末的完

种“大脑和内心的严重堕落”，但作用于它的是“基督教的所有心理学感觉：它要摧毁、打碎、麻痹、麻醉……”。

① 洛雷（B. Lauret）就已经致力于这样一种解释了：《尼采与弗洛伊德论罪责经验和上帝问题》（*Schulderfahrung und Gottesfrage bei Nietzsche und Freud*，1977），特别是第 167 页以下。不过，洛雷对作为尼采的道德批判背景的无神论与虚无主义的关系评价太少。受叔本华启发的、认为基督教本身是同情的宗教的虚无主义解释并没有像洛雷在第 172 页与《查拉图斯特拉如是说》（第二卷，第 3 节）相联系所认为的那样，提供了理解这种联系的钥匙，而是仅仅构成了展开这种联系的过程中的一个要素。

成，作为上帝持守其创造的表达，恰恰应当通过其变形来看，绝对在查拉图斯特拉对大地的忠诚的意义上，而不是作为向另一个把当前世界委诸虚无的世界的转向。

### 2. 海德格尔与存在主义

由尼采所描述的虚无主义境况构成了在两次世界大战之间的时间里出现的存在哲学的不同形态的处境。尽管海德格尔（Martin Heidegger，1889—1976）早就已经熟悉尼采，但却是自二十世纪二十年代晚期始（就是在他的代表作《存在与时间》于1927年出版后）才援引尼采的虚无主义概念的；[①]不过，在尼采关于这一主题的最初说法，即虚无主义是上帝之死的后果的意义上，海德格尔的思维已经很早就陷入了虚无主义的轨道，尽管他后来——在这一轨道内部——曾致力于克服虚无主义。

海德格尔作为中学生时就已经读过布伦塔诺（Franz Brentano）的作品《论亚里士多德关于存在者的多种意义》（*Von der mannigfachen Bedeutung des Seienden nach Aristoteles*，1862），也作

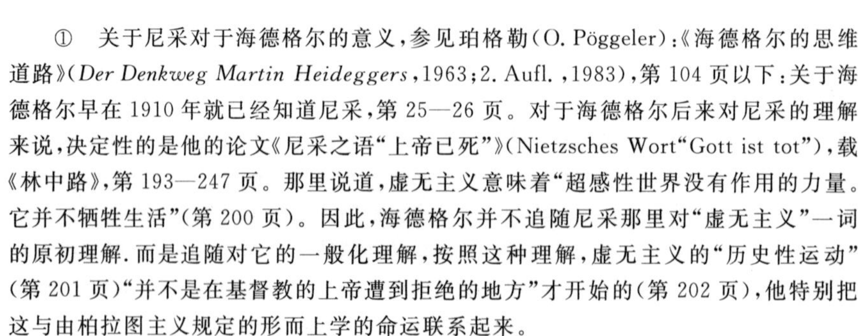

① 关于尼采对于海德格尔的意义，参见珀格勒（O. Pöggeler）：《海德格尔的思维道路》（*Der Denkweg Martin Heideggers*，1963；2. Aufl.，1983），第104页以下；关于海德格尔早在1910年就已经知道尼采，第25—26页。对于海德格尔后来对尼采的理解来说，决定性的是他的论文《尼采之语"上帝已死"》（Nietzsches Wort"Gott ist tot"），载《林中路》，第193—247页。那里说道，虚无主义意味着"超感性世界没有作用的力量。它并不牺牲生活"（第200页）。因此，海德格尔并不追随尼采那里对"虚无主义"一词的原初理解. 而是追随对它的一般化理解，按照这种理解，虚无主义的"历史性运动"（第201页）"并不是在基督教的上帝遭到拒绝的地方"才开始的（第202页），他特别把这与由柏拉图主义规定的形而上学的命运联系起来。

为天主教神学系的大学生于1909—1911年在布莱格(Carl Braig)那里对本体论问题特别感兴趣。然而,四个学期之后,他完全转向了哲学,并在新康德主义者里克特(Heinrich Rickert)的影响下达到了如下信念,即本体论需要一种认识论上的奠基。这样一来,对于他来说,在(新)经院哲学本体论的意义上说上帝是最高存在者的可能性也就不存在了。[①] 这是早在海德格尔就"上帝之死"而言与尼采发生关系之前,"上帝之死"进入海德格尔的思维所采取的形式。然而,尽管由这一发展所规定的信仰与思维的分离,海德格尔依然坚持与基督教的内在关系,[②]但他的主题如今却要转移到传统本体论的彼岸,也转移到现象学本体论的彼岸。在海德格尔的思维中,基督教的主题在他获得博士学位(1915)之后以及在他与胡塞尔在弗赖堡(Freiburg)合作的年代里(直到1923年),是与他对"实际的"生活经验的存在方式的兴趣相联系而起作用的,他把这种生活经验也称作"历史的"。[③] 对于他对历史的实际的生活经验的理解来说——超出狄尔泰对经历的历史性的分析——,"时机主义的"(kairologisch)、从对复活的基督复临的期待出发规定

① 荣格:《存在的思维和对上帝的信仰——海德格尔论哲学与神学的关系》(*Das Denken des Seins und der Glaube an Gott : Zum Verhältnis von Philosophie und Theologie bei Martin Heidegger*,1990),第23、25—26页。参见费希特一七九八年就已经说过的观点,即由于康德所主张的把范畴、因而也包括实体范畴的应用限制在空间上被给予的东西上,上帝不再能够被当作实体来思维。

② 同上书,第34—35页。

③ 珀格勒:《海德格尔的思维道路》,第38页。后来,海德格尔追随尼采关于"历史对于人生的利与弊"的沉思(《不合时宜的沉思之二》[*Unzeitgemaße Betrachtungen* II,1873—1874]),在历史性和对象化的历史学之间做了区分(参见荣格:《存在的思维和对上帝的信仰》,第130页注37)。

的对保罗主义基督教的信仰理解是重要的,[①]但保罗主义的基督教已经在奥古斯丁那里被新柏拉图主义的思想所掩盖,而早期路德则在自己与一切哲学的对立中重新提倡了这种基督教。然而,由于海德格尔在哲学上把原始基督教的经验仅仅当作历史性的范例来对待,他也就如此严重地使它形式化,以至于它的独特的特征——特别是对于它来说建构性的与上帝和基督的关联——就隐退了。[②] 即便是在后来的时间里,海德格尔也总是仅仅把基督教信仰当作生存经验的一种特殊形式,隐去了对于信仰本身来说建构性的对象关联。

海德格尔的代表作《存在与时间》(1927)可以理解为把新发现的历史性向度与追随胡塞尔在现象学上把握的存在问题[③]相结合的结果。以(人的)此在——对它的存在的理解一直就已经是主题

① 荣格:《存在的思维和对上帝的信仰》,第 121 页以下,参见第 42 页以下,以及特别请参见莱曼(K. Lehmann):《青年海德格尔那里的基督教历史经验和存在论问题》(Christliche Geschichtserfahrung und ontologische Frage beim jungen Heidegger),载珀格勒编:《海德格尔——其著作之解释的种种视角》(*Heidegger: Perspektiven zur Deutung seincs Werkes*,1984),第 140—168 页。在莱曼(K. Lehmann)看来,海德格尔从这种原始基督教的历史经验出发看到(不受时间限制地思维的)亚里士多德存在概念的局限(第 154 页)。参见荣格:《存在的思维和对上帝的信仰》,第 59 页注 147。

② 这也是莱曼有理由批判性地强调的:《青年海德格尔那里的基督教历史经验和存在论问题》,第 140—168 页。

③ 关于本体论概念在胡塞尔的现象学本质研究纲领中的框架功能,请参见胡塞尔的《纯粹现象学通论》(*Ideen zu einer reinen Phänomeno logie und phänomeno-logischen Philosophie*,1913),第一卷,载比梅尔(W. Biemel)编:《胡塞尔全集》,第三卷,第 23 页以下,特别是第 26—27 页,关于种种区域本体论与要规定"一个一般对象的形式本质"(第 26 页)的形式本体论之间的区分。海德格尔给这种划分附加上了一种"基础存在论"的任务,它首先要说明"存在的意义"。此外,胡塞尔的现象学考察方式与海德格尔的考察方式一样,一开始就排除了关于上帝存在的问题(《纯粹现象学通论》,第一卷,第 139—140 页)。

了——为实例和导线，应当阐明的是“存在”的意义以及一切形式的或者区域性的本体论的前提条件。[①] 这决定性地是通过分析从此在的未来产生的此在实现过程的时间性和历史性实现的，这种时间性和历史性规定着此在的存在特征，与一切仅仅本体上给定的东西不同。[②] 由此产生出存在与一切存在者的区别，海德格尔在后来的年代里不知疲倦地再三强调这种区别，按照他的见解，形而上学的历史标志着对这种区别的系统遮蔽。

在他的弗赖堡就职讲演《什么是形而上学？》(*Was ist Metaphysik？* 1929)中，海德格尔以作为存在者的无的存在为主题，这种无在此在对自己的存在的恐惧中显现出来。[③] 他不得不防止误解，就好像他在为一种无和恐惧的哲学说话似的。[④] 但是，存在——用黑格尔的话说——规定着对存在者的否定：存在者的无，但并不是绝对的一无所有。

现在，海德格尔断言，形而上学从其希腊的开端直到尼采都遮蔽着存在与存在者的差异，因为它所谈论的是作为存在者的存在，但却不是作为存在的存在。[⑤] 对此人们有理由提出异议，他们注

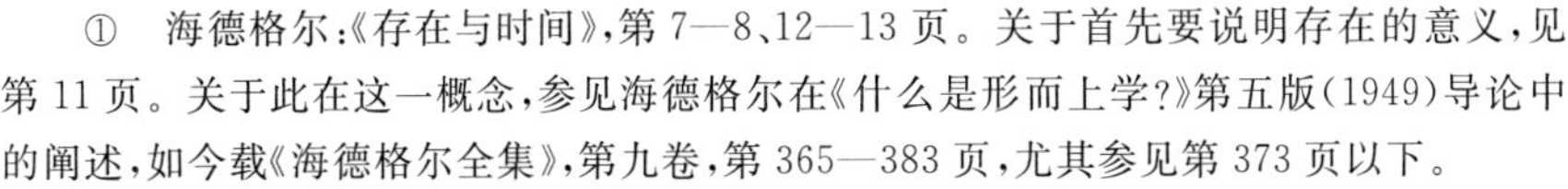

① 海德格尔：《存在与时间》，第7—8、12—13页。关于首先要说明存在的意义，见第11页。关于此在这一概念，参见海德格尔在《什么是形而上学？》第五版(1949)导论中的阐述，如今载《海德格尔全集》，第九卷，第365—383页，尤其参见第373页以下。

② 海德格尔：《存在与时间》，第430页。

③ 海德格尔：《什么是形而上学？》(*Was ist Metaphysik？* 1929)，如今载《海德格尔全集》，第九卷(《路标》[*Wegmarken*])，第103—122页，特别是第113页以下。

④ 海德格尔：〈《什么是形而上学？》后记〉(1943)，如今载《海德格尔全集》，第九卷，第308—312、305—306页。

⑤ 海德格尔：〈《什么是形而上学？》第五版导言〉(1949)，如今载《海德格尔全集》，第九卷，第365页以下，特别是第370页。

意到托马斯·阿奎那把上帝称为存在的实现(actus essendi),以与一切为实际存在还需要附加的存在的本质性区别[①]就已经够了,但他们还要注意到新柏拉图主义关于存在的学说的传统。[②]如果人们要针对这样的批判来捍卫海德格尔,他们就会说,那些作者们并没有提出海德格尔所强调的存在对存在者的历史性。然而,即使承认这一点,依然存在的问题是,海德格尔也不可以如此不加区分地谈论形而上学的整个历史上缺乏对作为存在的存在与作为存在者的存在的区别或者二者的混淆。此外,如果人们不赞成中世纪哲学的共相唯实论的话,作为存在的存在的说法自身也是有问题的:这样的说法受到怀疑,即其所依据的是把作为一个抽象共相的存在概念实体化。晚期的海德格尔谈到存在就像是谈到一个隐蔽或者隐藏自己的神秘主体,而他这样做,却没有足够地保护自己免招怀疑,即这里说的可能是一个实体化了的抽象。



海德格尔的《存在与时间》违背他自己的心愿,被当作一种哲学的人类学,并且恰恰是作为哲学的人类学而具有一种非同寻常的影响。海德格尔本人曾经解释过,在他的书中一次也没有讨论过"一种完备的此在本体论",如其作为一种哲学人类学的本体论基础当然不可缺少的那样。[③] 他的此在分析的目的仅仅在于,强

---

① 阿奎那:《神学大全》,第一部,第3章,第4节;以及《反异教大全》,第一卷,第22—23章;和短文《论存在者和本质》(*De ente et essentia*)。

② 参见拜尔瓦尔特斯的批判性说明:《作为思维之路的统一性和同一性》(Einheit und Identität als Weg des Denkens),载《一与多》(*L'Uno ei molti*;ed. V. Melchiorre;Mailand,1990),第3—23页,见第20页以下;以及氏著:《同一和差异》(*Identität und Diffrenz*,1980),第4页以下,第131页以下。

③ 海德格尔:《存在与时间》,第17页。

调此在（在其历史性中）的特殊存在模式，并没有由此已经解释了“一般存在的意义”：这是应当由该著从未发表的第二卷来提供的。但是，《存在与时间》在对作为存在者的可能性条件的存在的反思中的“先验”程序[①]被海德格尔在其后来的年代里当作不适合于这一任务的而予以放弃。[②] 难道这里不是也包含着一种承认，即在《存在与时间》中所遵循的程序也要为把这本书误解成一种哲学人类学负责吗？

布尔特曼就已经把海德格尔的“此在分析”当作哲学人类学来对待了，并且把它当作对于不信的（或者在信仰之前的）此在的存在理解来说是典范性的，就像“不信是一般人类此在的基本状态”一样。哲学虽然同样看到了这一现象，但却不是把它视为不信，而是：“对于哲学来说，这现象就是自由，是此在在其中建构自己的原初自由”。[③]

① 参见荣格：《存在的思维和对上帝的信仰》，第 79—80 页。

② 这一点，海德格尔在 1946 年致波弗勒（Jean Beaufret）的信《论人道主义》（*Über den Humanismus*，1947 年付印）中就已经含蓄地说过了，因为如今在这里——针对萨特对《存在与时间》的利用——不是从人的此在出发来规定存在，而是反过来把人的此在规定为“存在的澄明”（Lichtung des Seins）本身，但人作为“存在的牧人”（Hirt des Seins），牧养着存在的真理（《论人道主义》，第 19 页，参见第 29 页＝《海德格尔全集》，第九卷，第 330—331、342 页）。

③ 布尔特曼：《“自然神学”的问题》，第 309—310 页。至于这种说法完全符合海德格尔自己关于哲学与神学的观点，是从海德格尔的著作《现象学与神学》（Pänomenologie und Theologie，1927/1928）得出的（参见下文）。尽管如此莱曼的判断肯定是有道理的，即布尔特曼对海德格尔的存在问题超出此在分析的意向的遮蔽，“一开始就离开了海德格尔的现实问题”（莱曼：《青年海德格尔那里的基督教历史经验和存在论问题》，第 147 页）。由此出发也就可以理解，布尔特曼不再关心海德格尔思维后来的发展。

在《存在与时间》中所描述的此在的自我完成事实上可以理解成为此在在其自由中的自我建构，其间此在鉴于自己的死亡的未来而将自己从因自己的环境（“人”）的不言而喻性而“堕落”中解救出来。海德格尔是在考虑到克尔凯郭尔和狄尔泰的思想的情况下展开自己的此在分析的。由克尔凯郭尔所描述的恐惧现象在海德格尔这里获得了重要的功能，即把人从他日常生活的非本真中解救出来；因为恐惧涉及个体本身，并且涉及他的自由。[①] 但在这里，海德格尔与克尔凯郭尔相对立，把恐惧积极地解释成为通向本真的生存的自由的通道。[②] 在克尔凯郭尔那里，恐惧标志着人与自己本身及其自由的关系，这是考虑到在自己的有限性的基础上对自由的任何利用都将导致错失人的真正身份，因而最终导致绝望，因为它是在与从永恒者出发建构人的存在相矛盾而实现的。与此相反，在海德格尔那里，以及在追随他的存在主义思想家们那里，主体性在克尔凯郭尔的意义上的不真实的实存形式“对自己本身来说成为唯一的真理……克尔凯郭尔的实存论题作为绝望被接受为人的积极规定”。[③]

在海德格尔那里，克尔凯郭尔把人定义为他的有限性与永恒



① 海德格尔：《存在与时间》，第 184 页以下（第 40 节）。参见克尔凯郭尔：《恐惧的概念》（*Der Begriff Angst*，1844；deutsch von E. Hirsch，1952），特别是第 41 页以下（《克尔凯郭尔全集》[*Samlede Voerker*]，第四卷，第 315—316 页）；参见迪茨（Dietz）：《克尔凯郭尔》，第 253 页以下，第 279—280 页。海德格尔在《存在与时间》第 190 页注以及第 235 页注中明显涉及克尔凯郭尔。

② 海德格尔：《存在与时间》，第 265—266 页，参见第 251 页。

③ 罗莫泽（G. Rohrmoser）：《克尔凯郭尔与主体性问题》（Kierkegaard und das Problem der Subjektivität），载《系统神学和宗教哲学新杂志》8（1966），第 309 页。

者的关系[①]的形而上学框架，被狄尔泰的此在的意义整体性的观念所代替，这种整体性是有时间结构的，以致生活要素的终极意义唯有在死亡的瞬间才成为可规定的。在海德格尔看来，通过先行的对自己死亡的未来的知识，已经在通向那里的道路上展现出此在在其有限性中的可能整体。当然，在这里如下问题依然悬而未决，即人究竟怎样才能够鉴于自己死亡的未来而接受自己作为有限者的此在。在《存在与时间》中，这个问题是通过关于良知声音的阐述来回答的，在海德格尔看来，此在在良知声音中对自己发出呼吁："此在在良知中对自己发出呼吁。"[②]海德格尔只是在关于人道主义的书信中才说，人"被存在本身呼唤入他的真理的真实性"。[③]

萨特（Jean-Paul Sartre）在他的哲学代表作《存在与虚无》（*Das Sein und das Nichts*，法文版 1943 年）中紧紧追随海德格尔，发展出一种人的存在的"本体论"，但这种本体论并不像在海德格尔那里一样，超出人的此在以与存在者有别的存在本身为目的，此外，它与从笛卡尔和柏格森出发得到规定的意识哲学保持着联系。海德格尔受到萨特的批判，说他用此在概念排挤意识。[④] 萨特把意识规定为与事物的自在存在（Ansichsein）相对立的自为存在（Für-sich-sein）。自为是通过自由来规定的，并因此而否定性地与它自己的自在存在以及与一切别的自在存在相关，但由此也

---

① 克尔凯郭尔：《致死的病》（*Die Krankheit zum Tode*，1849；deutsch von E. Hirsch，1954）第 8 页（《克尔凯郭尔全集》，第十一卷，第 127 页）。

② 海德格尔：《存在与时间》，第 57 页，参见该章全部，第 267—301 页。

③ 海德格尔：《论人道主义》，第 29 页（《海德格尔全集》，第九卷，第 342 页）。

④ 萨特：《存在与虚无——一种现象学本体论的尝试》（*Das Sein und das Nichts：Versuch einer phänomenologischen Ontologie*，1962），第 125 页以下，参见第 58 页。

在自身之中被标识为存在的缺乏。[①] 这种存在的缺乏只有当自为存在得以作为它自己的自为存在的根据、因而作为“自因”(causa sui)而存在的时候才被清除。但是,这在哲学传统的语言中就是对属神存在的一种描述。因此,在萨特看来,人本质上就是“成为上帝的欲望”,[②]但不可能在某个时候达到这个目标,即自在和自为的“整体”。[③] 因此,萨特于1946年在他的随笔《存在主义是一种人道主义吗?》(Ist der Existenzialismus ein Humanismus?)中写道,人“被判定”是向着自由的。[④] 无论人是什么,其根据都在他的自由的行为中。在这种意义上,存在先行于人的本质。[⑤] 但是,萨特把人为自己所是负责的思想,此外以康德化的措辞把通过自己的自由构想承担整个人类的思想与此结合起来了:“当我选择自己时,我所选择的是人。”[⑥]这种与自为的哲学并不完全相干的措辞也许构成了通向萨特后来认同革命的共产主义的桥梁。[⑦]

① 萨特:《存在与虚无》,第711页:“自为就是对自身而言是存在的缺乏的存在。而自为所缺乏的存在就是自在。”参见此前的第139、142—143页,以及第151页,第157页等等。萨特(第77页以下)与海德格尔对克尔凯郭尔的诠释(参见第71页)一致,主张用恐惧来揭示自由。

② 同上书,第712页,参见第776页。

③ 萨特:《存在与虚无》,第779页以下,参见第140、142页。缺乏的经验本身与可能的整体性相关。萨特拒绝海德格尔的答案,即此在在向着死亡的前进中达到了“通过有限性的自由选择”(第672页)把自己建构为整体,因为死亡毋宁说剥夺了生命的任何意义(第679—680页)。

④ 引自萨特:《三篇随笔》(*Drei Essays*,1963),第16页。

⑤ 同上书,第11页。为了论证而说道,不存在人的本性,“因为不存在一个上帝来构想它”(同上书)。因此,人是他把自己造成的样子。

⑥ 萨特:《三篇随笔》,第13页,参见第12页。与此相反的是《存在与虚无》中的论述,第517页以下,关于“共在”(Mitsein)和“我们”,特别是第547页。

⑦ 对于这种措辞来说具有代表性的,是萨特的《辩证理性批判(一)——社会实践理论》(*Kritik der dialektischen Vernunft I: Theorie der gesellschaftlichen Praxis*,1967)。

海德格尔在关于人道主义的书信中反对萨特把海德格尔的思维归为存在主义的概念。[①] 把实存奠基于实存被判归的一个本质概念逆转为实存对一切本质规定的优先地位，还停留在形而上学的轨道上："……一个形而上学命题的逆转依然是一个形而上学命题"，它"坚持着对存在的真理的遗忘"。然而，这种逆转却为"'存在主义'这个名称是符合这种哲学的头衔"做了辩护。不过，它与《存在与时间》毫无共同之处。[②]

关于年长六岁的雅斯贝斯(Karl Jaspers)，[③]海德格尔并没有以可对比的尖锐性与之划清界限。毋宁说，对雅斯贝斯以之从精神病学转换到哲学的、于1919年出版的《世界观的心理学》(*Psychologie der Weltanschauungen*)的研究，属于海德格尔自己的思维通向《存在与时间》的途中的发展阶段。他对这部从狄尔泰的世界观概念及其理解心理学出发的著作的书评表明了海德格尔关于尤其是雅斯贝斯对"边际处境"(Grenzsituation)——死亡、受苦、斗争、罪责——及其对觉醒到真正的实存的意义的描述接近于在

① 萨特：《三篇随笔》，1963年，第9页。在这里，萨特区分了"两种存在主义者"，亦即一方面是基督教的存在主义者雅斯贝斯和马塞尔(Gabriel Marcel)，"另一方面是无神论的存在主义者，海德格尔、还有法国的存在主义者以及我本人都可以列入"。把雅斯贝斯称为基督教的存在主义者，可能令雅斯贝斯感到奇怪，就像海德格尔对称他为无神论者感到奇怪一样。

② 海德格尔：《论人道主义》，第17—18页(《海德格尔全集》，第九卷，第328—329页)。

③ 这里不能详细地讨论雅斯贝斯。作为引介，参见萨拉夸尔达(J. Salaquarda)的词条，见于《神学实用百科全书》，第十六卷，第539—545页。关于雅斯贝斯的哲学与基督教的关系，参见洛夫(W. Lohff)：《信仰与自由 雅斯贝斯的宗教批判的神学问题》(*Glaube und Freiheit: Das theologische Problem der Religionskritik von Karl Jaspers*, 1957)，以及作者在《神学文汇报》第83期(1958年)中的书评，第321—330页。

《存在与时间》的准备阶段推动着海德格尔的那些思想的意识。[1]另一方面,海德格尔批判道,引导雅斯贝斯作品的对生命"整体"的"预先把握""需要一种彻底的方法意念"。[2]《存在与时间》的此在分析,就它根据此在的存在模式来研究此在而言,就是以这样一种方法意念为标志的。然而,雅斯贝斯并没有接受这种本体论上的提问。[3] 在他的《哲学》(*Philosophie*,1932)中,他在第一卷(依世界取向)中反思了科学在主体与客体的相互关系中运动的不能达成任何世界图景的世界知识的界限,而在第二卷(实存的澄清)中则使作为自己存在及其统一性的不可支配的根据的"实存"相对于人之为人在存在、一般意识、历史精神的可以科学把握的角度突出开来。第三卷(形而上学)描述了实存与同实存一样——但却是按照对象方面——超越尘世此在的、仅仅在自己实存的意识中鉴于界限处境而可经验的超验性的关系,实存知道自己在其有限性中是由超验性赠予的。[4] 唯有在与超验性的关系中,才有它的整体性。死亡仅仅提出了如下问题:"我是不是一个整体,而不仅仅是

① 海德格尔:《评雅斯贝斯的〈世界观的心理学〉》(Anmerkungen zu Karl Jaspers "Psychologie der Weltanschauungen",1919/1921),载《海德格尔全集》,第九卷,第1—44页。海德格尔把1921年的这篇书评寄给了雅斯贝斯本人。

② 同上书,第12、10页。海德格尔也谈到在雅斯贝斯那里"在真正地抓住和解决预期的问题方面"的一种"哲学上的失效"(第15页)。

③ 雅斯贝斯:《哲学》(*Philosophie*,1932;2. Aufl.,1948),第662页以下:实存的澄清并不是本体论。毋宁说,它是对只能自己把握自己的实存的呼吁。特别请参见第666页。

④ 同上书,第675页以下。参见氏著:《哲学信念》(*Der philosophische Glaube*,1958),第20页:"我作为实存而存在,因为我知道我是通过超验性被赠予的。我不是仅仅通过我而处在我的决定中。相反,这种通过我的存在对我来说是一个在我的自由中被赠予的存在。"

处在终点。”[①]

凭借实存与超验性的对立，雅斯贝斯与海德格尔和萨特不同，坚持克尔凯郭尔的实存分析的关联框架，即把自己存在理解为与永恒者的关系，永恒者本身是个体的自为意识和行为举止的对象。但是，在雅斯贝斯看来，超越世界之此在的超验性唯有在个体的实存意识中才是可接近的，而不是作为一种能够要求普遍有效性的知识的对象。因此，实存意识唯有通过不能介绍任何知识的“代码”才能确保自己在超验性中的根据，关于这些“代码”，那里说道：“它们的真理就在于与实存的联系。”[②]就连《圣经》宗教的唯一上帝，在雅斯贝斯看来也只不过是这样一个代码，[③]尽管在某种意义上也是一种哲学信念的对象，[④]而不仅仅是启示信仰的对象。但是，启示信仰把仅仅实存上有约束力的代码转变为“有血有肉的实在”，[⑤]这实在导致提出对一切人的绝对真理的要求。雅斯贝斯反对基督教的这种“排他性要求”，认为它是基督教的不宽容的根源，[⑥]但要保留清除了这样的要求的《圣经》内容：要耶稣，但不要

① 雅斯贝斯：《哲学》，第751页。

② 雅斯贝斯：《鉴于启示的哲学信念》(*Der philosophische Glaube angesichts der Offenbarung*, 1962)，第153页。“代码”(Chiffern)的主题在这卷书中再次得到详细讨论(第213—428页)，参见《哲学》，第785—879页。

③ 雅斯贝斯：《鉴于启示的哲学信念》，第214页以下。在这里，雅斯贝斯称“唯一者的强有力的代码”是“对于实存来说不可缺少的”，而有位格的上帝的代码虽然“在历史上极为有效，但却不是必然性”(第225页)。

④ 雅斯贝斯：《哲学信念》，第29—30页。

⑤ 雅斯贝斯：《鉴于启示的哲学信念》，第163—164页，参见第174页。

⑥ 雅斯贝斯：《哲学信念》，第69页以下，以及《鉴于启示的哲学信念》，第507—508页。

教条的基督。[1]

基督教神学将不可能放弃上帝在耶稣基督里面的启示对所有人的真理要求以及在它里面得到论证的基督教对各民族世界的使命，但它应当通过像雅斯贝斯这样的批判者清晰地看到由于不宽容而对基督教福音的歪曲，并且通过启示真理和它里面的神学知识的暂时性的区分来对付这种危险。然而，在像雅斯贝斯所建议的这种宗教信仰内容向代码的转变中，人们必须认识到在信仰中所把握的真理向人的主体性的一种还原、神学向人类学的一种还原，就像费尔巴哈曾经宣布过的那样，尽管是在实证的诠释中。这样一来，雅斯贝斯的代码说就落后于克尔凯郭尔的洞识的彻底性，即人恰恰在他的自由的活动中，由于他立足于自己本身，并如此把握自己的实存，所以就与他的此在的整体性、与这种整体性在其中得到论证的永恒性分道扬镳了。

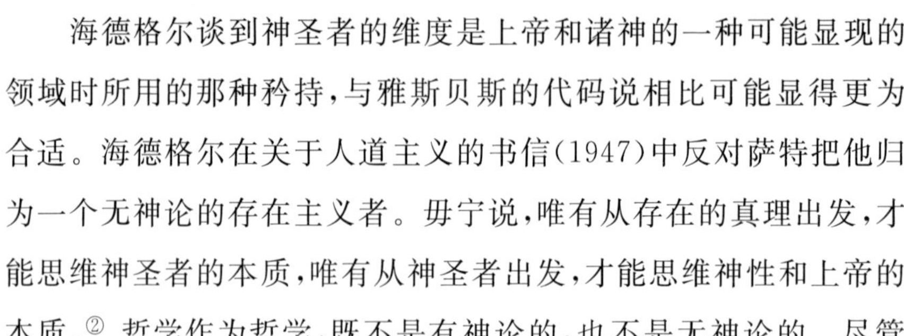

海德格尔谈到神圣者的维度是上帝和诸神的一种可能显现的领域时所用的那种矜持，与雅斯贝斯的代码说相比可能显得更为合适。海德格尔在关于人道主义的书信(1947)中反对萨特把他归为一个无神论的存在主义者。毋宁说，唯有从存在的真理出发，才能思维神圣者的本质，唯有从神圣者出发，才能思维神性和上帝的本质。[2] 哲学作为哲学，既不是有神论的，也不是无神论的。尽管

---

① 雅斯贝斯：《鉴于启示的哲学信念》，第225页以下，还请参见第256页，关于三位一体学说。

② 海德格尔：《论人道主义》，第36—37页(《海德格尔全集》，第九卷，第350页)。海德格尔让人参阅他在《胡塞尔纪念文集》中的文章《论根据的本质》(*Vom Wesen des Grundes*，1931)，第98页注1(同名单行本，第28页)。

如此，海德格尔在其1927—1928年所做的，但1969年才发表的讲演《现象学与神学》(*Phänomenologie und Theologie*)中严格地把关于存在的哲学问题与信仰的上帝分离开来。在那里，信仰被称作哲学的“死敌”，因为信仰与“对整个此在的自由的自我接受”相对立。[①] 这并没有妨碍海德格尔断言，哲学作为神学的“校正”，其功能是“实证科学”，因为信仰是再生，而且“在其中取消了此在的在信仰之前的，亦即不信的生存”。[②]

海德格尔关于神学与哲学的关系规定的问题是，神学的对象被设想为限制在作为“人的此在的一种生存方式”的信仰之上或者在其中起作用的。[③] 这里虽然提到，信仰应当被理解为是“从被信仰者出发”、因而是从基督这个“被钉十字架的上帝”出发来规定的。但是，如果信仰认真地应当根据上帝及其启示来理解，那么，上帝及其启示行动就是神学的真正对象，而这就意味着，神学应当把上帝设想为一切存在者的根据，设想为其存在的源泉。[④] 海德格尔使存在论主题脱离上帝思想，相对于上帝思想使存在论主题完全独立的努力，与上帝思想相对立，表现为在本质上无神论的，以黑格尔之后哲学在新康德主义的认识论和胡塞尔的现象学的形

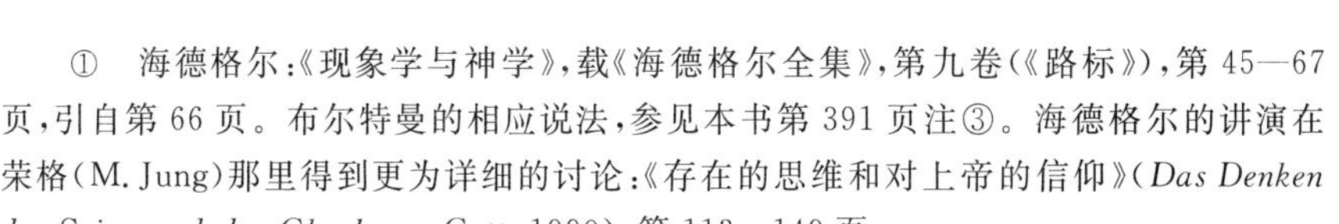

① 海德格尔:《现象学与神学》，载《海德格尔全集》，第九卷(《路标》)，第45—67页，引自第66页。布尔特曼的相应说法，参见本书第391页注③。海德格尔的讲演在荣格(M. Jung)那里得到更为详细的讨论:《存在的思维和对上帝的信仰》(*Das Denken des Seins und der Glaube an Gott*，1990)，第113—149页。

② 海德格尔:《现象学与神学》，第63页，关于由神学、而不是在哲学方面要求的哲学作为“校正”的功能，参见第65—66页。

③ 同上书，第52页。

④ 关于海德格尔把神学的对象限制在信仰的实存性发生上，还请参见荣格(M. Jung)的批判性说明:《存在的思维和对上帝的信仰》，第139页。

式中的人类学转向为条件的。在存在论主题以此为条件的独立化的旨趣中,海德格尔可以理解地不是根据上帝思想来思考神学的对象,而是仅仅把它思考为人的由信仰规定的生存。因此,他对基督教教父学为把哲学纳入神学思维而借助上帝思想给出的根据不感兴趣。但是,正如按照海德格尔的观点,人在信仰中的再生蕴含着把暂时的此在转变性地扬弃入信仰的生存一样,对上帝这个创造者的信仰也蕴含着把哲学以及哲学的存在论对现实的描述转变性地扬弃入对作为上帝的创造的世界的神学描述。但因此,信仰就还不需要是哲学的"死敌",因为就连人的再生也不是他作为受造物的毁灭,而是他被拯救为其本真的规定。

### 3. 哲学人类学



海德格尔的代表作《存在与时间》实际上——尽管海德格尔的存在论意向超出了这一点——却是某种如同把存在论主题纳回到人的实存实现的自我理解之中的一种哲学基础人类学之类的东西。因此在萨特那里,本体论的术语完全自觉地变成为对人的实存以其自为的标志进行的诠释的纯然手段。但是,即使在雅斯贝斯的哲学中,实存的意识也构成了哲学的世界取向和把形而上学解释为代码语言的基础。就实存的立场在雅斯贝斯那里是通过离开人在世界中的此在、离开人作为主体相对于客体的意识的领域、离开历史的共同精神的领域而获得的而言,这个基础注定是人类学的。不过,恰恰是在雅斯贝斯那里清楚地表现出,这些领域相互之间的关系,尤其是实存意识与人的此在的肉体性的关系,依然没有得到规定。类似的东西也适用于萨特和海德格尔。因此,存在哲学虽然就其立场而言是由黑格尔之后的人类学转向规定的，但在其所有的方向上却处在意识哲学的传统之中。① 与此相对，追随费尔巴哈，尼采就已经针对传统把精神置于肉体之上而强调肉体及其“理性”的奠基性意义了。② 尼采的这一思想在存在哲学中并没有被继续追随。它超出存在哲学，如与尼采平行一般，指示着在柏格森那里的法国生命哲学中得到发展的、对心理物理学联系的透彻描述。③

在人作为灵肉统一体的特性中理解人，这是由舍勒④开创的哲学人类学流派给自己提出的任务。把人的生命形式与植物和动物的生命形式进行比较，应当有助于规定人的特性。在这里，关于“人在宇宙中的地位”的问题最初一度可以理解为人种在其余的生物中间的特性的问题，而不是一开始就可以理解为关于一种从所有别的生物中突显出来的特殊地位的问题，尽管一个可以轻而易举地过渡到另一个。植物生命的植物性“感觉追求”在舍勒看来是一切其他生命形式的基础，但这个基础在动物那里被本能行为和“联想式的”记忆，以及被（在动物生命的更高形式那里）“实践的理

① 舒尔茨（W. Schulz）有理由把存在哲学刻画成一种有限性的哲学，但它同时又是一种内在性的哲学（《改变了的世界中的哲学》，第 272 页以下）。

② 特别是在尼采的《查拉图斯特拉如是说》的第一部分的“论肉体的蔑视者们”一章中。

③ 这里特别要提到柏格森（H. Bergson）：《物质与记忆——论肉体与精神之间的关系》（*Materie und Gedächtnis: Eine Abhandlung über die Beziehung zwischen Körper und Geist*, 1896）。

④ 舍勒（M. Scheler）：《人在宇宙中的地位》（*Die Stellung des Menschen im Kosmos*, 1928; Neudruck, 1947）。更为详细的参见舒尔茨：《改变了的世界中的哲学》，第 419—432 页，以及还有作者的《神学视角中的人类学》，第 32 页以下。

智”所掩盖。在人这里，还出现了舍勒在特殊的意义上称之为“精神”的东西和与其他生命功能相比表现为“抑制”[1]的东西，特别是作为对本能引导的冲动的抑制。对本能的行为反应的这种抑制论证了人的——由舍勒第一个如此称谓的——“对世界的开放”，即他的对象感知的减缓冲动的实际性和自己的行为取向的相应自由的能力。[2] 这样的“凭借精神对世界开放”在舍勒看来也使得与自己的生活中心保持距离成为可能，因而使得意识成为可能，通过意识，我们就能够成为我们自己的对象。

舍勒的精神概念应当是“一个与一切生命和任何一般生命、也与人里面的生命对立的原则”，而且由于不能从任何世间事件派生出来，其起源“在于至上的存在根据本身”，[3]由于这个概念，舍勒虽然有新的、在关于人的特性的问题上依照人的肉体性及其肉体行为取向的哲学人类学方案，却毕竟总还是受回溯到古希腊的肉体与精神灵魂的人类学二元论的约束。盖伦[4]对他的哲学人类学的继续发展试图避免这一点。尽管盖伦赞同舍勒通过对世界开放的概念对人的生活形式的特性的描述，以与哪怕是最接近人的动物也受环境制约相区别，而且他也赞同为这种称谓奠基的观点，即人的感知不仅把它的对象理解为冲动的相关物，而且把它们理解

① 舍勒：《人在宇宙中的地位》，第 37 页。参见第 35—36 页。

② 同上书，第 36 页。这样的对世界的开放并没有把感知限制在一种通过对于类的本能和冲动来说生死攸关的标志的总和构成的独特“环境”上。

③ 同上书，第 35、44 页。参见作者在《神学视角中的人类学》（第 34 页注 24）中给出的文献。

④ 盖伦（A Gehlen）：《人——其本性及其在世界中的地位》（*Der Mensch : Seine Natur und seine Stellung in der Welt*，1940；6. Aufl.，1950）。

为集中于自身的对象。他也像舍勒那样把人的感知的这种特性回溯到冲动的一种“抑制”。然而，盖伦避免跟舍勒一起求助于作为这样的抑制的原因的“精神”。相反，盖伦把自己限制在描述性的论断上，即就人而言，在冲动体系和对象感知之间、因而也在冲动和行动之间，存在着一种断裂、一个裂缝。[①]

在盖伦看来，这种情况乃是基于人由于缺少专门化的器官和与之联结的本能而缺乏对某种环境的适应性。因此，与其他动物相比，人表现为“有缺陷的存在者”。[②] 与人的器官的相对不专门化相符合，人的本能也萎缩了。我们的感知主要是不再引发准确的本能反应。由于感官并不作为仅仅让对本能重要的东西透过的滤网起作用，人们发现自己被大量并不直接与自己的动机相关且并不马上引发相应的反应的刺激和感知所淹没。

因此，人们首先需要在其感知的领域里辨清方向，然后在其光照下辨清动机的方向，动机的能力由于缺乏取向将使得自己作为“动机过剩”而清晰可见。与这两个任务相应的，在盖伦看来是语言的形成，进而是文化。他把二者理解为人的行动的产品，人通过这行动把自己生理学装备的劣势转变为支配其存在的自然条件意义上的优势。通过自己的行动，人“减轻”了自己来自多种多样袭向他的刺激的负担，因为他通过语言和文化为自己创造了一个符

---

① 盖伦：《人》，第56页。在另一处地方（第59页），盖伦把那个裂缝描述为动机的可抑制性的后果。第362—363页也是这样说的。还请参见第210、366页，以及作者在《神学视角中的人类学》中的阐述，第36—37页。

② 盖伦：《人》，参见第35页等。盖伦为这个论题而援引赫尔德，后者毕竟在理性的禀赋和与此相结合的人成为上帝肖像的规定性中发现了人的自然装备有缺陷的积极对应物。

号的宇宙，这个宇宙允许那种多样性的秩序，并使自己的动机获得方向。在这种意义上，人在盖伦的观点中是“行动的存在者”，[①]他自己创造自己，因为他战胜了世界。“在舍勒那里，人作为精神要为‘至上的存在根据’感恩，而在盖伦看来，人在这个词的最严格意义上是自己创造自己的，宗教和上帝只能作为人的创造、作为人战胜世界的副产品才成为主题。”[②]宗教和道德属于——尽管产生自个人行动的交互关系——作为目的自身而相对于这个起源使自己独立并通过其使人承担义务的特征而在社会的生活联想中调节个人的举止的“体制”。[③] 然而，盖伦由于自己片面地依据行动概念取向而忽略了一个事实，即体制使人承担义务的力量对于个人来说依据作为它们的基础的内容，只要它们被规定给个人及其行动。仅仅是人的行动的结果的东西，不可能内在地使个体承担义务，而是被感受为异化了的自身固有法则，如果它作为目的自身相对于它的属人起源使自己独立化的话。通过把语言还原为行动，盖伦不可能再把语言理解为预先给予人的内容的工具，因而一开始就剥夺了社会体制和文化体制使人承担义务的力量，他本来是要在与个人的关系中把这种力量归于它们的。

盖伦把人理解为“行动的存在者”，其根源在于要让经验意识的世界从自为的“事实行动”中产生出来的早期费希特。[④] 然而，



① 盖伦:《人》,第 24 页以下,第 33 页。参见行动概念在该著的全部阐述中一再执行的功能。

② 参见作者的《神学视角中的人类学》,第 37—38 页。

③ 参见盖伦:《原始人和迟到的文化》(*Urmensch und Spätkultur*,1956;2. Aufl.,1964);以及作者在《神学视角中的人类学》(第 390 页以下)中的阐述。

④ 盖伦:《意志自由的理论》(*Theorie der Willenfreiheit*,1933),该著使他的行动概念出自早期费希特的这种来源清晰可见。参见舒尔茨:《改变了的世界中的哲学》,第 442—443 页。

在把这一思想转用到最初通过缺陷来刻画的人这种自然存在者身上时，盖伦却几乎没有提出如下问题，即这样一种存在者真正说来是通过什么而具有行动能力的，它通过什么而能够对它的周围环境并对它自己“表明态度”。人们是说，人的特殊性不“仅仅”应当被设定在精神中，而且也实现在他的肉体性中，实现在其行动中，还是鉴于把人理解为行动的存在者而宣称“对于人那里的动物性前提条件来说是否还加上精神”[1]是无所谓的，这是不一样的。行动概念不能简单地通过行动造成形态学的“缺陷”的补偿，并由此保障“这样一种存在者的生活能力”[2]来取代舍勒的精神。波尔特曼(Adolf Portmann)已经合理地指出，与本能下降(以及与它相应的形态学上的不专门化)相对立的，在人那里是“对其他核心动机体系的有力增强”，这种增强是与“大脑皮层及其幅面的量”的增强是相应的。[3] 行动能力已经以人的理智的特殊性为前提条件，而这种特殊性在盖伦那里却始终未得到讨论。这里表现出哲学人类学的第三种形态的构思优势，如其在舍勒之外和在盖伦之前由普勒斯纳发展的那样。

---

① 盖伦：《人》，第 24 页。上面提到的更为矜持的描述见同一页，以及第 29 页。在后面的章节很清楚，盖伦要把精神理解为自身已经通过人的行动(特别是通过语言)建构起来的“内在世界”的后果现象(第 277—278 页)。

② 同上书，等 130 页。

③ 波尔特曼(A. Portmann)：《动物学和人的新形象》(*Zoologie und das neue Bild vom Menschen*，1951；rde 20，1956)，第 62—63 页，参见第 92—93 页。还请参见氏著：《人——一种有缺陷的存在者？》(*Der Mensch：ein Mängelwesen？*)，载波尔特曼：《自然解雇了人？——生理学和人类学论文集》(*Entläßt die Natur den Menschen？ Gesammelte Aufsätze zur Biologie und Anthropologie*，1970)，第 200—209 页。

普勒斯纳在他的《有机物的各个阶段和人》(*Die Stufen des Organischen und der Mensch*,1928)一书中区分了有机物与环境的关系的三种基本形式,普勒斯纳用"姿态"来称谓这种关系。植物直接地适应自己的周围环境,对它没有自己的独立性,而动物则作为自身"封闭的"生命形式与周围环境相对,但没有与自己本身的关系。与此相反,人的生命是以根据他的"离心性"(Exzentrizität)的这样一种与自己本身的关系为标志的。他"意识到他自己的实存的向心性……人作为被置于其实存中心的有生命的事物,知道这个中心,经历这个中心,因而超出这个中心"。[①] 这里说的是自我意识,但普勒斯纳并不想把它设想为一个无身体的自我的自我关系,而是设想为与自己的肉体存在的关系。这样,在与自己的存在的关系中就给出了一个断裂,一个"裂缝",[②]即一种与自己保持距离的能力,这种能力构成了把灵魂与肉体区分开来的基础,因而构成了人的人格性的基础,人的人格性又同时蕴含着各人格的一个共同世界。[③]



普勒斯纳主张离心性是人的存在形式,却并不追问它的起源。但是,这个主张的出现带有一个要求,即是人的存在的肉体可把握

---

① 普勒斯纳(H. Plessner):《有机物的各个阶段和人》(*Die Stufen des Organistischen und der Mensch*,1928;2. Aufl.,1965),第290、291页。"离心性"这个关键词作为这种事态的称谓见下一页。

② 这个"裂缝"(同上书,第292页)与后来由盖伦所主张的动机与感知之间、动机与行动之间的裂缝并不是一回事,因为在普勒斯纳这里说的是自我意识中的一种断裂。

③ 同上书,第293页以下。自我关系中的断裂蕴含着一个"另一个我"(alter ego)的发现(第299—300页),这种发现对于一个与自我同样原初的共同世界(第301—302页)的经验来说是奠基性的。

性的描述。[①] 这种描述与舍勒通过“对世界开放”的概念给出的描述是什么样的关系？普勒斯纳对此批判道，对世界开放在本能束缚的独立性的意义上在人那里从未完全实现，[②]而且他相信通过“离心性”、因而通过与自己的中心（因而也与其他一切既定性）保持距离的能力，能够更好地说明上述事态。但是，对自己的肉体存在表明态度的能力毕竟已经可以预设，人在自己的感知生命中能够就他们的感知对象而言或多或少地减缓冲动，[③]就像舍勒用他的对世界开放的概念想表达的那样。与此相结合的，是把感知对象彼此区分开来的能力，进而是也把自己的肉体存在作为其他对象中间的一个对象来感知的可能性。[④] 因此，儿童在学会使用“我”这个困难的词及其自我关联[⑤]之前，首先学会使用别人叫自己的专名。

因此，感知生命的“对世界开放”及其由盖伦强调的在本能之减低中的条件，已经可以属于普勒斯纳所描述的人的离心姿态的前提条件。他的论题并没有由此被否定，但是被纳入了为确立一种依据人的肉体性取向并与我们的肉体行为的特殊性问题相关的

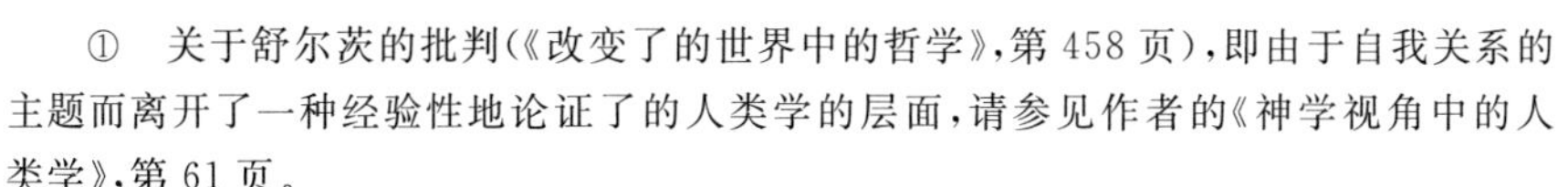

① 关于舒尔茨的批判（《改变了的世界中的哲学》，第 458 页），即由于自我关系的主题而离开了一种经验性地论证了的人类学的层面，请参见作者的《神学视角中的人类学》，第 61 页。

② 普勒斯纳：《人的状况》（*Conditio Humana*，1964），第 47 页。

③ 之所以说“或多或少地”，乃是因为事情并不在于对世界开放是否“完全地”，亦即没有本能残留物地实现。普勒斯纳也合理地谈到过（同上书，第 48 页）“人的对世界开放性的未完成特性”。

④ 更为详细的请参见作者的《神学视角中的人类学》，第 63 页以下。

⑤ 关于“我”这个词作为“关键词”的功能，请参见作者在《神学视角中的人类学》（第 199 页以下，第 215 页以下）中的更详细的阐述。

哲学人类学的其余努力的联系之中。这样来看，人的行为和人在自己的世界中的处境被描述为“对世界开放”的独特性，就通过普勒斯纳对由此而成为可能的自我关系而获得了一个附加的要点。同时，这里还有矫正盖伦对行动概念的不加区分应用的出发点。因为行动预设着可以表现为行动者的主体的统一性，而普勒斯纳关于依据离心性的自我关系的中断的阐述则指示着这种预设的困难。

普勒斯纳通过三个“人类学基本法则”更精确地规定了人的“离心姿态”的结论。第一个基本法则是：“作为离心地组织起来的存在者，他必须使自己成为他已经所是的。”[①]人们从本性出发是人为地实存的，因为他们作为离心的存在者不得不一再重新建立他们的实存的平衡，但此时每一个这样的结果都也又是可逾越的和可超越的。在普勒斯纳看来，离心的生活形式的第二个结论是“有中介的直接性”，[②]也就是如下事实，即人的生活实施的一切直接性都已经是以与自己的存在的反身距离为中介的。这尤其适用于与自己的肉体的关系，后者由此而是人格的“表现”。[③] 这也适用于扮演“角色”的能力，但也适用于知道自己的活动是自己的人格的“表现”的能力。

出自人的离心姿态的第三个结论对于一种神学人类学来说特别重要：这就是对存在的偶然性的知识，从而还有——至少含蓄

① 普勒斯纳：《有机物的各个阶段和人》，第309页。

② 同上书，第321页以下。

③ 特别请参见普勒斯纳的研究：《笑与哭》(*Lachen und Weinen*，1950)。后来，普勒斯纳更精确地探讨了角色的概念：《人的状况》，第53页以下，特别是第56页以下。

地——对上帝的知识,[①]上帝在人的生命的偶然性及其与一切既定的东西的距离中给予其支撑点。人当然也能够把他的保持距离的能力用来反对上帝观念。然而在普勒斯纳看来,在离心的姿态形式和作为绝对的、确立世界的存在的上帝之间毕竟存在着一种“本质的交互关系”。[②]

这样,对于普勒斯纳来说,与对于舍勒来说相似,人的离心性或者对世界开放最终意味着对上帝的开放,[③]即超出一切在世界中给定的东西根据世界和人的生活实施的一个绝对根据的开放。关于舍勒的精神学说,普勒斯纳说道:“本来不存在人,人是通过自己与上帝的关系成为人的。”[④]他自己的观点亦离此不远,尽管他有理由在人的离心性的保持距离的能力中也看到无神论的可能性得到了论证。但是,普勒斯纳和舍勒二人都在这个问题上与盖伦对立,后者充其量承认宗教体制以及其他一切体制具有固定行为的一种次要功能。

## 4. 向自然哲学的扩展

在舍勒的后继者们中间发展出来的一种哲学人类学的方案虽

① 普勒斯纳:《有机物的各个阶段和人》,第 341 页以下。

② 同上书,第 345 页。在《人的状况》中说道,人的离心姿态作为“平衡……在权力和高贵方面要求一种极端的东西”(第 67 页)。

③ 参见作者的《人是什么? ——从神学看当代人类学》(*Was ist der Mensch? Die Anthropologie der Gegenwart im Lichte der Theologie*, 1962; 7. Aufl., 1985),第 11 页以下,以及《神学视角中的人类学》,第 66 页。

④ 普勒斯纳:《有机物的各个阶段和人》,第 x—xi 页,与舍勒出自 1911 年的论文《人的理念》(Zur Idee des Menschen)相关。

然以规定人性的东西的特性为目标,但却不仅没有把人与人之前的自然对立起来,而且还把人纳入到自然的发展的联系中去。这是在达尔文(Charles Darwin)之前就已经由斯宾塞(Herbert Spencer)[①]看出的任务。但它特别是在达尔文关于物种起源的著作(1859)和关于人的起源的著作(1872)发表之后才成为讨论的对象,特别是在大不列颠。这一讨论在二十世纪被通过更精确地理解进化概念的努力[②]和通过它扩展到亚历山大[③]和怀特海的过程哲学中对宇宙的世界而在哲学中继续。

在这场讨论的历史上,柏格森(Henri Bergson,1859—1941)的著作具有特别的意义。在他的争取对生活的一种能够整合生活现象的心灵角度和肉体角度、从而为理解进化提供基础的哲学理解的努力[④]中,柏格森同时发展出对一般实在性的一种新理解,并由此成为应当在怀特海的著作中达到其巅峰的过程哲学的出发点。在这里,柏格森获得了通向他从人的自我经验出发、特别是从人的时间经验出发对生活的新理解的通道,而且就此而言,他的哲学可以描述为把人类学方案扩展到自然哲学。类似的说法也适用于怀特海。通过其人类学出发点,过程哲学的这两个人物与自然



① 斯宾塞:《演进假说》(*The Development Hypothesis*,1852)。

② 特别参见摩根(Lloyd Morgan):《突生进化》(*Emergent Evolution*,1923)。

③ 亚历山大(S. Alexander):《空间、时间和神性》(*Space*,*Time and Deity*,1920;neu hrsg. von D. Emmet,1966),第一卷,第44页。

④ 柏格森:《创造进化论》(*L'évolution créatrice*,1907)。早在1874年,廷德耳(John Tyndall)在他的《对不列颠协会的贝尔法斯特演说》(*Belfast Address before the British Association*)中就说过改变在赋予物质灵魂的意义上的物质概念作为理解进化的前提条件的必要性。

哲学的其他形式区别开来。

柏格森最初受到斯宾塞的进化哲学的影响，直到他发现，“时间在这个体系中没有任何意义”，而他则问自己：“时间的事实难道不是证明，事物最内在的东西是不可决定的吗？时间难道不恰恰就是这种不可决定性本身吗？”①

在其第一部著作《论意识的直接材料》（*Essai sur les données immédiates de la conscience*，1889）②中，柏格森强调伴随分析性的知性、并在分析性的知性之前的直觉对于认识的意义。在直觉的形式中，我们被给予时间中的现实事物的统一性，不仅是我们的知觉的统一性，而且还有活生生的实在本身。二者都具有绵延（durée）的形式，但却是这样一种绵延，它并不与变化对立，而是自己不断地处在变化中，因而总是产生新的东西。在柏格森看来，时间的序列虽然可以理解为各种状况的不断变迁，但却不可理解为孤立的瞬间的连续，相反，我们是把时间当作一个连续不断的流、当作过去的东西的一种涌现来经历的，过去的东西“冲击着未来，汹涌澎湃”。记忆是保存我们的生活历史的这种积累的地方。当然，我们并不总是记起我们已经走过的全部道路。我们的思维仅仅利用经验过并在记忆中保存下来的东西的一个选辑。但是，这种东西对我们来说不自觉地出现在我们的愿望、意欲、行动中，出

① 柏格森：《思维和创造性的生成》（*Denken und schöpferisches Werden*，1948），第 112—113 页。

② 柏格森：《论意识的直接材料》（*Essai sur les données immédiates de la conscience*，1889），德文版以《时间与自由》（*Zeit und Freiheit*）为书名出版。以下参见卡佩克（M. Capec）：《柏格森与现代物理学——一种再解释和再评价》（*Bergson and Modern Physics：A Reinterpretation and Re-Evaluation*，1971），第 89 页以下。

现在推动着我们的倾向中。[①] 在此，“倾向”这个术语指的并不是目标明确，[②]而是一种以集束炸弹的形式展开来的“爆破性的力量”，[③]一种涌向变化、涌向新东西，但却没有确定目标的“生命冲动”(élan vital)。[④] 反过来说，新东西并不是作为与过去的决裂、而是作为过去的转变出现的。甚至它的新颖本身也只有通过与过去的东西的关系才能得到表现。[⑤]

以不断的生成为形式的绵延，如同我们在我们自己身上看到的那样，在柏格森看来也标志着宇宙的真正本性。[⑥] 当然，知性的思维忽视不断的生成，仅仅关注外在地排列的种种事实意义上的状态的变迁。对现实的知性理解把生成空间化为事物和状态的一种彼此并列和前后相继。[⑦] 我们倾向于从固定的东西出发来解释变化。在柏格森看来，这种倾向是与我们的理智服务于实践的目的密切相关的。认识使我们有可能对外在世界采取行动，通过行动，所遇到的状态被改变。这样一来，我们就没有能力感知不断的生成了。[⑧] 相反，我们试图查明种种状态以及这样的状态的合规律的重复。理智如此建构的秩序是种种状态和事物在空间中的秩

① 柏格森:《创造进化论》(1907年版)，第77页(1948年版)，第4—5页。在该著的第1章中，柏格森再次总结了过去对这个主题的阐述。

② 按照柏格森的判断，目的论和一种机械论考察方式一样，排斥对未来、对未来新的东西的开放(《创造进化论》[1948年版]，第104页以下)。

③ 同上书，第99—100页。

④ 同上书，第88页，参见第103—104页。

⑤ 同上书，第127—128页。

⑥ 同上书，第272页，参见第11页，第200页。

⑦ 同上书，第190页。

⑧ 同上书，第273页。

序，是一种几何学的秩序。[①] 它是我们的经验知识的一切演绎和一切演绎出来的合规律性的基础，后两者的前提条件是“时间不计数”，[②]因为种种事件在任何时候都顺从同一些规则。但是，在柏格森看来，这种自然观是对实际上具有不断地使新东西产生的连续生成性质的现实的一种人为的建构、一种抽象的展示。[③] 各种状态的一种纯然序列，就像一张胶卷的一次次拍摄一样，尚不产生运动。唯有观察者才在这里通过自己的时间意识造成了运动，时间意识使人经历到作为联系的图像序列。[④] 但事实上，连续的生成是原初的东西，与此相反，分离的状态的一个序列的图像则是抽象的结果。

当然，除了创造性的生成之外，还有生命的各种形态的消亡。消亡是在生命的创造性力量瘫痪的地方得以实现的。生命进化朝向提高和自发性、活力和自由的方向[⑤]是与宇宙过程通过熵的规律来描述的方向相反的。后者“向下”导向在一个均衡的热状态（所谓的热寂）中一切能量落差的一种最终的平衡，而生命的进化则“向上”通过能量的积聚造成复杂性的增加和自由的增长。[⑥] 因此，对于柏格森来说，生命的进化表现为无机过程的倾向的逆转：如果说无机过程遵循着一种下落重量的牵动，生命则做出重新建



① 柏格森：《创造进化论》，第 211 页以下。

② 同上书，第 217 页。

③ 同上书，第 218 页。

④ 同上书，第 272 页以下。

⑤ 同上书，第 254 页以下，参见第 240 页。

⑥ 同上书，第 11 页，参见第 368、209 页。

立坡度的努力。[1] 生命进化与表现物质本质的熵的下降趋势的反向运动,其图像已被许多思想家所接受,有时甚至被误解到如此程度,就好像生命过程不服从熵似的。今天人们知道,有机物中复杂性的增加是通过其周围环境的熵的加速来平衡的,生命过程则以周围环境的潜能滋养自己。[2]

由柏格森所展开的动态世界观影响极为巨大。尽管如此,它为更精确地理解由柏格森所教诲的创造性生成的连续性提出了一些在柏格森那里找不到令人满意的答案的问题。当柏格森同时批判地表示反对达尔文主义所强调的偶然的时候,[3]如何理解生成过程中不可派生的新东西的出现呢?对于柏格森来说,发生的不断更新已经通过时间本身的经验被给予,而他反对偶然说的立场可能主要适用于以下事实,即这个概念起着补充静态上恒常形式的观念的作用。但是,如何更精确地理解生成过程中新东西的出现,这个实际问题依然存在,同时还有如下问题,即我们真正说来如何能够不伤害生成的连续性而区分从生成中产生的种种形态——这是一种在柏格森看来当然也不能简单地还原为进行空间化的知性的幻觉的区别。

在这个地方,亚历山大和怀特海超越了柏格森。这两人都强调柏格森对于他们自己的思维的重大意义——亚历山大之所以如此,乃是因为柏格森是他那个时代第一位认真对待时间主题的哲



---

① 柏格森:《创造进化论》,第 246 页。

② 参见作者的《系统神学》,第二卷,第 136—137 页,还请参见第 118—119、152—153 页。

③ 柏格森:《创造进化论》,第 86—87 页。

学家，[①]而怀特海之所以如此，乃是因为柏格森合理地反对经典物理学在对自然过程的描述中对自然过程的“空间化”。[②] 他也声称赞同柏格森把自然视为一种生成的过程，尽管他为此偏爱的不是多义的时间概念，而是过程概念。[③] 然而，无论是亚历山大，还是怀特海，都认为有必要比柏格森更强烈地强调自然过程中的非连续性因素。[④] 这样，在怀特海看来，发生就是从分离前进到联结，并产生出新的东西。[⑤] 在实在中，连续性并不是第一位的东西，而是多种多样的东西结合的结果。

非连续地被给予的东西的在先性已经由亚历山大（Samuel Alexander，1859—1938）所主张，而且是与时间概念相联系得出的。亚历山大把时间——就其本身来说——视为瞬间的非连续的延续，这些瞬间唯有通过与空间的联系才结合起来。但是，空间单独来看同样不构成连续体，因为它依然是空的。唯有时间才实现了空间中的区别和可分性，并通过空间就其自身而言获得了一种

① 亚历山大：《空间、时间和神性》，第一卷，第 44 页。

② 怀特海：《科学与现代世界》（*Science and the Modern World*，1925；MacMillan Mentor Book 162，1960），第 134 页，参见第 52 页。

③ 怀特海：《自然的观念》（*The Concept of Nature*，1920，1964），第 54 页。怀特海想把时间概念保留给“科学和文明化生活的可测量的时代”，因而更喜欢说“过程”或者“自然的阶段”。后来，这两个表述的前一个受到重视，并且也作为他的哲学的称谓排挤了怀特海曾经使用过的“有机物的哲学”这个名称（《过程与实在》，第 vi 页以下，前言；参见《科学与现代世界》，第 71 页：自然的有机观念；第 130 页：自然的有机理论；以及第 134 页）。

④ 遗憾的是，在卡佩克（M，Capec）那部反复突出怀特海的思维和柏格森的思维之间的接近的书（《柏格森与现代物理学》）中，这一事实被忽视了。

⑤ 怀特海：《过程与实在》，第 32 页“基本的形而上学原则是从分离到联结的进步，是创造一个新的实体，而不是给出一个分离的实体。”

连续进展的性质，因为任何时间瞬间都能够为不同的地点所共有，反过来彼此相继的瞬间能够出现在同一地点。[①] 因此，柏格森判定为知性的成功并在很大程度上使之为传统的实体形而上学的失误负责的对时间的“空间化”，在亚历山大看来属于时间自身的本质。[②]

与时间瞬间在亚历山大意义上的连续序列相适应的，在怀特海（Alfred North Whitehead，1861—1947）这里是非连续地出现的诸事件（events）的一个序列的表象。在这里，后来的事件重复着过去的事件，而这样就产生出绵延（endurance）。[③] 但是，怀特海把发生的与时间序列有别的空间性回溯到某个样式（pattern）的绵延上。[④] 因此，怀特海赞同柏格森，坚持时间在与空间的关系上的在先性，但把“空间化”视为在时间的序列中实现的样式或者“永恒客体”（eternal objects）[⑤]的结果，例如颜色、声音、气味、几何学形式，它们作为在事件中实现的，构成了事件的样式。另一方面，怀特海与柏格森不同，把时间进程的连续性视为一个不是原初的，而是派生的现象，这个现象的根据就在于样式在事件的序列中的重复和变化。

---

① 亚历山大：《空间、时间和神性》，第一卷，第 48—49 页。时间序列的演替独自来看“可以由消逝着的瞬间组成”（第 45 页）。

② 同上书，第 143 页，参见第 149 页。

③ 怀特海：《科学与现代世界》，第 102 页：“……物理上的绵延是连续地获得某种特性的同一性的过程，而这种特性是在事件的整个历史路径中得到传递的”。参见第 116 页：“绵延乃是相继事件中的样式的重复”。怀特海把绵延与持续区分开来，后者已经为个别的事件所特有，如果该事件实现一个样式的话（第 117 页）。

④ 同上书，第 111—112 页。

⑤ 同上书，第 97 页，参见第 144—145 页。

把自然的发生理解为通过其形式的重复和变化而唤起摆动的印象的诸事件的一个非连续的序列，怀特海把这视为通过量子论引起的。[①] 通过把诸事件的序列中的重复和变化结合起来，自然过程获得了一种“创造性进步”的性质，[②]符合柏格森的创造进化。但是，怀特海未能把生成的个别形态的消亡比柏格森更明确地与生成的这种基本特征联结起来。怀特海区分了生成的两种基本形式：成长(concrescence)与消亡(transition)。消亡始终也是“过渡”，就此而言任何事件在其自己的生成结束之后都作为要素进入另外的生成过程的建构。[③]

在怀特海看来，事件是终极唯一实在的东西(the final real things)，世界就是由它们构成的。[④] 因此，怀特海明确地称自己的哲学为原子论的，[⑤]尽管与古代的德谟克利特或者还有经典物理学的哲学原子论不同，说的不是一种最小的、不可分的物体的原子论，而是事件的原子论。与此相对，形式要素(patterns, eternal objects)没有自己的实在性，而是仅仅就它们在事件上出现而言才

① 怀特海：《科学与现代世界》，第119—120页，特别是第121页。

② 怀特海：《过程与实在》，第340页，参见第42页。关于在怀特海那里作为实在物的最后组成部分的个别事件尽管如此本身却应当被设想为一种生成的结果这个难题，此处不能更详细地讨论。参见作者的《形而上学和上帝观》，第85—86页。

③ 同上书，第320—321页，参见第322页。

④ 同上书，第27页。怀特海在这个地方以及《过程与实在》其余地方中不使用他在《科学与现代世界》中所偏爱的“事件”(event)这个称谓，而是使用“现实的偶因”(actual occasion)这一表述(或者“现实的存在物”[actual entity])，而“事件”这个词现在在更普遍的意义上被保留给“现实的偶因”的一个复合体(第113、124页)。另一方面，“现实的偶因”本身被定义为“事件独一无二的限定类型”(第113页)。

⑤ 同上书，第40页(一个原子论的实在理论)，参见第53页：“因而最终的形而上学真理是原子论”。

是实在的：这只不过是“广延分布的潜能”(potentiality for extensive division)罢了，[①]或者反过来，是对具体的事件性的一种抽象的结果，在这种抽象中，建立起“现实的存在物”(actual entities)与其先行者的关系。[②]

但是，怀特海以事件的众多为一切实在的基础的原子论分享了那种形而上学原子论的困难，这种困难已经在柏拉图的《巴曼尼德斯篇》(*Parmenides*)的结尾部分得到了描述(《巴曼尼德斯篇》，165 e—f)：没有一，与一有别的东西就既不能是一，也不能是多，这样的话，就会根本不存在任何东西。众多的一是同一个东西的众多(在抽象的一的意义上)，但也是在彼此关系之中的多，因而是作为一个整体的诸部分的多。如果它们不构成任何整体性，它们也就不能被设想为体现着同一个一的。在任何情况下，都必须已经预设着一个全面的统一性，以便原子作为单位在根本上是可思议的。

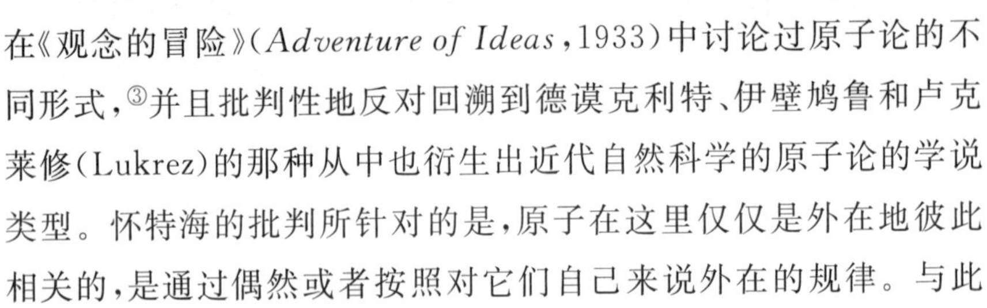

怀特海似乎没有在任何地方讨论过这个基本的困难，尽管他在《观念的冒险》(*Adventure of Ideas*，1933)中讨论过原子论的不同形式，[③]并且批判性地反对回溯到德谟克利特、伊壁鸠鲁和卢克莱修(Lukrez)的那种从中也衍生出近代自然科学的原子论的学说类型。怀特海的批判所针对的是，原子在这里仅仅是外在地彼此相关的，是通过偶然或者按照对它们自己来说外在的规律。与此

---

① 怀特海：《科学与现代世界》，第 96 页，参见第 104 页。那里说道：“扩展，除了它的空间化和时间化外，还是关系的整体配置，这种配置提供借此将对象们融入一个经验现实体的能力。”

② 怀特海在《自然的观念》中就已经这样说过，见该书第 74 页以下。

③ 怀特海：《观念的冒险》(*Adventures of Ideas*，1933；Mentor Book edition)，第 125 页以下；德文版：《观念的冒险》(*Abenteuer der Ideen*；eingeleitet von R. Wiehl；1971)，第 151 页以下。

相反，怀特海早在1925年就在《科学与现代世界》(*Science and the Modern World*)中主张，任何事件都通过内在的关系与它的先行者相关，因而是通过对相关的事件本身来说建构性的关系。[①]在怀特海看来，这样的内在关系的假定已经以单个的事件作为它们处身其中的众多关系的自发整合的"主体性"为前提条件。[②] 作为这样的事件主体性的行为来看，建构事件的内在关系也是"把握"(prehensions)，亦即对世界的所有要素的整合性把握，新的事件进入世界，并通过它自己与世界联系起来。[③]

初看起来，由于怀特海关于任何新事件都与它的先行者内在相关的学说，经典原子论的片面性已经被克服了。既然每个新事件都必须"把握"它所发现并要作为它的同类而接受的所有世界事件，个别事件的有条件性似乎就通过其余事件的整体性而被考虑到了。但是，宇宙(或者时空连续体)在怀特海看来并不作为一个实在的整体先于单个事件被给予，相反，始终也正是这个单个的事件本身，必须把它所进入的多种多样的关系整合成为整体。[④]

怀特海的方案使人想起莱布尼茨的单子论，这并不偶然。怀特海多次明确地指出他的学说与莱布尼茨的关系：他仅仅把单子理解为事件，并用事件通过与各自的先行者的内部关系的建构的论题来取代莱布尼茨所主张的单子"无窗子"因而取代其彼此的无

① 怀特海：《科学与现代世界》，第98页，参见第115页。

② 同上书，第115页。

③ 怀特海：《过程与实在》，第71—72页。在这部著作中，"理解"这个概念处于显著位置，而对内部关系和外部关系的区别的讨论则退到了后台。

④ 在这种意义上，在怀特海那里说道："……每一个现实的实体来自于为它而存在的宇宙"(《过程与实在》，第124页)。

关系。[①] 然而,与这种变化相结合的,是放弃在莱布尼茨那里单子论的多元主义的平衡体的那个要素,即放弃每一个个别的单子都反映着建立在属神的元始单子之中的宇宙统一的思想。在莱布尼茨那里,宇宙的统一先于单个的原子被给予,因而也是它们彼此之间的一致。在怀特海这里就不是这种情况。在这里,个别的单子应当从自己出发,通过它们自己的主体性,来实现它们的世界的统一。虽然基本在怀特海这里,宇宙的统一归根结底也是由上帝保障的。[②] 但是,这个上帝并不作为宇宙的创造者来与宇宙相对。[③] 上帝在他的"*初始的本性*"中只不过是一切"*永恒客体*"、因而是一切可能性的位置罢了,但这些可能性要实现自己却需要具体的事件,这是就这些具体的事件能够把它们接纳入自己的自我建构而言的。上帝给每一个具体事件提供了对它的自我实现关系重大的可能性,作为*初始的目标*,但事件本身在它的"主体性"中却必须决定是否亦即如何实现这些可能性。上帝又和任何别的现实的存在物一样,要把握其余事件的整体性。但既然他是永恒的,他在这里——在他的"*随之而来的本性*"中,就把宇宙的整体性整合进它



---

① 参见怀特海:《科学与现代世界》,第68页,以及《观念的冒险》,第138页(英文版)。

② 关于怀特海的上帝是具体事件中可能的东西"具体化的原则"的学说,请参见韦尔克(M. Welker):《上帝的普遍性和世界的相对性——与怀特海之后的美国过程思维对话中的神学宇宙论》(*Universalität Gottes und Relativität der Welt. Theologische Kosmologie im Dialog mit dem amerikanischen prozeßdenken nach Whitehead*,1981),第109页以下;更详细的参见科布(J. Cobb):《基于怀特海思想的一种基督教自然神学》(*A Christian Natural Theologie based on the Thought of Alfred North Whitehead*,1966),第135—175页。

③ 怀特海:《过程与实在》,第519—533页,特别是第528页。

的最终的统一。[1] 唯有在这种意义上，他对怀特海的哲学来说才是世界的创造者，但并不是单个的事件的存在的始作者，因为这些单个的事件毋宁说被设想为在其“主体性”中自己就是创造性的。

对于——主要在北美——想把怀特海的哲学当作重新塑造基督教神学的基础来利用的基督教神学家们来说，[2]主要的困难就在这个地方。能够从这种哲学对神学发出的吸引力，绝对是可以理解的，因为它允许与一个能够正确评价现代自然科学世界观的世界概念相结合来设想上帝的现实性。“过程神学”正确地认识到，上帝的思想和世界的概念共属一体，神学中的一种敬虔主义的经验主观主义要蒙受如下危险，即随着它失去世界的实在性，它也将失去上帝的现实性。然而，这不应当掩盖如下事实，即怀特海的上帝与《圣经》和基督教信仰的创造者上帝并不是一回事，因为他不是单个事件的创造者，而只是发动它们起来自己创造自己。[3] 怀特海的过程哲学虽然开启了把世界的创造不仅理解为“连续的创造”(creatio continua)，而且理解为把受造物的自由及其各自对于塑造自己的世界的创造性贡献整合进唯有以终末论的方式才能完成的宇宙之创造的盼望。但是，如果上帝也应当以这种方式被设想为他的每一个单个受造物的创造者，就需要对怀特海哲学在其基础上、亦即在其关于单个事件的“主体性”的观点上进行一种

---

① 怀特海：《过程与实在》，第 523—524 页。

② 参见韦尔克那里关于美国“过程神学”的杰出概览：《上帝的普遍性和世界的相对性》，第 138—202 页。

③ 调和怀特海的哲理神学与基督教的创世信仰的最重要的努力，是由科布(J. B. Cobb)做出的[《上帝与世界》(*God and the World*，1969)]。

深刻的改造。

怀特海的“形而上学”的这一基本思想与詹姆斯(William James)的心理学密切契合，怀特海称誉詹姆斯是划时代的思想家，甚至他自己的哲学也得益于詹姆斯。[①] 詹姆斯并不在康德的意义上把自我设想为“常驻的”主体，这主体本身是我们的意识中一切经验杂多的统一性的条件。毋宁说，他把自我理解为瞬间的东西，但这个瞬间的东西与先行的自我要素处在联系中，并且必须在自身中把这些要素连同与它们相结合的世界意识整合起来。与怀特海设想各自可以通过与其先行者的关系建构自己的事件的序列的类似是令人惊讶的，并且引人做出这样的假定，即怀特海把詹姆斯的心理学论题普遍化为他关于事件的主体性的学说。这也与怀特海本人对形而上学论题如何通过普遍化而形成所做出的描述相吻合。[②] 在这种意义上，怀特海的过程哲学就与柏格森的生命哲学一样，可以理解为一种人类学诊断在自然哲学上的扩展。如果说在柏格森那里是绵延的时间经验提供了理解自然发生的模式的话，在怀特海这里则是自我的主体性的瞬间事件性。在这里，怀特海通过对于任何事件来说都存在的与其先行者发生关系并把这种关系整合进自己的同一性的形成——与詹姆斯那里每一个自我要素都与自己的先行者一体化相类似——的必然性的思想，坚持

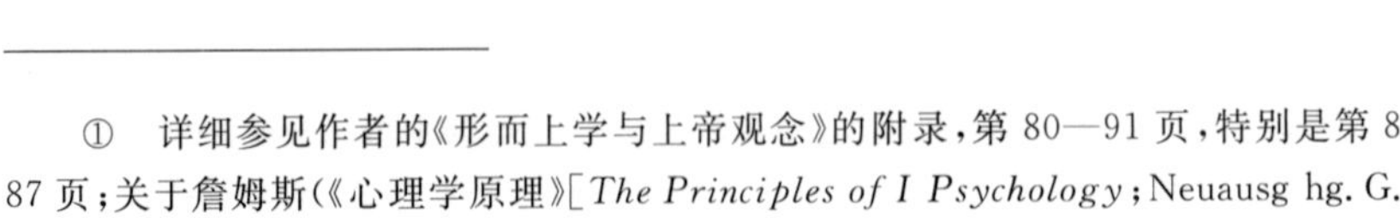

① 详细参见作者的《形而上学与上帝观念》的附录，第80—91页，特别是第86—87页；关于詹姆斯(《心理学原理》[*The Principles of I Psychology*; Neuausg hg. G. A. Miller; 1983])，参见作者在《神学视角中的人类学》中的阐述，第211页以下。

② 怀特海:《过程与实在》，第7页以下，参见第11页。

了柏格森的时间经验在同时出现新东西的时候在每一个瞬间的连续性的思想，但也更精细地提高了它。

尽管如此，原子论的问题依然没有得到解决，即在假定原子的杂多性是终极实在的基础上，应当如何理解诸现象的联系。为此难道不是必须把整体的统一性设想为其各部分的条件，并且设想为使它们的相互关系成为可能，确切地说，它应当被评价为在实在上一点不比具体事件少吗？

与怀特海不同，整体对于部分的在先性的观点规定着亚历山大的思维。凭借康德的先验感性论，亚历山大主张，我们如果不是已经预设了空间和事件是无限的整体，就不能设想空间或者事件的任何部分。[①] 因此，事件作为点状瞬间只能被设想为对无限时空的限制。这样一来，作为终极的形而上学真理的事件原子论就不可能了。由于亚历山大把康德的无限空间和无限时间的演绎回溯到纯然主观的直观形式的状态，[②]他发现自己与斯宾诺莎为邻，但不是在以过程哲学的方式变得动态化的斯宾诺莎主义的意义上：自然的宇宙在其发展中只是处在整合其杂多性的途中，这种整合在人的意识的统一中达到了一种暂时的状态，但还没有达到其终极的状态。亚历山大把整合自然杂多性的这个终极状态在分有属神事物的意义上称为“神性”(deity)，但这个神性与作为这个宇

① 亚历山大：《空间、时间和神性》，第一卷，第 38 页以下，第 147 页：“……无限的空间先于任何有限的空间”(参见第 42 页)。当然，亚历山大(与克拉克[S. Clarke]和康德不同)没有看到，这个无限的空间与几何学的无限空间不同，可以设想为不可分的(参见第 147 页，关于克拉克，请参见作者在《系统神学》中的阐述，第二卷，第 106—107、109 页)。

② 亚历山大：《空间、时间和神性》，第一卷，第 39 页注 1。

宙的创造者的上帝本身还是有别的。①

就连柏格森的生命哲学也在上帝观念中寻求其结束，在这一场合就是在柏格森最后一部著作探讨的宗教哲学②的框架中。在这里，柏格森在静态的宗教形式和动态的宗教形式之间做了区分。“静态的”宗教的功能是鉴于人对死亡和暂时性的知识而在社会生活的联系中保存个人的生命意志。③ 神秘主义和基督教的“动态的”宗教则超出这一点，因为它把人们与属神的爱结合起来，这种爱是宇宙的创造性发展的根源，④而这种发展则是朝向受制于物质、从而受制于暂时性的生命的一种转变的。

二十世纪的过程哲学以各自的方式证实了普勒斯纳关于世界概念与绝对者的理念的共属性的名言。“放弃这个理念，就意味着……放弃这一个世界的理念。无神论说起来比做起来更容易。”⑤由此也就标明了世界理念对于神学的价值。在路德看来，为什么一个人相信圣父上帝呢？因为“除此之外，再没有一个上帝能够造天造地”。⑥



---

① 亚历山大：《空间、时间和神性》，第二卷，第 397 页。尽管柏格森可以写道，时空构成了上帝的“躯体”（第 399 页），但鉴于泛神论和有神论的选择，他还是赞同一种有神论的理解（第 394 页），然而，这种理解要把上帝设想为内在于世界的（第 395 页），当然不是作为世界的组成部分。

② 柏格森：《道德与宗教的两个源泉》（*Le deux sources de la morale et de la religion*，1932），德文版载《物质与记忆以及其他作品》（*Materie und Gedächtnis und andere Schriften*，1964）第一卷中，第 247—489 页。

③ 同上书，第 361 页，参见第 344—345、406 页。柏格森认为，宗教“由于与我们的族类是共同久远的”，所以必然属于人之为人的结构（第 380 页）。

④ 同上书，第 438、441—442 页，参见第 428 页。

⑤ 普勒斯纳：《有机物的各个阶段和人》，第 346 页。

⑥ 路德：《大教理问答》（*Großer Katechismus*，1529），对第一信条的解释（BSLK 647,45—46）。

# 第十二章　今天的神学与哲学

## 一、人与宗教

对于近代的文化来说，自基督宗教由于西方基督教世界的信仰分裂而失去了它作为文化意识和社会的基础的不言而喻的效力，因而自十七世纪以来，关于人的理解就成为根本性的。狄尔泰大概是第一个认识到这个过程对于西方文明的文化史的充分影响。然而，在近代早期的哲学中，人类学最初仅仅构成了从上帝观念出发对世界概念的一种纯哲学地、因而不依赖于宗教领域的教派对立地进行的重构的出发点。在这个方面，洛克依然是保守的，因为他继续把这种功能留给基督教的启示宗教。在休谟和康德那里，有一种对人的经验和主体性的关注显示出来；但还没有反对宗教的论战性转向，而黑格尔则再次提出从上帝观念出发在哲学上重构世界概念，并赋予这种构想以其最后的和经典地完成的形象。唯有在反对黑格尔的转向中，把哲学意识建立在人类学之上，才获得了其尖锐化的、反对上帝观念对实际上的在先性的要求的色彩。以这个尖锐化了的形式，人类学的转向直到今天还对哲学意识来说是奠基性的，哪怕在这个基础上出现了对人的宗教性的一种辩护，作为一个对人的存在形式来说特殊的、不可放弃的主题，例如

在舍勒和普勒斯纳那里，或者在雅斯贝斯的存在哲学中，或者甚至在柏格森那里。

对于证明基督教信仰在人道方面的普遍有效性来说，就连基督教神学在今天也被指点要首先关注人类学的基础，尽管这个基础对于确证基督教的上帝观念及其启示的真理来说并不是充分的。对于基督教上帝的真实性的主张来说不可缺少的是，世界和历史至少可以设想为他的创造和他的作品。但是，属于世界及其历史的，毕竟还又有人，因而人类学依然是第一个和最后一个主题，对上帝的信仰的普遍有效性必须与它相联系来阐明。如果费尔巴哈有理由说对上帝的信仰并不属于人的本性，毋宁说宗教只是作为对自己意识中的虚构的双重化而产生自人的一种自我误解的话，那么，关于一种宗教的上帝观——因而也包括基督教的上帝观——的真理性的其他一切问题就成为多余的了。因而在这一领域中，对于基督教神学来说，人们已经做了关于基督教信仰的真理断言的一个预先的决定，尽管这还绝不是最终的决定。在这里，施莱尔马赫的《论宗教》的论证，即在人的心灵中有一个"独特的区域"属于宗教的论证已不再充分。也就是说，如果这种情况可以在费尔巴哈的意义上以心理学的方式相对化，那么它也就说明不了什么。黑格尔就已经在这种意义上合理地批判过施莱尔马赫的经验主观主义。人们必须已经从笛卡尔出发，把施莱尔马赫的宗教直观概念（出自第二篇讲演）解释为以无限者先于并在于对有限者的一切理解的在先性为主题，以便突出施莱尔马赫的论证的内核，这个内核也是客观有效的。但是，笛卡尔对人的意识的本性的洞识就其自身而言需要在对人的一般生活形式的特性的理解中有一

个更宽广的基础。这个基础是通过舍勒和普勒斯纳借助把人的生活形式描述为“对世界开放的”、以离心的方式（exzentrisch）来规定的本质而创造的，这既是鉴于人的行为的特性，也是鉴于人的行为在人的肉体组织中的基础。这样一来，就提供了一个人类学的基础，在其联系中笛卡尔对一切有限感知的有条件性的洞识通过对无限者的一种先行的直觉、施莱尔马赫的宗教直观的概念和费希特对自我在其自我意识中的一种自我建构的不可能性的洞识，获得了其重要性，并找到自己的位置。此外，就连黑格尔关于自己立足于自己的有限自我的一种不可避免的自我绝对化的论题，以及克尔凯郭尔对由此产生的生活方式的绝望特征的证明，也被归入此列。[①] 克尔凯郭尔虽然——按照由青年黑格尔主义给出的讨论水平来衡量——过于独断地把暂时的东西与永恒的东西的对立、有限的东西和无限的东西的对立纳入到证明中去，但这个弱点被笛卡尔那里，特别是黑格尔那里的诊断所救平。总的来说，至少一个足够宽广的、深深地植根于近代哲学历史的现象基础已经被给出，以便能够以充足的理由来驳斥对人是宗教主题对其本性不具决定性的存在者的解释——驳斥费尔巴哈、尼采、海德格尔、萨特等等。

## 二、哲理神学和历史性的宗教

神学和哲学之间关于宗教主题对于人的本质本性的决定性意

① 关于其他具有宗教内涵的人类学角度，参见作者的《神学视角中的人类学》。

义的一种谅解，也能够导向哲理神学的重新确立，因而导向一个哲学的上帝概念的重新确立吗？这里有怀疑的理由。如果人们注意到古代一种哲理神学产生的条件、它在中世纪神学与哲学的共生中的功能以及十七世纪与十九世纪之间哲理神学的功能，那么，这种怀疑就将得到加强。

古代希腊哲学是作为对传统宗教的上帝观念的批判产生的。与神话传统相反，哲学家们相信，唯有哲学才教导作为宇宙统一性之起源的属神事物的真正本性。哲学不仅是作为宗教传统的批判解释出现的，而且是作为它的另一种选择出现的，这与一神论——哲学用一神论来与多神论的民间信仰对立——密切相关，而另一方面，这则与宗教和哲学本身的历史性方面的幼稚密切相关，这种幼稚被视为对哲学来说非本质的。

在基督教的历史地基上，哲学的一神论不可能再作为历史性宗教的另一个选择出现，而是仅仅要么作为它的准备，要么作为它的超越。前者是中世纪把哲学的上帝学说理解为对上帝的自然知识为基督教的启示知识做准备的阶段的模式。这种模式包含着内在的矛盾，因为哲学家们的自然神学按照其历史出身和本质特性并不关注一种超自然的补充，而是把自己理解为属于神祇的一切的知识。当基督教由于西方的教会分裂及其后果而在其确立文化和确立社会的权威方面受到削弱的时候，这种矛盾就变得剧烈了。在这种情势下，哲理神学的革新自笛卡尔以来就与在其功能上取代基督教神学的要求相结合，即在文化的公共意识中表现文化的普遍有效的基础。由于教派的分裂，基督教神学再也不能以对理性进行判断的充分可信性来履行这种功能了。从笛卡尔到黑格尔的形而上学体系试图在这种功能上取代神学。但是，这种尝试的可能性自揭示了人类生活和文化体系的历史性以来，因而自赫尔德以来，毫无疑问自黑格尔以来就终结了。

黑格尔就已经意识到，不能简单地用一种哲学的上帝学说来取代历史上现有的宗教，而是要用概念来表达历史上既有的宗教。这样，就给出了宗教与哲学的一种新的关系规定：哲学的上帝学说依赖于历史上先行于它的宗教，只能用概念来表达宗教的内容，因而对于宗教来说并不是完全独立的。黑格尔当然把用概念来表达理解为在哲学概念中扬弃宗教。与此相结合的是一种歧义，即哲学知识毕竟可以当作对真理的一种在绝对理性自身中确立的，而在自身中完全独立的认识。这种从黑格尔的自己实现自己的绝对理念的逻辑学产生的观点，与他的如下洞识处在一种张力之中，即哲学的上帝学说依然受到宗教在历史上先行于它的阶段的制约。在这种洞识的结论中必然蕴含着一种认识，即哲学的反思从来未能完全赶上或者甚至超过它在先行于它的宗教中的历史前提条件。但这由此就承认了对宗教真理的哲学反思的有限性和暂时性，因为承认了它的方位受制性。也许，黑格尔哲学在这种情况下并不能那么容易被下一代从根本上推翻，因为它自己的立场的有限性不再可能用来反对它。但无论如何，对哲学上通过历史上先行于它的宗教以绝对者为主题的历史条件性的洞识的结论是，对于取代一种出自纯粹理性的独立的哲理神学的哲学来说，唯有对一方面是符合绝对唯一者的功能的上帝观念，另一方面是宗教哲学的条件的描述是可能的，因而也就是对历史上先行的宗教意识的真理内容的哲学反思。

对先行于哲学的宗教的这样一种反思并不需要具有如下形式，即宗教关于神祇的观念被表现为人、人的空间和欲望的纯然镜像。宗教哲学能够认真地对待宗教对属神现实的一种(自我)启示的引证，如果它考虑把人的本性和一切有限的东西引向恰恰在宗教中成为主题的一种超越人的本性的现实的话。在这种情况下，哲学总还是能够根据赋予神祇的功能来衡量关于神祇的宗教主张，就像早期希腊哲学的宗教批判所做的那样，而且就像黑格尔本人通过把他的真无限的概念描述为判断基督教神学关于上帝的无限性的言说的标准所做的那样。哲学可以阐明判断宗教的真理断言的可信性的这样一些标准，不用自己把一种哲理神学讲成宗教传统的另一种选择。它不仅可以批判地对待某一种宗教传统，而且在这时也可以以宗教比较的方式进行工作，与对某一种宗教传统负有义务并阐释其真理断言的神学不同。由此，人们最终也就能够展望一种可能的以不同的宗教传统的真理问题为主题的宗教哲学与某种宗教的神学的区别，因而展望这种宗教哲学与基督教哲学的区别。另一方面，基督教神学致力于如此阐释基督教信仰的真理断言，使得基督教对上帝的理解符合由哲学的批判所描述的标准——就这些标准就其自身而言经得起一种考验而言。但无论如何，一种不考虑人类宗教历史的、出自纯然理性的独立的哲理神学的目标，由此就被当作哲学的一个被克服的意识阶段的表现而被送走了，在这个阶段上，哲学并没有充分地把它自己的思维的历史前提条件纳入自己的意识。

## 三、世界概念和上帝观念

即使在实证科学时代，哲学还是分摊到了对自觉的生活进行概括性的、反思性的取向的任务（亨利希[Dieter Henrich]）。属于此列的不仅有自我意识及其确立的问题，而且有最广意义上的、在邻人性的领域里，但也在世界经验的范围内的经验意识。由于自觉的生活的整体问题被归给了哲学反思，所以，它也应当阐明一个世界概念，来作为对我们的经验来说成为对象性的现实的总和，尽管世界是一个整体的思想总是超越我们的经验视域的实际限制。由于世界视域的这样一种相对性，哲学可以把世界整体的统一性当作康德意义上的一个纯然理念来对待，因为世界整体恰恰是超越一切有限的经验的。尽管如此，宇宙在现代自然科学的宇宙论中甚至成为自然科学的、从当代知识水平出发外推的理论构成的对象。

世界概念对于哲学确证自觉生活的统一性来说不可或缺，这之所以对于神学来说尤其重要，乃是因为世界概念和上帝观念始终是彼此相关的。之所以如此，乃是因为上帝可以设想为世界的起源和始作者，但世界作为统一体鉴于其现象的多样性只能从它的这种统一的一个根据出发来理解，这个根据本身不能仅仅是世界的一个要素。因此，对世界的理解反作用于上帝概念，反过来也是一样。如果世界被理解为一个在开始时奠定的、从此不变地绵延的秩序，那么，应当被设想为这个世界的始作者的上帝的观念，就将不同于当世界根据一个还开放着的未来而被设想为一个历史的过程时。反过来说，如果上帝被设想为世界的自由起源，被设想为世界的创造者，上帝不是出自他的本性的必然性，而是自由地创造世界，那么，在对世界的理解中，就显现出世界的存在在整体上和在一切具体事件上的偶性。无论是早期基督教神学柏拉图主义关于世界之产生的观念的争论，还是中世纪盛期基督教神学与阿拉伯哲学关于世界起源的偶性的争论，还是康德反对由莱布尼茨教导的世界按照在上帝的智慧中确立的创造模式而产生的表态，都为此提供了例证。即使对于今天神学与世界概念的关系来说，世界在整体上以及在每一具体事件中的偶性的主题也具有奠基性的意义。在这里，就连世界概念和局部现实的本体论状态也是彼此密切相关的。

与偶性的主题最为适应的，是把事物的实在理解为归根结底基于事件的，如同怀特海的自然哲学体系所展示的那样。与亚里士多德的实体学说相对立，从中得出的是一切存在着的东西的同一性的历史性。这是狄尔泰从其他前提条件出发，但却以相似的结果展开的观点，亦即从对人们关于自己和关于人们所遇到的一切的经验之历史性的研究出发。怀特海与狄尔泰一样，或者也与过程哲学的创立者柏格森一样，都是从作为关键的人类经验出发，前进到对世界的理解和对人之外的现实的理解的。在柏格森这里，也许是詹姆斯的哲学心理学构成了出发点。它变得普遍化，成了每一个基本事件的主体性的学说。狄尔泰根据对宏观历史的理解使他对个人经验的历史性的分析普遍化，但并不扩展到自然事件。然而，他的哲学作为生命哲学类似于柏格森的生命哲学，后者就其自身而言完成了通向自然哲学的一步。另一方面，怀特海的事件主体性的本体论需要由狄尔泰对经验过程的历史性的分析和在他那里以及在柏格森和亚历山大那里生效的整体对各个部分本体论上在先的观点来补充。

这些不同的方案与亚里士多德的本质形式的无时间性不同，通过把存在与时间结合起来而具有一种内在的亲缘性。从上述方案的融合中，就能够产生出一种哲学的世界概念，它根据一种未来而把世界描述为过程，这个未来当然将终极地决定一切具体事件的本质和世界在整体上的意义。这样一个世界概念也许能够使当代的关于膨胀着的宇宙的自然科学世界模式与柏拉图关于善的未来确立一切具体事物的本质的思想统一起来，与基督教的终末论统一起来，因而也与基督教关于上帝根据他的国的未来统治创造的历史的理解统一起来。关于这一点，普罗提诺关于永恒与时间的关系的构想似乎就已经通过如下思想预先指出过，即永恒在自身保存着在时间中被分离开来的东西的整体，以致未来就是永恒进入时间由以出发的维度，而与此相应的又是把空间视为上帝与他的一切受造物的同时性的维度的理解，在这个同时性中，上帝允许一切受造物与他相邻并彼此相邻有一种独立的存在。

这样一来，对于神学和哲学的关系来说，在上帝观念与世界概念的共属性方面，就只提及一些主题和可能性。这种共属性依然还是哲学的主题，即使哲学不再在传统的意义上阐述一个哲学的上帝观念，而是仅仅还在完善一个包括相关的人类学在内的哲学的世界概念的进程中为评价由宗教所形成的关于上帝或者绝对现实的东西的观念而制订标准。

哲学与神学在致力于理解人类和世界整体的现实方面有一个

共同的主题。人们当然既可以从事神学，也可以从事哲学，可以以留在这一任务背后的各种各样的方式来进行研究。但是，哲学唯有面对这一任务才符合自己的伟大传统，也唯有这样才遵循自己不能被任何具体科学所取代的功能。反过来说，神学唯有探讨世界和人类的创造者，并因此把自己关于上帝的言说与对人类和世界的现实的整体理解联系起来，才能恰如其分地谈论上帝及其启示。在这方面，神学需要哲学家的批判的、辨认方向的反思的对峙，而哲学就其自身而言不考虑宗教及其对人类本性的意义、对从宗教以之为主题的属神现实出发建构人类和世界整体的意义，也就不能达到对世界中的人类的全面理解。哲学千万不要想用一种纯哲学的上帝学说来取代宗教。即使不这样做，也要充分保留神学与哲学之间的张力，因为神学要从上帝及其启示出发思考人的存在和世界的整体，而哲学思维则从人类和世界的经验出发返回到其在绝对者中的根据。

# 缩略语表

BSLK 《路德宗新教教会信条集》(*Die Bekenntnisschriften der evangelisch-lutherischen Kirche*, Göttingen, 1956)

CCL 《基督徒著作集成:拉丁系列》(*Corpus Christianorum, Series Latina*, Turnholt, 1953ff.)

CSEL 《教会拉丁作者集成》(*Corpus Scriptorum Ecclesiasticorum Latinorum*, Vienna, 1866ff.)

DS 《天主教会训导文献选集》(*Enchiridion Symbolorum: Definitionum et Declarationum de Rebus Fidei et Morum*, eds. H. Denziger and A. Schönmetzer, Freiburg, 1965)

GCS 《首三个世纪希腊基督教作家》(*Die grieschischen christilichen Schrift steller der ersten drei Jahrhunderte*, Leipzig, 1897ff.)

MPG 《希腊教父学》(*Patrologia Graeca*, ed. J.-P. Migne, Paris, 1857—1866)

MPL 《拉丁教父学》(*Patrologia Latina*, ed. J.-P. Migne, Paris, 1878—1890)

**图书在版编目(CIP)数据**

神学与哲学：从它们共同的历史看它们的关系/（德）潘能伯格著；李秋零译．—北京：商务印书馆，2017
（汉译世界学术名著丛书：120年纪念版：珍藏本）
ISBN 978-7-100-14601-2

Ⅰ．①神…　Ⅱ．①潘…②李…　Ⅲ．①基督教—宗教哲学—研究　Ⅳ．①B503

中国版本图书馆CIP数据核字(2017)第152500号



汉译世界学术名著丛书
（120年纪念版·珍藏本）
**神学与哲学**
**——从它们共同的历史看它们的关系**
〔德〕潘能伯格　著
李秋零　译

---

商务印书馆出版
（北京王府井大街36号　邮政编码100710）
商务印书馆发行
北京冠中印刷厂印刷
ISBN 978-7-100-14601-2

---

2017年12月第1版　　开本710×1000　1/16
2017年12月北京第1次印刷　　印张28¾
定价：145.00元